Christel Hopf
Frühe Bindungen und Sozialisation

Grundlagentexte Pädagogik

Christel Hopf

Frühe Bindungen und Sozialisation

Eine Einführung

Juventa Verlag Weinheim und München 2005

Die Autorin

Christel Hopf, Dr. phil., Jg. 1942, ist Professorin für Soziologie an der Universität Hildesheim.
Ihre Arbeitsschwerpunkte sind Bildungssoziologie, Sozialisationsforschung, Politische Soziologie und Methoden der empirischen Sozialforschung.

Bibliografische Information Der Deutschen Bibliothek

Die Deutsche Bibliothek verzeichnet diese Publikation in der Deutschen Nationalbibliografie; detaillierte bibliografische Daten sind im Internet über http://dnb.ddb.de abrufbar.

Umschlaggestaltung: Atelier Warminski, 63654 Büdingen
Umschlagabbildung: Pablo Picasso, Mutter und Kind, 1922 © Succession Picasso/VG Bild-Kunst, Bonn 2004
Printed in Germany

ISBN 3-7799-1529-4

Vorwort

Die Themen dieses Buches waren für mich in den letzten fünfzehn Jahren in vielen Kontexten wichtig. Im Rahmen der Soziologie-Lehre an der Universität Hildesheim, in der ich vor allem mit Studierenden pädagogischer Fächer zu tun hatte, versuchte ich, die Studierenden mit neueren Entwicklungen in der Sozialisationsforschung vertraut zu machen. Viele von ihnen bereiteten sich auf ihren Beruf als Grundschullehrerin oder Grundschullehrer vor und waren besonders daran interessiert, mehr über frühe Prozesse der Entwicklung und Sozialisation von Kindern zu erfahren. In eigenen Forschungsprojekten befasste ich mich mit der Herausbildung rechtsextremer Orientierungen und mit der Entwicklung von Gewaltbereitschaft im Jugendalter und stellte dabei fest, dass die in dem vorliegenden Buch vorgestellten theoretischen und empirischen Beiträge der Bindungsforschung nicht nur für das Verständnis früher Sozialisation wichtig sind, sondern dass sie auch zu einem besseren Verständnis von Entwicklungen im Jugend- und Erwachsenenalter beitragen können. In der interdisziplinär orientierten Kooperation mit Kolleginnen und Kollegen aus unterschiedlichen Bereichen hatte ich darüber hinaus die Gelegenheit, viele der in diesem Buch vorgestellten Thesen und Forschungsbefunde zu diskutieren - mit Kolleginnen und Kollegen aus dem Bereich der Bindungsforschung, aus dem Bereich der Forschung zu moralischer Entwicklung, aus Forschungsprojekten zur Gleichaltrigensozialisation, aus pädagogischen Forschungskontexten und auch aus dem Bereich kriminologischer Forschung.

Mit anderen Worten: Auch wenn ich dieses Buch selbstverständlich allein zu verantworten habe, bin ich trotzdem sehr vielen Menschen zu tiefem Dank verpflichtet. Dies gilt zunächst für die Studierenden der pädagogischen Fächer in Hildesheim, aus deren Fragen, wissenschaftlichen Beiträgen und schulpraktischen Überlegungen ich viel gelernt habe und deren waches Interesse daran, wie frühe Beziehungserfahrungen die Sozialisation von Kindern beeinflussen, mich motiviert hat, einen einführenden Text zum Themenbereich Bindung und Sozialisation zu schreiben. Das Buch richtet sich entsprechend vor allem an Studierende und Lehrende aus dem Bereich der erziehungs- und sozialwissenschaftlichen Fächer, aber auch an ein breiteres Publikum - an Eltern, die an der Reflexion ihrer eigenen Praxis interessiert sind, und an all diejenigen, die sich in vielfältigen pädagogischen, sozialen und administrativen Kontexten mit der Erziehung und Förderung von Kindern und Jugendlichen befassen.

Zu danken habe ich sodann den wissenschaftlichen Mitarbeiterinnen und Mitarbeitern mehrerer Forschungsprojekte zum Themenbereich Rechtsextremismus und Gewaltbereitschaft, den jungen Männern und jungen Frauen, die wir interviewt haben und die bereit waren, mit uns auch über belastende Erinnerungen an ihre Kindheit zu sprechen, sowie den Kolleginnen und Kollegen, mit denen ich in verschiedenen interdisziplinär ausgerichteten Diskussionszusammenhängen kooperiert habe. Wenn ich im Folgenden einzelne Personen nenne, denen mein besonderer Dank gilt, kann dies, gemessen daran, wie wichtig für mich viele Kontakte zu Studierenden, Mitarbeitern und Kollegen waren, notwendig nur ein unvollständiges Abbild meiner Kooperationsbeziehungen sein. Ich versuche es trotzdem. Mein Dank gilt insbesondere: Teresa Jacobsen, die mich in früheren Diskussionen am Max-Planck-Institut für Bildungsforschung auf theoretische und empirische Fortschritte in der Bindungsforschung aufmerksam machte; Gertrud Nunner-Winkler, deren Anregungen zur Erhebung moralischer Orientierungen wir in Hildesheim in Studien über rechtsextreme Jugendliche dankbar aufgriffen und die mir wertvolle Anregungen für die Auseinandersetzung mit Fragen moralischer Entwicklung gab; Marlene Silzer und Jörg Michael Wernich, die mit mir zusammen in einem Forschungsprojekt zum Thema Biographie, Medien und Gewaltbereitschaft gearbeitet haben und die in diesem Projekt wichtige theoretische und empirische Beiträge geleistet haben. Zu danken ist ebenfalls Beate Gomille, Gabriele Gloger-Tippelt, Susanne Hauser, Volker Hofmann, Christiane Schmidt und Ute Ziegenhain - mit ihnen zusammen habe ich über mehrere Jahre hinweg Fragen der Bindungsforschung diskutiert und „Adult Attachment Interviews" aus verschiedenen, auch aus unseren Hildesheimer Projekten, analysiert. In den Dank einschließen möchte ich Mary Main, Eric Hesse sowie Karin und Klaus Grossmann, die 1993 in Regensburg ein umfangreiches Seminar zu Fragen der Bindungsforschung vorbereiteten und durchführten, das vielen Teilnehmerinnen und Teilnehmern - auch mir - sehr viel bedeutete und spätere Arbeiten beeinflusste. Natürlich darf mein Mann, Wulf Hopf, hier nicht fehlen. Mit ihm konnte ich eine Reihe von Themen, die ich im Folgenden behandle, intensiv diskutieren, und er hat mir dabei mit wichtigen Ratschlägen weiter geholfen.

Zu danken ist schließlich den Mitarbeiterinnen, die an der konkreten Manuskript-Erarbeitung beteiligt waren: Felicitas Ehrhardt, die mir bei der Literatur-Akquisition mit Rat und Tat zur Seite stand, und Helga Burgemeister, unserer Instituts-Sekretärin. Helga Burgemeister hat mich bei meiner Arbeit in außerordentlich kompetenter Weise unterstützt, nicht nur beim Schreiben des Manuskripts, sondern auch beim Korrekturlesen, bei der sprachlichen Überarbeitung und bei der Erstellung von Graphiken und Tabellen. Sie hat mich aber auch dadurch unterstützt, dass es mir stets Vergnügen bereitete, mit ihr zusammen zu arbeiten.

Hildesheim, im Oktober 2004
Christel Hopf

Inhalt

1. Einleitung - Zu den Zielen und zum Aufbau des Buches

Mit der Frage, wie Menschen in ihre jeweilige soziale Umwelt hineinwachsen, haben sich in den letzten fünfzig bis hundert Jahren Wissenschaftler und Wissenschaftlerinnen aus unterschiedlichen Disziplinen befasst - aus dem Bereich der Psychologie, der Soziologie, der Pädagogik, der Ethnologie oder auch der Kriminologie. In der vorliegenden Arbeit möchte ich versuchen, diesen unterschiedlichen Disziplinen und ihren vielfältigen theoretischen Ideen und empirischen Arbeiten gerecht zu werden. Im Zentrum wird jedoch die Auseinandersetzung mit dem aus der Psychologie kommenden Ansatz der Bindungsforschung stehen, der sich auf der Grundlage der Arbeiten John Bowlbys und Mary Ainsworths entwickelte (vgl. zu grundlegenden Informationen hierzu Kapitel 2 dieser Arbeit) und in dessen Rahmen in den letzten Jahrzehnten große theoretische und empirische Fortschritte bei der wissenschaftlichen Durchdringung von Sozialisationsprozessen gemacht wurden.

Die Bindungsforschung soll dabei in dieser Arbeit primär in soziologischer Perspektive betrachtet werden. Was trägt die Bindungsforschung zur Klärung der Fragen bei, mit der sich Soziologen seit den frühen Arbeiten Emile Durkheims und Talcott Parsons' beschäftigt haben (vgl. hierzu ebenfalls Kapitel 2): Was trägt sie zur Klärung der Frage bei, wie heranwachsende Kinder sich mit den Anforderungen und normativen Ansprüchen ihrer sozialen Umwelt auseinander setzen, und was trägt sie dazu bei zu verstehen, wie Menschen in ihren jeweiligen sozialen Kontexten zu autonomen, handlungsfähigen Individuen heranwachsen, die sich bei der Verfolgung ihrer vielfältigen und zum Teil gegensätzlichen Ziele und Interessen nicht in einen Kampf aller gegen alle verstricken. Der Philosoph Thomas Hobbes hat diesen „Krieg eines jeden gegen jeden" - das gewalttätige Austragen von Konflikten - als potentielle Gefahr für jede Gesellschaft dargestellt, sofern die Menschen nicht durch „eine allgemeine, sie alle im Zaum haltende Macht" gebändigt werden (vgl. Leviathan 1984/1651, S. 96). In der Geschichte der Soziologie sind diese Annahmen Hobbes' in vielfältigen Kontexten diskutiert worden, die auch für sozialisationstheoretische Bemühungen wichtig waren. Es war vor allem Talcott Parsons, der hierzu entscheidende Beiträge geleistet hat, insbesondere in seinem für die soziologische Theoriebildung grundlegenden Werk „The structure of social action" (1964/1937). Nicht primär die starke Zentralgewalt und ihr Repressionsapparat sind geeignet, die Menschen von ihrer Tendenz zu gewalttätigen Lösungen abzubringen, sondern ihre Verpflichtung auf gemeinsame Werte und Normen, die ihr Zusammenleben regulieren und in friedlichere Bahnen lenken. Die Frage, wie solche gemeinsamen Werte und Normen in Sozialisationsprozessen vermittelt werden, ist für die Parsons'sche Soziologie vor diesem Hintergrund von zentraler Bedeutung, und sie ist auch in seinen sozialisationstheoretischen Arbeiten bestimmend.

In Talcott Parsons' sozialisationstheoretischen Schriften, die in den fünfziger und sechziger Jahren des vorigen Jahrhunderts sehr einflussreich waren, wurde die psychoanalytische Theorie als zentrale psychologische Bezugstheorie der Sozialisationsforschung hervorgehoben (vgl. hierzu etwa Parsons 1968/1952, 1968/1958 oder Parsons und Bales 1955; vgl. zusammenfassend Veith 1996, S. 402 ff.). Mit den Annahmen Sigmund Freuds zu den einzelnen Phasen der psychosexuellen Entwicklung von Kindern und mit den Annahmen zur Über-Ich- bzw. Gewissens-Entwicklung meinte Parsons einen theoretischen Zugang zu den zentralen Fragen der Sozialisationsforschung gefunden zu haben, insbesondere einen Zugang zu den Prozessen, in denen die heranwachsenden Kinder dazu kommen, sich die ursprünglich von außen an sie herangetragenen Anforderungen zu Eigen zu machen, sie zu internalisieren oder zu verinnerlichen.

Aus heutiger Sicht ist der privilegierte Stellenwert der psychoanalytischen Theorie in der Sozialisationsforschung nicht mehr zu rechtfertigen. Zwar haben die in der psychoanalytischen Tradition entwickelten Annahmen und Forschungsresultate wichtige Fortschritte auf dem Gebiet der Sozialisationsforschung ermöglicht, wie ich in dieser Arbeit in verschiedenen Zusammenhängen zeigen möchte (vgl. insbesondere die Kapitel 4 und 5 und Abschnitt 2.3). Auf der anderen Seite können bestimmte, für die ältere Sozialisationsforschung zentrale Thesen Freuds heute nicht mehr aufrecht erhalten werden. Dies gilt insbesondere für die Annahme eines „primären Narzissmus" - einer primär selbstbezogenen und nicht sozial bezogenen Orientierung des neugeborenen Kindes - (vgl. hierzu auch Abschnitt 2.2 dieser Arbeit) und für die Annahme, dass die Überich- oder Gewissensbildung mit dem erfolgreichen Abschluss der ödipalen Phase verbunden ist (vgl. hierzu vor allem Abschnitt 5.2).

Es ist daher aus der Perspektive einer soziologisch orientierten Sozialisationsforschung wichtig, andere Möglichkeiten der Kooperation mit psychologischen Ansätzen zu erproben. In der Vergangenheit hat man dies in vielfältigen Zusammenhängen versucht, wie aus verschiedenen Einführungen in Sozialisationstheorien deutlich wird (vgl. etwa Geulen 1991, Hurrelmann und Ulich 1991, Veith 1996, Zimmermann 2000, Hurrelmann 2002 oder Tillmann 2003). Als besonders wichtig hat sich dabei die Auseinandersetzung mit den komplexeren Varianten psychologischer Lerntheorien erwiesen, vor allem mit Albert Banduras Arbeiten, und die Auseinandersetzung mit den Arbeiten Jean Piagets und Lawrence Kohlbergs. Für manche Autoren stellt Kohlbergs Theorie der moralischen Entwicklung eine relevante und vielversprechende Alternative zu psychoanalytischen Interpretationen der Gewissensentwicklung dar, die sowohl für soziologische als auch für pädagogische Diskussionskontexte wichtig ist (vgl. zum Ansatz Kohlbergs auch Abschnitt 5.3 dieser Arbeit).

Die auf den Arbeiten Bowlbys und Ainsworths aufbauende Bindungsforschung hat demgegenüber in den einführenden Texten zur Sozialisationsforschung bislang nicht den ihr gebührenden Platz erhalten. Das vorliegende Buch soll insofern auch dazu beitragen, Versäumtes nachzuholen. Denn die Bindungsforschung hat zu den Fragen, die für die Sozialisationsforschung traditionell von Bedeutung waren, wichtige Beiträge geleistet. Das gilt vor allem

- für die Fragen, die mit der frühen Kooperationsbereitschaft und mit der Gewissensentwicklung von Kindern verbunden sind,
- für die Fragen, mit denen die Entwicklung genereller sozialer Kompetenzen angesprochen wird - so etwa die Entwicklung der Fähigkeit zur Perspektivenübernahme, zur Empathie, zur Äußerung eigener Interessen und Sichtweisen sowie zur Impulskontrolle,
- und für Fragen, die mit der Entwicklung von Aggressivität, Gewaltbereitschaft und Devianz zu tun haben.

Es gehört zu den Zielen der vorliegenden Arbeit, diese für Soziologie, Ethnologie, Psychologie und Pädagogik einschlägigen Beiträge der Bindungsforschung einem breiteren Publikum vorzustellen - insbesondere Studierenden der erziehungs- und sozialwissenschaftlichen Fächer, ihren Lehrenden, Angehörigen verschiedener pädagogischer - auch sozialpädagogischer - Berufe und Eltern, die an der Reflexion ihrer eigenen Praxis interessiert sind. Die Beiträge der Bindungsforschung sollen möglichst anschaulich erläutert werden, diskutiert und mit anderen Forschungstraditionen verknüpft werden. Ich hoffe, damit auch einen Beitrag zur Weiterentwicklung der auf Sozialisationsprozesse bezogenen Theoriebildung zu leisten. In den folgenden Kapiteln will ich versuchen, diese Ziele in einzelnen Schritten zu verwirklichen, die aufeinander aufbauen und in denen zunehmend auch breitere soziale Kontexte in die Betrachtung einbezogen werden, vor allem die sozioökonomischen Bedingungen von Sozialisationsprozessen und geschlechterbezogene Aspekte der Sozialisation.

In Kapitel 2 werden zunächst die Begriffe Sozialisation und Bindung ausführlicher erläutert, und es wird auch ein erster Überblick über die theoretischen Annahmen und Thesen der Bindungsforschung vermittelt. Dabei geht es vor allem um Annahmen zur „Sozialisierbarkeit“ von Säuglingen und Kleinkindern und um Annahmen zur Relevanz früher Interaktionserfahrungen für die Entwicklung von Erwartungen an andere, für die Entwicklung von Selbstkonzepten und für die Entwicklung von Aggressivität. Im Kapitel

2 soll im Übrigen auch die These vertreten werden, dass grundlegende Annahmen der traditionellen Sozialisationstheorie revidiert werden müssen. Über lange Zeit hinweg gehörte es in der Soziologie-Ausbildung zum selbstverständlichen Grundwissen, dass Menschen unter sozialen Gesichtspunkten als „Tabula rasa" - wie Emile Durkheim dies formulierte - auf die Welt kommen. Dem neugeborenen „egoistischen und asozialem Sein" muss nach Durkheim rasch ein anderes Sein hinzugefügt werden, „welches fähig ist, ein sittliches und soziales Leben zu führen" (vgl. Durkheim 1972/1911, S. 31). Die Auffassung, dass die Neugeborenen bloß egoistisch und asozial sind, ist nach dem heute erreichten Forschungsstand, wie ich in Kapitel 2 erläutern möchte, nicht mehr aufrecht zu halten. Es ist vielmehr angemessener, von einer sozialen Vorangepasstheit des Neugeborenen zu sprechen, und es müssen darüber hinaus biologisch vorgegebene Bindungstendenzen der heranwachsenden Säuglinge berücksichtigt werden, wie dies vor allem von John Bowlby hervorgehoben wurde. Im Verlauf des ersten Lebensjahres binden sich die heranwachsenden Kinder an die Personen, die für ihre Pflege und Versorgung primär zuständig sind. Ihre frühe Sozialisation erfolgt im Kontext dieser Beziehungen.

In Kapitel 3 der Arbeit geht es dann primär um Bindung und Sozialisation im ersten Lebensjahr. Zwar ist die Bereitschaft des Säuglings, sich an die Person zu binden, die für seine Pflege und Versorgung primär zuständig ist, nach Bowlbys Auffassung genetisch vorprogrammiert, nicht jedoch die Art und Weise, in der sich die Beziehung zwischen dem heranwachsenden Kind und seiner Bezugsperson konkret entwickelt (vgl. hierzu auch Abschnitt 3.3 dieser Arbeit). Die in Kapitel 3 dargestellten theoretischen und empirischen Arbeiten befassen sich ausführlich mit den Prozessen, in denen im Verlauf des ersten Lebensjahres sichere und unsichere Bindungen - unsicher-vermeidende und unsicher-ambivalente Bindungen - entstehen. Bahnbrechend hierzu sind die Arbeiten Mary Ainsworths, mit deren „Baltimore-Studie" das Kapitel 3 beginnt.

Ich stelle die Baltimore-Studie, in der 26 Kinder und ihre Mütter im ersten Lebensjahr des Kindes begleitet und im häuslichen Kontext wiederholt beobachtet wurden, in Kapitel 3 sehr ausführlich vor, auch in ihrem methodischen Vorgehen. Denn durch die in dieser Studie entwickelten Verfahren wurden für die nachfolgende Forschung relevante Standards etabliert. Das in Kapitel 3 ausführlich geschilderte Verfahren der „Fremden Situation" (vgl. hierzu insbesondere die Abschnitte 3.1.2 und 3.1.3) ist das zentrale und am weitesten verbreitete Verfahren, mit dessen Hilfe man diagnostiziert, ob Kinder im Alter von ein bis zwei Jahren sicher an ihre Mütter - oder auch an ihre Väter (vgl. hierzu insbesondere Abschnitt 3.1.4) - gebunden sind. Vorgestellt werden in Kapitel 3 auch die zentralen theoretischen Annahmen der Baltimore-Studie, die später in vielen anderen Untersuchungen überprüft wurden. Wichtig ist vor allem die vielfach diskutierte These, dass die Sicherheit, mit der ein Kleinkind an seine Mutter (oder eine entsprechende Bezugsperson) gebunden ist, mit den je spezifischen Erfahrungen in der Interaktion mit der Mutter zusammenhängt. Die empirischen Befunde der Baltimore Studie sprechen dafür, dass die Bindung der Kleinkinder an ihre Mütter sehr stark durch die „Sensitivität", mit der die Mutter auf ihr Kind reagiert, beeinflusst wird - durch ihre Fähigkeit, kindliche Signale zu erkennen, realistisch zu interpretieren und prompt und angemessen auf sie zu reagieren.

In dem hierauf folgenden Abschnitt des Kapitels 3 soll ein Überblick über Untersuchungen zur Bindungssicherheit von Kleinkindern, die in unterschiedlichen sozialen und kulturellen Kontexten durchgeführt wurden, vermittelt werden, und es sollen weitere, differenzierende Befunde zu den Bedingungen der Bindungssicherheit am Ende des ersten Lebensjahres von Kindern vorgestellt werden. Dabei werden auch schichtspezifische Differenzen berücksichtigt. Als eines der zentralen Ergebnisse des 3. Kapitels ist hervorzuheben, dass Kinder sich in der emotionalen Beziehung zu ihren Müttern - oder entsprechenden Bezugspersonen - schon nach Abschluss des ersten Lebensjahres deutlich voneinander unterscheiden. Die Mehrheit der Kinder hat eine relativ ungebrochene positive Beziehung zur eigenen Mutter, eine Minderheit steht hingegen der eigenen Mutter mit deutlich mehr Ambivalenzen gegenüber. Und diese Unterschiede sind für die weitere Entwicklung und Sozialisation - für die Internalisierung elterlicher Anforderungen, für den Aufbau sozialer Kompetenzen und für die Entwicklung aggressiver Handlungstendenzen - von großer Bedeutung, wie vor allem in den Kapiteln 4-7 dieser Arbeit erläutert wird.

Kapitel 4 und Kapitel 5 bilden inhaltlich eine Einheit und sollten nach Möglichkeit zusammenhängend gelesen werden. In beiden Kapiteln geht es vor allem um die emotionalen Beziehungen zwischen Kindern und ihren Eltern (bzw. Ersatzeltern), um die Verinnerlichung elterlicher Anforderungen und um Fragen der Gewissensentwicklung. In Kapitel 4 stehen die Beziehungen zwischen frühen Bindungen, kindlicher Gehorsamsbereitschaft und frühen Formen der Verinnerlichung von Normen im Vordergrund. Vorgestellt werden Arbeiten aus der psychoanalytischen Theorie-Tradition (A. Freud und Burlingham), aus der bindungstheoretischen Tradition (Ainsworth u.a.) und aus einer erweiterten lerntheoretischen Tradition (Kochanska u.a.). In all diesen Arbeiten wird belegt, wie wichtig die frühen emotionalen Beziehungen, die Gefühlsbindungen der Kinder sind, wenn man ihre Bereitschaft, sich an elterlichen Anforderungen zu orientieren, verstehen will - und auch ihre moralische Entwicklung, wie dies vor allem in Kapitel 5 erläutert wird.

Anders als in Kapitel 4 geht es in Kapitel 5 stärker um theoretische Diskussionen. In Abschnitt 5.1 werden begriffliche und altersbezogene Fragen erläutert: Was ist im Kontext dieser Arbeit mit dem Begriff des Gewissens gemeint, und ab wann kann bei Kindern von einem Gewissen oder von einer inneren moralischen Instanz die Rede sein? In Abschnitt 5.2 geht es um psychoanalytische Interpretationen der Gewissensentwicklung, in Abschnitt 5.3 um Kohlbergs Ansatz, der die sozialwissenschaftlichen Diskussionen moralischer Entwicklung in den letzten Jahrzehnten stark beeinflusst hat. An Kohlbergs Annahmen zur Entwicklung der moralischen Urteilsfähigkeit wird die Vernachlässigung der affektiven Seite moralischer Entwicklung kritisiert; es wird auf der anderen Seite die Auffassung vertreten, dass Kohlbergs Annahmen zu den sozialkognitiven Aspekten der Entwicklung für ein Verständnis moralischer Autonomie außerordentlich wichtig sind und mit bindungsbezogenen Interpretationen der Gewissensentwicklung verknüpft werden sollten.

Ähnlich, wie dies für die Kapitel 4 und 5 gilt, sollten auch die Kapitel 6 und 7 zusammenhängend gelesen werden. In beiden Kapitel geht es um die Herausbildung elementarer sozialer Kompetenzen - insbesondere um die Fähigkeit zur Empathie und zur Perspektivenübernahme - sowie um die Herausbildung aggressiver Handlungstendenzen. Zu diesen Problembereichen hat die Bindungsforschung viel beitragen können. Ich möchte dies in beiden Kapiteln deutlich machen, gehe dabei jedoch auch auf ergänzende Interpretationen ein, z.B. auf Interpretationen aus lerntheoretischer Sicht oder aus der Perspektive der Forschung zu sozialer Ungleichheit. In Abschnitt 6.1 werden die theoretischen Annahmen aus dem Bereich der Bindungsforschung vorgestellt und erläutert, die für die Interpretation sozialer Kompetenzen und Aggressivität besonders wichtig sind (vgl. zu diesen auch Abschnitt 2.3 dieser Arbeit): 1. Die Annahme, dass heranwachsende Kinder auf der Grundlage ihrer Interaktionserfahrungen in der Familie innere Arbeitsmodelle („internal working models“) von Beziehungen entwickeln - Vorstellungen von der Erreichbarkeit, Zugänglichkeit und Verfügbarkeit der zentralen Bezugspersonen und vom eigenen Stellenwert in diesen Beziehungen; 2. Die Annahme, dass diese inneren Arbeitsmodelle nicht nur in der Beziehung zu den zentralen Bezugspersonen, sondern auch in der Beziehung zu anderen Menschen wirksam werden - an diese als Erwartung herangetragen werden; 3. Die Annahme, dass schwere Trennungs- und Zurückweisungserfahrungen bei den betroffenen Kindern nicht nur Angst, sondern auch Wut und Aggressionswünsche erzeugen, die auch in andere soziale Beziehungen - z.B. zu Erzieherinnen im Kindergarten - hineingetragen werden.

In Kapitel 6 werden Forschungsergebnisse vorgestellt, die in erster Linie in Längsschnittstudien gewonnen wurden - vor allem in der Minnesota Längsschnittstudie (Sroufe u.a.) und in einer der Regensburger Studien (Grossmann, Grossmann u.a.). In diesen Studien wird die Relevanz früher Bindungsbeziehungen für die soziale Entwicklung von Kindern im Vorschulalter belegt. Kinder, die im Alter von einem oder 1 ½ Jahren sicher an ihrer Mütter gebunden waren, sind einige Jahre später im Vergleich zu anderen Kindern sozial kompetenter, selbständiger und weniger aggressiv. Ich gehe bei der Vorstellung der entsprechenden Untersuchungsergebnisse sehr ausführlich auf die in den einzelnen Längsschnittstudien gewählten Erhebungs- und Analyse-Verfahren ein, um es den skeptischen Leserinnen und Lesern dieses Buches zu erleichtern, sich ein eigenes Urteil zu bilden. Im Kapitel 6 kommen auch Untersuchungsbefunde zur Sprache, die gegen die Thesen der Bindungsforschung sprechen. Ich stelle diese in Abschnitt 6.2.1.3 vor und versuche, ergänzende Interpretationen und Thesen heranzuziehen, die bei der Aufklärung der erkennbar widersprüchlichen Forschungsresultate eventuell helfen können.

In Kapitel 7 - dem Kapitel über die Folgen früher Misshandlungserfahrungen - wird zwar auch auf die Minnesota-Längsschnitt-Studie und auf andere Längsschnittstudien Bezug genommen, stärker vertreten sind hier jedoch kleinere Beobachtungsstudien, in denen Kinder, die von ihren Eltern misshandelt wurden, mit Kindern, die nicht misshandelt wurden, verglichen werden. Die referierten Forschungsresultate deuten darauf hin, dass die Herausbildung sozialer Kompetenzen - auch kognitiver Kompetenzen - durch frühe Erfahrungen der Misshandlung und der Verunsicherung in den Bindungsbeziehungen einschneidend behindert wird. Darüber hinaus sprechen die Forschungsbefunde auch dafür, dass misshandelte Kinder im Kindergarten deutlich aggressiver als andere Kinder sind.

In Kapitel 8 - der Zwischenbetrachtung - sollen zunächst die bis dahin erarbeiteten Beiträge zum Verständnis früher Bindungsbeziehungen und früher Sozialisationsprozesse zusammengefasst werden. Daran anschließend möchte ich Hypothesen zu den längerfristigen Auswirkungen früher Bindungs- und Interaktionserfahrungen formulieren. Ausgangspunkt ist dabei die Annahme, dass es bei der Formulierung längerfristig angelegter Prognosen im Bereich der Bindungs- und Sozialisationsforschung in der Regel nicht um deterministische, sondern um probabilistische Zusammenhänge geht. Die Qualität früher Bindungsbeziehungen führt nicht notwendig, sondern nur mit einer bestimmten, mehr oder minder präzise angebbaren Wahrscheinlichkeit zu bestimmten Handlungstendenzen - z.B. im Rahmen partnerschaftlicher Beziehungen oder im beruflichen Umfeld. Es gibt zudem weitere Einschränkungen, wenn es um längerfristige Prognosen geht, die mit der Variabilität von Bindungsbeziehungen zusammenhängen und mit der Möglichkeit, dass im Verlauf des Lebens weitere, subjektiv bedeutsame Bindungsbeziehungen entstehen können - zu alternativen Bezugspersonen, Freunden und Freundinnen oder zu Partnern und Partnerinnen in Liebesbeziehungen -, die eventuell dazu beitragen, Entwicklungsprozesse in eine andere Richtung zu lenken.

Man sollte also bei der Formulierung langfristig angelegter Prognosen vorsichtig sein. Realistischer ist es, sich in den Hypothesen zu den Folgen früher Bindungsbeziehungen auf kürzere Abschnitte oder Stufen der Entwicklung zu beziehen und dabei unterschiedliche Lebens- und Handlungsbereiche der Heranwachsenden (z.B. die Schule, die Nachbarschaft etc.) zu berücksichtigen, die selbst wiederum wichtig für Sozialisationsprozesse sind. Kinder und Jugendliche werden durch frühe Bindungs- und Interaktionserfahrungen in einer je spezifischen Art und Weise beeinflusst, die ihr Handeln in jeweils neuen sozialen Kontexten prägt. Sie finden beispielsweise leichter oder schwerer Freunde oder haben im schulischen Alltag im Umgang mit ihren Lehrern sehr viele Konflikte oder nur sehr wenig Konflikte. Die heranwachsenden Kinder und Jugendliche werden umgekehrt selbst auch durch diese neuen Kontexte - zum Beispiel durch neue Freundschaften oder durch Zurückweisungserfahrungen - beeinflusst. Es geht demnach nicht um einlinig verlaufende Einflussprozesse, sondern um Prozesse wechselseitiger Beeinflussung. In Kapitel 8 soll dies an verschiedenen Beispielen illustriert werden.

In Kapitel 9, in dem es um die Entwicklung von Gewaltbereitschaft geht, sollen die Überlegungen zu den längerfristigen Auswirkungen früher Bindungsbeziehungen und zu Prozessen wechselseitiger Beeinflussung in unterschiedlichen Handlungsfeldern weiter verfolgt und in einen breiteren Kontext gestellt werden. Im Zentrum steht die Gewaltbereitschaft von Männern und Frauen bzw. männlichen und weiblichen Jugendlichen (vgl. zu dem zugrunde gelegten Begriff der Gewaltbereitschaft und zur Konzentration auf deviantes gewalttätiges Handeln vor allem Abschnitt 9.1). Dieses Kapitel ist besonders umfangreich geworden. Man möge mir dies nachsehen. Es liegt mir daran, Themen und Probleme, die im Allgemeinen in getrennten Publikationen und Diskussionen behandelt werden, zusammenhängend darzustellen und im Kontext der Bindungs- und Sozialisationsforschung zu diskutieren: nämlich auf der einen Seite Fragen der Kindesmisshandlung - wer sind die Täter und Täterinnen und vor welchem sozialen und biographischen Hintergrund handeln sie - und auf der anderen Seite Fragen der Gewaltbereitschaft von männlichen und weiblichen Jugendlichen. Wie kann der soziale und biographische Hintergrund der Gewaltbereitschaft von Jugendlichen charakterisiert werden? Ich hoffe, durch eine vergleichende Analyse der Wege zur Gewaltbereitschaft bei misshandelnden Eltern und bei gewalttätigen Jugendlichen generelle Annahmen zur Entwicklung von Gewaltbereitschaft entwickeln zu können. So lassen sich etwa in beiden Gruppen Parallelen in ihren frühen Bindungs- und Interaktionserfahrungen erkennen (vgl. hierzu insbesondere die Abschnitte 9.2 und 9.4 der Arbeit). Diese Parallelen sind für die Theoriebildung wichtig. Dennoch müssen bei der Interpretation von Gewaltbereitschaft zusätzliche Annahmen und Kontext-Bedingungen einbezogen werden, wie dies in Kapitel 9 ausführlich dargestellt wird.

Wichtig ist zunächst die Einbeziehung einer geschlechtervergleichenden Perspektive. Wenn man fragt, vor welchem biographischen Hintergrund Männer und Frauen oder männliche und weibliche Jugendliche gewalttätig werden, wird man auf der einen Seite zwar auf eine Reihe ähnlicher Bedingungen stoßen, insbesondere in der Kindheit der Täter und Täterinnen (vgl. hierzu ebenfalls die Abschnitte 9.2 und 9.4). Auf der anderen Seite müssen bei der Interpretation von Gewaltbereitschaft auch geschlechtsspezifische Unterschiede beachtet werden. Zum Beispiel sind männliche Jugendliche gewaltbereiter als weibliche Jugendliche (vgl. hierzu auch Abschnitt 9.4.3 dieser Arbeit). Insgesamt sind die Befunde zum Geschlechtervergleich jedoch nicht ganz so eindeutig, wie man dies nach stereotypen Vorstellungen von Männlichkeit und Weiblichkeit erwarten könnte (vgl. hierzu auch die Abschnitte 9.2 und 9.3). Sofern es um Kindesmisshandlung geht, sind Frauen mindestens genauso beteiligt wie Männer, zum Teil sogar stärker beteiligt. Frauen neigen offenbar auch in Konflikten innerhalb von Partnerschaftsbeziehungen zu mehr Gewalttätigkeit als erwartet. In Abschnitt 9.3 sollen empirische und historische Befunde zu Unterschieden und Parallelen in der Gewaltbereitschaft von Männern und Frauen ausführlicher referiert und diskutiert werden. Um ein Ergebnis vorwegzunehmen: Bei aller Komplexität der Befunde gibt es nach wie vor starke Belege dafür, dass Männer vor allem im Bereich schwerer Gewaltdelikte deutlich belasteter sind als Frauen. In Abschnitt 9.3 werden unterschiedliche Erklärungen hierfür vorgestellt. Wie es nach dem gegenwärtigen Forschungsstand nicht anders zu erwarten ist, gibt es dabei viele offene Fragen. Diskutiert werden zurzeit intensiver als noch vor zwanzig oder dreißig Jahren auch biologische Deutungen. Für sozialwissenschaftliche Analysen bleibt es trotz mancher offener Fragen und trotz aktueller Trends hin zur Biologie und Verhaltensgenetik (vgl. hierzu auch unten) dennoch zentral, sich mit dem sinnhaften Bezug des sozialen Handelns von Jungen und Mädchen oder Männern und Frauen zu befassen und kulturelle, ökonomische und historische Bedingungen der Ungleichheit zwischen den Geschlechtern systematisch zu beachten (vgl. hierzu ausführlicher auch Abschnitt 9.3). Entsprechend werden in dieser Arbeit vor allem Überlegungen und Forschungsergebnisse zu geschlechterbezogener Sozialisation herangezogen, um Unterschiede - und Parallelen - in der Gewaltbereitschaft von Männern und Frauen zu erklären (vgl. hierzu insbesondere Abschnitt 9.4.3 dieser Arbeit, aber auch Abschnitt 9.3).

Bei der Analyse der Bedingungen, unter denen die Bereitschaft zu gewalttätigem Handeln entsteht, sind auch schichtspezifische Unterschiede zu beachten. Dies gilt im Bereich der Kindesmisshandlungen ebenso wie im Bereich delinquenter Jugendgewalt (vgl. hierzu insbesondere die Abschnitte 9.2.1 und 9.4.3). Die unterprivilegierten Schichten der Bevölkerung, deren Einkommen sehr gering ist, die einen niedrigen Bildungsstand haben und die unter besonders ungünstigen Wohnverhältnissen leben, sind besonders gewaltbelastet. Ähnlich wie bei der Diskussion von Unterschieden zwischen den Geschlechtern muss man sich jedoch auch hier vor stereotypen Deutungen in Acht nehmen. Es geht nicht um schichttypische Verhaltensweisen, sondern um quantitative Relationen und unterschiedliche Wahrscheinlichkeiten gewalttätigen Handelns in einzelnen Sozialschichten. In

Abschnitt 9.4.3 werden auch Hypothesen zur Wirkungsweise sozioökonomischer Faktoren vorgestellt. Im Kontext der vorliegenden Arbeit sind dabei sozialisationsbezogene Deutungen von besonderem Interesse.

In den letzten Jahren sind vor allem in der Psychologie und in der Psychiatrie zunehmend Tendenzen zur biologischen Interpretation auch komplexer Bereiche sozialen Handelns zu beobachten (vgl. hierzu etwa Plomin u.a. 2001, Rowe 1997; vgl. als populärwissenschaftliche Darstellung Harris 2000). Dies gilt auch für den Bereich devianten und gewalttätigen sozialen Handelns. In der vorliegenden Arbeit möchte ich mich kritisch mit diesen Tendenzen auseinandersetzen. In Abschnitt 9.4.1 meiner Arbeit werden deshalb die Längsschnitt-Untersuchungen der Gruppe um Terrie Moffitt (vgl. etwa Moffitt 1993 oder Moffitt u.a. 2001), in denen bei der Interpretation längerfristiger Devianz („life-course-persistent antisocial behavior") biologische Annahmen ein starkes Gewicht haben, ausführlich vorgestellt und diskutiert. Sie werden mit bindungstheoretischen Arbeiten zum selben Thema - den Längsschnitt-Analysen der Minnesota-Gruppe (vgl. zu diesen Analysen auch Abschnitt 6.2.1 dieser Arbeit) - verglichen. Ich hoffe, im Zusammenhang mit diesem Vergleich zeigen zu können, dass die weitreichenden Thesen zu den biologischen - genetischen oder mit dem Verlauf der Schwangerschaft verbundenen - Bedingungen devianter Entwicklungen in den empirischen Arbeiten der Moffitt-Gruppe nicht belegt werden können.

In der Bundesrepublik dominieren in den bildungspolitischen Diskussionen - anders als in den sechziger und siebziger Jahren des vorigen Jahrhunderts - gegenwärtig Gruppen, die wenig anderes im Kopf zu haben scheinen als Schulleistungen, Leistungs-Vergleiche und Leistungs-Konkurrenz. Die Art und Weise, in der in der Bundesrepublik die Repräsentativerhebungen zum Leistungsstand von Schülerinnen und Schülern in Deutschland (vgl. hierzu insbesondere die Veröffentlichungen zur PISA-Studie, so etwa PISA-Konsortium 2001) rezipiert wurde, belegt dies anschaulich. Am unglücklichsten war man in den zahlreichen politischen, wissenschaftlichen und journalistischen Diskussionen über Befunde, nach denen die Test-Leistungen der fünfzehnjährigen Jugendlichen in Deutschland im internationalen Vergleich unter dem Durchschnitt lagen. Demgegenüber haben die dramatischen Ergebnisse zur schichtspezifischen und migrationsbedingten Benachteiligung von Schülern und Schülerinnen nur wenige Gemüter erhitzen können. Für viele Menschen sind Elite-Förderung, ökonomischer Aufschwung und Konkurrenzvorteile im internationalen Wettbewerb offenbar wichtiger als eine Erziehung, in der auf breiter Front versucht wird, soziale Benachteiligung auszugleichen - in besser ausgestatteten Kinderkrippen, Kindergärten, Grundschulen, Förderschulen oder in weiterführenden Schulen.

Mit der vorliegenden Arbeit möchte ich nicht nur einen Beitrag zu Grundlagenproblemen der Bindungs- und Sozialisationsforschung leisten, sondern gleichzeitig auch auf soziale Probleme in unserer Gesellschaft aufmerksam machen, die im Vergleich zu den mediokren Testleistungen fünfzehnjähriger Jugendlicher einschneidender und gravierender sind. Zu diesen Problemen rechne ich insbesondere die Tatsache, dass in unserer Gesellschaft zunehmend mehr Kinder in Armut aufwachsen und dass auch in unserer Gesellschaft für viele Kinder Misshandlungserfahrungen nichts ungewöhnliches sind. Wenn es mir in diesem Buch gelingen sollte, deutlich zu machen, wie folgenreich frühe Misshandlungserfahrungen und frühe Unsicherheit in den Bindungsbeziehungen für die Entwicklung von Kindern und Jugendlichen sind und wie wichtig frühe Interventionen sind, wäre damit ein vordringliches Ziel dieser Publikation erreicht.

2. Sozialisation und Bindung - begrifflicher und theoretischer Rahmen

2.1 Zum Begriff der Sozialisation

Mit dem Begriff der Sozialisation bezeichnet man im Allgemeinen den Prozess, in dem Individuen in je spezifische soziale und kulturelle Kontexte hineinwachsen, in dem sie zu Mitgliedern werden. D.h. im Prozess der Sozialisation werden Merkmale, Kompetenzen und Dispositionen erworben, die für die Teilnahme in je spezifischen sozialen und kulturellen Kontexten wichtig sind: spezifische Sichtweisen, Wissensbestände und Interpretationen des sozialen Lebens; spezifische kognitive Kompetenzen, Handlungskompetenzen, Interaktionskompetenzen und spezifische normative Orientierungen, Gefühle oder Handlungsmotive.

In der Literatur zur Sozialisationsforschung und zu unterschiedlichen Sozialisationstheorien geht man gegenwärtig von einem sehr breiten Sozialisationsbegriff aus (vgl. in diesem Sinne z.B. Geulen 1991 und 2001, Veith 1996, Bugental und Goodnow 1999, Hurrelmann 2002 oder Tillmann 2003). Er bezieht sich nicht nur auf Entwicklungen in der Kindheit und im Jugendalter, sondern bezieht auch das Erwachsenenleben ein. Man fragt zum Beispiel nach Prozessen betrieblicher Sozialisation oder nach Prozessen politischer Sozialisation im Erwachsenenalter. Der Sozialisationsbegriff bezieht sich zudem auf ein breites Spektrum von Verhaltensweisen und Handlungen. Es geht bei der Sozialisation der heranwachsenden Kinder und Jugendlichen keineswegs nur um bewusste und absichtsvolle erzieherische Eingriffe - im Elternhaus, im Kindergarten, in der Schule oder in der Berufsausbildung -, sondern es geht um die Gesamtheit der sozialen Erfahrungen, mit denen Kinder, Jugendliche oder auch Erwachsene konfrontiert sind und mit denen sie sich auseinandersetzen müssen.

Sehr allgemein formuliert kann man sagen: Sozialisation ist Lernen in der Interaktion mit anderen - in der Interaktion mit Eltern und anderen relevanten Bezugspersonen, in der Interaktion mit Geschwistern, mit Lehrerinnen und Lehrern, mit Vorgesetzten, mit Freundinnen und Freunden, mit Partnerinnen und Partnern, mit Gleichaltrigen in der Schule, mit Kollegen, Nachbarn oder auch entfernteren Bekannten. Auch die mediale Sozialisation - die Sozialisation durch Bücher oder Fernsehen - ist in solche Interaktionskontexte eingebunden.

Der Begriff der Interaktion bezieht sich dabei auf das wechselseitige Aufeinanderbezogensein von sozialem Handeln - oder sozialem Verhalten, wenn es um sehr junge Kinder geht. Wenn das einjährige Kind hinter der Mutter her krabbelt oder wenn es weint, wenn die Mutter den Raum verlässt, kann man wohl von sozialem Verhalten sprechen, nicht aber von sinnhaft orientiertem, zielgerichteten sozialen Handeln (vgl. zum Begriff des sozialen Handelns vor allem die einführenden Abschnitte in Max Webers „Wirtschaft und Gesellschaft"). Das Kind ist mit seinem Verhalten dennoch an der Interaktion mit seiner Mutter beteiligt und lernt zugleich. Es lernt zum Beispiel aus sich wiederholenden Interaktionserfahrungen, dass es sich darauf verlassen kann, dass die Mutter zurückkommt oder dass sein Weinen von seiner Mutter nicht durchweg freundlich aufgenommen wird. Das Kind wird „sozialisiert".

In der Soziologie ist der Sozialisationsbegriff traditionell eng mit der Frage nach der Stabilität von Gesellschaften verbunden (vgl. als informative Überblicke hierzu Geulen 1991 oder Veith 1996). Diese ist ohne einen minimalen normativen Konsensus, der von Generation zu Generation in Sozialisationsprozessen weiter vermittelt wird, nicht denkbar. Der amerikanische Soziologe Talcott Parsons hat dies vor fast siebzig Jahren in seinem für die Soziologie und ihr theoretisches Selbstverständnis wichtigen Werk „The structure of social action" (1964/1937) dargelegt und vor allem am Werk Emile Durkheims und Max Webers erläutert. Zwang, Drohungen und eine starke Zentralgewalt reichen nicht aus, um die soziale Ordnung und Stabilität von Gesellschaften zu garantieren. Man kann sich ebenso nicht darauf verlassen, dass individuelle, an ihrem Nutzen orientierte Akteure ihre Handlungen so koordinieren, dass Stabilität erreicht wird. Gesellschaftliche Stabilität ist vielmehr nur dann möglich, wenn es unter den Gesellschaftsmitgliedern so etwas wie einen normativen Konsens gibt, wenn zentrale Werte und Normen für sie verbindlich sind.

Für die Sozialisationsforschung folgt aus dieser theoretischen Perspektive, dass Sozialisationsprozesse für den gesellschaftlichen Zusammenhalt von höchster Bedeutung sind. In der Formulierung des französischen Soziologen Emile Durkheim:

> „Erziehung ist weit davon entfernt, das Individuum und seine Interessen zum einzigen oder hauptsächlichen Gegenstand zu haben. Sie ist vor allem das Mittel, mit dem die Gesellschaft ständig neu die Bedingungen ihrer Existenz schafft. Die Gesellschaft kann nur überleben, wenn unter ihren Mitgliedern eine ausreichende Homogenität existiert. Die Erziehung pflanzt diese Homogenität fort und verstärkt sie, indem sie von vornherein die wesentlichen Ähnlichkeiten, die ein kollektives Leben verlangt, im Geist des Kindes fixiert." (Durkheim 1972/1903, S. 83).

Allerdings sind nach Durkheim für den Fortbestand von Gesellschaften nicht nur Homogenität, sondern auch Verschiedenheit erforderlich. Denn „ohne eine gewisse Verschiedenheit" ist Kooperation nicht möglich.

> „Die Erziehung sichert den Bestand dieser notwendigen Verschiedenheit, indem sie sich selbst differenziert und spezialisiert. Sie besteht demnach sowohl unter dem einen als auch unter dem anderen Aspekt in einer systematischen Sozialisation der jungen Generation." (Ebenda, S. 83)

Durkheim spricht in seinen Arbeiten immer wieder davon, dass die Gesellschaft in die Individuen „eindringt" oder sie „durchdringt"; sie senkt ihre Moral in uns hinein, und indem wir nach dieser Moral handeln, „befiehlt" uns die Gesellschaft (vgl. Durkheim 1903/1984, S. 121 ff. und Veith 1996, S. 131). In der Geschichte der Sozialisationstheorie und -forschung wurden hierzu schon früh auch Gegenakzente gesetzt. Sozialisation wurde nicht nur als Prozess der Vergesellschaftung, sondern auch als Prozess der Individuierung betrachtet - so etwa in Georg Simmels „Soziologie" (1908/1958). In der heutigen Diskussion (vgl. hierzu etwa Veith 1996, Bugental und Goodnow 1999, Geulen 2001 oder Hurrelmann 2002) wird der Aspekt der Individuierung im Sozialisationsprozess noch stärker betont. Sozialisationsprozesse verlaufen nicht auf einer Einbahnstrasse, sondern in Interaktionsprozessen. Schon früh nimmt das heranwachsende Kind an diesen aktiv und gestaltend teil. Es kann also in der Sozialisationsforschung nicht nur darum gehen zu fragen, wie gesellschaftliche Institutionen sich über die Sozialisation der je nachfolgenden Generationen reproduzieren, erhalten bleiben und in ihrem Sosein bekräftigt werden. Es muss vielmehr auch darum gehen zu fragen, wie im Prozess der Sozialisation Individuen heranwachsen, die gesellschaftliche Rahmenbedingungen kritisieren und verändern können. Das bedeutet, dass man sich in der Sozialisationsforschung nicht allein dafür interessiert, wie soziale Normen verinnerlicht werden, wie sie in uns „eindringen", sondern auch für den kritischen und eigenständigen Umgang mit Normen. Orientieren sich Individuen in ihrem Handeln nur deshalb an bestimmten Normen (z.B. Höflichkeitsnormen), weil sie es so gewohnt sind oder weil man ihnen dies in der Erziehung aufgedrängt hat, oder handeln sie so aus eigener Überzeugung und deshalb, weil sie solche Normen für wichtig halten, sie z.B. als Ausdruck von Achtung gegenüber anderen Menschen schätzen? Oder: Haben Menschen die Kraft, sich an normativen Überzeugungen auch dann zu orientieren, wenn sie damit anecken oder gegen gesetzliche Vorschriften verstoßen? In der Sozialisationsforschung geht es also nicht einfach um Norm-Konformität, sondern auch um die Frage, ob und unter welchen Bedingungen Menschen zu einer substanziellen moralischen Autonomie gelangen können (vgl. hierzu vor allem Kapitel 5 dieser Arbeit).

In den sechziger und siebziger Jahren des 20. Jahrhunderts wurden insbesondere Talcott Parsons Soziologie und die Orientierung an Stabilität und normativem Konsensus scharf attackiert. Man sprach von einer „oversocialized conception of man in modern sociology“ (Wrong 1961) und kritisierte, dass individuelle Autonomie, Widerstand und die Möglichkeit, soziale Verhältnisse zu verändern, bei Parsons zu wenig berücksichtigt würden. Auch Autoren der Frankfurter Schule der Soziologie kritisierten Parsons und nahmen Anstoß an der Idee des Werte-Konsensus (vgl. z.B. Bergmann 1967): Um wessen Werte geht es dabei? Sind es nicht die Werte der herrschenden Klasse, die den Unterdrückten aufgezwungen werden und die der Absicherung ihrer Herrschaft dienen? Parsons Soziologie wurde auch von anderen theoretischen Ansätzen her kritisiert, so insbesondere aus der Perspektive von Ansätzen, die sich auf das Werk George Herbert Meads (vgl. Mead 1968/1934) bezogen (vgl. z.B. Krappmann 1971; vgl. zu dieser Diskussion auch Joas 1991). Die an Annahmen des Symbolischen Interaktionismus orientierten Autoren integrierten dabei in ihre Arbeiten theoretische und empirische Beiträge, die im Kontext der Frankfurter Schule der Soziologie entstanden waren, so die „Studien über Autorität und Familie“ (1936), die Untersuchungen zur autoritären Persönlichkeit (Adorno u.a. 1969/1950) und insbesondere die Arbeiten Jürgen Habermas' (vgl. Habermas 1973/1968 als frühen Beitrag zur Sozialisationstheorie). Nach Auffassung der Parsons-Kritiker sollte es in der Sozialisationsforschung nicht primär um Bedingungen normen- und rollenkonformen Handelns gehen, sondern um die Bedingungen von Identität und Autonomie. Das autonom handlungsfähige, mit sich identische Subjekt, für das im „Social System“ Talcott Parsons kein Raum zu sein schien, rückte in den Vordergrund des Interesses (vgl. entsprechend auch Oevermann, 1976, im Rahmen einer Arbeit zu Strategien der Sozialisationsforschung).

Trotz der damals weit verbreiteten Kritik an Parsons ist die Idee, dass Werte und Normen von Generation zu Generation weiter vermittelt werden und dass sie in diesem Prozess von der jeweils neuen Generation „verinnerlicht“ oder „internalisiert“ werden - wenn auch mit wechselndem Erfolg -, auch aus der aktuellen Sozialisationsforschung nicht wegzudenken. Sie wird allerdings im Vergleich zu früheren Auseinandersetzungen heute auf breiterer empirischer Grundlage diskutiert. Die schlichte Alternative zwischen der Verinnerlichung von Werten und Normen und der Systemerhaltung auf der einen Seite und individueller Autonomie, Kritik und Systemänderung auf der anderen Seite ist so, wie sie in den sechziger und siebziger Jahren in der kritischen Auseinandersetzung mit Talcott Parsons bisweilen formuliert wurde, heute nicht mehr zu halten. Sie sollte, wie ich im Verlauf des Buches hoffe zeigen zu können, durch differenziertere und integrierende Sichtweisen ersetzt werden.

2.2 Menschenbild und Sozialisation: Frühe Bindungsbereitschaft oder „Tabula rasa"?

Emile Durkheim ging davon aus, dass Kinder nach ihrer Geburt zunächst nicht als soziale Wesen zu begreifen seien. Sie seien in sozialer Hinsicht eine „Tabula rasa" - ein unbeschriebenes Blatt:

> „Lässt man aber nun die vagen und unbestimmten Tendenzen beiseite, die der Erbmasse zugeschrieben werden können, so bringt das Kind bei Eintritt ins Leben nur seine individuelle Natur mit. Die Gesellschaft findet sich also selbst mit jeder neuen Generation im Angesicht einer 'Tabula rasa', auf der sie aufbauen muss. Zu dem eben geborenen egoistischen und asozialen Sein muss sie so schnell wie möglich ein anderes Sein hinzufügen, welches fähig ist, ein sittliches und soziales Leben zu führen. Dies ist das Werk der Erziehung." (Durkheim 1972/1911, S. 31).

Durkheims Vorstellung, dass das neugeborene Kind im Prinzip asozial und egoistisch ist und unter sozialen Gesichtspunkten nichts mitbringt - Tabula rasa ist -, findet sich in vielen einführenden Texten zum Sozialisationsbegriff und zu Sozialisationstheorien wieder. Sie gehörte über längere Zeit hinweg zur soziologischen Allgemeinbildung, wurde dann aber durch interaktionistische Positionen (vgl. oben) relativiert. Auch in anderen theoretischen Traditionen, die als relevante Bezugstheorien der Sozialisationsforschung anzusehen sind, ging man von einer primär asozialen Existenz des Neugeborenen aus. So etwa in der älteren psychoanalytischen Theorie. Sigmund Freud nahm an, dass das neugeborene Kind erst über die Nahrungsaufnahme Beziehungen zur Mutter aufnimmt. Der Säugling bleibt nach dieser Vorstellung so lange auf der Stufe des „primären Narzissmus" - der primären Selbstliebe - stehen, bis ihn der Hunger zwingt, „auf die Mutter als bedürfnisbefriedigendes Objekt" zu achten (vgl. Lichtenberg 1991, S. 6). Sigmund Freud hat hieran auch in späten Arbeiten festgehalten, in denen er den ersten Jahren der kindlichen Entwicklung und der frühen Mutter-Kind-Beziehung große Bedeutung zubilligte. In dem 1938 verfassten „Abriss der Psychoanalyse", in dem die frühe Beziehung des Kindes zur Mutter als „Vorbild aller späteren Liebesbeziehungen" bezeichnet wird (vgl. Freud 1983/1940, S. 115), bleibt Freud bei der Auffassung, dass die Liebe zur Mutter „in Anlehnung an das befriedigte Nahrungsbedürfnis" entsteht und dass die Mutter für das neugeborene Kind zunächst nur in Gestalt der ernährenden Mutterbrust affektiv bedeutsam ist. Diese nimmt als „Objekt" einen Teil der „ursprünglich narzisstischen Libidobesetzung mit sich" und „vervollständigt" sich erst später zur Person der Mutter. (Vgl. ebenda)

Die Idee, dass die Neugeborenen in sozialer Hinsicht nichts zu bieten haben und dass sie als bloß egoistische oder narzisstische Wesen anzusehen sind, kann heute nicht mehr aufrecht erhalten werden. Durkheims Bild vom primär asozialen Säugling und Freuds theoretische Annahmen zum primären

Narzissmus wurden durch vielfältige Beobachtungen, die sich auf die Interaktion von Säuglingen mit ihren Müttern beziehen, widerlegt.

Aus der Sicht der neueren psychoanalytischen Forschung sind es nicht einfach nur Hunger und Durst, die den Säugling in die soziale Beziehung zur Mutter hineinzwingen: Das Neugeborene ist in der Darstellung J. D. Lichtenbergs ein

> „Organismus, dessen Reaktionsbereitschaft sich um einen affektiven Wahrnehmungs- und Handlungsdialog mit der Mutter zentriert und justiert. Untersuchung für Untersuchung dokumentiert das vorangepasste Potential des Säuglings, kraft dessen er direkt - von Mensch zu Mensch - mit der Mutter interagieren kann. Neugeborene reagieren selektiv und aktiv auf Schallfrequenzen im Bereich der menschlichen Stimmlage. Ihr Blick ist auf Objekte, die etwa 20 cm weit weg sind, am genauesten fokussierbar - das ist genau die Entfernung der Augen der Mutter, wenn der Säugling in der Position gehalten wird, die während der Brust- oder Flaschenfütterung üblich ist ... Neugeborene schauen längere Zeit auf Strichzeichnungen menschlicher Gesichter als auf Punkte. Um die 2. Lebenswoche herum schauen sie normalerweise länger das Gesicht der Mutter an als das eines Fremden, und sie schauen auch länger das Gesicht ihrer Mutter an, wenn diese zu ihnen spricht“ (Lichtenberg 1991, S. 6).

Man geht heute davon aus, dass Neugeborene eine Reihe grundlegender Eigenheiten und Fähigkeiten für die soziale Interaktion mitbringen. Hierzu gehören die Präferenz für die menschliche Stimme, die Bereitschaft für die Wahrnehmung von Sprache und die Vorliebe für das menschliche Gesicht (vgl. Rau 2002, S. 154). Manche Forscher sehen auch in der primär gegebenen Imitationsneigung (zum Beispiel beim Zunge-Herausstrecken) den Ausdruck einer grundlegend sozialen Orientierung (vgl. ebenda, S. 156). In dieser Hinsicht bemerkenswert sind auch die Untersuchungen zur emotionalen „Ansteckung“. Es scheint so zu sein, dass Säuglinge schon sehr früh die negative oder positive Färbung von Gefühls-Signalen erfassen (vgl. Saarni u.a. 1998, S. 251). Sie reagieren zum Beispiel auf das Schreien anderer Säuglinge selbst mit Schreien. Sagi und Hoffman (1976) konnten dies bei Säuglingen, die erst 30 Stunden alt waren, beobachten. Sie nehmen an, dass in dem reflexartigen Schreien so etwas wie eine ursprünglich gegebene oder sehr schnell gelernte Vorform des Mitgefühls zu sehen ist.

Bereits mit ca. zwei Monaten haben die Kinder Erwartungen an ihre Interaktionspartner aufgebaut. Sie erwarten einen aktiven Interaktionspartner, wie sich an der so genannten „still-face“-Situation zeigen lässt. Nähert der Interaktionspartner sich ihnen mit einer vorübergehend erstarrten Mimik, werden sie selbst aktiv (vgl. hierzu und zum Folgenden Rau 2002, S. 155): Sie suchen Blickkontakt, vokalisieren, lächeln, werden motorisch aktiv oder weinen, wenn die „still-face“-Situation zu lange dauert. Sie haben bestimmte Erwartungen an menschliche Interaktionspartner aufgebaut und reagieren mit Eigeninitiative oder mit Enttäuschung, wenn sich die Interaktion nicht wie erwartet entwickelt.

Gegen die Vorstellung, dass Menschen primär „asozial" sind, spricht insbesondere, dass Säuglinge die Tendenz haben, im Verlauf des ersten Lebensjahres Bindungen an erwachsene Bezugspersonen aufzubauen (vgl. hierzu insbesondere John Bowlbys Arbeiten). Sie binden sich an die Personen, die für ihre Pflege und Versorgung primär zuständig sind. In unserer Gesellschaft sind dies häufig die Mütter; es können aber auch die Väter oder andere Personen sein, sofern diese sich an der Pflege und Versorgung aktiv beteiligen. Wie diese Bindungen sich im Einzelnen weiter entwickeln, kann sehr unterschiedlich sein und hängt, wie ich im weiteren Verlauf dieses Buches zeigen möchte, sehr stark davon ab, welche Erfahrungen die heranwachsenden Kinder mit ihren Bezugspersonen machen. Unterstützen diese die Kinder, wenn sie Hilfe brauchen, reagieren sie sensibel auf Not-Signale der Kinder, kooperieren sie in der Interaktion mit ihnen, reden sie mit den Kindern, beantworten sie ihr Lächeln etc.?

Trotz der großen Bedeutung, die die konkreten Interaktionserfahrungen von Säuglingen für ihre Entwicklung und Sozialisation haben, gibt es dennoch gute Gründe dafür anzunehmen, dass die Bereitschaft zur Bindung an Bezugspersonen an sich angeboren ist, was gegen die Idee des Säuglings als einer sozialen „Tabula rasa" oder auch gegen die Idee eines primären Narzissmus spricht. Der britische Psychiater John Bowlby hat die Auffassung, dass die Bindungsbereitschaft angeboren und im Keim bereits beim Neugeborenen vorhanden ist, vor allem in der kritischen Auseinandersetzung mit der psychoanalytischen Theorie und mit Freuds Vorstellung, dass sich die affektiven Beziehungen zur Mutter zunächst aus der Nahrungsaufnahme ergeben (vgl. oben), entwickelt. Er zog dabei auch Theorien und Forschungsergebnisse aus dem Bereich der ethologischen Forschung - der biologischen Verhaltensforschung - zur Begründung seiner Konzeption heran. (Vgl. hierzu Bowlby 1984/1969, Ainsworth und Bowlby 2003/1991; vgl. zur Entwicklung des Bowlbyschen Denkens u.a. Holmes 1993, Karen 1994, Dornes 2000, Grossmann und Grossmann 2003)

Für Bowlby ergibt sich aus seiner Kritik an der psychoanalytischen Theorie der Kind-Mutter-Beziehung und aus der ethologischen Forschung, dass die Neigung, „starke emotionale Bindungen zu spezifischen Individuen aufzubauen, als eine grundlegende Komponente der menschlichen Natur" anzusehen ist, welche „im Keim bereits beim Neugeborenen vorhanden ist" (vgl. hierzu und zum Folgenden Bowlby 1995/1988, S. 20 f.). Diese Neigung bleibt auch im Erwachsenenalter und im hohen Alter bestehen. Während der Kindheit spielen vor allem die Bindungen an die Eltern oder an Ersatz-Eltern (z.B. nahe Verwandte) eine Rolle. Bei ihnen sucht das Kind Schutz, Trost oder Hilfe. Im Allgemeinen bleiben die Bindungen an die Eltern später erhalten, werden jedoch durch neue Bindungen in Liebesbeziehungen ergänzt. Für Bowlby ist dabei zentral, dass die Bindungsbeziehungen eine eigene Bedeutung haben. Sie sind nicht einfach aus dem Drang zur Nahrungsaufnahme oder aus sexuellen Wünschen abzuleiten, sondern sie haben eine eigene Überlebensfunktion. Sie gewähren Schutz.

Das Bindungsverhalten - die Verhaltensweisen, mit denen die Nähe zur Bezugsperson gesucht und aufrechterhalten wird (z.B. Hinterherlaufen, Weinen, Schreien, Anklammern, Anlächeln u.a.) - erfüllt also Schutzfunktionen. Bowlby nimmt an, dass sich dieses Schutz suchende Verhalten im Verlauf unserer Evolution herausgebildet hat. Im Prozess der Evolution und Selektion wurden die Individuen bevorzugt, „die Nähe oder zumindest einen sofortigen Zugang zu den anderen Individuen aufrechterhielten, die höchstwahrscheinlich Schutz geben würden." (Bowlby 2003/1980, S. 43) Auch in unserer fortgeschrittenen westlichen Welt sind wir von solchen Zwängen nicht befreit. Z.B. sind Kinder, die alleine unterwegs oder zu Hause sind, stärker unfallgefährdet als andere. Auch im Erwachsenenalter bleibt es in Gefahrensituationen wichtig, die Nähe zu anderen Menschen, die Unterstützung und Schutz bieten können, zu suchen und aufrecht zu erhalten. (Vgl. ebenda)

Für die These, dass die Bereitschaft zur Bindung an Schutz vermittelnde Bezugspersonen angeboren ist, sprechen unter anderem auch kulturvergleichende Untersuchungen. In allen Gesellschaften, in denen man soziale Beziehungen zwischen Kindern und Bezugspersonen genauer analysierte, sind die behaupteten Bindungstendenzen und das entsprechende Bindungsverhalten zu beobachten (vgl. hierzu insbesondere van IJzendoorn und Sagi 1999). Dies gilt sowohl für hoch entwickelte Industrie-Gesellschaften als auch für traditionelle bäuerliche Gesellschaften, für religiös geprägte Gesellschaften oder für Gesellschaften, in denen Religion eine geringere Rolle spielt, für europäische oder außereuropäische Gesellschaften, für wenig entwickelte Gesellschaften oder Nomadenvölker (vgl. hierzu auch Krebs 2001).

Selbst dort, wo sich die Erwachsenen herzlich wenig um ihren Nachwuchs kümmern, können Bindungstendenzen nachgewiesen werden. Interessant sind hierzu zum Beispiel die ethnologischen und psychoanalytisch orientierten Untersuchungen, die in den dreißiger und vierziger Jahren auf der Insel Alor im heutigen Indonesien, im Ort Atimelang, durchgeführt wurden (vgl. Du Bois 1944). Die in diesem Ort geborenen Kinder wuchsen wenig behütet und umsorgt auf. Sie wurden schon sehr früh - etwa 14 Tage nach ihrer Geburt - von ihren Müttern, die für die Feldarbeit zuständig waren, tagsüber allein gelassen und der Pflege und Versorgung durch den Vater, durch ältere Geschwister oder andere Verwandte überlassen. Das Engagement der Personen, die Aufgaben der Betreuung und Versorgung übernehmen sollten, war dabei zum Teil nicht sehr ausgeprägt. Die Kinder bekamen ihre Nahrung vielfach nur unregelmäßig und konnten sich zudem nicht auf stabile emotionale Zuwendung verlassen. Abends und nachts waren die Kinder bei ihren Müttern und wurden gestillt, wenn sie unruhig wurden.

Auch bei dieser insgesamt unregelmäßigen und emotional wenig unterstützenden Pflege und Versorgung entwickelten die Kinder Bindungstendenzen, die sich vor allem auf ihre Mütter richteten. Cora du Bois und Abram Kardiner, der sich in seinen Beiträgen besonders intensiv mit den psychischen Folgen der frühen Trennungen befasste (vgl. hierzu auch Kardiner 1963/1945), verwenden in ihrer Darstellung zwar nicht die Terminologie der Bindungsforschung, die es damals noch gar nicht gab; sie beschreiben aber in ihren Schilderungen der kindlichen Reaktionen auf die Trennung von der Mutter eindeutig Bindungsverhalten. Die Kinder weinen oder schreien, wenn sie von ihren Müttern, die ohne sie zur Feldarbeit gehen, allein gelassen werden, laufen hinter ihnen her, klammern sich an und suchen die körperliche Nähe zur Mutter. Cora du Bois schreibt:

> „Rages are so consistent, so widespread, and of such long duration among young children that they were one of my first and most striking observations. A common cause of tantrums is desertion - more specifically the departure of the mother for the fields each morning." (Du Bois 1944, S. 51)

Es gibt insgesamt also gute Gründe dafür, sich von älteren Vorstellungen, die den primär asozialen Charakter von Neugeborenen und Säuglingen betonen, zu verabschieden. Dies bedeutet allerdings nicht, dass sich damit auch Soziologie, Psychologie, Ethnologie oder Erziehungswissenschaften aus der Sozialisationsforschung verabschieden müssen. Denn auch wenn man annimmt, dass die Bereitschaft, sich an Schutz gewährende Bezugspersonen zu binden, angeboren ist, ist damit noch nichts darüber gesagt, wie sich diese Bindungen im Verlauf der kindlichen Entwicklung und Sozialisation weiter entwickeln. Es gibt vielmehr sehr gute theoretische und empirische Argumente dafür anzunehmen, dass die Art und Weise, in der sich die Bindungsbeziehungen des heranwachsenden Kindes entwickeln, in hohem Maß durch die sozialen Erfahrungen des heranwachsenden Säuglings und Kleinkindes beeinflusst werden - durch die Art der Interaktion zwischen dem Kind, seiner Mutter, seinem Vater oder anderen Bezugspersonen, durch den Charakter der emotionale Zuwendung oder durch den mehr oder minder sensiblen und unterstützenden Umgang der Eltern mit Not-Signalen des Kindes. Es ist vor allem Mary Ainsworth, die hierauf sehr früh aufmerksam gemacht hat und die in ihren empirischen Studien zur Interaktion zwischen Müttern und ihren Kinder belegen konnte, dass es in der frühen Entwicklung von Kindern nicht einfach um biologisch vorprogrammierte Abläufe geht, sondern dass es die sozialen Erfahrungen sind, die Kinder in der Interaktion mit ihren Müttern oder anderen Bezugspersonen machen, die entscheidend für ihre weitere soziale Entwicklung sind (vgl. Ainsworth 1967, Ainsworth u.a. 1978, Ainsworth und Bowlby 2003/1991; vgl. zur Entwicklung der Arbeiten Ainsworths u.a. Karen 1994, Dornes 2002 und Grossmann/Grossmann 2003).

In Kapitel 3 dieses Buches sollen Ainsworths Arbeiten und die auf diesen aufbauende Forschungstradition ausführlich dargestellt werden. Dabei ist besonders zu fragen, wie sich das Bindungsverhalten von Kindern entwickelt und welche Interaktionserfahrungen dazu führen, dass Kinder im Verhältnis zu ihren Bezugspersonen sicherer oder weniger sicher gebunden sind. Warum diese Frage auch für eine soziologisch oder pädagogisch orientierte Sozialisationsforschung so wichtig ist, wird im Verlauf dieses Buches deutlich werden. Im folgenden Abschnitt möchte ich hierzu erste Informationen und Thesen vorstellen.

2.3 Zur Bedeutung früher Bindungen für die Sozialisation von Säuglingen und Kleinkindern - psychoanalytische und bindungstheoretische Interpretationen

2.3.1 Bindung und „Sozialisierbarkeit" - am Beispiel elternloser Kinder

Ich möchte diesen Abschnitt mit einem ausführlich vorgestellten Beispiel beginnen. Es geht hierin um Kinder, die ohne eine Bindung an Eltern oder Ersatz-Eltern aufwuchsen. An ihrem Beispiel soll erläutert werden, wie schwer es ist, Kinder zu „sozialisieren", die in ihrem Leben keine Gelegenheit hatten, enge emotionale Beziehungen zu Erwachsenen aufzubauen.

Das Beispiel:
Im Oktober 1945 kam eine Gruppe von 6 Kindern in „Bulldogs Bank", einem Landhaus in Essex, in England, an. Die Besitzer hatten Räume in ihrem Haus zur Verfügung gestellt. Zwei Kinderschwestern - Sophie und Gertrud Dann - kümmerten sich um die Kinder (vgl. hierzu und zum Folgenden Anna Freud und Sophie Dann 1971/1951, S. 165 ff.).

Die Kinder - drei Jungen, drei Mädchen - waren zwischen drei und vier Jahre alt und waren, soweit man dies rekonstruieren konnte, ohne Eltern aufgewachsen oder hatten diese wenige Monate nach ihrer Geburt (in Wien oder Berlin) verloren. Ihre Eltern waren jüdisch und waren von den Nationalsozialisten ermordet worden. Die Kinder kamen im Verlauf ihres ersten Lebensjahres nach etlichen Zwischenstationen in das Konzentrationslager Theresienstadt - ein Durchgangslager, das, wenngleich menschenverachtend und destruktiv, nicht zu den expliziten Vernichtungslagern der Nationalsozialisten gehörte. Man brachte sie in der Abteilung für mutterlose Kinder unter, in der sie bis zur Befreiung des Lagers durch die sowjetische Armee im Frühjahr 1945 blieben. Sie wurden dort durch weibliche Häftlinge, die selbst unterernährt und überanstrengt waren, mit dem Nötigsten versorgt. Nur von einem einzigen Kind - Ruth - berichtete die Leiterin des Hauses für mutterlose Kinder später in einem Brief, dass dieses sich sehr intensiv an sie gebunden hätte. Alle anderen Kinder entwickelten keine spezifischen und engen emotionalen Beziehungen zu den sie betreuenden Häftlingen. Martha Wenger, die damalige Leiterin des Kinderhauses, erläutert dies und beschreibt die Bedingungen, unter denen die Kinder lebten, wie folgt:

> „In Th. (Theresienstadt. d. Verf.) versuchte jeder so wenig wie möglich zu arbeiten, um den Nahrungsmangel auszugleichen. Im Haus für mutterlose Kinder gab es immer zu viel Arbeit und zu wenig Menschen, die mir halfen. Außer um die Kinder mussten wir uns auch um ihre Kleider usw. kümmern, was viel Zeit erforderte. Wir kümmerten uns um das körperliche Wohl der Kinder so gut wie möglich, hielten sie durch drei Jahre frei von Ungeziefer und ernährten sie so gut, wie es unter den Umständen möglich war. Aber es war nicht möglich, auf ihre anderen Bedürfnisse einzugehen. Wir hatten nicht die Zeit, mit ihnen zu spielen..." (Freud und Dann 1971/1951, S. 168).

Als die sechs Kinder nach zwei Zwischenstationen in der Tschechoslowakei und in England in Bulldogs Bank ankamen, waren sie im Vergleich zu Kindern, die zusammen mit ihren Eltern oder Ersatzeltern aufwachsen, in mehrfacher Hinsicht anders und auffällig (vgl. zum Folgenden Freud und Dann 1971/1951, S. 169 ff.):

1. Die Kinder verhielten sich wild, ruhelos, unbeeinflussbar lärmend und aggressiv. In den ersten Tagen nach Ankunft zerstörten sie alles Spielzeug und beschädigten einen großen Teil der Möbel.
2. Die Kinder interessierten sich überhaupt nicht für ihre Betreuerinnen oder waren ihnen gegenüber sogar feindselig - auch gegenüber der jungen Helferin, die sie schon im englischen Empfangslager kennen gelernt hatten und die mit ihnen zusammen nach Bulldogs Bank gekommen war. „Zeitweilig ignorierten sie die Erwachsenen so vollständig, dass sie nicht einmal aufsahen, wenn einer von ihnen ins Zimmer trat. Sie wandten sich wohl an einen Erwachsenen in irgendeiner Not, behandelten aber dieselbe Person als nicht existierend, sobald ihr Bedürfnis befriedigt war." (Freud und Dann 1971/1951, S. 169)
3. Die positiven Gefühle der Kinder bezogen sich hingegen ausschließlich auf ihre eigene Gruppe. Es schien so, als ob die Kinder ihre im Prinzip ja vorhandene Bereitschaft zur emotionalen Bindung an spezifische Personen ganz auf die Kinder, mit denen sie zusammen in Theresienstadt waren, konzentrierten (vgl. hierzu auch Bowlby 1984/1969, S. 205). Anna Freud und Sophie Dann schreiben: „Es war offensichtlich, dass sie sich sehr umeinander kümmerten und um niemanden und nichts sonst. Sie hatten keinen anderen Wunsch, als zusammen zu sein, und wurden aufgeregt, wenn sie nur für kurze Zeit voneinander getrennt wurden. Kein Kind willigte ein, oben zu bleiben, wenn die anderen unten waren und umgekehrt, und kein Kind wollte zu einem Spaziergang mitgenom-

> men werden ohne die anderen. Wenn das doch vorkam, fragte das einzelne Kind unablässig nach den anderen, während die Gruppe sich um das fehlende Kind grämte." (Freud und Dann 1971/1951, S. 169)

Gegenüber den Erwachsenen fehlte den Kindern auch noch Wochen nach ihrer Ankunft eine positive Grundeinstellung, die es ihnen erleichtert hätte, ihren Wünschen und Anforderungen bereitwillig zu folgen. Die Erwachsenen waren für die Kinder insbesondere in den ersten Wochen vor allem Störenfriede, die sie als fremd und feindlich erlebten. (Vgl. zum Folgenden Freud und Dann 1971/1951, S. 182 ff.) Die Kinder bissen, spuckten, urinierten oder schlugen zu, wenn ihnen etwas nicht passte und sie wütend waren. Zum Beispiel nahmen sie die Einschränkungen übel, die man ihnen wegen des Straßenverkehrs auferlegte. Häufig verwandten sie das in Theresienstadt gelernte Schimpfwort „Blöder Ochs", wenn sie mit Anforderungen und Einschränkungen der Erwachsenen nicht einverstanden waren.

Zwei Beispiele:
Im Oktober 1945: Ein Maler arbeitet im Tagesraum mit einer hohen Leiter. Einer der Jungen klettert auf die Leiter und wird von einer der Betreuerinnen - Schwester Gertrud - heruntergehoben. Er spuckt nach ihr und schreit: „Blöde Tante, blöder Ochs." Im November 1945: Ein anderer Junge - Paul - hat zwar schon zweimal Kohl gegessen, lehnt dies aber beim dritten Mal ab. Als Schwester Sophie ihn auffordert, zumindest zu kosten, schreit Paul sein übliches „Blöder Ochs". Als Sophie hierauf nicht regiert, geht er zu ihr und sagt eindringlich: „Blöder Ochs, Sophie." (Vgl. ebenda, S. 183)

Später entwickelten sich allmählich positivere Beziehungen zu den Erwachsenen. Es gab erste Anzeichen individueller persönlicher Zuneigung zu Erwachsenen, und es entwickelten sich Tendenzen zur Anklammerung und zum Besitzergreifen. Aber diesen fehlte die Intensität, die für Kinder im Alter von drei bis vier kennzeichnend ist. Nach Freud und Dann, die ihre Beobachtungen vor dem Hintergrund der psychoanalytischen Theorie interpretierten, erreichten die Bindungen der Kinder an die Erwachsenen in keiner Weise die Stärke ihrer Bindungen untereinander. „Die Kinder durchliefen zwar die Entwicklung der Beziehung zu einer Mutterfigur, aber ohne die volle libidinöse Besetzung der Objekte, die sie dazu gewählt hatten." (Freund und Dann 1971/1951, S. 187) Das einzige Kind, das sich intensiver an eine erwachsene Bezugsperson band, war Ruth, von der bekannt war, dass sie eine solche Beziehung früher schon einmal erlebt hatte (vgl. oben).

Insgesamt lernten die Kinder aus Theresienstadt in Bulldogs Bank schnell. Sie lernten mit Spielzeug umzugehen, sie lernten die Natur kennen, Begriffe für Tiere und Pflanzen, sie lernten Häuser, Straßen und Straßenverkehr kennen, sie lernten die englische Sprache. Im Vergleich zu Familienkindern waren sie trotzdem anders (vgl. zum Folgenden vor allem Freud und Dann 1971/1951, S. 191 ff.): Sie waren überempfindlich, ruhelos und aggressiv und neigten zu besonders intensiver autoerotischer Betätigung. Ihre frühen sozialen Beziehungen waren enttäuschend verlaufen, sie hatten schwerste Entbehrungen erlebt. Sie griffen vor diesem Hintergrund auf den eigenen Körper zurück, um Trost und Beruhigung zu finden. Bei jedem Kind hatten sich oralerotische Befriedigungen erhalten, insbesondere hartnäckiges Daumenlutschen. Ein Kind neigte darüber hinaus zu zwanghaftem Masturbieren.

Auch wenn man die Kinder für ihr intensives und geräuschvolles Daumenlutschen kritisierte - zum Beispiel in Geschäften oder, im Vorübergehen, auf der Straße -, hielten sie daran fest. Die Kritik ließ sie gleichgültig, „Das Lutschen war ein so wesentlicher und unerlässlicher Teil ihres libidinösen Lebens, dass sie keine Schuldgefühle oder Konflikthaltungen deswegen entwickelt hatten." (Ebenda, S. 192) Freud und Dann sind der Überzeugung, dass das exzessive Daumenlutschen der Kinder unmittelbar mit dem prekären Charakter ihrer sozialen Beziehungen zusammenhing. Dies bestätigte sich noch im Verlauf der Beobachtung der Kinder. Als diese nach einem Jahr erfuhren, dass sie Bulldogs Bank verlassen sollten, begannen sie alle wieder damit, intensiv Daumen zu lutschen (vgl. ebenda).

Die Autorinnen weisen in ihren Schlussfolgerungen zu ihren Beobachtungen in Bulldogs Bank darauf hin, dass die Kinder aus Theresienstadt zwar überempfindlich, ruhelos und aggressiv waren und zu verstärkter Autoerotik neigten - in einigen Fällen mit beginnenden neurotischen Symptomen -, dass sie jedoch nicht extrem gestört oder psychotisch waren. Sie hatten Objekte für ihre „Libido" gefunden - wie es in der psychoanalytischen Theorie heißt - bzw. Objekte für ihre Bindungsbereitschaft, wie John Bowlby dies interpretiert (vgl. Bowlby 1984/1969, S. 205). Sie hatten eine gewisse Sicherheit in ihrer Gruppe von Gleichaltrigen gefunden. So konnten sie - auch in Theresienstadt - einige ihrer Ängste meistern und soziale Haltungen entwickeln (Freud und Dann 1971/1951, S. 217). Freud und Dann deuten an, dass die Gewissenentwicklung der Kinder und ihre späteren Liebesbeziehungen durch die frühen Störungen in ihren sozialen Beziehungen und in ihrer emotionalen Entwicklung dennoch beeinträchtigt sein könnten, halten sich aber mit vorschnellen Verallgemeinerungen hierzu zurück.

Generell vertritt Anna Freud die Auffassung, dass Kinder Anforderungen ihrer Umwelt umso leichter und bereitwilliger übernehmen und verinnerlichen, je enger und intensiver sie an die Personen gebunden sind, die ihnen gegenüber die sozialen und kulturellen Anforderungen ihrer Umwelt vertreten (vgl. hierzu insbesondere die Abschnitte 4.2 und 4.5 dieser Arbeit). Auch in der Bindungsforschung betont man den Zusammenhang zwischen engen emotionalen Beziehungen und Sozialisation. Die Bindung an die Eltern schafft eine wesentliche motivationale Grundlage dafür, dass Kinder den Aufforderungen und Anforderungen ihrer Eltern bereitwillig folgen. John Richters und Everett Waters schreiben hierzu:

> „... we are proposing that attachment contributes to socialization outcomes by rendering children more *socializable*. In so doing, we are high-

lighting a motivational dimension of the socialization process not easily addressed by more traditional models. This motivational core cuts across an array of socialization outcomes, and is reflected interalia in the child's *willingness* to obey, beyond mere obedience..." (Richters und Waters 1991, S. 199).

Mit anderen Worten: Wenn Kinder emotional an ihre Eltern gebunden sind, fällt es ihnen leichter, elterlichen Anforderungen nicht nur einfach zu gehorchen - zum Beispiel aus Angst -, sondern sie können diese Anforderungen bereitwilliger übernehmen, sie können früh lernen zu kooperieren.

Mary Ainsworth hat dies zusammen mit Donelda Stayton und Robert Hogan in der bekannten Baltimore-Studie (vgl. zu dieser Kapitel 3 und Abschnitt 4.3 der vorliegenden Arbeit) überprüft. Ausführliche und sorgfältige Beobachtungen der Interaktion zwischen Müttern und ihren Kindern führten zu dem Ergebnis, dass es vor allem das affektive Band zwischen Kind und Mutter ist, das die Bereitschaft zu Übernahme mütterlicher Anforderungen stärkt (vgl. Stayton u.a. 1971, S. 1067). Dies schließt die Bedeutung kognitiven Lernens nicht aus. Trotzdem betonen die Autoren in ihrer Analyse vor allem die folgenden Annahmen (vgl. Stayton u.a. 1971, S. 1066 f.):

1. In der Bindungsbeziehung ist die Tendenz angelegt, dass Kinder den Aufforderungen und Befehlen ihrer Mütter folgen.
2. Es ist zudem anzunehmen, dass die Qualität der Mutter-Kind-Beziehung - die Qualität der Bindung - die kindliche Bereitschaft beeinflusst, mütterlichen Aufforderungen zu folgen.

Für das Verständnis von Sozialisationsprozessen in den ersten Lebensjahren ist es daher wichtig, nach der jeweiligen Qualität der Beziehung zwischen Eltern und ihren Kindern zu fragen - nach der Qualität der Beziehungen zwischen Müttern und ihren Kindern, Vätern und ihren Kindern oder Ersatzeltern und ihren Kindern. In Kapitel 3 der vorliegenden Arbeit wird es vorrangig um diese Fragen gehen: Wie kann die Qualität der jeweiligen Bindungsbeziehungen beschrieben werden, und welche Faktoren sind dafür verantwortlich, dass manche Kinder sicher gebunden und andere unsicher gebunden sind?

2.3.2 Interaktionserfahrungen, innere Arbeitsmodelle von Beziehungen und die Entwicklung kindlichen Sozialverhaltens - die theoretischen Annahmen John Bowlbys

Bei dem Versuch, die Bedeutung früher Interaktionserfahrungen für die kindliche Entwicklung und Sozialisation genauer zu bestimmen, spielt das Konzept des inneren Arbeitsmodells - des „internal working models" - eine hervorgehobene Rolle. Dieses Konzept wurde im Rahmen der Bindungsforschung entwickelt und vor allem von John Bowlby in die Diskussion eingebracht. Bowlby wollte mit diesem Konzept dazu beitragen zu klären, wie sich die frühen Interaktionserfahrungen von Kindern auf ihre soziale und emotionale Entwicklung auswirken.

Da ich im Verlauf dieses Buches häufiger auf das Konzept des inneren Arbeitsmodells eingehen werde (vgl. hierzu etwa Kapitel 3 oder die Kapitel 6 und 7), möchte ich es hier ausführlicher vorstellen. Zunächst allgemein formuliert: Mit dem Konzept des inneren Arbeitsmodells sollen die kognitiven Repräsentationen oder Konstruktionen von Interaktionserfahrungen erfasst werden (vgl. hierzu Bowlby 1986/1973, S. 247 ff., Main u.a. 1985, Bretherton und Munholland 1999, Bretherton 2001 und 2002). Kinder entwickeln - je nach Lebensalter elaborierter oder weniger elaboriert - auf der Grundlage ihrer Interaktionserfahrungen mit ihrer zentralen Bezugs- und Betreuungsperson Vorstellungen darüber, wo diese Bezugsperson anzutreffen ist, wie sie in Not-Situationen reagiert, wie verfügbar und zugewandt sie ist und wie sie selbst - d.h. das einzelne Kind, um das es geht - in dieser Beziehung einzuordnen und zu bewerten sind. Die Kinder „konstruieren“ erfahrungsfundierte „internal working models“ der Beziehungen zwischen ihnen und der Bezugsperson, und diese gehen in ihr Verhalten gegenüber der Bezugsperson ein, etwa auch - so die Theorie - in ihr Verhalten in der so genannten „Fremden Situation“ (vgl. hierzu Kapitel 3 dieser Arbeit). In einem weiteren theoretischen Schritt nimmt man an, dass die ursprünglich in der engen Mutter-Kind-Beziehung bzw. allgemeiner: Betreuer-Kind-Beziehung entstandenen working-models auf andere Beziehung übertragen werden. Sie prägen nicht nur Erwartungen zum Verhalten von Müttern oder Vätern und Selbsteinschätzungen in diesen Beziehungen, sondern auch Erwartungen an andere, z.B. Freunde oder Lehrer (vgl. hierzu vor allem die Kapitel 6 und 7 dieser Arbeit).

Nach den in der Bindungsforschung entwickelten Annahmen „vermitteln“ die inneren Arbeitsmodelle zwischen Interaktionserfahrungen und sozialer und emotionaler Entwicklung. Sie dienen bei der Erklärung dieser Zusammenhänge als vermittelnde Variable - zum Beispiel bei der Erklärung des Zusammenhangs zwischen Misshandlungserfahrungen und Sozialverhalten (vgl. hierzu Kapitel 7 dieser Arbeit). Man sollte bei solchen Interpretationen allerdings stets berücksichtigen, dass es sich beim Konzept des inneren Arbeitsmodells um ein hypothetisches Konstrukt handelt. D.h. es ist der direkten Beobachtung nicht zugänglich, sondern muss aus dem Verhalten der beobachteten Personen, aus ihren sprachlichen Äußerungen, ihren Gesten oder ihren emotionalen Äußerungen erschlossen werden, wie man dies zum Beispiel tut, wenn man kindliches Verhalten in der Interaktion mit den Eltern als Indiz sicherer oder auch unsicherer Arbeitsmodelle interpretiert (vgl. hierzu Kapitel 3).

John Bowlby hat seine Annahmen zu inneren Arbeitsmodellen bzw. „internal working models“ vor allem in seinem Buch über „Trennung“ formuliert - dem 2. Band der Trilogie zu Bindung, Trennung und Verlust. Er betont darin ausdrücklich, dass die inneren Arbeitsmodelle sich nicht allein auf die Bezugspersonen, ihre Zugänglichkeit und Verfügbarkeit beziehen, sondern auch auf das Selbst, auf die Vorstellung davon, wie akzeptabel oder unakzeptabel das Selbst aus der Sicht der jeweiligen Bezugsperson ist (vgl. Bowlby 1986/1973, S. 247). Auf der Anordnung dieser sich ergänzenden Modelle basieren nach Bowlby die

> „Voraussagen der Person, wie zugänglich und reaktionsbereit ihre Bindungsfiguren für den Fall sind, dass sie sich um Hilfe an sie wendet. Und im Sinne der hier vertretenen Theorie, hängt es von der Anordnung dieser Modelle auch ab, ob die Person das Vertrauen hat, dass ihre Bindungsfiguren im Allgemeinen sofort verfügbar sind, oder ob sie mehr oder weniger fürchtet, dass sie gelegentlich, häufig oder die meiste Zeit über nicht verfügbar sein werden.“ (Ebenda, S. 247 f.)

Im Unterschied zu Vertretern der älteren psychoanalytischen Theorie, die faktischen Interaktionserfahrungen bei der Entstehung interner Repräsentationen der Eltern eine geringere Rolle einräumten, betont Bowlby in seiner Arbeit wiederholt, dass seiner Ansicht nach die inneren Arbeitsmodelle von Kindern und auch Erwachsenen in der erfahrenen Familien-Realität verankert seien, auch wenn sie der Realität natürlich nicht Punkt für Punkt entsprechen können. Wer längere Zeit psychisch gestörte Kinder und ihre Eltern behandelt habe, könne wiederholt feststellen,

> „dass die Voraussagen eines Kindes bezüglich des Verhaltens der Bindungsfiguren ihm gegenüber in keiner Weise mehr den Eindruck ungerechtfertigter Extrapolationen seiner tatsächlichen Erfahrungen machen, sobald man Informationen über Interaktionserfahrungen des Kindes mit seinen Eltern und Elternfiguren besitzt, die man gewöhnlich teils aus direkter Beobachtung gemeinsam interviewter Familienmitglieder, teils aus der Stück für Stück zusammengesetzten Familiengeschichte erhalten hat. Was immer genetische Beeinflussungen und psychische Traumata zu Persönlichkeitsveränderungen beitragen, der Beitrag, den die familiäre Umwelt leistet, ist mit Sicherheit ein wesentlicher.“ (Bowlby 1986/1973, S. 252 f.)

Trotzdem nahm Bowlby an, dass Interaktionserfahrungen selektiv erinnert und gedeutet werden und dass es denkbar ist, dass Menschen innere Arbeitsmodelle ihrer Beziehungen zu ihren Eltern entwickeln, die unrealistisch sind. Bowlby bezieht sich mit diesen Überlegungen auch auf die psychoanalytische Theorie und Praxis und auf Annahmen zu unbewussten Prozessen (vgl. Bowlby 1986/1973, S. 249 ff. und verschiedene Kapitel in Bowlby 1983/1980). Bei Menschen, die unter emotionalen Störungen leiden, könne man häufig feststellen, dass für sie zwei (unter Umständen auch mehr) Arbeitsmodelle ihrer Beziehung zu relevanten Bindungsfiguren wichtig sind. Das einflussreichere Modell, das in den ersten Lebensjahren entwickelt wurde, sei ihnen überwiegend oder vollständig unbewusst. Gleichzeitig könne ein zweites, ganz anderes Modell wirksam sein, „das viel intellektueller und der Person weitaus bewusster ist und von ihr fälschlicherweise als das dominierende Modell betrachtet wird“ (Bowlby 1986/1973, S. 249 f.). In Band 3 der Trilogie zur Bindungstheorie - dem Band über Verlust - erläutert Bowlby solche „fälschlicherweise“ für dominant gehaltenen Modelle an verschiedenen Beispielen. Eines der Beispiele bezieht sich auf Menschen, die dazu neigen, „ihre emotionale Selbstgenügsamkeit“ zu behaupten, ihre „Unabhängigkeit von Gefühlsbindungen“ (vgl. hierzu und zum Folgenden Bowlby 1983/1980, S. 289 ff.). Hinter solchen Selbstkonzepten bzw. Arbeitsmodellen von Beziehungen stehen, wie sich aus der Erfahrung von Therapeuten ergibt, vielfach zutiefst frustrierte Bindungswünsche. Die Patienten, über die Bowlby berichtet, konnten ihre negativen Erfahrungen jedoch nicht in ihr dominantes Arbeitsmodell aufnehmen, weil es in ihren Familien verpönt war, affektive Bindungen und Kummer offen zu zeigen. Bindungsverhalten wurde als kindisch und schwach betrachtet, zurückgewiesen und Gefühlsäußerungen wie Kummer oder Wut wurden missbilligt. Dies führte dazu, dass die Patienten als Kinder ihr Bindungsverhalten und ihren Kummer unterdrückten und später nicht mehr erinnerten.

Das erläuterte Beispiel zeigt übrigens auch, dass in die Arbeitsmodelle der Beziehungen zwischen Selbst und Eltern (bzw. anderen Bindungsfiguren) auch Interpretationsakte der Eltern eingehen, Sie greifen mehr oder minder stark wertend und deutend in die Art und Weise ein, in der ihre Kinder das Verhältnis zwischen sich und den Eltern interpretieren bzw. konstruieren.

Trotz solcher nötigen Relativierungen hat man in der Bindungsforschung generell an der Idee festgehalten, dass innere Arbeitsmodelle von Beziehungen faktische Interaktionserfahrungen in verdichteter Form repräsentieren. Wenn dies so zutreffend ist, folgt hieraus zum einen, dass die inneren Arbeitsmodelle auch verändert werden können (vgl. hierzu auch Bretherton 2001, S. 60). Erfolgreich verlaufene therapeutische Prozesse im Erwachsenenalter sind ein Beispiel dafür. Beispiele dafür gibt es jedoch auch in den ersten Lebensjahren. Die inneren Arbeitsmodelle der Beziehungen zwischen zentraler Bezugsperson und dem Kind bleiben stabil, wenn das elterliche Verhalten im Prinzip unverändert bleibt; sie verändern sich, wenn sich das Verhalten der Bezugsperson in der Interaktion mit dem Kind einschneidend verändert (sei es durch eine schwere Erkrankung, massive partnerschaftliche Konflikte oder durch andere einschneidende, gegebenenfalls auch entwicklungsfördernde Veränderungen in der Lebenswelt des Kindes). Aus dem postulierten Zusammenhang zwischen faktischen Interaktionserfahrungen und mentaler Repräsentation der Beziehung folgt zum anderen auch, dass die Kinder unterschiedliche „working models“ haben können, je nach dem, ob sie es beispielsweise mit ihrer Mutter, ihrem Vater oder ihrer

Großmutter zu tun haben. Das jeweils dominante Bindungsmuster (sicher, unsicher-vermeidend, unsicher-ambivalent, desorganisiert; vgl. Kapitel 3 dieser Arbeit) ist somit eine „Funktion der Beziehung, die das Kind internalisiert hat und die es in seiner jeweiligen Beziehung zur Mutter, zur Großmutter oder zum Vater zeigt“ (vgl. Bowlby 1995, S. 26).

Nach Bowlbys Auffassung wirken die im innerfamilialen Kontext entstandenen Arbeitsmodelle der Beziehungen zu den Bindungsfiguren in andere Beziehungen hinein. Sie werden als Erwartungen in andere Beziehungen hineingetragen. Das kann auf unterschiedlichen Wegen erfolgen; unter anderem:

1. durch Generalisierungen, die sich auf die Selbsteinschätzung beziehen: Kinder, die sich in der Beziehung zu ihren Eltern als unerwünscht oder nicht akzeptiert fühlen, neigen dazu, sich auch generell nicht als akzeptiert zu erleben. Umgekehrt empfinden sich die von ihren Eltern geliebten Kindern vielfach auch generell liebenswert. Obwohl logisch unhaltbar, sind solche „groben Verallgemeinerungen“ nach Bowlbys Einschätzungen dennoch sehr häufig (vgl. Bowlby 1986/1973, S. 249).
2. durch Generalisierungen, die sich auf die soziale Umwelt beziehen: Zum Beispiel gehen diejenigen, die als Kinder mit stabiler Unterstützung und emotionaler Zuwendung rechnen konnten, mit mehr Vertrauen in neue Beziehungen hinein. Sie haben eine „nahezu unbewusste Zuversicht“, dass ihnen stets zuverlässige Menschen zu Hilfe kommen, wenn sie in Schwierigkeiten geraten sollten. Sie können dadurch mit mehr Vertrauen auf andere zugehen und potentiell beunruhigende Situationen wahrscheinlich mit Erfolg in Angriff nehmen. (Vgl. Bowlby 1986/1973, S. 523) Wer nicht mit solcher Unterstützung rechnen konnte, wird hingegen misstrauischer sein, sich leichter zurückziehen oder auch leichter in Streit geraten.

In der Bindungsforschung sind diese und vergleichbare Annahmen mit großem Interesse aufgenommen worden und haben zu vielen empirischen Untersuchungen geführt, die sich mit frühen Bindungserfahrungen und Sozialverhalten in unterschiedlichen Kontexten befassen. Besonders ertragreich waren dabei verschiedene Längsschnittstudien (zum Beispiel die Studien Sroufes u.a. oder Grossmanns u.a.), in denen man Kinder im Verhältnis zu ihren Eltern von Geburt an beobachtete, den Charakter der Kind-Eltern-Beziehungen analysierte, innere Arbeitsmodelle rekonstruierte und fragte, wie diese Kinder sich später im Kindes- und Jugendalter entwickelten: Waren diejenigen, die im Alter von ca. einem Jahr sicher an ihre Mütter gebunden waren, später auch sicherer? Waren die Kinder, die früher sicher gebunden waren, später in ihrer Beziehung zu Gleichaltrigen oder Lehrer kompetenter als anderer Kinder? Waren sie misstrauischer, neigten sie leichter zu Streit? Diese und vergleichbare andere Fragen sind in zahlreichen Studien aus dem Bereich der Bindungsforschung untersucht worden (vgl. hierzu als repräsentativen Überblick das von Jude Cassidy und Phillip Shaver 1999 herausgegebene „Handbook of Attachment"). Über einige dieser Längsschnittstudien, die längere Zeiträume umfassen, soll in diesem Buch informiert werden (vgl. hierzu vor allem die Kapitel 6, 7 und 9). Es werden dabei vor allem solche Studien ausgewählt, die Themen behandeln, die in der Sozialisationsforschung auch traditionell von großem Interesse sind: die Entwicklung sozialer Kompetenzen und kooperativer Haltungen, die Entwicklung der Fähigkeit zu Empathie und Perspektivenübernahme, die Entwicklung von Aggressivität und Gewaltbereitschaft und die Entwicklung funktionierender sozialer Beziehungen.

2.3.3 Trennung, Zurückweisung und die Entwicklung von Wut und Aggressionen

Ungefähr in der Mitte des ersten Lebensjahres hat sich bei Säuglingen die Bindung an die primäre Bezugsperson so weit entwickelt und gefestigt, dass längere Trennungen von ihr zu einer großen Belastung für das Kind werden. In der traditionellen Erziehung sah man hierin kein besonders gravierendes Problem. Erst etwa in der Mitte des 20. Jahrhunderts alarmierten Wissenschaftler die betroffenen Eltern, Ärzte in Kinderkrankenhäusern und Pädagogen, die in der Heimerziehung tätig waren, und erläuterten an überzeugenden Darstellungen kindlicher Reaktionen auf Trennungen, wie hart und belastend Trennungserfahrungen für Kinder in den ersten Lebensjahren sind.

Meilensteine der Entwicklung waren dabei u.a.:

- die Beobachtungen René Spitz' in einem Säuglingsheim, in dem Kinder strafgefangener Frauen untergebracht waren, die anfänglich von ihren Müttern versorgt, später aber von ihnen getrennt wurden (vgl. Spitz 1969, S. 279 ff.);
- die Beobachtungen Anna Freuds und Dorothy Burlinghams in den Hampstead Nurseries, einer Einrichtung, in der während des 2. Weltkriegs Kinder, die von ihren Eltern getrennt oder die verwaist waren, betreut wurden (vgl. die Arbeiten über „Kriegskinder" und „Anstaltskinder" in Freud und Burlingham 1971; vgl. zur letzteren Studie auch Abschnitt 4.2 dieser Arbeit);
- die Arbeiten James und Joyce Robertsons, in denen kindliche Reaktionen auf die Trennung von ihren Eltern minutiös beschrieben und auch filmisch dokumentiert wurden (vgl. als zusammenfassende Darstellung Robertson und Robertson 1971);
- die Arbeiten Christoph Heinickes und Ilse Westheimers, in denen Kinder, die von ihren Eltern vorübergehend in einem Kinderheim untergebracht wurden (meist wegen der Geburt eines weiteren Kindes), über

Wochen und Monate beobachtet wurden, zu Hause, im Heim und nach ihrer Rückkehr zu den Eltern (vgl. Heinicke und Westheimer 1965);

- die Arbeiten John Bowlbys, der sich in seiner therapeutischen Praxis und in theoretischen Arbeiten mit den Folgen früher Trennungen auseinander setzte und der die damals vorliegenden Studien zu frühen Trennungen zusammenfasste und in einen bindungstheoretischen Bezugsrahmen stellte (vgl. hierzu insbesondere Bowlby 1986/1973).

Aus den verschiedenen Studien zu den Folgen früher Trennungen von den Eltern ergab sich ein relativ konsistentes Bild, das von John Bowlby in folgender Weise zusammengefasst wurde (vgl. zum Folgenden insbesondere den Band über „Trennung“, S. 22 ff.): Kinder, die von ihren Eltern getrennt werden, durchleben unmittelbar nach der Trennung zunächst eine Phase aktiven Protests (Weinen, Schreien, Hinterherlaufen o.a.). Es folgt eine zweite Phase - die Phase der Verzweiflung. Das Kind erkennt die Vergeblichkeit seines Bemühens, lehnt sich nicht mehr auf, zieht sich zurück und wirkt sehr unglücklich. Die dritte Phase bezeichnet Bowlby als Phase der „Ablösung“ (des „detachment“). Sie kann als Phase der Abwendung von der geliebten Person beschrieben werden.

Bowlby beschreibt diese letztere Phase am Beispiel der Untersuchungen Heinickes und Westheimers (vgl. Heinicke und Westheimer 1965, S. 214 ff.). Alle 10 Kinder, die man im Heimkontext beobachtet hatte und die zwischen ca. einem und etwas über zweieinhalb Jahren alt waren, verhielten sich bei der Rückkehr in ihr Elternhaus ihren Müttern gegenüber zunächst abweisend. Zwei Kinder schienen ihre Mütter nicht mehr zu erkennen. Die anderen acht wandten sich von ihr ab oder liefen sogar vor ihr davon. Die Kinder weinten oder waren den Tränen nahe. Einige wirkten abwechselnd traurig und ausdruckslos. Interessanterweise bezog sich der geschilderte emotionale Rückzug nicht auf die Väter. Diese wurden überwiegend herzlich begrüßt. In neun Fällen hielt die Meidung der Mutter während der ersten drei Tage an.

Die Kinder, die von ihren Eltern getrennt waren, waren zudem feindseliger und aggressiver als andere, vergleichbare Kinder, die man im selben Zeitraum beobachtete und die nicht von ihren Eltern getrennt waren (vgl. Heinicke und Westheimer 1965, S. 249 ff.; S. 293 ff.). Alle Kinder wurden mehrere Male beim Puppenspiel beobachtet. Die Kinder, die von ihren Eltern getrennt und im Heim waren, spielten signifikant aggressiver als die anderen und gingen besonders feindselig mit den Puppen um, die die Mutter oder das Baby im Puppenspiel darstellten.

Wie vor allem die Arbeiten James und Joyce Robertsons zeigen, kann die von Bowlby beschriebene Abfolge: Protest, Verzweiflung, Ablösung nicht einfach als generell gültiges Muster beschrieben werden, da Ausprägung und Intensität der einzelnen Phasen davon abhängen, wie die Kinder während der Zeit der Trennung untergebracht werden und wie diese Zeit vorbereitet wird (vgl. Robertson und Robertson 1971). Wenn es gelingt, Ersatzeltern zu finden, die das Kind bereits vor der eigentlichen Trennung kennen lernt, und wenn die Ersatzeltern sich aufmerksam und liebevoll um das Kind kümmern, verlaufen die Reaktionen der Kinder auf Trennung von ihrer Mutter anders. Sie sind weniger intensiv, und der auch unter günstigen Bedingungen auftretende Kummer ist nicht so einschneidend, dass man ihn mit dem Begriff der Verzweiflung angemessen bezeichnen könnte. Ebenso sind die Reaktionen der Kinder, wenn sie ihre Mutter nach der Trennung wiedersehen, nicht notwendig so abweisend, wie Heinicke und Westheimer (vgl. oben) dies beschreiben.

Bowlby griff die Relativierungen, die sich aus den Arbeiten der Robertsons ergeben, auf und präzisierte in seinem Buch über Trennungen: Die typischen Abläufe nach Trennungen von der Mutter (Protest, Verzweiflung, Ablösung) treten nur dann deutlich auf, wenn viele Faktoren zusammen kommen: neben der Trennung von der Mutter die Konfrontation mit fremden Menschen, mit einer fremden Umgebung und das Fehlen einer Betreuung, die der Qualität der Betreuung durch die eigenen Eltern entspricht (vgl. Bowlby 1986/1973, S. 41). Generell seien jedoch Trennungserfahrungen und allgemeiner: Zurückweisungserfahrungen von großer emotionaler Bedeutung für das heranwachsende Kind. Sie erzeugen Stress, Kummer, Angst und auch Feindseligkeit gegenüber der Bezugsperson.

Nach Bowlby sind dabei Angst und Wut besonders bemerkenswerte Reaktionen: Trennungserfahrungen, Trennungsandrohungen oder andere Formen der Zurückweisung lösen sowohl Angst als auch Wut aus. Beide Gefühle und Reaktionsweisen beziehen sich auf die Bindungsfigur: „Angstbindung soll maximale Zugänglichkeit der Bindungsfigur sichern; Wut ist sowohl ein Vorwurf, der sich auf das bezieht, was geschehen ist, als auch eine Abschreckung, damit es nicht wieder geschehen soll. Auf diese Weise werden Liebe, Angst und Wut, manchmal auch Hass, durch ein und dieselbe Person ausgelöst." (Bowlby 1986/1973, S. 306)

Generell nimmt Bowlby also an, dass Zurückweisungserfahrungen und Enttäuschungen in der Beziehung des Kindes zu seiner zentralen Bezugsperson, feindselige Reaktionen, wie sie beispielweise auch von Heinicke und Westheimer (vgl. oben) beschrieben wurden, zur Folge haben (vgl. Bowlby 1986/1973, S. 296 ff.). Die Enttäuschung löst, entsprechend der auch aus anderen Kontexten bekannten Frustrations-Aggressions-Hypothese, Wut aus. Die Wut kann dabei funktional sein und zur Herstellung oder Aufrechterhaltung der Nähe zur Bindungsperson beitragen. Das wütende Gebrüll des Kleinkindes kann die Mutter alarmieren und heranholen. Die Wut des Kindes kann aber auch dysfunktional sein und die Unterstützungsbereitschaft der Bezugspersonen gefährden. Das brüllende Kind wird weggeschickt oder in anderer Weise bestraft. Im Fall von misshandelnden Eltern ist das Risiko weiterer Misshandlungen groß. Aggression und Gegenaggression können zu ausufernder Gewalt in der Familie führen.

Für das Verständnis der theoretischen und empirischen Arbeiten in der Bindungsforschung ist eine weitere Überlegung wichtig. Wie in der psychoanalytischen Theorie geht man auch in der Bindungsforschung davon aus, dass die Wut auf die eigenen Eltern vielfach nicht offen ausgedrückt werden kann. Angst vor Strafen, besondere Zuneigung oder soziale Normen, die das Verhalten in der Kind-Eltern-Beziehung regeln, können dazu beitragen, dass das Kind seine Wut und seine Angriffswünsche unterdrückt. Die Wut ist trotz der Unterdrückung jedoch nicht völlig verschwunden. Es bleibt so etwas wie ein Wut-Potential vorhanden, das auf andere Objekte verschoben oder umgeleitet werden kann (vgl. hierzu z.B. Bowlby 1986/1973, S. 309 f.). Die Kinder, die bei Heinicke und Westheimer (1965) beschrieben werden, verlagern Wut und Aggressivität auf Puppen, andere Kinder verlagern ihre Wut z.B. auf schwächere Geschwisterkinder. Solche Prozesse der Umleitung oder Verschiebung von Wut und Aggressionsbereitschaft sind in den Sozialwissenschaften im Zusammenhang mit der Vorurteilsforschung verschiedentlich beschrieben worden (vgl. hierzu z.B. Adorno u.a. 1969/1950), sie sind jedoch auch für die Bindungsforschung wichtig.

Bowlbys These, dass Trennungs- und Zurückweisungserfahrungen nicht allein Angst, sondern auch Wut auslösen, hat in der späteren Forschung zur sozialen und psychischen Entwicklung von Kindern viel Aufmerksamkeit gefunden. Verschiedene Autoren haben in ihren Längsschnittstudien hierzu nähere Aufschlüsse gesucht. Insbesondere hat man gefragt, ob Unsicherheit in den Beziehungen zu den zentralen Bezugspersonen mit späterer Aggressivität auch in anderen Beziehungen zusammenhängt. Die Evidenzen sind dabei nicht unumstritten. Ich werde hierauf vor allem in den Kapiteln 6 und 7 eingehen. Schon jetzt möchte ich allerdings betonen, dass die hier interessierenden Phänomene und Zusammenhänge empirisch sehr schwer zu fassen sind, unter anderem auch deshalb, weil man bei der Erhebung und Interpretation von Daten auch berücksichtigen muss, dass Wut und Aggressivität nicht immer offen zum Ausdruck kommen. Ohne sorgfältige und länger andauernde Beobachtungen der Interaktionen zwischen Kindern und ihrer Eltern und ohne sorgfältige Beobachtung des sozialen Verhaltens von Kindern innerhalb und außerhalb ihrer Familien wird man kaum zu schlüssigen Ergebnissen kommen. Es gehört meiner Ansicht nach zu den besonderen Leistungen und Verdiensten der Bindungsforschung, dass man sich mit großem methodischen Aufwand um die Beobachtung von Interaktionen in unterschiedlichen Kontexten gekümmert hat - im häuslichen Kontext, im Kindergarten, in der Schule oder auch unter Laborbedingungen, wie dies im folgenden Kapitel erläutert wird. Durch die intensive Beobachtung von Kindern in unterschiedlichen Kontexten konnten daher im Rahmen der Bindungsforschung Ärger, Wut und Aggressivität von Kindern in unterschiedlichen sozialen Beziehungen trotz vieler methodischer Schwierigkeiten glaubwürdiger als in vielen anderen Untersuchungen beschrieben und analysiert werden.

3. Muster früher Bindungen - ihre Merkmale und ihre sozialen Bedingungen

3.1 Bindung, Exploration und Interaktion. Die Baltimore-Studie

3.1.1 Zur Einführung: Mary Ainsworths theoretische Vorarbeiten

Die von Mary Ainsworth geleitete „Baltimore-Studie" wurde in den sechziger Jahren an der Universität Baltimore in den USA durchgeführt. Es handelt sich um eine Längsschnittstudie, in der 26 Kinder im Verlauf ihres ersten Lebensjahres im häuslichen Kontext mehrfach mehrere Stunden lang sehr genau in der Interaktion mit ihren Müttern beobachtet wurden (vgl. zu dieser Studie insbesondere Ainsworth, Blehar, Waters und Wall 1978 und verschiedene, ins Deutsche übersetzte Beiträge Ainsworths u.a. in Grossmann und Grossmann 2003). Als die Kinder ein Jahr alt waren, wurden sie auch unter Labor-Bedingungen, in der so genannten „Fremden Situation" („Strange Situation"), beobachtet (vgl. zu dieser auch Abschnitt 3.1.2 dieser Arbeit).

Nur wenige sozialwissenschaftliche Untersuchungen waren so einflussreich wie die Baltimore-Studie. Mary Ainsworth betrat mit dieser Studie sowohl unter theoretischen als auch unter forschungsmethodischen Gesichtspunkten Neuland. Ihre Ideen und Vorgehensweisen wurden in zahlreichen späteren empirischen Studien übernommen und weiter entwickelt. Bekannte Nachfolge-Untersuchungen sind die von Egeland, Sroufe u.a. durchgeführten Minnesota-Längsschnittuntersuchungen, die Längsschnitt-Studien der Grossmanns in Deutschland, die Arbeiten Mary Mains und die Arbeiten zahlreicher weiterer Autoren und Autorinnen, die sich zum Teil mit frühen Interaktionserfahrungen und Bindungsmustern, zum Teil mit den längerfristigen Folgen früher Bindungen befassen (vgl. als repräsentativen Überblick zur Bindungsforschung Cassidy und Shaver 1999; vgl. zur Minnesota-Studie und zu den Studien der Grossmanns auch Kapitel 6 dieser Arbeit).

Mary Ainsworth griff in ihrem theoretischen Programm zentrale Ideen John Bowlbys auf, erweiterte und modifizierte diese jedoch in wichtigen Punkten. In ihren Arbeiten erhielten insbesondere kindliche Neugierde und kindliches Explorationsverhalten ein stärkeres Gewicht. Ebenso wie die Tendenzen, sich an nahe Personen zu binden, seien - unter durchschnittlichen

Bedingungen - auch Tendenzen zur Umweltexploration vorgegeben. Dabei stünden Bindungsverhalten und Explorationsverhalten als Verhaltenssysteme in einem systematischen Zusammenhang. Ainsworth, Bell und Stayton erläutern diesen Zusammenhang und die beiden Verhaltenssysteme in folgender Weise:

> „Das Modell eines Gleichgewichts von Bindung und Exploration konzentriert sich auf zwei Verhaltenssysteme, die in einem dynamischen Gleichgewicht arbeiten, wobei jedes mit Funktionen ausgestattet ist, die für das Überleben der Spezies bedeutsam sind. Bindungsverhalten, das erste System, dient dazu, die Nähe zwischen Säugling und Mutter herzustellen und geht mit entsprechenden mütterlichen Verhaltensweisen - wie etwa Zurückholen des Babys - einher. Das Bindungsverhalten umfasst nicht nur signalgebende Verhaltensweisen - wie etwa Lächeln, Weinen und Rufen -, zu denen sogar ein sehr junger Säugling in der Lage ist, sondern auch, später, aktivere Verhaltensweisen wie Sich-Nähern, Nachlaufen, Hinlangen, Zugreifen und Anklammern. Zum Explorationsverhalten, dem zweiten System, gehören Fortbewegung, manuelle Exploration, visuelle Exploration und entdeckendes Spielen, Verhaltensweisen, die den Erwerb von Wissen über die Umwelt und die Anpassung an Umweltveränderungen fördern. Manchmal wagt sich der Säugling von der Mutter weg, um interessante Gegebenheiten seiner Umwelt zu erkunden; und manchmal versucht er, in der Nähe der Mutter oder in direktem körperlichen Kontakt mit ihr zu bleiben, so dass, über die Zeit gesehen, seine Ausflüge weg von ihr und seine Rückkehr zu ihr abwechseln und in einem Gleichgewicht stehen.“ (Ainsworth u.a. 2003/1971, S. 170)

Dieses Gleichgewicht kann in Richtung Exploration kippen, wenn neuartige und interessante Umweltbedingungen die Neugier des Kindes wecken. Es wird in Richtung Bindungsverhalten ausschlagen, wenn das Kind beunruhigt und alarmiert ist, Angst vor Unbekanntem hat oder mit der Trennung von der Bezugsperson konfrontiert ist.

Das Kind kann neugierig und ohne Ängste auf seine Umwelt zugehen, wenn es sich der schützenden Anwesenheit einer vertrauten Person - der zentralen Bezugsperson - sicher ist. Es kann dann von einer sicheren Basis („secure base“) her explorieren. Verliert das Kind diese Sicherheit - drohen Gefahren oder Trennung -, wird Bindungsverhalten aktiviert, das der Aufrechterhaltung oder Wiederherstellung der Nähe zur schützenden Bezugspersonen dient (Weinen, Schreien, Anklammern, Hinterherlaufen, Suchen etc.). Das Kind verliert sein Interesse an der Umwelt und an Exploration und konzentriert sich auf die Bindungsperson und die Wiedergewinnung oder Absicherung einer „sicheren Basis“.

Mary Ainsworth hat in ihren Schriften wiederholt betont, dass sie in der Entwicklung ihrer Ideen auch durch ihren akademischen Lehrer William Blatz beeinflusst wurde. Blatz hatte sie früh auf das Wechselspiel zwischen

Explorationsneigung und Sicherheitssuche aufmerksam gemacht und hervorgehoben, wie wichtig die Vertrauensbeziehung zwischen dem heranwachsenden Kind und seiner zentralen Bezugsperson für die kindliche Entwicklung ist (vgl. hierzu insbesondere Blatz 1966, S. 35 ff.).

Ainsworth u.a. untersuchten das Wechselspiel zwischen Explorationsverhalten und Bindungsverhalten in der so genannten „Fremden Situation", einer Situation, in der es um das Verhalten von Kleinkindern in einer neuen, für sie fremden Umgebung geht. Die „Fremde Situation", die die Kinder zunächst zusammen mit ihrer Mutter erleben, wird für sie dadurch, dass eine fremde Person hinzu kommt, und durch zwei kurze Trennungen von der Mutter schrittweise befremdlicher und belastender als sie ohnehin schon ist (vgl. zum genaueren Ablauf Abschnitt 3.1.2 dieser Arbeit).

In den Episoden kurzer Trennung, insbesondere aber nach diesen Episoden - in den Phasen des Wiedersehens, das mehr oder minder freudig und einander zugewandt sein kann - zeigt sich nach Auffassung Ainsworths besonders deutlich, in welchem Verhältnis die beobachteten Kinder zu ihren Müttern (in späteren Untersuchungen auch: zu ihren Vätern) stehen. Mary Ainsworth unterscheidet zwischen Kindern, die sicher gebunden sind, und solchen, die unsicher-vermeidend oder unsicher-ambivalent bzw. unsicher-resistent gebunden sind (vgl. hierzu vor allem Abschnitt 3.1.3 dieser Arbeit). Die einzelnen Muster sicherer oder unsicherer Bindung, die zusätzlich intern weiter aufgeschlüsselt werden (vgl. hierzu ebenfalls Abschnitt 3.1.3), werden von Ainsworth, Bell und Stayton als qualitativ voneinander unterschiedene, komplexe „Muster" der Bindung („patterns of attachment") beschrieben. Man könne nicht einfach sagen: Dieses Kind sei sicherer als das andere an seine Mutter gebunden, oder jenes Kind unsicherer als alle anderen, sondern die untersuchten Kinder - Kinder der weißen, amerikanischen Mittelschicht - waren in der Baltimore-Studie alle in der einen oder anderen Weise an ihre Mütter gebunden. Sie unterschieden sich voneinander mehr in der inhaltlichen Qualität oder in dem „Muster" als in der Intensität ihrer Bindung (vgl. Ainsworth u.a. 2003/1971, S. 205 f.).

Bei der Konstruktion dieser Bindungsmuster konnte Mary Ainsworth sowohl auf ihre intensiven Beobachtungen der Interaktionen zwischen Kindern und ihren Müttern in der Baltimore-Studie zurückgreifen als auch auf ältere Beobachtungen und theoretische Vorüberlegungen. Sie hatte in den fünfziger Jahren in Uganda Säuglinge und Kleinkinder in ihren Familienkontexten und in der Interaktion mit ihren Müttern beobachtet und dabei unterschiedliche Muster der Bindung oder der Vermeidung von Annäherung analysiert (vgl. Ainsworth 1967), die sie nun in einer ganz anderen Stichprobe wieder entdeckte und in neuen, differenzierteren Kategorien beschrieb.

In der Uganda-Studie entstanden auch erste Hypothesen zu den sozialen Bedingungen sicherer oder unsicherer Bindung. Es schien die Art und Weise zu sein, in der Mütter mit ihren Kindern interagierten, die ausschlaggebend dafür war, wie die Kinder auf ihre Mütter zugingen, wie sie an ihre Mütter gebunden waren (vgl. hierzu und zum Folgenden insbesondere Ainsworth 1967, S. 387 ff.). Bindung entsteht nicht nolens volens, abhängig von inneren, genetisch vorprogrammierten Mechanismen, sondern ist durch die Bedingungen beeinflusst, unter denen Säuglinge und Kleinkinder aufwachsen. Sicher gebundene Kinder - in der Uganda-Studie 17 von 28 beobachteten Kindern - hatten Mütter, die im Vergleich zu den anderen Müttern sensibler und interessierter über ihre Kinder sprachen, die sich insgesamt mehr um sie kümmerten und die mehr Freude an der Interaktion mit ihnen und auch am Stillen hatten. Der Begriff der Sensitivität, der in der Baltimore-Studie für die Erklärung von Bindungssicherheit zentral ist (vgl. hierzu auch Abschnitt 3.1.4 dieser Arbeit), hat auch schon in der Uganda-Studie einen Stellenwert. Mütter, die im Verhältnis zu ihren Kindern sensitiv - feinfühlig - sind und die ihr Kind in seinen Eigenheiten, in seinen Wünschen, Bedürfnissen und Präferenzen verstehen, können in der Interaktion mit dem Kind verständnisvoller reagieren. Dies ist die These, die Mary Ainsworth bereits in der Uganda-Studie formuliert. Sie schränkt ein:

> „Of course, in future research it would be better to rate directly the mother's perceptiveness of the baby and her pleasure and interest in him than to infer it from her excellence as an informant. Moreover, it is conceivable that a mother be uncommunicative in interview for reasons totally unrelated to her attitude toward the baby..." (Ainsworth 1967, S. 398)

Es gibt also gute Gründe dafür, sich intensiver als in der Uganda-Studie direkt mit der Mutter-Kind-Interaktion zu befassen, diese zu beobachten und sich nicht auf das zu verlassen, was Mütter über ihre Kinder und ihr Verhältnis zu ihnen sagen. Erst so können Hypothesen über Mutter-Kind-Interaktion, Sensitivität in der Mutter-Kind-Beziehung und Bindungssicherheit überprüft werden. In der Baltimore-Studie versuchte man dies.

3.1.2 Die „Fremde Situation" im Kontext der Baltimore-Studie

Die „Fremde Situation" („Strange Situation") besteht aus einer Abfolge von Interaktionen in jeweils vorgegebenen Interaktionskontexten. Sie wird unter Laborbedingungen - in der Regel in Räumen eines Forschungsinstituts - beobachtet und aufgezeichnet. Heute setzt man dabei im Allgemeinen Video-Geräte ein, in den ersten Analysen der Baltimore-Studie zeichnete man die Beobachtungen noch mit Unterstützung von Diktiergeräten in ausführlichen verbalen Beobachtungsprotokollen auf (vgl. hierzu und zum Folgenden Ainsworth u.a. 1978, S. 32 ff. und Ainsworth und Wittig 2003/1969).

Das jeweils beobachtete Kleinkind wird einer im Vergleich zur vertrauten häuslichen Umgebung „fremden Situation" ausgesetzt und in dieser ungefähr 20 Minuten lang schrittweise mit stärkeren Belastungen konfrontiert. Anfänglich ist das Kind mit seiner Mutter allein, später kommt eine für das

Kind fremde Person hinzu, und es gibt zwei Phasen der Trennung zwischen Mutter und Kind. In der zweiten Trennungsphase bleibt das beobachtete Kind ganz allein - auch ohne die Fremde - zurück.

Überblick über die Beobachtungssituation und die einzelnen Episoden der „Fremden Situation" in der Baltimore-Studie:
Mutter und Kind sind zunächst allein in einem Raum, in dem ein Stuhl für die Mutter und ein Stuhl für die Fremde vorgesehen ist und in dem außerdem - in einiger Entfernung - Spielzeug aufgebaut ist, das für Kinder des untersuchten Alters - in der Baltimore-Studie um ein Jahr alt - attraktiv ist (vgl. zur Raumaufteilung Abbildung 1). Dieser Raum ist durch eine Tür mit einem Nachbarraum verbunden, aus dem heraus man Kind und Mutter durch eine Einwegscheibe beobachten kann und in dem sich Forscherinnen/Forscher, die für die Rolle der Fremden vorgesehene Person und in den Phasen der Trennung auch die Mutter aufhalten.

Abb. 1: Skizze des räumlichen Arrangements in der Fremden Situation (Baltimore-Studie)

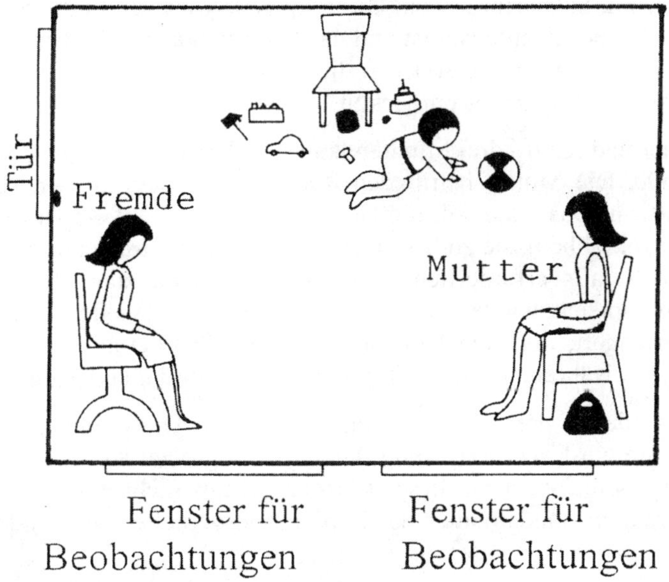

nach: Ainsworth u.a. 1978, S. 34

Im Folgenden gebe ich einen knappen Überblick über die einzelnen Episoden der „Fremden Situation" (vgl. hierzu Ainsworth u.a. 1978, S. 36 ff. und Ainsworth und Wittig 2003/1969):

Episode 1: Mutter, Kleinkind und Leiterin/Leiter des Experiments - 30 Sekunden lang. Kurze Einführung und Instruktion. Die Mutter trägt das Kind, begleitet von der Leiterin des Experiments, in den Raum. Ihr wird gezeigt, an welcher Stelle sie das Kind auf den Fußboden setzen soll. (Andere Instruktionen gab es bereits vorab.)

Episode 2: Mutter und Kleinkind - drei Minuten lang. Die Mutter setzt das Kind auf den Fußboden, nahe beim Spielzeug, nimmt selbst Platz und liest oder täuscht vor zu lesen. Es wird erwartet, dass das Kind in dieser Situation damit beginnt, den Raum zu explorieren und sich dem Spielzeug zuzuwenden. Die Mutter soll nicht aktiv intervenieren, sondern, falls das Kind sich an sie wendet, so reagieren, wie sie es für angemessen hält. Erst wenn das Kind sich nicht ums Spielzeug kümmert, soll die Mutter es ermuntern, sich damit zu beschäftigen.

Episode 3: Fremde, Mutter und Kleinkind - drei Minuten lang. Die fremde Person kommt hinzu, nimmt ihren Platz ein, beginnt nach etwa einer Minute, mit der Mutter zu sprechen, und wendet sich dann, in der dritten Minute, dem Kind zu.

Episode 4: Fremde und Kind - drei Minuten lang oder kürzer. Die erste Trennungs-Episode. Die Mutter verlässt den Raum, die Fremde unterstützt oder tröstet das Kind, falls erforderlich. Diese Episode wird verkürzt, wenn das Kummer das Kindes zu intensiv ist und das Kind sich durch die Fremde nicht beruhigen lässt. Von Interesse ist in dieser Szene auch, wie sich das Explorationsverhalten des Kindes entwickelt.

Episode 5: Mutter und Kind - drei Minuten lang oder länger. Die erste Wiedersehens-Episode. Die Mutter betritt den Raum wieder, legt an der Tür eine kurze Pause ein. Das Kind soll die Gelegenheit haben, auf sie zu reagieren, auf sie zuzukrabbeln, sie zu begrüßen o.a. Die Mutter tröstet und beruhigt das Kind - falls erforderlich - und setzt es dann zum Weiter-Explorieren und -spielen wieder auf den Fußboden. Die Wiedersehens-Episode wird verlängert, wenn das Kind sich nicht so leicht beruhigen lässt. Die Fremde verlässt während dieser Zeit möglichst unauffällig den Raum.

Episode 6: Kind allein - drei Minuten lang oder kürzer. Die zweite Trennungs-Episode. Sie wird verkürzt, wenn das Kind zu großen Kummer hat und sich nicht beruhigt. Auch in dieser Episode geht es nicht nur darum, das Bindungsverhalten, sondern auch das Explorationsverhalten des Kindes zu beobachten.

Episode 7: Fremde und Kind - drei Minuten lang oder weniger. Die Fremde tritt ein, legt eine kurze Pause an der Tür ein, um dem Kind die Gelegenheit zu geben, auf sie zu reagieren. Die Fremde versucht das Kind zu beruhigen, falls erforderlich, und lenkt die Aufmerksamkeit des Kindes dann wieder auf das Spielzeug. Wenn der Kummer des Kindes zu stark ist, wird diese Episode abgekürzt. Wenn das Kind keinen Kummer zeigt, nähert sich die Fremde dem Kind und versucht, mit ihm zusammen zu spielen. Sie zieht sich dann schrittweise zurück. Von Interesse ist hierbei: Wie lässt sich das Kind durch die Fremde - im Vergleich zur Mutter - beruhigen, und wie stark ist die Sogkraft des Spielzeugs, wenn die Fremde sich nicht am Spiel beteiligt?

Episode 8: Mutter und Kind - drei Minuten lang. Die zweite Wiedersehens-Episode. Die Mutter betritt den Raum, pausiert an der Tür - wie in der ersten Wiedersehens-Episode. Das Kind soll wiederum die Gelegenheit haben, spontan auf sie zu reagieren. Sie redet dann mit dem Kind und nimmt es in den Arm. Mittlerweile verlässt die Fremde unauffällig den Raum.

Ursprünglich hatte man in der Baltimore-Studie die „Fremde Situation" vor allem entwickelt, um Regelmäßigkeiten in der Abfolge und in der Kombination von Bindungs- und Explorationsverhalten zu beobachten und zu analysieren (vgl. hierzu auch Abschnitt 3.1 dieser Arbeit). Man interessierte sich insbesondere dafür, in welchem Maße ein Säugling bzw. Kleinkind seine Mutter als sichere Basis für Exploration nutzen konnte und wie sich dies in seinen Reaktionen auf eine fremde Person und in den Reaktionen auf kurze Trennungen von seiner Mutter zeigte (vgl. Ainsworth u.a. 2003/1971, S. 169 f.).

Die „Fremde Situation" ist darüber hinaus aber auch zu einer Testsituation geworden, die sich gut dafür eignet, die Stärke und Qualität des Bindungsverhaltens von Kindern in einer Stress-Situation zu untersuchen, und auch dafür, das Verhältnis von Bindungsverhalten und Explorationsverhalten einzuschätzen (vgl. ebenda). Beide Aspekte der Beobachtung sind bei der Analyse unterschiedlicher Muster der Bindung und bei der Analyse individueller Unterschiede zwischen Kindern sehr wichtig, wie im folgenden Abschnitt genauer erläutert werden soll.

3.1.3 Muster sicherer und unsicherer Bindung und ihre qualitative Beschreibung und Interpretation

In der Geschichte der Forschung mit der „Fremden Situation", die inzwischen viele tausend mal wiederholt wurde, ist die Fremde Situation vor allem als ein diagnostisches Verfahren berühmt geworden, das geeignet ist, sichere und unsichere Bindungen zu erfassen und unterschiedliche Muster sicherer oder unsicherer Bindungen voneinander zu unterscheiden. Viele Längsschnitt-Untersuchungen, in denen es um frühe Bindungen und ihre Bedeutung für die kindliche Entwicklung geht, stützen sich auf Beobachtungen von Kleinkindern in der Fremden Situation, unterscheiden zwischen unterschiedlichen Mustern sicherer und unsicherer Bindung und fragen, wie sich diese frühen Konstellationen auf die soziale und emotionale Entwicklung von Kindern auswirken.

Bei der Unterscheidung zwischen den unterschiedlichen Bindungsmustern und bei der Entwicklung ihres Klassifikationssystems war für Ainsworth und ihre Mitarbeiterinnen besonders wichtig, wie sich die Kleinkinder in der Fremden Situation verhielten, wenn ihre Mütter nach den beiden Trennungs-Episoden wieder zurück kamen: Wandte sich das Kind ab, ließ es sich schnell trösten, wenn es geweint hatte, krabbelte es auf die Mutter zu, freute es sich über das Wiedersehen o.a.? Im Einzelnen unterschieden Ainsworth u.a. in der Baltimore-Studie zwischen drei Gruppen von Kindern, die selbst wiederum in Untergruppen aufgeteilt wurden (vgl. hierzu und zum Folgenden insbesondere Ainsworth u.a. 1978, S. 55 ff. und Ainsworth u.a. 2003/1971, S. 174 ff.). Es geht dabei um folgende Gruppen von Kindern:

1. Kinder, die unsicher gebunden sind und die im Verhältnis zur Mutter vermeidend reagieren (Gruppe A):
Die Kinder dieser Gruppe zeigen wenig oder kaum Tendenzen, Nähe, Interaktion oder Kontakt mit der Mutter zu suchen und aufrecht zu erhalten. Wenn die Mutter nach den Trennungs-Episoden zurückkommt, neigen die Kinder dazu, sie zu ignorieren, zu meiden, oder dazu, in die Begrüßung Vermeidungsreaktionen einzubauen: Sie begrüßen die Mutter, aber wenden z.B. das Gesicht ab oder entfernen sich. In den Trennungs-Episoden wirken sie nicht so, als ob sie bekümmert seien. Und wenn sie in der Situation, in der sie völlig allein sind, Kummer äußern, werden sie schon durch die Intervention der Fremden besänftigt. Sie haben die Tendenz, die Fremde fast wie die Mutter zu behandeln.

Die Kinder der Unter-Gruppe A 1 tendieren besonders auffällig zu vermeidendem Verhalten. Sie grüßen in den Wiedersehens- bzw. Wiedervereinigungs-Episoden die Mutter gar nicht oder kaum und tendieren in diesen Episoden generell zu einem vermeidenden Verhalten, bewegen sich von ihr weg oder wenden ihr Gesicht ab. Sie lassen sich im Übrigen leicht wieder absetzen, nachdem die Mutter sie in den Arm genommen hat; sie klammern sich nicht an.

Die Kinder der Unter-Gruppe A 2 zeigen dieselben Tendenzen, nur weniger ausgeprägt und gemixter. In den Wiedersehens-Episoden vermengen sich bei den Kindern Grüßen und Ignorieren oder Sich-Abwenden. Wenn das Kind auf den Arm genommen wird, klammert es sich für kurze Zeit an, strebt dann aber wieder von der Mutter weg.

2. Kinder, die sicher gebunden sind (Gruppe B):
Die Kinder dieser Gruppe suchen Nähe und Kontakt zur Mutter oder die Interaktion mit ihr. Sie bemühen sich hierum aktiv, insbesondere in den Wiedervereinigungs-Episoden. Wenn die Kinder Kontakt und Nähe erreicht haben, versuchen sie, diese aufrecht zu erhalten, und protestieren z.B., wenn die Mutter sie, nachdem sie sie in den Arm genommen hat, wieder auf den Boden setzt. Wenn die Mutter nach den beiden Trennungs-Episoden zurückkehrt, wird sie von ihrem Kind mehr als beiläufig begrüßt. Das Kind mag noch weinen, sucht aber auf jeden Fall deutlich die Nähe und den Kontakt zu ihr oder bewegt sich auf sie zu. Es gibt im kindlichen Ver-

halten kaum Anzeichen, die in Richtung Vermeidung oder Kontaktwiderstand weisen.

Im Verhältnis zur Fremden verhalten sich die sicher gebundenen Kind zum Teil freundlich, zum Teil nicht so freundlich. Eindeutig ist jedoch, dass die Kinder mehr am Kontakt zur Mutter oder an der Interaktion mit ihr interessiert sind und weniger am Kontakt zur Fremden. In den Trennungs-Episoden sind einige der sicher gebundenen Kinder mehr gestresst und haben mehr Kummer, einige weniger. Sofern sie Kummer zeigen, wird deutlich, dass sie wegen der Abwesenheit der Mutter beunruhigt sind, nicht wegen des bloßen Alleinseins. Sie lassen sich von der Fremden nur wenig trösten, sondern brauchen die Mutter, um sich zu beruhigen.

Die Kinder der Unter-Gruppe B 1 zeichnen sich durch Freundlichkeit und Kontakthalten aus der Distanz aus. Sie begrüßen ihre Mutter nach der Trennung mit einem Lächeln, suchen Kontakt mit der Mutter, aber nicht unbedingt ihre körperliche Nähe. In den beiden Trennungs-Episoden äußern sie wenig oder gar keine Anzeichen von Kummer oder Stress.

In der Unter-Gruppe B 2 ist die Suche nach Nähe schon ausgeprägter, in der Unter-Gruppe B 3 kommt hinzu, dass die Kinder sich, wenn der Kontakt zur Mutter nach den Trennungsphasen wieder hergestellt ist, mehr anklammern und sich nicht so leicht wieder auf den Boden setzen lassen. Diese Unter-Gruppe gilt als besonders typisch für die B-Kategorie.

Im Vergleich zu den anderen Kindern der B-Kategorie sind die Kinder, die von Ainsworth u.a. der Unter-Gruppe B 4 (später hinzugefügt) zugeordnet werden, besonders stark auf ihre Mütter bezogen. Dies gilt nicht nur in den Trennungs- und Wiedersehens-Episoden, sondern für den gesamten Verlauf der Fremden Situation. Sie explorieren wenig, auch wenn die Mutter anwesend ist. In den Trennungs-Episoden, in denen die anderen Kinder der Gruppe B zum Teil mit Kummer und Stress reagieren, zum Teil aber auch nicht, sind sie deutlich gestresst. Sie bemühen sich aktiv darum, den körperlichen Kontakt zu ihrer Mutter aufrecht zu halten, indem sie sich anklammern oder sich dagegen wehren, losgelassen zu werden. Es gibt allerdings auch Anzeichen von Ambivalenz; diese sind jedoch deutlich weniger ausgeprägt als in der Gruppe der unsicher-ambivalenten Kinder (Gruppe C).

3. *Die Kinder, die unsicher gebunden sind und deutliche Anzeichen von Ambivalenz und Kontakt- und Interaktions-Widerstand zeigen (Gruppe C)*

Von Anfang an wurde diese Gruppe von den Autorinnen als relativ heterogene Gruppe beschrieben, die im Vergleich zu den anderen Kindern in der Fremden Situation unangepasster wirkten, die häufiger wütend oder auffällig passiv wirkten. Sie schienen weniger in der Lage zu sein, ihre Mutter als sichere Basis für die Exploration der nicht vertrauten Umgebung zu nutzen. Dies gilt auch schon für ihr Verhalten in der Episode 2, in der sie mit ihrer Mutter allein waren. Einige Kinder explorierten sogar in diesen Episoden nicht aktiv; oder sie explorierten aktiv, schienen jedoch keine Freude daran zu haben.

Die Kinder dieser Gruppe zeigen in ihrem Verhalten auffällige Kontakt- und Interaktionsresistenz. Sie suchen auf der anderen Seite Nähe und Kontakt zur Mutter, den sie - einmal gewonnen - auch aufrecht zu halten versuchen. Dies vermittelt den Eindruck, dass das Kleinkind seiner Mutter ambivalent gegenüber steht.

Die Kinder der Unter-Gruppe C 1 suchen in den Wiedervereinigungs-Episoden intensiv den Kontakt zur Mutter. Dies gilt auch schon für die Episoden vor der Trennung. Auf der anderen Seite ist ihr resistentes Verhalten besonders auffällig. Die Mixtur, Kontakt und Interaktion zu suchen und gleichzeitig mit Kontakt-Widerstand zu reagieren, hat insgesamt eine ärgerliche bis wütende Einfärbung. Ärgerlich-wütende Reaktionen gibt es auch im Verhältnis zur Fremden. In den Trennungs-Episoden selbst wirken diese Kinder extrem gestresst.

Das auffälligste Merkmal der Kinder der Unter-Gruppe 2 ist ihre ausgeprägte Passivität, Während der gesamten Fremden Situation explorieren sie sehr wenig und ihr Interaktions-Verhalten lässt Initiativen vermissen. In den Wiedervereinigungs-Episoden suchen sie Nähe und Kontakt zur Mutter, allerdings mehr durch das Signalisieren ihrer Wünsche als durch aktive Annäherung. Aber auch ihre Kontakt-Resistenz ist stark ausgeprägt, insbesondere in der letzten Episode der Fremden Situation. Generell ist ihre Tendenz zu ärgerlichem oder wütendem Verhalten nicht so auffällig wie in der Unter-Gruppe C 1.

Von den 26 Kindern, die an der Baltimore Studie beteiligt waren, wurden 23 im Alter von ca. einem Jahr in der Fremden Situation beobachtet. Zwei Kinder waren zum vorgesehenen Erhebungszeitpunkt krank, ein Kind wurde aus organisatorischen und altersbezogenen Gründen nicht berücksichtigt (vgl. Ainsworth u.a. 1978, S. 31). Von den in der Fremden Situation beobachteten Kindern wurden sechs als unsicher-vermeidend gebunden (Gruppe A) eingestuft, 13 als sicher gebunden (Gruppe B) und 4 als unsicher-ambivalent gebunden.

Das Kategorien-System, das man in dieser Studie entwickelt hatte, wurde sowohl in anderen Untersuchungen in Baltimore, aber auch in vielen anderen Forschungskontexten überprüft und erwies sich dabei als ein überzeugendes und valides System der Diagnose unterschiedlicher Typen sicherer und unsicherer Bindung. Es wurde später durch eine weitere Auswertungs-Kategorie ergänzt, die von Main und Solomon (1990) entwickelt wurde und mit der - unter dem Begriff „desorganisiert“ (D) - Kinder erfasst werden, die in ihrem Kontaktverhalten in der Fremden Situation besonders auffällig sind und die keinem der skizzierten Bindungsmuster eindeutig zuzuordnen sind (vgl. ausführlicher zur D-Kategorie Abschnitt 7.1 dieser Arbeit).

In der Forschung haben vor allem die zentralen Bindungsmuster (unsicher-vermeidend, sicher, unsicher-ambivalent), später ergänzt durch die D-Kategorie, eine entscheidende Rolle gespielt. Die oben knapp skizzierten Unter-Gruppen (A 1, A 2, B 1 etc.) werden dagegen in Untersuchungen zur Bindungssicherheit bei der Darstellung von Forschungsergebnissen und bei der Analyse empirischer Zusammenhänge (z.B. zwischen Bindungssicherheit und sozialen Kompetenzen) meist nicht so differenziert berücksichtigt. Sie spielen jedoch nach wie vor bei der Auswertung der Beobachtung von Kindern in der Fremden Situation eine wichtige Rolle.

Für ein Verständnis der unterschiedlichen Bindungsmuster sind die skizzierten Unter-Gruppen meiner Ansicht nach sehr hilfreich. Sie machen deutlich, wie differenziert man in der Baltimore-Studie beobachtete und analysierte, bevor einzelne Kinder als vermeidend, sicher oder resistent bzw. ambivalent eingeordnet wurden (vgl. zu den hohen Anforderungen an Interpretationskompetenz und Schulung auch Ainsworth u.a. 1978, S. 320 f.). Bemerkenswert ist insbesondere, dass nicht einfach nur schematisch kategorisiert wurde, sondern dass bei der Zuordnung zu einzelnen Bindungsmustern unterschiedliche Ausdrucksformen sicherer oder unsicherer Bindung berücksichtigt wurden. So wurden beispielsweise bei der Zuordnung zur Gruppe der sicher gebundenen Kinder auch Kontakt und Interaktion aus der Distanz berücksichtigt oder in der Gruppe der vermeidenden Kinder auch Anzeichen der Kontaktsuche und der Aufrechterhaltung von Kontakt. D.h. beide Kategorien der Auswertung enthalten ein breiteres Spektrum von Verhaltensweisen. Ausschlaggebend für die Zuordnung zur Gruppe A oder B ist vor allem das Kontakt- und Vermeidungsverhalten der Kinder in den Wiedersehens- bzw. Wiedervereinigungs-Episoden: Dominiert die Kontaktsuche und der Versuch, den einmal gewonnenen Kontakt zur Mutter aufrecht zu erhalten, oder dominieren Vermeidung und Wegschauen? Dies gilt entsprechend auch für die Gruppe der unsicher-ambivalent gebundenen Kinder. Hier ist das Verhältnis von Kontaktsuche und -aufrechterhaltung und Kontakt-Resistenz für die Zuordnung ausschlaggebend (vgl. hierzu auch Ainsworth u.a. 1978, S. 250 f.).

Wie vorn erwähnt sind die in der Baltimore-Studie untersuchten Kinder nicht allein in der Fremden Situation, sondern auch in ihrem häuslichen Kontext beobachtet worden. Die Kinder (14 Jungen, 9 Mädchen) wurden beginnend mit der 3. Woche ihres Lebens alle drei Wochen zu Hause besucht und dort in der Interaktion mit ihren Müttern jeweils ca. vier Stunden lang - also insgesamt mehr als siebzig Stunden lang - beobachtet. Die Beobachtungen im häuslichen Kontext wurden abgeschlossen, als die Kinder 54 Wochen alt waren.

Beobachterinnen, die das häusliche Geschehen aufmerksam und sensibel verfolgen, aber nicht intervenieren sollten, protokollierten während der Beobachtungsphasen laufend und sehr exakt, wie sich das beobachtete Kind insbesondere in der Interaktion mit der Mutter und anderen Anwesenden verhielt. Im unmittelbaren Anschluss an die Beobachtung wurden ausführliche Beobachtungsprotokolle („narrative reports“) angefertigt, die später unter vielfältigen Gesichtspunkten ausgewertet wurden (vgl. zum Verfahren und zur Auswertung der Protokolle zu den häuslichen Beobachtungen insbesondere Kapitel 7 und Kapitel 8 in Ainsworth u.a. 1978).

Bei dem Vergleich der häuslichen Beobachtungen mit den Beobachtungen der Kinder in der Fremden Situation zeigten sich viele Übereinstimmungen, aber auch Unterschiede, wie im Folgenden erläutert werden soll (vgl. hierzu insbesondere Kapitel 7 und Kapitel 15 in Ainsworth u.a. 1978):

Die als sicher gebunden klassifizierten Kinder (Gruppe B) waren nicht nur in der Fremden Situation, sondern auch zu Hause zugewandter, suchten aktiv den Kontakt zu ihrer Mutter, verfügten über ein differenzierteres Kommunikations-Repertoire, ließen sich gern in den Arm nehmen, ließen sich aber auch wieder absetzen, ohne zu jammern, und konnten sich dann auch alleine beschäftigen. Sie weinten zu Hause insgesamt weniger als die beiden Gruppen der unsicher gebundenen Kinder, ließen sich, wenn sie weinten, leichter beruhigen und gingen - im Vergleich zu ihren Reaktionen auf Trennungen unter Laborbedingungen - mit den alltäglichen kurzen Trennungen im Elternhaus gelassener um. Sie schienen insgesamt eine positive und harmonische Beziehung zu ihren Müttern zu haben.

Bei den als unsicher-ambivalent eingeordneten Kindern (Gruppe C) ließen sich ebenfalls Parallelen zwischen ihrem Verhalten in der Fremden Situation und der häuslichen Situation entdecken. Auch im häuslichen Kontext reagierten sie auf kurze Trennungen von der Mutter mit Stress oder Kummer, sie ließen sich schwerer als die Kinder der Gruppe B beruhigen, weinten häufiger als diese und waren - wie in der Fremden Situation - einerseits darum bemüht, den Kontakt zur Mutter zu suchen und aufrecht zu erhalten; sie schienen aber andererseits dem Kontakt zu widerstreben. Einmal auf den Arm genommen, wehrten sie sich, strebten weg, reagierten zum Teil auch ärgerlich bis wütend. Auffällig war, dass sie besonders wenig explorierten; sie waren zu sehr mit der Absicherung ihres Kontakts zur Mutter beschäftigt bzw. präokkupiert. Allerdings waren diese Verhaltenstendenzen im häuslichen Kontext weniger intensiv ausgeprägt als in der Fremden Situation, die für alle Kinder besonders stressreich war und in der ihr Bindungsverhalten dadurch, dass sie von ihrer Mutter auf unbekanntem Terrain getrennt wurden, besonders intensiv aktiviert wurde.

Das größte Rätsel gaben die Kinder auf, die man wegen ihres Verhaltens in der Fremden Situation als vermeidend eingestuft hatte (Gruppe A). In der Fremden Situation wirkten sie gelassen bis detachiert, suchten den Kontakt zur Mutter nicht, vermieden ihn sogar und schienen sich ruhig mit dem angebotenen Spielzeug zu befassen. Zu Hause weinten sie dagegen ähnlich häufig wie die Kinder der Gruppe C, sie reagierten auf kurze Trennungen mit Unruhe oder Kummer, und sie bemühten sich zu Hause insgesamt mehr um Kontakt zur Mutter, schienen diesen aber gleichzeitig auch abzuwehren. Ainsworth u.a. sprechen von Konflikten zwischen Annäherung und Vermeidung. Auch Ärger- und Wut-Reaktionen waren bei den als vermeidend eingestuften Kindern zu Hause deutlicher ausgeprägt, deutlicher als bei den anderen Gruppen (B und C). Freilich äußerte sich das wütend-ärgerliche Verhalten selten in direkten Angriffen auf die Mutter, sondern subtiler: Zum Beispiel kann die Attacke auf die Mutter auf physische Objekte umgelenkt werden, oder die Mutter wird gebissen oder geschlagen, ohne dass es einen erkennbaren Grund hierfür gibt und ohne auch nur das leiseste Anzeichen von Wut. Die Autorinnen interpretieren: „Not only attachment behavior but also angry behavior tends to be inhibited by the approach-avoidance conflict.“ (Ainsworth u.a. 1978, S. 129).

Ainsworth u.a. folgern hieraus für die Deutung des Verhaltens der vermeidenden Kinder in der Fremden Situation, dass ihr Bindungsverhalten - obgleich scheinbar nur wenig aktiviert - in den Trennungs-Episoden tatsächlich stark aktiviert wird. Dies könne u.a. aus der Suche nach der Mutter während der Trennungsphasen erschlossen werde, wenngleich diese nicht oder kaum von Weinen begleitet sei (vgl. hierzu und zum Folgenden Ainsworth u.a. 1978, S. 129 f.). Kommt die Mutter dann wieder, steht das Kind im Konflikt zwischen dem Annäherungswunsch, der durch die Aktivierung des Bindungsverhaltens intensiviert wurde, und der Tendenz zur Vermeidung der Mutter. Die Kinder der Unter-Gruppe A 2 agieren diesen Konflikt besonders deutlich aus. Aber auch sie entscheiden sich am Ende für das Ignorieren der Mutter, was die Kinder Unter-Gruppe A 1 ohnehin tun. Sie wenden sich dem Spielzeug und der Exploration zu.

Das Explorationsverhalten der vermeidenden Kinder könne man unter diesen Umständen als „displacement behavior“ interpretieren, als Verschiebung der Aufmerksamkeit weg von den beiden miteinander im Konflikt liegenden und sich wechselseitig blockierenden Tendenzen zur Annäherung und zur Vermeidung. Die Autorinnen formulieren lakonisch: „The C baby fears that he will not get enough of what he wants, the A baby fears what he wants.“ (Ainsworth u.a. 1978, S. 130)

Dass die Ruhe der vermeidenden Kinder unter den Bedingungen der Fremden Situation trügerisch ist, lassen auch spätere Untersuchungen zu körperlichen und physiologischen Reaktionen von Kindern in der Fremden Situation erkennen (vgl. hierzu Spangler und Schieche 1995). Auch die ruhig wirkenden vermeidenden Kinder reagieren in der Fremden Situation mit Stress-Indizien: mit erhöhter Ausschüttung von Cortisol (Steigerung der Nebennierenrindenaktivität) und mit einen auffälligen Anstieg der Herzfrequenz.

Für Mary Ainsworth und ihre Kolleginnen und Kollegen sind die hier beschriebenen Bindungsmuster und die Unterschiede zwischen den beobachteten Kindern primär vor dem Hintergrund der Erfahrungen, die die Kinder in der Interaktion mit ihren Müttern gemacht haben, zu interpretieren. In welcher Weise Interaktionserfahrungen und Bindungsmuster dabei miteinander verknüpft werden, soll Gegenstand des folgenden Abschnitts sein.

3.1.4 Mutter-Kind-Interaktion und Bindungssicherheit

Eine Hypothese, die Mary Ainsworth bereits in ihrer Untersuchung von Säuglingen und Kleinkindern in Uganda formuliert hatte (vgl. hierzu Abschnitt 3.1.1 dieser Arbeit), konnte in der Baltimore-Studie nun angesichts der umfangreichen, sorgfältig protokollierten und analysierten Verhaltens- und Interaktions-Daten genauer überprüft werden: nämlich die Hypothese, dass es vor allem die Sensitivität der Mutter in der Interaktion mit ihrem Kind ist, die für die Entwicklung einer sicheren Bindung ausschlaggebend ist.

Das Konzept der Sensitivität oder Feinfühligkeit wurde dabei verhältnismäßig weit definiert. Es umfasst die Fähigkeit zum Verstehen der kindlichen Signale, zur realistischen Wahrnehmung und Interpretation der kindlichen Äußerungen, und die Bereitschaft zu prompter und angemessener Reaktion - oder Nicht-Reaktion, falls dies als angemessener erscheint. Ainsworth u.a. formulieren bei der Erläuterung der Skala, die Sensitivität vs. Nicht-Sensitivität im Verhältnis zu kindlichen Signalen erfassen soll: „The optimally sensitive mother is able to see things from her baby's point of view. She is alert to perceive her baby's signals, interprets them accurately, and responds appropriately and promptly unless no response is the most appropriate under the circumstances." (Ainsworth u.a. 1978, S. 142)

Während der gesamten Zeit, in der die Forscherinnen in den Familien waren und die Mutter-Kind-Interaktion beobachteten, wurde das Verhalten der Mütter in der Interaktion mit ihren Kindern minutiös aufgezeichnet und in Beobachtungsprotokollen („narrative reports") festgehalten. Die Mütter gewöhnten sich während der langen Beobachtungszeit an ihre Beobachterinnen und verhielten sich im Allgemeinen so, wie sie es spontan für richtig hielten. Durch die lange Beobachtungszeit waren sie auch ungenierter in der Äußerung von Unwillen oder Abneigung gegenüber körperlichem Kontakt zum Kind. Allerdings wurde Abneigung selten offen, sondern eher nur indirekt ausgedrückt. Ainsworth u.a. vermuten, dass auch solche verhaltenеren Varianten der Abneigung nur deshalb artikuliert wurden und erfasst werden konnten, weil die Beobachtungszeit lang genug und der Druck, sozial erwünscht zu reagieren, reduziert war (vgl. Ainsworth u.a. 1978, S. 151).

Bei der Auswertung wurden zum Teil einzelne Verhaltensweisen der Mütter kodiert, z.B. in Episoden, in denen das Baby weinte, oder in Szenen, in denen das Baby in den Arm genommen oder wieder hingelegt oder hingesetzt wurde, oder in Episoden, in denen es um Befehle und Aufforderungen der Mutter ging (vgl. hierzu und zum Folgenden Ainsworth u.a. 1978, S. 138 ff.). Besonders wichtig für die Überprüfung der Hypothesen zum Verhältnis von Mutter-Kind-Interaktionen und Bindungsmustern waren aber die Rating-Skalen bzw. Schätz-Skalen, in denen mütterliches Interaktionsverhalten unter ausgewählten, relativ komplexen Beurteilungsgesichtspunkten eingeschätzt wurde. In der Baltimore-Studie wurden zahlreiche Rating-Skalen entwickelt. Einige bezogen sich vor allem auf die Mutter-Kind-Interaktion in den ersten drei Monaten des ersten Lebensjahres, andere konzentrierten sich auf die Auswertung der Daten, die in den letzten drei Monaten des ersten Lebensjahres erhoben worden waren.

Für die Analyse des Verhältnisses, in dem Mutter-Kind-Interaktion und Bindungssicherheit zueinander stehen, sind vor allem die Skalen von Bedeutung, die sich auf die Mutter-Kind-Interaktion in den letzten drei Monaten des ersten Lebensjahrs bezogen und die in zeitlicher Nähe zu dem Test in der Fremden Situation standen. Die bekannteste und in vielen späteren Untersuchungen eingesetzte Rating-Skala ist die Skala, mit deren Hilfe die Sensitivität der Mutter im Umgang mit Signalen und Äußerungen ihres Kindes erfasst wird - mit Not-Signalen, Weinen, Schreien, Äußerungen der Freude, des Kontaktwunsches etc.

Die Skala zur Messung der Sensitivität oder Feinfühligkeit der Mutter in der Interaktion mit ihrem Kind ist eine 9-Punkte-Skala, die von extrem geringer Sensitivität und egozentrischer Orientierung im Umgang mit dem Kind (Punkt 1) bis hin zu extrem ausgeprägter Sensitivität reicht (Punkt 9) (vgl. zur Information über diese Skala insbesondere Ainsworth u.a. 1978, S. 142 ff. und die Wiedergabe einer deutschen Übersetzung dieser Skala in Grossmann und Grossmann 2003, S. 414 ff.). Da diese Skala in der Argumentation Mary Ainsworths und in vielen späteren Analysen, in denen über die sozialen Voraussetzungen einer sicheren Bindung nachgedacht wird, eine hervorgehobene Rolle spielt, soll sie im Folgenden ausführlicher vorgestellt werden.

Wichtig für ein Verständnis ist zunächst, dass mütterliche Sensitivität in der Baltimore-Studie nicht als Persönlichkeitsmerkmal oder Einstellungsmuster mit Hilfe von Befragungen erfasst wird, sondern mit dem Konzept der Sensitivität werden Wahrnehmungs-, Interpretationsleistungen und Verhaltensweisen von Müttern in der Interaktion mit ihren Kindern erfasst. Hinter diesen können Persönlichkeitsmerkmale stehen - z.B. die generelle Fähigkeit und Bereitschaft zum Verstehen anderer Menschen, zur Übernahme ihrer Perspektive -, und es ist sogar wahrscheinlich, das solche Persönlichkeitsmerkmale für den Umgang von Müttern mit ihren Kindern wichtig sind. Trotzdem geht es mit der Skala zur Messung mütterlicher Sensitivität im Umgang mit kindlichen Signalen primär nicht um die Einschätzung von Persönlichkeitsmerkmalen, sondern um Einschätzungen des konkreten mütterlichen Verhaltens und konkreter mütterlicher Interpretationsakte, die sich auf konkrete Äußerungen ihres Kindes beziehen. Nimmt die Mutter Äußerungen und Verhaltensweisen ihres Kindes wahr, deutet sie diese angemessen - hält sie beispielsweise quengeliges Nähesuchen nicht einfach nur für Müdigkeit -, kann sie Sichtweisen und Wünsche des Kindes verstehen und kann sie zügig und situationsangemessen auf diese reagieren?

Dies bedeutet nicht unbedingt, dass die Mutter immer das tut, was ihr Kind zu wünschen scheint. Bisweilen muss sie auch Nein sagen. Aber auch in solchen Situationen können Mütter, die als sensitiv geschildert werden, einfühlsam und nicht nur fordernd mit ihren Kindern umgehen. Sie sind in der Abwehr der kindlichen Wünsche sanfter, taktvoller als andere Mütter und bieten dem Kind zum Beispiel akzeptable Alternativen an (vgl. Ainsworth 2003/1974, S. 416 f. und S. 418 f.).

Wichtig für eine prompte und angemessene Reaktion sind nicht nur angemessene Wahrnehmung und realistische Interpretationen der Verhaltensweisen und Signale des Kindes, sondern auch die Einfühlung in die Gefühle und Wünsche des Kindes (vgl. ebenda, S. 415). Mütter können gegebenenfalls Wünsche und Gefühle ihres Kindes realistisch wahrnehmen und interpretieren und in ihren Reaktionen trotzdem daneben liegen, weil sie sich in ihr Kind nicht einfühlen können, seine Perspektive nicht übernehmen können. Sie necken das Kind, damit es wieder gute Laune hat, ahmen es nach, lachen es aus oder ignorieren es und machen nicht das, was es in der Situation braucht: zum Beispiel in den Arm genommen und getröstet werden.

Die hochgradig nicht-sensitive Mutter (Punkt 1 der Sensitivitäts-Skala) scheint sich fast ausschließlich nach ihren eigenen Wünschen, Stimmungen und Aktivitäten zu richten.

> „Das heißt, das interaktive Verhalten der Mutter und ihre Anstöße dazu sind hauptsächlich durch ihre eigenen inneren Impulse motiviert oder geformt; falls sie sich mit den Signalen des Babys vereinbaren lassen, so ist dies oftmals nicht mehr als Zufall. Damit ist nicht gemeint, dass die Mutter niemals auf die Signale des Babys reagiert, denn manchmal reagiert sie, wenn die Signale stark oder anhaltend genug sind oder häufig genug wiederholt werden. Aber schon die Verzögerung in der Reaktion ist unfeinfühlig." (Ainsworth 2003/1974, S. 420 f.)

Das andere Ende der Skala (Punkt 9 der Sensitivitäts-Skala) wird von Ainsworth dagegen wie folgt beschrieben: Die hochgradig sensitive bzw. feinfühlige Mutter

> „ist ausgezeichnet auf die Signale des Babys eingestimmt und beantwortet sie prompt und angemessen. Sie kann die Dinge aus der Sicht der Babys sehen; ihre Wahrnehmung der Signale und Kommunikationen ist nicht durch die eigenen Bedürfnisse und Abwehrhaltungen verzerrt. Sie 'liest' die Signale und Kommunikationen des Babys gekonnt und kennt auch die Bedeutung seiner subtilen, minimalen und unbetonten Zeichen.

Sie gewährt dem Baby nahezu immer das, was es möchte, wenn auch nicht ausnahmslos. Wenn sie das Gefühl hat, dass es besser ist, seine Forderungen nicht zu erfüllen - z.B. wenn es zu erregt ist, zu herrisch oder wenn es etwas will, was es nicht haben soll -, bestätigt sie seine Kommunikationen taktvoll und bietet eine akzeptable Alternative an." (Ebenda, S. 418 f.)

Die Realität der Mutter-Kind-Interaktionen und die Realität mütterlicher Sensitivität in diesen Interaktionen liegt zwischen diesen Extremen. Dabei gibt es allerdings, wie die Baltimore-Studie zeigt, erhebliche Unterschiede zwischen einzelnen Müttern. Die 13 Mütter der sicher gebundenen Kinder (Gruppe B in der Fremden Situation) erreichen auf der Sensitivitäts-Skala einen Mittelwert von knapp 6,5 (vgl. hierzu auch den Überblick in Tabelle 1). Die sechs Mütter, deren Kinder unsicher-vermeidend gebunden sind (Gruppe A in der Fremden Situation), liegen deutlich darunter (Mittelwert: 2,42), was ebenfalls für die vier Mütter der unsicher-ambivalent gebundenen Kinder (Gruppe C in der Fremden Situation) gilt (Mittelwert: 2,38).

Diese Daten sprechen für die Hypothese, dass mütterliche Sensitivität in der Interaktion mit ihrem Kind eine wichtige Voraussetzung sicherer Bindung ist. Im Einzelnen interpretieren Ainsworth u.a. den Zusammenhang zwischen Sensitivität und Bindungsmustern in folgender Weise: Kinder, die mit sensitivem mütterlichen Verhalten zu tun haben, entwickeln auf dieser Grundlage Erwartungen an eine positive Qualität der Interaktion mit ihren Müttern, an die Zugänglichkeit der Mutter und ihr unterstützendes Verhalten. Ainsworth u.a. verwenden in ihrer Argumentation zwar nicht den auf John Bowlby zurückgehenden Begriff des „internal working model" (vgl. zu diesem auch Abschnitt 2.3.2 dieser Arbeit), sondern den der „expectation"; sie meinen jedoch etwa dasselbe. Es geht um die mentale Repräsentation von Beziehungs- und Interaktionserfahrungen, die das Kind mit seiner Mutter macht:

> „It is our hypothesis that expectations of her accessibility and responsiveness have been built up through his experience of her generally sensitive responsiveness to his signals and communications. Such experience has been repeatedly confirmed by interactions with her in many different contexts - including feeding, face-to-face, close bodily contact, and by her response to his crying - throughout the whole of his first year." (Ainsworth u.a. 1978, S. 312)

Und vor dem Hintergrund der Erwartungen, die aus diesen Interaktionserfahrungen resultieren, geht das Kind auch unter den stressreichen Bedingungen der Fremden Situation, nach den Trennungs-Episoden auf die Mutter zu, sucht den Kontakt und lässt sich in diesem Kontakt leicht beruhigen (vgl. ebenda, S. 312 f.).

In den beiden Gruppen der unsicher gebundenen Kinder ist dies anders. Ihre vermeidenden Reaktionen in der Fremden Situation (Gruppe A) oder ihre spezifische Verknüpfung von Anklammerung und Kontakt-Resistenz (Gruppe C) lassen auf einen anderen Erfahrungshintergrund schließen und - entsprechend - auf andere mentale Repräsentationen dieser Erfahrungen. Die signifikant geringere Sensitivität ihrer Mütter im Umgang mit ihnen belegt dies. Aber damit sind die Unterschiede zwischen den unsicher-vermeidend und den unsicher-ambivalent gebundenen Kindern noch nicht erklärt.

Ainsworth u.a. ziehen zur Erklärung zusätzliche Daten aus den Beobachtungen im häuslichen Kontext heran. Wichtig sind hierbei sowohl weitere Rating-Skalen als auch Beobachtungen zu einzelnen Verwaltensweisen der Mütter im Kontakt mit ihren Kindern. Bei den zusätzlichen Rating-Skalen geht es um die folgenden Skalen (vgl. hierzu und zum Folgenden Ainsworth u.a. 1978, S. 142 ff. und Grossmann und Grossmann 2003, S. 422 ff.):

- acceptance - rejection (Annahme versus Zurückweisung des Kindes): Hier geht es um die Anteile von positiven und negativen Gefühlen einer Mutter gegenüber ihrem Kind. In welchem Verhältnis stehen Liebe und Akzeptanz auf der einen Seite und Gereiztheit, Groll, Ärger und Wut auf der anderen Seite? Ein Skalenwert von 1 repräsentiert sehr starke Zurückweisung und Ablehnung des Kindes, ein Skalenwert von 9 sehr starke Akzeptanz.
- cooperation - interference (Zusammenspiel versus Beeinträchtigung): Zentrales Thema dieser Skala ist das Ausmaß, in dem die Handlungen einer Mutter und ihre Aufforderungen zur Interaktion die Aktivitäten des Kindes unterbrechen, Einmischungen darstellen oder den Aktivitäten des Kindes zuwiderlaufen. Dabei geht es sowohl um das Ausmaß der tatsächlichen, körperlichen Beeinträchtigung der Aktivitäten des Kindes (z.B. unvermitteltes, nicht abgestimmtes Aufgreifen des Kindes oder Zwang in der Erziehung) als auch die reine Häufigkeit von Unterbrechungen. (1 stark beeinträchtigend, 9 sehr kooperativ).
- accessibility - ignoring (Zugänglichkeit versus Ignorieren). Bei dieser Skala geht es vor allem um die psychische Präsenz das Mutter, das Ausmaß, in dem sie für das Kind zugänglich ist oder durch andere Gedanken, Sorgen und Beschäftigungen so abgelenkt ist, dass sie die Signale des Kindes gar nicht wahrnimmt (1 stark ignorierend, 9 sehr zugänglich).

Bei der Auswertung der Beobachtungsdaten anhand der skizzierten Rating-Skalen arbeiteten, wie auch im Fall der Sensitivitäts-Skala, immer mehrere Forschende zusammen (zwei kannten die jeweiligen Fälle und die Einordnung der Kinder, drei nicht, konnten also nicht durch Voranahmen beeinflusst sein). Die Beobachtungsdaten, die während der einzelnen Familienbesuche erhoben worden waren, wurden zunächst unabhängig voneinander ausgewertet. Im Fall unterschiedlicher Einschätzungen entschied man über den jeweiligen Punktwert bzw. Score in einer Forschungskonferenz; in einer solchen Konferenz entschied man auch über den Gesamtpunktwert. Tabelle 1 enthält einen komprimierten Überblick über die Ergebnisse des Rating und die durchschnittlichen Punktwerte, die den jeweiligen Auswertungsgruppen zugeordnet wurden.

Tab. 1: Ausgewählte Ergebnisse der Mutter-Kind-Beobachtungen in der Baltimore Studie (Mittelwerte für das 4. Quartal des 1. Lebensjahres nach Auswertungsgruppen)

	Gruppe A	**Gruppe B**	**Gruppe C**
Mütterliches Verhalten, allgemeine Merkmale (Rating Skalen)	N = 6	N = 13	N = 4
Sensitivität vs. Nicht-Sensitivität im Verhältnis zu Signalen des Kindes	2,42[b)]	6,48	2,38[b)]
Annahme vs. Zurückweisung des Kindes	3,75[b)]	7,62	5,38[a)]
Zusammenspiel vs. Beeinträchtigung des Kindes	3,58[b)]	7,30	4,25[b)]
Zugänglichkeit vs. Ignorieren des Kindes	3,83[a)]	6,62	3,50[a)]

Anm.: Die Signifikanzwerte des t-Tests beziehen sich jeweils auf Vergleiche der Gruppe B mit Gruppe A oder der Gruppe B mit Gruppe C

a) $p <.01$

b) $p <.001$

Quelle: Ainsworth u.a. 1978, S. 145

Im Folgenden möchte ich knapp zusammenfassen, wie die unterschiedlichen Varianten unsicherer Bindung - unsicher-vermeidend und unsicher-ambivalent - in der Baltimore-Studie vor dem Hintergrund der beobachteten Mutter-Kind-Interaktionen interpretiert wurden. Ich möchte vorwegschicken, dass es keine einfachen Antworten gibt. Plausibel und recht gut belegt - auch in späteren Studien (vgl. hierzu insbesondere die Abschnitte 3.2.3 und 3.3 dieser Arbeit) - ist, dass beide Gruppen unsicher gebundener Kinder von ihren Müttern im ersten Lebensjahr weniger sensitiv und einfühlsam behandelt wurden (vgl. hierzu auch die entsprechenden Mittelwerte in der Tabelle 1). Welche Faktoren aber darüber hinausgehend dafür verantwortlich sind, dass die eine Gruppe in der Fremden Situation eher vermeidend reagiert (die Gruppe A), die andere eher ambivalent, anklammernd und zugleich resistent (die Gruppe C), ist sehr viel schwerer zu beantworten. Dies gilt umso mehr, als ja - wie vorn (vgl. Abschnitt 3.1.3) ausgeführt - die unsicher-vermeidenden Kinder im häuslichen Kontext den unsicher-ambivalenten Kindern gar nicht so unähnlich sind. Sie weinen zu Hause mehr als in der Fremden Situation, reagieren auf kurze Trennungen zu Hause nicht so gleichmütig wie in der Fremden Situation und neigen zudem zu Hause auch zu mehr ärgerlichem bis wütendem Verhalten. Sie sind also im Verhältnis zu ihren Müttern nicht einfach nur vermeidend, sondern - ähnlich wie die Kinder Gruppe C - auch ambivalent. Nur äußert sich ihre Ambivalenz anders. Welche Bedingungen gibt es hierfür?

Wie man bei den Beobachtungen der Mutter-Kind-Interaktion im häuslichen Kontext feststellen konnte, waren die Mütter der unsicher-vermeidenden Kinder (Gruppe A) im Vergleich zu den Müttern der unsicher-ambivalenten Kinder (Gruppe C) noch zurückweisender (vgl. hierzu auch die Tabelle 1). Besonders deutlich zeigte sich dies darin, wie sie mit den Bedürfnissen ihres Kindes nach Nähe und Körper-Kontakt umgingen (vgl. hierzu und zum Folgenden Ainsworth u.a. 1978, S. 138 ff. und S. 316 ff.). Fast schien es so, als ob sie engen körperlichen Kontakt zu ihrem Kind ablehnten, wie Mary Main, die schon früh mit der Ainsworth-Gruppe zusammenarbeitete, annahm. Zusätzliche Analysen der Beobachtungs-Daten bestätigten dies - zumindest für die Beobachtungen in den ersten Lebensmonaten des Kindes. Diese zusätzlichen Analysen ergaben auch, dass die Mütter der vermeidenden Kinder in der Art ihres Körper-Kontakts besonders ungeschickt bis störend waren. Zwar gab es keine expliziten Fälle von Misshandlung, wohl aber eine Häufung eines eher rau-zupackenden Umgangs mit dem Kind, z.B. beim Füttern oder beim Aufnehmen des Kindes. Zudem neigten die Mütter der vermeidenden Kinder insgesamt mehr zu rigiden und zwanghaften Orientierungen und reagierten - verborgen oder auch weniger verborgen - mit mehr Ärger auf ihr Kind als die anderen Mütter.

Ainsworth u.a. meinen in ihrer zusammenfassenden Interpretation der Gruppe der unsicher-vermeidenden Kinder (vgl. Ainsworth u.a. 1978, S. 319 f.), dass ihre Meidungs-Strategien als Coping-Strategien gedeutet werden können - als Strategien der Bewältigung einer sehr schwierigen Konflikt-Situation. Mit der Vermeidung der Mutter könnten die Kinder zugleich auch vermeiden, Ärger oder Wut direkt auszudrücken, was riskant sein und zu schmerzlichen Folgen (zum Beispiel körperlicher Disziplinierung) führen könnte. Die Meidung der Mutter hat aber auch einen anderen Vorteil. Das Kind erspart sich weitere Zurückweisungserfahrungen, mit denen es aufgrund früherer Interaktions-Erfahrungen mit der Mutter rechnen muss. Unterstellt wird hier also beim Kind ein inneres Arbeitsmodell, das Zurückweisungen und unangenehme Erfahrungen in der Mutter-Kind-Beziehung antizipiert. Durch die Vermeidung der Mutter wird Angst reduziert; und die im Grunde nicht wirklich interessierte Zuwendung zur Welt der Dinge - dem Spielzeug in der Fremden Situation - dient der Ablenkung und Verschiebung von Problemen. Insgesamt kann die Vermeidung der Mutter also als Strategie der Konflikt-Abwehr beschrieben werden.

Mit der Idee des unterdrückten Ärgers oder der unterdrückten Wut in der Gruppe der vermeidenden Kinder werden auf der einen Seite Hypothesen Bowlbys zum Zusammenhang zwischen Trennungs- und Zurückweisungserfahrungen und Wut aufgegriffen (vgl. hierzu auch vorn, Abschnitt 2.3.3). Auf der anderen Seite werden mit dieser Idee spätere Analysen der Folgen früher Bindungen vorbereitet. Denn in verschiedenen Längsschnitt-Studien hat man Zusammenhänge zwischen einer unsicher-vermeidenden Bindung und der Entwicklung von Aggressivität entdeckt. Man nimmt an, dass diese

Zusammenhänge durch frühe Beziehungserfahrungen und früh entstandene Gefühle der Wut zu erklären sind (vgl. hierzu insbesondere die Kapitel 6 und 7 dieser Arbeit).

Die Hypothese ist also, dass die unsicher-vermeidenden Kinder erfahrungsbedingte Erwartungen oder ein erfahrungsbedingtes inneres Arbeitsmodell aufgebaut haben, das Zurückweisungen und unangenehme Erfahrungen in der Mutter-Kind-Interaktion antizipiert. Für die andere Gruppe der unsicher gebundenen Kinder - die Gruppe der unsicher-ambivalenten Kinder, die in vielen Stichproben die kleinste Gruppe ist - ist der Sachverhalt anders. Sie scheinen, anders als die vermeidenden Kinder, noch mehr Hoffnung auf eine positive Entwicklung der Interaktion mit ihren Müttern zu haben (vgl. hierzu und zum Folgenden Ainsworth u.a. 1978, S. 138 ff. und S. 314 ff.). Sie suchen mehr den Kontakt zu ihr und klammern sich mehr an. Hintergrund hierfür könnte sein, dass ihre Mütter ihnen gegenüber nicht so zurückweisend sind wie die Mütter der vermeidenden Kinder (vgl. hierzu auch Tabelle 1) und dass ihre Mütter auch in ihrem körperlichen Kontakt zum Kind nicht so abweisend sind. Sie sind dabei jedoch nicht besonders geschickt und zugewandt, erledigen z.B. Alltags-Aktivitäten nebenher, und reagieren deshalb weniger sensibel und zuverlässig auf ihr Kind als insbesondere die Mütter der sicher gebundenen Kinder.

Insgesamt wirken die ambivalent gebundenen Kinder unsicher. Sie weinen sowohl zu Hause als auch in der Fremden Situation viel, äußern in beiden Kontexten Trennungsängste und -kummer, und klammern sich selbst in solchen Situationen an ihre Mutter, in denen sie vergleichsweise wenig Anlass zur Unruhe haben, wie z.B. in der Episode 2 der Fremden Situation, in der sie mit ihrer Mutter und dem vor ihnen aufgebauten Spielzeug allein sind (vgl. hierzu auch Abschnitt 3.1.3 dieser Arbeit). Die Autorinnen interpretieren:

> „They do not seem to have confident expectations of the mother's accessibility and responsiveness. Consequently they are unable to use the mother as a secure bases from which to explore an unfamiliar situation ..." (Ainsworth u.a. 1978, S. 314)

Unterstellt wird hier also ein inneres Arbeitsmodell, welches nicht aus stabilen Erwartungen - weder positiven noch negativen - aufgebaut ist. Die Autorinnen spekulieren, dass es Inkonsistenzen in der mütterlichen Zuwendung und im Kontakt - auch im körperlichem Kontakt - zum Kind sein könnten, die zu dem skizzierten unsicheren inneren Arbeitsmodell führen.

Bei der Interpretation der Zusammenhänge zwischen Erfahrungen in der Mutter-Kind-Interaktion, hierauf aufbauenden Arbeitsmodellen und unterschiedlichen Varianten unsicherer Bindung sind die Autorinnen insgesamt vorsichtig, spekulieren mehr und versuchen Hypothesen zur Erklärung der beobachteten Zusammenhänge zu entwickeln. Dagegen sind sie bei der Interpretation sicherer Bindungen sehr bestimmt. Sie sind überzeugt davon, dass es vor allem die Sensitivität in der Mutter-Kind-Interaktion ist, die entscheidend dafür ist, ob Kinder sicher oder unsicher an ihre Mütter gebunden sind.

Im folgenden Abschnitt sollen Befunde der Bindungsforschung in unterschiedlichen kulturellen und sozialen Kontexten vorgestellt werden. Dabei soll auch gefragt werden, wie sich die These, dass die Sensitivität in der Mutter-Kind-Interaktion zur Herausbildung sicherer Bindungen führt, in anderen Untersuchungen bewährt hat. Abschnitt 3.3 wird sich mit dieser Frage dann noch gezielter befassen.

Generell ist bei der Erörterung späterer Forschungsbefunde zu berücksichtigen, dass es kaum eine Studie gibt, die frühe Mutter-Kind-Interaktionen im Verlauf des ersten Lebensjahres des Kindes so umfangreich und ausführlich dokumentierte wie die Baltimore-Studie. Auch in den Untersuchungen, die sich in ihren Beobachtungen und Analysen früher Mutter-Kind-Interaktionen explizit am Vorgehen in der Baltimore-Studie orientierten, waren die im häuslichen Kontext durchgeführten Beobachtungen weniger umfangreich; und es wurde auch nicht in so dichten Abständen beobachtet wie in dieser Studie (vgl. hierzu z.B. auch den Überblick in Lamb u.a. 1985, S. 66 ff.). Es ist anzunehmen, dass dies nicht ohne Folgen für die Qualität der Beobachtungen und Analysen blieb. Ein Beispiel: Es dürfte bei kürzeren und in größeren Abständen erfolgenden Beobachtungen weniger leicht sein, Beobachtungseffekte auszuschalten. D.h. die nur bei sehr wenigen Anlässen beobachteten Mütter waren in der Interaktion mit ihrem Kind möglicherweise befangener und kontrollierter als die von Ainsworth u.a. beobachteten Mütter und z.B. weniger geneigt, gegebenenfalls auch feindselig auf ihr Kind zu reagieren (vgl. hierzu auch oben). Bei der Interpretation von Untersuchungsergebnissen, die über das Verhältnis von mütterlicher Sensitivität und Bindungssicherheit Auskunft geben, ist dies zu berücksichtigen.

3.2 Bindungsmuster im kulturellen und sozialen Kontext

3.2.1 Bindungsmuster im Kulturvergleich

Die Baltimore-Studie wurde in den letzten Jahrzehnten zum Ausgangspunkt zahlreicher weiterer Studien, in denen mit Hilfe von Beobachtungen in der Fremden Situation analysiert wurde, ob Kleinkinder im Verhältnis zu ihrer Mutter als unsicher-vermeidend, sicher oder als unsicher-ambivalent einzuordnen sind, und in denen man nach den Voraussetzungen und Folgen sicherer Bindung fragte. Man versuchte, das methodische Vorgehen der Baltimore-Studie in unterschiedlichen kulturellen und sozialen Kontexten zu erproben und dabei auch die in der Baltimore-Studie entwickelten Hypothesen zur Entstehung sicherer Bindungen zu überprüfen.

Es sei in Erinnerung gerufen, dass die Stichprobe, die der Baltimore-Studie zugrunde lag, nicht nur sehr klein war - angesichts der überaus aufwändigen Erhebungen war dies nicht anders möglich -, sondern dass sie auch unter kulturellen und sozialen Gesichtspunkten selektiv war. Mary Ainsworth hat dies wiederholt betont und darauf hingewiesen, dass die Ergebnisse der Baltimore-Studie nicht ohne weiteres generalisiert werden können. Die analysierten Zusammenhänge galten zunächst nur in dieser Stichprobe, und bei der Interpretation ist dies zu berücksichtigen. Untersucht wurden Mütter, die der anglo-amerikanischen Mittelschicht angehörten und die im ersten Lebensjahr ihres Kindes überwiegend zu Hause waren. Es war schon damals plausibel, dass die Ergebnisse in anderen sozialen und kulturellen Kontexten anders aussehen könnten. Ein früher Beleg hierfür: Silvia Bells Untersuchungen in Baltimore, in die auch Kinder aus der schwarzen amerikanischen Bevölkerung und aus sozial und ökonomisch benachteiligten Schichten einbezogen waren. Bell stellte fest, dass diese Kinder im Vergleich zu den zuvor untersuchten Kindern aus der weißen, amerikanischen Mittelschicht (vgl. Bell 1970) weniger sicher an ihre Mütter gebunden waren. Sie führte dies auf chaotische Betreuungsverhältnisse in einer Reihe von Familien zurück und darauf, dass nicht für stabile Ersatz-Betreuung gesorgt war, wenn die Mutter nicht zur Verfügung stand (vgl. zu dieser Studie Ainsworth u.a. 1978, S. 161 und S. 164 ff.).

Ich werde auf schichtspezifische Differenzen bei der Analyse von Bindungssicherheit später ausführlicher eingehen; ebenfalls auf die Frage, ob und in welcher Weise die Betreuung von Kindern durch andere Einrichtungen und Personen die Sicherheit ihrer Bindung an die Mütter beeinflusst (vgl. die Abschnitte 3.2.2 und 3.2.3). An dieser Stelle möchte ich zunächst einige Überblicks-Informationen über Untersuchungen vermitteln, in denen Kinder und ihre Mütter in der Fremden Situation beobachtet wurden (vgl. zu diesem Untersuchungsverfahren auch Abschnitt 3.1.2 dieser Arbeit) und die in unterschiedlichen Regionen und unterschiedlichen kulturellen Kontexten durchgeführt wurden.

Vorab sei erwähnt: Es gibt bislang keine Hinweise darauf, dass es geschlechtsspezifische Unterschiede in den Mustern früher Bindungen gibt (vgl. hierzu auch Kindler 1995). Die Bindungssicherheit ein- bis zweijähriger Kinder ist, wie im weiteren Verlauf dieses Kapitels deutlich wird, vor allem von der Beziehung zur jeweiligen Bezugsperson abhängig und nicht von der Geschlechtszugehörigkeit des jeweiligen Kindes. Dies schließt nicht aus, dass es auch in frühen Jahren geschlechtsspezifische Sozialisation und Unterschiede in der Behandlung von Jungen und Mädchen gibt. Nur führen diese Unterschiede offenbar nicht dazu, dass kleine Mädchen oder auch kleine Jungen im Verhältnis zu ihren Müttern besonders verunsichert werden. Denn es gibt keine geschlechtsspezifischen Unterschiede in der Bindungssicherheit.

Tab. 2: Verteilung der Kind-Mutter-Bindungsklassifikationen in Studien, die in Afrika, China, Israel und Japan durchgeführt wurden, im Vergleich zur Verteilung in Studien, die in West-Europa und in den USA durchgeführt wurden (nach van IJzendoorn und Sagi 1999)

Nation/Region/soziale Einheit (einschließlich Literaturquelle)	**N**	**Unsicher-vermeidend (A)**	**Sicher (B)**	**Unsicher-ambivalent (-resistent) (C)**	**Andere**
Afrika					
Ganda (Ainsworth 1967) (Bindungsklassifikation hier nicht auf Grundlage d. Fremden Situation. D.Verf.)	28	18%	57%	25%	-
Gusii (Kermoian und Leidermann 1986)	26	-[a)]	61%	-[a)]	-
Dogon (True 1994)	26	0%	69%	8%	23%
China					
Peking (Hu und Meng 1996)	31	16%	68%	16%	-
Israel					
Gemeinschaftsorientierte Kibbutzim (Übernachtung der Kinder im Kinderhaus) (Sagi u.a. 1985, 1995)	104	7%	56%	37%	-
Familien-basierte Kibbutzim (Übernachtung der Kinder in den Elternhäusern) (Sagi u.a. 1995)	25	0%	80%	20%	-
Stadt (Sagi u.a. 1985)	36	3%	80%	17%	-
Japan					
Tokio (Durrett u.a. 1984)	39	13%	61%	18%	8%
Sapporo (Takahashi 1986)	60	0%	68%	32%	-
West-Europa					
9 Stichproben kombiniert (van IJzendoorn und Kronenberg 1988)	510	28%	66%	6%	-
USA					
21 Stichproben kombiniert (van IJzendoorn u.a. 1992)	1.584	21%	67%	12%	-

a) keine Differenzierung zwischen unsicher-vermeidenden und unsicher-ambivalenten (-resistenten) Bindungen verfügbar.

Quelle: van IJzendoorn und Sagi 1999, S. 729

Die Tabelle 2 enthält einen von van IJzendoorn und Sagi (1999) erarbeiteten Überblick über Untersuchungen, in denen frühe Kind-Mutter-Bindungen auf der Grundlage von Beobachtungen in der Fremden Situation analysiert wurden. Die Untersuchungen wurden zum weitaus größten Teil in den USA und in West-Europa durchgeführt und zum geringeren Teil in Afrika, Israel, China oder Japan. Die Übersicht zeigt: Auch in Ländern und Gesellschaften, in denen die frühen Mutter-Kind-Beziehungen im Durchschnitt anders als in westlichen Gesellschaften sind - etwa unter dem Gesichtspunkt des Körperkontakts und der Enge der Beziehung im ersten Lebensjahr des Kindes -, können Verfahrensweisen der Bindungsforschung zum Einsatz kommen, die ursprünglich in einem Kontext entwickelt wurden, der für angloamerikanische Mittelschichten typisch ist. Auch in japanischen Studien konnten mit Hilfe von Beobachtungen in der Fremden Situation unterschiedliche Bindungsmuster identifiziert werden, obwohl es in Japan offenbar für Kinder und Mütter schwerer als für die Kinder und Mütter der Baltimore-Studie war, die in der Fremden Situation eingebauten Trennungs-Episoden zu verkraften (vgl. hierzu etwa Miyake u.a. 1985 und Takahashi 1986 und 1990).

Man kann also Kinder unterschiedlicher Kulturen und Kontexte in der Fremden Situation beobachten und unter dem Gesichtspunkt sicherer oder unsicherer Bindung einordnen. Allerdings werden in einigen Untersuchungen, über die van IJzendoorn und Sagi (1999) berichten, Zweifel daran geäußert, ob die unterschiedlichen Muster bzw. Kategorien unsicherer Bindung - vermeidend vs. ambivalent bzw. resistent (vgl. zu diesen Mustern auch Abschnitt 3.1.3 dieser Arbeit) -, kulturübergreifend tragfähig sind. Einige Autoren bezweifeln dies für das Muster der unsicher-vermeidenden Bindung, zumindest sofern dieses Muster aus Verhaltensweisen des Kindes in der Fremden Situation erschlossen wird (vgl. hierzu etwa Takahashi 1990). Ihr Argument: Die Kategorie der unsicher-vermeidenden Bindung und das entsprechende Beobachtungsverfahren seien für die Analyse von Bindungsmustern dann nicht geeignet, wenn in den untersuchten Gesellschaften die Beziehungen der Säuglinge und Klein-Kinder zu ihren Müttern ganz besonders eng sind - auch unter dem Gesichtspunkt körperlicher Nähe - und wenn die Kinder darüber hinaus nur mit vertrauten zusätzlichen Betreuungspersonen zu tun haben, Geschwistern oder anderen Verwandten. Dies ist - oder war zumindest in der Vergangenheit - z.B. bei den Dogon in West-Afrika der Fall (vgl. hierzu True 1994 und Parin u.a. 1983). Die Trennungen von der Mutter, die im Rahmen der Fremden Situation zweimal erforderlich sind, und auch die Begegnung mit einer fremden Person (vgl. zum Verfahren auch Abschnitt 3.1.2 dieser Arbeit) können unter diesen Bedingungen ganz besonders viel Stress, Ängste und Kummer erzeugen und eventuell zu verstärkten Annäherungsversuchen oder desorganisierten Reaktionen (vgl. zu dieser Kategorie Main und Solomon 1990) führen, durch die die eventuell vorhandenen Vermeidungstendenzen der Kinder in der Fremden Situation überdeckt werden. Nach Auffassung Trues (1994) war dies bei den Kindern der Dogon in der Fremden Situation zu beobachten. Keines der beobachteten Kinder konnte als unsicher-vermeidend eingeordnet werden (vgl. hierzu auch van IJzendoorn und Sagi 1999, S. 717 ff.

und die oben wiedergegebene Tabelle 2). Sollten auch andere Untersuchungen, die in wenig entwickelten Gesellschaften, bei vergleichbaren Betreuungsverhältnissen durchgeführt werden, zu einer ähnlich kritischen Beurteilung des Verfahrens der Fremden Situation kommen, könnte dies Zweifel an der generellen Angemessenheit von Verhaltensbeobachtungen in der Fremden Situation und der auf ihnen basierenden Bindungs-Klassifikationen bestärken. Van IJzendoorn und Sagi (1999) neigen dazu, die hier skizzierten Einwände und Bedenken zu bagatellisieren und auf methodische Missverständnisse zurückzuführen oder darauf, dass die entsprechenden Forscher bzw. Forscherinnen zu wenig in die Auswertung und Interpretation der Daten, die in der Fremden Situation erhoben wurden, eingeübt seien. Mir selbst scheinen die Argumente der Kritiker dagegen plausibel zu sein, und es wäre wünschenswert, sie im Rahmen einer ethnologisch informierten Bindungs- und Sozialisationsforschung zu überprüfen.

Da der weit überwiegende Teil der in diesem Buch referierten und diskutierten Studien in den USA und in West-Europa durchgeführt wurde, sind die geschilderten Zweifel an der generellen inhaltlichen Angemessenheit des Verfahrens der Fremden Situation theoretisch und methodologisch zwar von Interesse, praktisch jedoch nicht so folgenreich. Denn in vielen amerikanischen, englischen, holländischen, schwedischen oder deutschen Studien hat man inzwischen sehr erfolgreich mit dem Verfahren der Fremden Situation gearbeitet, auf dieser Grundlage mit einem hohen Maß an Übereinstimmung unterschiedliche Muster sicherer und unsicherer Bindung voneinander unterschieden und die inhaltliche Angemessenheit bzw. Validität der entsprechenden Auswertungsverfahren (vgl. zu diesen auch Abschnitt 3.1.3 der vorliegenden Arbeit) in vielfältigen Analysen überprüft, auch im Rahmen international orientierter Forschungskooperation.

Die oben wiedergegebene Tabelle 2 vermittelt auch Informationen zu den Ergebnissen und zur durchschnittlichen Verteilung sicherer und unsicherer Bindungen, die sich in amerikanischen und in west-europäischen Studien aus Beobachtungen von Kindern und Müttern in der Fremden Situation ergaben. Sowohl in den amerikanischen als auch in den west-europäischen Stichproben bilden die sicher gebundenen Kinder mit 67 bzw. 66% die größte Gruppe und die unsicher-ambivalenten bzw. unsicher-resistenten Kinder die kleinste Gruppe.

Für ein realistisches Verständnis dieser Angaben zum Anteil sicherer und unsicherer Bindungen ist es wichtig, sich zu vergegenwärtigen, dass die entsprechenden Daten nicht in repräsentativen, auf Zufallsauswahl basierenden Stichproben erhoben wurden. In der Tabelle werden vielmehr Ergebnisse von Studien zusammengestellt, die auf der Grundlage kleiner, in der Regel nicht-repräsentativer Stichproben erarbeitet wurden. Auch wenn die für die USA und West-Europa angegebenen Fallzahlen recht groß sind, können aus den Angaben zu den Anteilen sicherer oder unsicherer Bindung trotzdem keine Schlüsse auf die amerikanische oder west-europäische Bevölkerung gezogen werden (vgl. zu unterschiedlichen Varianten von Stichproben und Schlüssen auf die Grundgesamtheit auch Bortz und Döring 2002, S. 397 ff.). Die in der Tabelle wiedergegebenen Zahlen sagen also nur etwas zu den Ergebnissen der vorliegenden Studien aus - nicht mehr, aber auch nicht weniger. Zu vermuten ist allerdings, dass der Anteil sicher gebundener Kinder in diesen Studien im Vergleich zum jeweiligen Bevölkerungsdurchschnitt recht hoch liegt. Denn in den vorliegenden Untersuchungen, in denen Mütter und Kinder in der Fremden Situation beobachtet wurden, sind die Mittelschichten tendenziell überrepräsentiert, was wiederum auch für die Einschätzung von Bindungssicherheit wichtig ist, wie ich im Folgenden erläutern möchte.

3.2.2 Soziale Schicht und Bindungssicherheit in der Kind-Mutter-Beziehung

In verschiedenen Untersuchungen, die in den USA, aber auch in Deutschland und anderen Ländern durchgeführt wurden, zeigt sich, dass es schichtspezifische Unterschiede in der Bindungssicherheit gibt. Kinder aus Familien der gehobenen Mittelschicht, deren Eltern einen höheren Bildungsstand haben und in höher qualifizierten Berufen, mit einem höheren Einkommen tätig sind, sind in der Beziehung zu ihrer Mutter im Durchschnitt häufiger sicherer gebunden als Kinder aus Familien unterer Schichten, deren Eltern einen niedrigeren Bildungsstand haben und in geringer qualifizierten, schlechter bezahlten Berufen beschäftigt sind. Der Zusammenhang zwischen sozialer Schicht und Bindungssicherheit kann zwar nicht auf der Grundlage repräsentativer Erhebungen belegt werden (vgl. hierzu auch oben), viele einzelne Untersuchungsbefunde sprechen jedoch für die Bedeutung dieses Zusammenhangs. Ich erwähnte hierzu vorn die einschlägigen Arbeiten Silvia Bells, aber auch weitere Arbeiten lassen darauf schließen, dass Kinder aus höheren Sozialschichten im Durchschnitt häufiger als sicher gebunden einzuordnen sind als Kinder aus unteren Sozialschichten (vgl. hierzu auch van IJzendoorns und Kroonenbergs 1988 Meta-Analysen von Studien zu frühen Bindungen). Zu erklären ist dies vermutlich dadurch, dass in den ökonomisch und sozial unterprivilegierten Familien die Bewältigung des beruflichen und des Familienalltags mit mehr Stress verbunden ist und dass diese höheren Belastungen auch in die Eltern-Kind-Beziehungen hineinwirken. In einem Beitrag Jay Belskys (1999) wird darüber hinaus auf die Bedeutung einer stabilen Unterstützung durch den Partner oder andere helfende Personen hingewiesen, mit der insbesondere allein erziehende Mütter mit einem niedrigen Einkommen vielfach nicht rechnen können.

Zum Beispiel kamen in dem Sample der Minnesota-Studie, in dem gezielt vor allem Kinder aus sozial und ökonomisch unterprivilegierten Schichten untersucht wurden, viele Kinder aus Familien, in denen ihre Mütter allein, ohne Unterstützung durch Väter oder andere Betreuungspersonen, in einer instabilen sozialen Situation und unter sehr schlechten ökonomischen Bedingungen für ihre Kinder zu sorgen hatten (vgl. zu dieser Studie auch Abschnitt 6.2.1 dieser Arbeit). Es ist nicht überraschend, dass in dieser Stichprobe der Anteil sicher gebundener Kinder im Vergleich zu Studien, die auf Mittelschichten-Stichproben basieren, geringer war (vgl. hierzu van IJzendoorn und Kroonenberg 1988, S. 149 ff. und Egeland und Farber 1984). In der Minnesota-Studie war auch ein anderes Phänomen zu beobachten. Die einbezogenen Kinder wurden sowohl im Alter von 12 Monaten als auch im Alter von 18 Monaten zusammen mit ihren Müttern in der Fremden Situation beobachtet. Ihr Bindungsmuster veränderte sich in dieser kurzen Zeit weit häufiger als dies in vergleichbaren Mittelschicht-Stichproben der Fall war (vgl. Vaughn u.a. 1979, Egeland und Farber 1984 und Waters 1978). Die Kinder, die von einer sichereren zu einer unsicher-ambivalenten Bindung wechselten, hatten Mütter, die in dieser Zeit besonders viel Veränderungen in ihren Lebensbedingungen und in ihren Partnerschaftsbeziehungen erlebt hatten. Für die Mütter, deren Kinder von einer sicheren zu einer unsicheren Bindung überwechselten, war darüber hinaus kennzeichnend, dass sie insgesamt aggressiver und misstrauischer als die anderen Mütter waren (vgl. Egeland und Farber 1984, S. 258 ff.).

Auch in deutschen Studien lassen sich Zusammenhänge zwischen Sozialschicht und Bindungssicherheit erkennen. Gloger-Tippelt, Vetter und Rau veröffentlichten 2000 einen Überblick über 15 Studien aus dem deutschsprachigen Raum, in denen die Kind-Mutter-Interaktionen und zum Teil auch die Kind-Vater-Interaktionen in der Fremden Situation analysiert und klassifiziert wurden. Tabelle 3 enthält einen Überblick über die auf die Kind-Mutter-Bindung bezogenen Ergebnisse.

Gloger-Tippelt u.a. stellten auf Grundlage einer Cluster-Analyse vier Gruppen von Studien zusammen, in denen die relative Häufigkeit der Kategorien sicher, unsicher-vermeidend und unsicher-ambivalent ähnlich war (vgl. hierzu und zum Folgenden Gloger-Tippelt u.a. 2000, S. 93 ff.).

Das erste Cluster umfasst vier Untersuchungen, die einen besonders hohen Anteil sicher gebundener Kinder und einen besonders niedrigen Anteil von Kindern, die als unsicher-vermeidend einzuordnen waren, aufwiesen: die Studie 3 (Regensburg III), die Studie 5 (Berlin I), die Studie 11 (Berlin VII) und die Studie 12 (Zürich). Von den Stichproben, auf denen diese Studien basierten, war bekannt, dass in ihnen die höheren Mittelschichten besonders stark vertreten waren. Ich möchte dies an der Studie 11 (Klann-Delius 1996, Hédervári 1995) illustrieren. Von den über Zeitungsinserate, Arztpraxen, Kinderkliniken und Fürsorgestellen rekrutierten 39 Familien gehörten nur 5 (13%), nach Bildungsstand und beruflicher Tätigkeit des Vaters und der Mutter zu urteilen (Haupt-; Realschule, Lehre und unselbständige, repetitive Tätigkeit), der Unterschicht an. Dagegen gehörten 16 (41%) der

Tab. 3: Verteilung der Kind-Mutter-Bindungsklassifikationen in Studien, die im deutschsprachigen Raum durchgeführt wurden (ohne die D-Kategorie)[a] (nach Gloger-Tippelt u.a. 2000)

Ort und Jahr der Erhebung und Projektleitung	**N (Kinder)**	**Unsicher-vermeidend (A)**	**Sicher (B)**	**Unsicher-ambivalent (-resistent) (C)**	**Unklassifiziert**
1. Bielefeld 1977, Grossmann	49	49,0% (24)	32,7% (16)	12,2% (6)	6,1% (3)
2. Regensburg I 1980/81, Grossmann	51	31,0% (16)	57,0% (29)	6,0% (3)	6,0% (3)
3. Regensburg III 1989, Grossmann und Spangler	41	17,1% (7)	73,2% (30)	2,4% (1)	7,3% (3)
4. Regensburg IV 1992, Spangler und Schieche	106	19,8% (21)	62,3% (66)	15,1% (16)	2,8% (3)
5. Berlin I ca. 1982, Beller und Pohl	40	17,5% (7)	77,5% (31)	5% (2)	- -
6. Berlin II 1984-86, Ziegenhain und Wolff	35	31,4% (11)	57,1% (20)	8,6% (3)	2,9% (1)
7. Berlin III 1989/90, Rauh und Ziegenhain	76	25,0% (19)	59,2% (45)	9,2% (7)	6,6% (5)
8. Berlin (Ost) IV 1987-89, Ahnert (vor der Wende)	40	37,5% (15)	50,0% (20)	7,5% (3)	5,0% (2)
9. Berlin (Ost) V 1990, Ahnert (während der Wende)	47	40,4% (19)	36,2% (17)	14,9% (7)	8,5% (4)
10. Berlin (Ost) VI 1993-97, Ahnert (nach der Wende)	70	45,7% (32)	48,6% (34)	4,3% (3)	1,4% (1)
11. Berlin VII 1989/90, Klann-Delius und Hédervári	39	20,5% (8)	76,9% (30)	2,6% (1)	- -

12. Zürich 1992-94, Bischof-Köhler und Zulauf-Logoz	50	10,0% (5)	86,0% (43)	0,0% (0)	4,0% (2)
13. Heidelberg 1989/90, Gloger-Tippelt	28	46,4% (13)	50,0% (14)	3,6% (1)	- -
14. Osnabrück I 1994, Keller	43	27,9% (12)	67,4% (29)	4,7% (2)	- -
15. Osnabrück II ca. 1995, Zach	16	25,0% (4)	37,5% (6)	37,5% (6)	- -
Insgesamt	731	29,2% (213)	58,8% (430)	8,3% (61)	3,7% (27)

[a] Alter der Kinder zum Zeitpunkt der Beobachtungen in der Fremden Situation in der Regel ca. 12 Monate, in einer Studie (Studie 15) 24 Monate (vgl. Gloger-Tippelt u.a. 2000, S. 90)
Quelle: Gloger-Tippelt, Vetter, Rauh 2000, S. 91

Familien zur oberen Mittelschicht: Väter und Mütter hatten einen höheren Bildungsstand (Abitur, Fachhochschule, Universität) und arbeiteten in Berufen, die durch selbständige Tätigkeit und Organisation und Kontrolle komplexer Arbeitsabläufe gekennzeichnet waren (vgl. Hédervári 1995, S. 73 ff.). Die anderen Familien wurden der unteren und mittleren Mittelschicht zugeordnet, mit einem höheren Anteil in der mittleren Mittelschicht.

Wenn man im Vergleich hierzu das Cluster 4 betrachtet - die Untersuchungen mit einem besonders niedrigen Anteil sicher gebundener Kinder und einem hohen Anteil vermeidender Kinder (Studie 1, Bielefeld, und Studie 9, Berlin O-VI) -, fällt auf, dass in den zugrunde liegenden Stichproben die Unterschichten und unteren Mittelschichten stärker vertreten sind. Dies sei am Beispiel der Bielefelder Studie der Grossmanns erläutert - der ersten deutschen Studie zur Analyse früher Bindungen mit Hilfe des Verfahrens der Fremden Situation (vgl. hierzu Grossmann u.a. 1985 und weitere Veröffentlichungen, so etwa auch die in Spangler und Zimmermann, 1995, zusammengefassten Informationen). In der Bielefelder Studie wurden die beteiligten Eltern 1976/77 in dem Krankenhaus, in dem die Geburt ihres Kindes stattfinden sollte, darum gebeten, sich an der geplanten Längsschnittstudie zu beteiligen. Durch diese Art der Rekrutierung wurde - anders als bei Klann-Delius und Hédervári - ein breiteres soziales Spektrum erreicht (vgl. hierzu und zum Folgenden Grossmann u.a. 1985, S. 237 f. und Grossmann u.a. 2002, S. 77 f.). Von den 49 in die Untersuchung einbezogenen Vätern - die Mütter waren überwiegend nicht berufstätig - hatten 26 die Hauptschule besucht und anschließend eine Lehre absolviert, fünf Väter hatten Abitur und nur zwei Väter hatten einen Universitäts-Abschluss. D.h. ein erheblicher Teil der Väter war zum Zeitpunkt der Geburt ihres Kindes in Berufen tätig, die weder Studium, noch Abitur noch einen Realschulabschluss voraussetzten. Unterschichten und untere bis mittlere Mittelschichten waren also in dieser Stichprobe sehr viel stärker als beispielsweise in der von Klann-Delius und Hédervári (vgl. oben) durchgeführten Untersuchung vertreten. Die obere Mittelschicht war dagegen mit deutlich geringerem Anteil vertreten (vgl. zur Information über gebräuchliche Schichtungs-Schemata in der Soziologie auch Geissler 2002, Kap. 5).

Insgesamt deutet der Vergleich zwischen Studien mit sehr hohen und sehr niedrigen Anteilen sicher gebundener Kinder und der Vergleich der jeweils zugrunde liegenden Stichproben darauf hin, dass die Entwicklung einer sicheren Kind-Mutter-Bindung durch den sozialen Kontext und die sozioökonomische Stellung der Eltern mitbeeinflusst wird. Auch die Erhebungen und Analysen, die im Rahmen der umfangreichen „NICHD Study of Early Child Care“ (1997) durchgeführt wurden, belegen dies (vgl. zu Zielen, Methoden und Ergebnissen dieser Studie auch den folgenden Abschnitt 3.2.3). Bei der Analyse der sozialen Voraussetzungen einer sicheren Bindung muss also auch die ökonomische und soziale Lage der Eltern berücksichtigt werden. Dies zeigt im Übrigen auch die von de Wolff und van IJzendoorn (1997) durchgeführte Meta-Analyse von Studien, in denen Daten zur Bindungssicherheit und zu Sensitivität in der Mutter-Kind-Interaktion vorliegen (vgl. hierzu auch Abschnitt 3.3 dieser Arbeit). Der Zusammenhang zwischen Sensitivität und Bindungssicherheit ist in Mittelschicht-Stichproben ausgeprägter als in Stichproben, in denen die Kinder aus ökonomisch und sozial schwächeren Familien kommen. Dies bedeutet, dass die vorhandene Sensitivität der Mütter in der Interaktion mit ihren Kindern in den ökonomisch und sozial weniger privilegierten Familien weniger relevant ist, weniger wirksam wird; vermutlich deshalb, weil die Kind-Mutter-Beziehung durch andere Faktoren - z.B. unzureichende Unterstützung durch den Partner, ökonomische Probleme, instabile und ungünstige Betreuungsverhältnisse - beeinträchtigt wird.

3.2.3 Kind-Mutter-Bindung und Tagesbetreuung - die „NICHD Study of Early Child Care“

Für ein Verständnis der sozialen Bedingungen, in deren Rahmen sich die Kind-Mutter-Bindung entwickelt, ist es auch wichtig, die Betreuungs-Konstellationen insgesamt zu betrachten. Ist nur oder primär die Mutter für die Betreuung und Versorgung ihres Kindes zuständig, oder sind auch andere Personen beteiligt und in welchem Umfang? Und wie wirkt sich eine frühe Betreuung durch andere Personen und Institutionen auf die Kind-Mutter-Beziehung und auf die jeweiligen Muster der Kind-Mutter-Bindung aus? Diese Fragen sind deshalb besonders dringlich, weil in den westlichen Gesellschaften immer mehr Frauen berufstätig sind und berufstätig sein wollen. Es ist deshalb auch unter politischen Gesichtspunkten wichtig zu fragen, wie sich die frühe Kinderbetreuung durch andere Personen - Väter, andere Verwandte, Tagesmütter, Kinderfrauen, Betreuungspersonal in Kindertagesstätten - auf die Entwicklung der Kind-Mutter-Bindung auswirkt. Ist mit einer Verunsicherung zu rechnen, und wenn ja, unter welchen Bedingungen?

In der Bindungs- und Sozialisationsforschung sind diese Fragen in der Vergangenheit kontrovers diskutiert worden. Es gab Untersuchungen, aus denen hervorging, dass Kinder, die im ersten Lebensjahr in größerem Umfang (ca. 20 Stunden und mehr wöchentlich) durch andere Personen betreut werden, in der Beziehung zu ihrer Mutter unsicherer waren. Sie waren im Vergleich zu anderen, überwiegend von der Mutter betreuten Kindern, häufiger unsicher gebunden (vgl. hierzu den Überblick in NICHD Early Child Care Research Network 1997, S. 860 ff.). Es gab wiederum auch andere, neuere Untersuchungen, in denen solche Zusammenhänge nicht nachgewiesen werden konnten.

Vor diesem Hintergrund und zur Klärung dieser Fragen entstand in den USA in den neunziger Jahren die „NICHD Study of Early Child Care" (1997), eine sehr umfangreiche und methodisch anspruchsvolle Studie, die sich mit unterschiedlichen Varianten früher Kinderbetreuung und ihren Folgen für die Entwicklung der Kind-Mutter-Bindung befasste. An ihr waren das „National Institute of Child Health and Human Development" und vierzehn Universitäten beteiligt. Eine Vielzahl von Forscherinnen und Forschern aus diesen Institutionen schlossen sich zu einem großen Forschungsverbund zusammen - dem „Early Child Care Research Network" - und beteiligten sich an der Planung und Durchführung der Studie, u.a. an der Instrumenten-Entwicklung, an der Schulung und Vorbereitung des Forschungspersonals, an der Durchführung der Erhebungen, an den aufwändigen wechselseitigen Kontrollen bei der Auswertung der Beobachtungs- und Interviewdaten und an den erforderlichen statistischen Analysen.

Durch die Kooperation auf so breiter Grundlage hatte man die Chance, eine große Zahl von Kindern und Müttern in die Untersuchung einzubeziehen, insgesamt 1.153 Kinder und ihre Mütter, die in der Fremden Situation beobachtet wurden, als die Kinder ca. 15 Monate alt waren (vgl. hierzu und zum Folgenden NICHD Early Child Care Research Network 1997, S. 862 ff.). Alle Kinder, ihre Mütter und die anderen mit der Kinderbetreuung befassten Personen wurden darüber hinaus in vielfältigen Situationen beobachtet und zum Teil auch interviewt: a) in der familiären Umgebung, als die Kinder eins, sechs und 15 Monate alt waren; b) in dem jeweiligen Betreuungskontext, als die Kinder sechs und 15 Monate alt waren; c) zusätzlich wurden viele Telefon-Interviews zur Ermittlung des jeweils aktuellen Standes der Betreuungs-Situation, der Beschäftigungs-Situation der Mütter und zur Vorbereitung der diversen Beobachtungen durchgeführt.

Die Familien, die an der Studie teilnahmen, wurden an unterschiedlichen Orten, in insgesamt 31 Krankenhäusern rekrutiert. Man achtete bei der Auswahl - einer eingeschränkten Zufallsauswahl - darauf, dass Familien mit unterschiedlichem Bildungsstand, aus unterschiedlichen sozialen Schichten und aus unterschiedlichen ethnischen Gruppierungen angemessen repräsentiert waren. Nicht berücksichtigt wurden, um die Vergleichbarkeit der Daten und eine sorgfältige Analyse der Folgen unterschiedlicher Betreuungsverhältnisse abzusichern, u.a.: Kinder, die nach der Geburt länger im Krankenhaus oder erkennbar behindert waren; Kinder, deren Mütter unter 18 waren oder deren Mütter nicht Englisch sprachen. Nicht berücksichtigt wurden ebenfalls Kinder, deren Mutter ein erkennbares Drogen- und Alkoholproblem hatte. Von den Familien, die um eine Beteiligung an der geplanten Längsschnitt-Studie gebeten wurden, verweigerten 42% ihre Zustimmung. Es sind also bei der Analyse der Daten auch Verzerrungen zu berücksichtigen, die sich daraus ergeben könnten, dass sich eher nur die kooperativeren, an der Entwicklung ihrer Kinder und an Forschung interessierteren Eltern an der Untersuchung beteiligten.

Bei der Analyse der Auswirkungen unterschiedlicher Varianten der Tages-Betreuung bemühte man sich mit Hilfe multivariater statistischer Verfahren darum, solche Faktoren zu kontrollieren, von denen man aufgrund der vorliegenden Daten und aufgrund anderer Untersuchungen annahm, dass sie die Kind-Mutter-Bindung beeinflussten: u.a. die ökonomische Situation der in die Untersuchung einbezogenen Familien, die Sensitivität der Mütter in der Interaktion mit ihren Kindern oder die psychische Stabilität der Mütter. Man hoffte so, die Auswirkungen der unterschiedlichen Varianten der Tages-Betreuung auf die Kind-Mutter-Bindung isolieren und präziser analysieren zu können.

Ein überraschender Befund der Studie war, dass die Kinder, die primär von ihren Müttern betreut wurden, sich in Art der Bindung an ihre Mütter nicht signifikant von den Kindern unterschieden, die teilweise (mindestens 10 Stunden und mehr/wöchentlich) oder ganztags von anderen Personen betreut wurden. Die Autorinnen und Autoren schreiben hierzu: „There were no significant differences in attachment security related to child-care participation. Even in extensive, early, unstable, or poor-quality care, the likelihood of infants' unsecure attachment to mother did not increase, nor did stable or high-quality care increase the likelihood of developing a secure attachment to mother." (NICHD Early Child Care Research Network, 1997, S. 875).

Besonders verblüffend ist an diesem Ergebnis, dass Qualität und Umfang der Tagespflege, an der andere Personen beteiligt sind, auf die Entwicklung der Kind-Mutter-Bindung so wenig Einfluss zu haben scheinen. Es ist erstaunlich, dass die frühen Trennungen von der Mutter und die Qualität der Tagesbetreuung durch andere Personen als die Mutter, nach der NICHD-

Studie zu urteilen, die Bindung der Kinder an ihre Mütter kaum beeinflussen. Bei genauerem Hinsehen muss man dieses Ergebnis allerdings relativieren, nämlich dann, wenn man den Einfluss der Tagesbetreuung im Zusammenspiel mit anderen Faktoren betrachtet (vgl. ebenda, S. 868 ff.). Kinder, die nach den Beobachtungen im häuslichen Kontext zu urteilen Mütter haben, die in der Interaktion mit ihnen wenig sensitiv sind, sind im Vergleich zu anderen Kindern dann besonders häufig unsicher an ihre Mütter gebunden, wenn sie zusätzlich mit der Betreuung durch andere Personen ungünstige Erfahrungen machen. Die Autorinnen und Autoren sprechen von einem doppelten Risiko dieser Kinder. D.h. problematische Bedingungen in der Tagesbetreuung können den Einfluss problematischer häuslicher Bedingungen verstärken. Sie können jedoch die vorhandene Sicherheit in der Kind-Mutter-Bindung nicht prinzipiell stören. Diese wird nach den Ergebnissen der NICHD-Studie mehr durch die Qualität der Mutter-Kind-Beziehung als durch Umfang und Qualität der Betreuung durch andere Personen beeinflusst.

Man sollte hieraus allerdings nicht den Schluss ziehen, dass es auf die Qualität der Tagesbetreuung durch andere Personen als die Mutter nicht ankommt und dass man sich getrost schlechte Kindertagesstätten mit viel zu wenig und zu wenig qualifiziertem Personal leisten kann. Denn ungünstige Betreuungsbedingungen in Kinderkrippen oder in anderen Betreuungskontexten belasten die Kinder, verstärken vorhandene Betreuungsdefizite in der Familie (vgl. oben) und machen es zudem schwer, dass sich Kinder an die Personen binden, die - neben der Mutter - für ihre Pflege und Versorgung zuständig sind. Solche zusätzlichen Bindungsbeziehungen können für die Entwicklung von Kindern sehr wichtig sein und ihnen Entwicklungschancen eröffnen, die sie sonst nicht hätten. In der NICHD-Studie werden solche zusätzlichen Bindungsbeziehungen und ihre Folgen für die kindliche Entwicklung und Sozialisation nicht analysiert, wohl aber in anderen Studien, auf die ich später in diesem Kapitel eingehen möchte (vgl. Abschnitt 3.4).

Man sollte aus den Ergebnissen der NICHD-Studie ebenfalls nicht den Schluss ziehen, dass man die Betreuung durch die Mütter beliebig reduzieren kann, ohne die Sicherheit in der Kind-Mutter-Bindung zu riskieren. Einschlägige Einsichten zu dieser Frage hat man in Untersuchungen gewonnen, die in israelischen Kibbuzim durchgeführt wurden (vgl. hierzu und zum Folgenden u.a. van IJzendoorn und Sagi 1999 und auch die oben wiedergegebene Tabelle 2; vgl. auch Aviezer u.a. 2002). Nach älteren Kibbuz-Traditionen war es üblich, dass Kinder schon in sehr jungem Alter nachts in Kinderhäusern, getrennt von ihren Familien, schliefen. Betreut wurden sie hier nicht von den Personen, die tagsüber für sie zuständig waren - den „metapelot“ -, sondern von wechselndem mit der Aufsicht betrautem Personal. Kinder, die unter diesen Bedingungen aufwuchsen, waren weniger sicher an ihre Mütter gebunden als die Kinder, die - ebenfalls im Kibbuz aufwachsend - nachts bei ihren Eltern schlafen konnten. In der israelischen

Kibbuz-Bewegung hat man aufgrund dieser und vergleichbarer Befunde die Bedingungen für die Kinder verändert. Sie übernachten nicht mehr im Kinderhaus, sondern in ihren Familien.

Selbstverständlich ist mit der NICHD-Studie nicht das letzte Wort zu den komplexen und umstrittenen Fragen, die mit unterschiedlichen Varianten der Kinderbetreuung verbunden sind, gesprochen (vgl. zu weiteren Studien früher Tagesbetreuung u.a. Ziegenhain u.a. 2000, Ahnert u.a. 2000 oder Ahnert und Rickert 2000). So ungewöhnlich umfangreich und qualifiziert diese Studie ist: Sie ist nicht repräsentativ für die amerikanischen Kinder des untersuchten Alters, auch nicht für Kinder anderer Nationen, und in ihr können nur ausgewählte Aspekte, die mit früher Kinderbetreuung verbunden sind, geklärt werden. Im Zentrum steht die Kind-Mutter-Bindung und nicht die Bindung an die Personen, die sich zusätzlich zur Mutter um die Pflege und Versorgung der Kinder kümmern. Damit bleiben viele Fragen offen, die für die Entwicklung und Sozialisation von Kindern von großer Bedeutung sind. Auf der anderen Seite: Es gibt in der Bindungsforschung kaum eine Studie, in der man die Bedingungen der Bindungssicherheit in der Kind-Mutter-Beziehung auf so breiter Grundlage und so kompetent und facettenreich analysierte. Ihre Ergebnisse sind daher nicht einfach vom Tisch zu wischen. Sie tragen vielmehr erheblich zur Klärung der sozialen Bedingungen einer sicheren Bindung bei.

3.3 Sensitivität in der Mutter-Kind-Interaktion und andere Faktoren sicherer und unsicherer Bindungen

Ob sich Kinder sicher an ihre Mutter binden oder nicht, hängt nach Auffassung Mary Ainsworths und vieler anderer Forscherinnen und Forscher zu einem großen Teil davon ab, wie sich die Mutter in der Interaktion mit ihnen verhält. Dabei gilt die Sensitivität in der Interaktion als besonders wichtig. So konnte in der Baltimore-Studie festgestellt werden, dass Mütter von sicher gebundenen Kindern im Umgang mit ihren Kindern deutlich sensitiver waren als die Mütter von unsicher gebundenen Kindern. Sie interpretierten die Signale und Äußerungen ihrer Kinder (Not-Signale, Äußerungen von Müdigkeit, Hunger, Annäherungsbedürfnis etc.) realistischer, entwickelten mehr Mitgefühl, wenn ihr Kind Hilfe brauchte, und konnten rascher und angemessener auf ihr Kind reagieren (vgl. zu diesen Ergebnissen und zum Konzept der Sensitivität insbesondere Abschnitt 3.1.4 des vorliegenden Kapitels).

In anderen Studien aus dem Bereich der Bindungsforschung ergab sich, dass die Sensitivität in der Mutter-Kind-Interaktion zwar wichtig ist, aber kein so großes Gewicht hat wie Ainsworth u.a. dies unterstellten (vgl. als frühe kritische Auseinandersetzung mit ausgewählten Studien Lamb u.a. 1985, S. 59 ff.). Neuere Befunde hierzu legten de Wolff und van IJzendoorn

(1997) vor. Sie erarbeiteten Meta-Analysen von Untersuchungen mit einschlägigen Informationen zum Verhältnis von Sensitivität und Bindungssicherheit. Auf der Grundlage dieser Analysen geben de Wolff und van IJzendoorn als kombinierte Maße für den Zusammenhang zwischen Sensitivität in der Mutter-Kind-Interaktion und Bindungssicherheit - als kombinierte Effektgrößen - an: r = 0,22 (auf der Grundlage von 30 Studien) oder r = 0, 24 (auf der Grundlage von 16 Studien, in denen Ainsworths ursprüngliche Sensitivitäts-Skala verwandt wurde). In der Baltimore-Studie war der vergleichbare Wert erheblich höher (vgl. de Wolff und van IJzendoorn 1997, S. 579 ff., S. 584 ff.).

Es ist schwer, diese neueren Befunde angemessen zu bewerten. Denn viele Untersuchungen, in denen sich nur ein relativ geringer Zusammenhang zwischen der Sensitivität im Verhalten der Mutter und der Kind-Mutter-Bindung ergab, sind weit davon entfernt, die Baltimore-Studie zu replizieren. In keiner anderen Studie aus dem Bereich der Bindungsforschung wurden - so weit mir bekannt ist - die Interaktionen zwischen Müttern und ihren Kindern im ersten Lebensjahr ihres Kindes so kontinuierlich und so umfassend beobachtetet und protokolliert wie in der Baltimore-Studie. Man sollte daher mit allzu raschen Distanzierungen von den Ergebnissen der Baltimore-Studie und den in ihr enthaltenen Thesen zum Verhältnis von Sensitivität und Bindungssicherheit vorsichtig sein. De Wolff und van IJzendoorn betonen darüber hinaus, dass die von ihnen aufgezeigten Zusammenhänge, selbst wenn sie weniger eng als in der Baltimore-Studie sind, immerhin noch beträchtlich sind (vgl. de Wolff und van IJzendoorn 1997, S. 584 ff.). Sie sehen daher keinen Grund dafür, von den zentralen Annahmen Mary Ainsworths abzurücken.

Ob man nun der Auffassung ist, dass die Sensitivität in der Mutter-Kind-Beziehung für die Entwicklung von Bindungssicherheit besonders wichtig ist, oder ob man sie für nicht ganz so wichtig hält - in jedem Fall muss nach weiteren, zusätzlichen Faktoren gefragt werden, wenn man Bindungssicherheit erklären will. Auch Mary Ainsworth war ja keineswegs der Auffassung, dass es bei der Interpretation von Bindungssicherheit ausschließlich um die mütterliche Sensitivität geht.

Auf einige wichtige Faktoren, die bei der Interpretation von Bindungssicherheit - neben der Sensitivität in der Mutter-Kind-Interaktion - zu berücksichtigen sind, habe ich im vorigen Abschnitt (3.2) bereits aufmerksam gemacht. Es handelt sich dabei insbesondere um Unterschiede im sozialen Kontext der in die Erhebungen jeweils einbezogenen Kinder und Mütter. Mütter, die unter besonders schwierigen ökonomischen und sozialen Bedingungen leben, haben häufiger als andere unsicher gebundene Kinder, was durch ungünstige Betreuungsverhältnisse außerhalb der Familie noch verstärkt werden kann (vgl. zur Relevanz des sozialen und ökonomisches Kontexts auch de Wolff und van IJzendoorn 1997, S. 586 ff.).

Neben diesen sozialen und Kontext-Faktoren der Bindungssicherheit sind weitere Faktoren zu berücksichtigen, die mit psychischen Dispositionen und den sozialen Erfahrungen der in die Studien jeweils einbezogenen Mütter zusammenhängen. Sehr ausführlich hat man sich in der Bindungsforschung mit den Kindheitserfahrungen von Müttern befasst, und mit der Art und Weise, in der die befragten Mütter in qualitativen Interviews über ihre Beziehungen zu den eigenen Eltern sprechen. Zu erwähnen sind hierzu insbesondere die von Mary Main initiierten Studien zur Bindungsrepräsentation im Erwachsenenalter (vgl. zu diesen u.a. Main 2001, van IJzendoorn 1995 oder Hesse 1999; vgl. zur Diskussion im deutschsprachigen Raum und zum „Adult Attachment Interview" auch Gloger-Tippelt 2001). Mütter sicher gebundener Kinder sind im Verhältnis zu ihrer eigenen Bindungsgeschichte im Durchschnitt offener und zugleich realistischer als Mütter unsicher gebundener Kinder. In den Erzählungen über ihre eigene Kindheit können sie auch über schwierige Erfahrungen offener und ausgewogener sprechen. Sie wehren Konflikte mit ihren Eltern nicht ab, sind aber zugleich auch nicht übertrieben in diese Konflikte verstrickt (vgl. zur Auswertung von Erwachsenen-Bindungsinterviews u.a. Gloger-Tippelt 2001).

In der wissenschaftlichen Literatur zur Herausbildung früher Bindungen wird auch diskutiert, ob und in welchem Umfang frühe Unterschiede im Temperament von Kindern und genetische Unterschiede wichtig sind, wenn man Bindungssicherheit erklären will (vgl. als Überblick zu diesen Diskussionen Vaughn und Bost 1999). In einer umfangreichen Studie, in der holländische und britische Forscherinnen und Forscher kooperierten, hat man hierzu kürzlich einschlägige Befunde vorgelegt (vgl. Bokhorst, Bakermans-Kranenburg u.a. 2003). Sowohl in den Niederlanden als auch in England wurden Zwillingsstudien durchgeführt, in die eineiige und zweieiige Zwillinge einbezogen waren, die man auch in der Fremden Situation beobachtete. In beiden Stichproben wuchsen die Zwillingspaare in Familien auf, die eher der Mittelschicht angehörten. Bemerkenswert an den Ergebnissen ist: Es spricht zwar manches dafür, dass Temperament-Unterschiede zu einem nennenswerten Anteil genetisch bestimmt sind. Es lässt sich aber nicht nachweisen, dass die Art der Kind-Mutter-Bindung genetisch bestimmt ist. Die eineiigen Zwillingspaare (analysiert wurden nur männliche Zwillingspaare) stimmten in ihren Bindungsmustern (unterschieden zwischen sicher und unsicher) im Vergleich zu den zweieiigen Zwillingspaaren - unter sonst vergleichbaren Lebensumständen - nicht signifikant häufiger überein. Sie wurden in der Entwicklung ihrer spezifischen Bindung an ihre Mutter vor allem durch ihren häuslichen Kontext, die Interaktion mit der Mutter und nicht durch ihre Erb-Anlagen beeinflusst.

Insgesamt ergibt sich aus den Ergebnissen der in den Niederlanden und in England durchgeführten Zwillingsstudien eine Bestätigung des theoretischen, interaktionsbezogenen Ansatzes der Bindungsforschung. Die Ergebnisse verdeutlichen, dass es sinnvoll ist, sich vor allem auf die sozialen Bedingungen und auf die Qualität der Mutter-Kind-Interaktion zu konzentrieren, wenn man erklären will, warum einige Kinder sicher gebunden sind, andere unsicher - vermeidend oder ambivalent - gebunden sind und wiederum andere überhaupt kein organisiertes Bindungsmuster aufweisen (vgl. Bokhorst u.a. 2003, S. 1777 ff.).

Wie wir in diesem und in den vorangehenden Abschnitten sehen konnten, ist es in der Bindungsforschung insgesamt recht gut gelungen, die Bedingungen sicherer und unsicherer Bindung zu klären. Auch bei der Klärung der Bedingungen, unter denen Kinder desorganisierte Reaktionen entwickeln, hat man Fortschritte gemacht (vgl. hierzu etwa Lyons-Ruth und Jacobvitz 1999, Schuengel u.a. 1999, van IJzendoorn u.a. 1999 oder Jacobvitz u.a. 2001). Weniger Klarheit gibt es bislang darüber, warum einige Kinder unsicher-vermeidend und andere unsicher-ambivalent gebunden sind.

In der Baltimore-Studie formulierte man hierzu vorsichtige Hypothesen (vgl. hierzu und zum Folgenden Abschnitt 3.1.4 dieser Arbeit, Tabelle 1 und Ainsworth u.a. 1978, S. 178 ff. und S. 316 ff.). Sowohl die vermeidenden Kinder als auch die ambivalenten Kinder haben Mütter, die im Umgang mit ihnen eher unsensitiv sind. Darüber hinaus sind jedoch einige Unterschiede in den Interaktionserfahrungen beider Gruppen von Kindern bemerkenswert, die die Entwicklung ihres je spezifischen Bindungsmusters eventuell erklären können.

Bei den Müttern der unsicher-vermeidenden Kinder kommt hinzu, dass sie im Umgang mit dem Kind besonders zurückweisend sind, Körperkontakt eher vermeiden und mitunter auch störend, nicht-kooperativ in die Aktivitäten des Kindes eingreifen. Auf dieser Grundlage entwickeln die Kinder Erwartungen - ein Arbeitsmodell der Beziehung -, in dem Zurückweisungen durch die Mutter und auch unangenehme Erfahrungen mit ihr antizipiert werden. Die vermeidenden Tendenzen werden so plausibel. Sie haben darüber hinaus möglicherweise den Vorteil, dass das Kind Feindseligkeit nicht offen zeigen muss und so Ärger mit der Mutter vermeidet - Mary Main spricht in diesem Zusammenhang über „avoidance in the service of attachment“ (vgl. Main 1981).

Bei den unsicher-ambivalenten bzw. unsicher-resistenten Kindern sind die Zurückweisungstendenzen der Mütter weniger ausgeprägt. Ainsworth u.a. beschreiben eher eine gewisse Ungeschicklichkeit im Körperkontakt, die dazu führt, dass das Kind mitunter irritiert wird und Erfahrungen von Inkonsistenz macht. Es wird einerseits in den Arm genommen, andererseits erledigt die Mutter alles Mögliche nebenher - Tischdecken, Küchenarbeiten etc. Das Kind klammert sich in diesem Fall eventuell wegen der Unberechenbarkeit der Mutter an; es geht von Erwartungen - einem inneren Arbeitsmodell - aus, das Instabilität antizipiert.

In späteren Untersuchungen kam man auf der Grundlage anderer Stichproben und anderer Erhebungsverfahren zu etwas anderen Einsichten. Belsky u.a. (1984), die ebenfalls Mutter-Kind-Dyaden, die einen Mittelschicht-Hintergrund hatten, beobachteten, bezweifelten, dass die Vermeidung von Körperkontakt bei den Müttern der unsicher-vermeidenden Kinder so ausgeprägt sei. Sie fanden eher, dass die Mütter der vermeidenden Kinder intrusiv waren und zur Überstimulierung ihres Kindes neigten. Die Vermeidungstendenzen der Kinder wären dann eher als Reaktionen auf intrusive und dominante Mütter zu interpretieren. Umgekehrt gingen, nach den Ergebnissen Belskys u.a. zu urteilen, von den Müttern der unsicher-ambivalenten Kinder besonders wenig Anregungen aus. Dieser Befund spricht ihrer Ansicht nach eher dafür, dass es nicht so sehr die Inkonsistenz in der mütterlichen Zuwendung als vielmehr ihre prinzipiell geringere Präsenz ist, die zu der bezeichnenden Koppelung von Klammern und Resistenz führt. Ein zusätzlicher Beleg für sie: Egeland und Sroufe (1981) berichten aus der Minnesota-Studie, dass in der Kategorie der unsicher-ambivalenten Kinder besonders viele Kinder vertreten waren, die von ihren Müttern vernachlässigt wurden.

Nach meiner Einschätzung gibt es bei den Versuchen, die Voraussetzungen einer unsicher-vermeidenden und einer unsicher-ambivalenten Bindung genauer zu bestimmen, auch heute noch manche Unklarheiten (vgl. hierzu auch Cassidy und Kobak 1988 und Cassidy und Berlin 1994). Trotzdem sind einschlägige Befunde zu diesen Bindungstypen, so wie sie in der Baltimore-Studie vorgelegt wurden (vgl. hierzu insbesondere die Abschnitte 3.1.3 und 3.1.4 dieser Arbeit), nach wie vor relevant. Wichtig ist unter anderem die Beobachtung, dass die Kinder, die unter den stressreichen Bedingungen der Fremden Situation vermeidend auf ihre Mütter reagierten, zu Hause anders waren. Im häuslichen Kontext waren in ihrem Verhalten mehr Ambivalenzen zu erkennen. Die unsicher-vermeidenden Kinder bemühten sich zu Hause insgesamt mehr um den Kontakt zur Mutter, schienen diesen aber gleichzeitig auch abzuwehren. Ainsworth u.a. sprechen von Konflikten zwischen Annäherung und Vermeidung und davon, dass die unsicher-vermeidenden Kinder im häuslichen Kontext mit mehr Ärger und Wut auf ihre Mutter reagierten.

Im weiteren Verlauf dieser Arbeit sollen die Ambivalenzen der Kinder im Verhältnis zur eigenen Mutter wieder aufgegriffen werden. Sie sind nicht nur für die unsicher-ambivalent gebundenen Kinder, sondern - wenn auch mit anderen Ausdrucksformen - auch für die unsicher-vermeidend gebundenen Kinder kennzeichnend. Die geschilderten Ambivalenzen sind unter anderem dann wichtig, wenn man erklären will, warum einige Kinder im Verhältnis zu ihren Müttern besonders kooperationsbereit sind und sich leichter lenken lassen, und andere die Erziehungsversuche ihrer Mütter ignorieren oder ihnen sogar aktiven Protest entgegen setzen (vgl. hierzu insbesondere Kapitel 4 dieser Arbeit). Die Ambivalenzen in der Kind-Mutter-

Beziehung sind jedoch auch für die Gestaltung anderer sozialer Beziehungen wichtig (vgl. hierzu vor allem die Kapitel 6 und 7).

3.4 Frühe Bindungen, Väter und andere Bezugspersonen

In diesem Kapitel stand bisher die Kind-Mutter-Bindung eindeutig im Vordergrund. Die Baltimore-Studie und viele nachfolgende Untersuchungen zu frühen Bindungen konzentrierten sich auf die Kind-Mutter-Bindung. Entsprechend bezogen sich auch meine zusammenfassenden Überlegungen zu den sozialen Bedingungen der Bindungssicherheit auf die Bindungssicherheit in der Mutter-Kind-Beziehung. Für manche Leserinnen und Leser, die sich für eine veränderte Arbeitsteilung zwischen Frauen und Männern und für ein Abrücken von der traditionellen Frauen-Rolle einsetzen, mag dies irritierend und ärgerlich sein. Auf der anderen Seite: Auch in unserer Gesellschaft ist es trotz vieler Beteuerungen, nach denen Frauen mehr Chancen zu qualifizierter Berufstätigkeit und Männer mehr Chancen zur Hausarbeit und Kinderbetreuung haben sollen, faktisch so, dass im ersten Lebensjahr der Kinder nach wie vor überwiegend die Mütter für ihre Kinder zuständig sind. Man kann dies sehr gut daran ablesen, von wem der Erziehungsurlaub (Elternzeit) beantragt wird. Auch heute stellen die Väter nur ca. 2-5% derer, die Erziehungsurlaub beantragen (vgl. Peuckert 2002, S. 126; vgl. auch Veil 2003, S. 20). Im ersten Lebensjahr der Kinder werden diese demnach primär von ihren Müttern betreut. Sie werden nur äußerst selten primär von ihren Vätern betreut, eher noch von ihren Großmüttern. Es ist also plausibel, dass man sich in der Bindungsforschung auf die Analyse der Kind-Mutter-Beziehung konzentriert hat.

Auch wenn man insgesamt über die Vater-Kind-Beziehung weniger als über die Mutter-Kind-Beziehung weiß, scheint es nach dem aktuellen Forschungsstand zu urteilen so zu sein, dass die Kind-Vater-Bindung im Prinzip durch dieselben Faktoren beeinflusst wird wie die Kind-Mutter-Bindung. Van IJzendoorn und de Wolff (1967) haben dies in einem zusammenfassenden Überblick über eine Reihe von Studien dargelegt. Auch für die Entwicklung der Kind-Vater-Bindung hat der sensitive Umgang des Vaters mit seinem Kind große Bedeutung.

Wenn man Kind-Vater- und Kind-Mutter-Bindungen miteinander vergleicht, kommt man dabei zu sehr unterschiedlichen Konstellationen. Es zeigt sich, dass sich die Bindungsbeziehungen von Kindern in ihren Familien nicht einheitlich entwickeln. Van IJzendoorn und de Wolff (vgl. 1967, S. 605 ff.) illustrieren dies an verschiedenen, von ihnen zusammengefassten Studien (Grundlage: 14 Stichproben): In 428 Familien waren die in der Fremden Situation beobachteten Kinder sowohl an ihre Mutter als auch an ihren Vater sicher gebunden, in 160 Familien waren sie im Verhältnis zu beiden unsicher gebunden. In 174 Familien waren die Kinder sicher an ihre Mutter, aber unsicher an ihren Vater gebunden, und in wiederum 188 Familien waren die Kinder unsicher an ihre Mutter, aber sicher an ihren Vater gebunden. Die Autoren resümieren:

> „By and large, infant attachment security does not appear to generalize substantially across relationships within family system: Infant attachment security is more relation-specific than infant-specific..." (ebenda, S. 607).

Auch dieses Ergebnis mag belegen, was auch schon im vorangehenden Abschnitt erläutert wurde: Für die Entwicklung spezifischer Bindungen an erwachsene Bezugspersonen ist vor allem die Qualität der Interaktionen mit diesen Personen ausschlaggebend. Die Bereitschaft, sich an erwachsene, pflegende und Schutz vermittelnde Personen zu binden, ist als Disposition wohl angeboren, keineswegs jedoch die konkrete Ausgestaltung der jeweiligen Bindungsbeziehungen. Diese ist in erster Linie durch spezifische Interaktionserfahrungen und allgemeinere Bedingungen des sozialen Kontexts bestimmt.

Dies gilt auch für die Entwicklung von Bindungsbeziehungen zu Betreuungspersonal außerhalb der Familien. Auch diese entwickeln sich eigenständig, unabhängig von der Kind-Mutter-Bindung (vgl. hierzu z.B. Ziegenhain 2000). Allerdings: Wenn Kinder mit einer Geschichte unsicherer Bindungen neu in eine Pflegefamilie oder eine Kindestagesstätte kommen, ist es für das Betreuungspersonal insgesamt schwieriger, neue Beziehungen aufzubauen und gegen das mitgebrachte Misstrauen des Kindes anzuarbeiten. Erforderlich sind in diesem Fall besondere Kompetenzen und auch eine besonders ausgeprägte Sensitivität im Umgang mit den früh verunsicherten Kindern (vgl. Howes 1999, S. 679 ff.).

Auf die stützenden Funktionen von Bindungsbeziehungen, die für das Kind zusätzlich zur Bindung an die eigene Mutter wichtig sind, verweisen van IJzendoorn u.a. (1992) und van IJzendoorn und Sagi (1999) mit besonderem Nachdruck. Van IJzendoorn u.a. (1992) sprechen von Netzwerken von Bindungsbeziehungen, die für die Entwicklung und Sozialisation von Kindern besonders hilfreich seien. Sie können dies anhand von Beobachtungen, die in israelischen Kibbuzim gemacht wurden, belegen. Ein erweitertes Netzwerk von Bindungsbeziehungen (zur Mutter, zum Vater und zu Betreuungspersonen außerhalb der Familie) kann Unsicherheiten in einer oder sogar zwei der Beziehungen auffangen und so die Integration und die soziale Entwicklung von Kindern stützen. Besonders ungünstige Entwicklungsbedingungen hatten in den Kibbuz-Studien die Kinder, die weder zur Mutter noch zum Vater noch zur „metapelet" - der Betreuerin im Kinderhaus - eine sichere Bindung aufbauen konnten.

Für die weitere Forschung ist insbesondere in diesem Bereich sehr viel zu tun. Für Mütter und Väter, die Unterstützung in der Kinderbetreuung suchen und ihr Kind fördern wollen, sind die hier angeschnittenen Fragen von großer strategischer Bedeutung. Sie sind auch für alle diejenigen von Bedeutung, die in Einrichtungen der Kinderbetreuung oder in Schulen arbeiten und die dort u.a. auch mit Kindern konfrontiert sind, die vor dem Hintergrund unsicherer Bindungsbeziehungen im sozialen Umgang mit anderen erhebliche Probleme haben (vgl. hierzu auch die Kapitel 6 und 7 dieser Arbeit). Was können Erzieherinnen, was können Lehrer und Lehrerinnen tun, wie müssen Einrichtungen beschaffen sein, die die kompensierenden Effekte haben, die man sich von einem Netzwerk von Bindungsbeziehungen erhofft? Insbesondere in Deutschland sind solche Fragen bislang nicht sorgfältig genug bearbeitet worden. Nach wie vor verlässt man sich bei der Finanzierung und Organisation von Kinderkrippen und Kindergärten sowie bei der Ausbildung des Betreuungspersonals allzu gern auf Alltagserfahrungen und gute Absichten.

So wichtig zusätzliche Bezugspersonen und so wichtig auch die Vater-Kind-Beziehungen für die kindliche Entwicklung sind (vgl. hierzu auch Grossmann u.a. 2002): Sofern die Mütter in den ersten Lebensjahren ihres Kindes primär für die Betreuung zuständig sind, haben sie auf die Sozialisation und die soziale Entwicklung ihres Kindes einen größeren Einfluss als die Väter oder andere Bezugspersonen (vgl. hierzu auch Berlin und Cassidy 1999). In den folgenden Kapiteln sollen diese Einflüsse ausführlicher analysiert werden. Gefragt wird insbesondere nach der Bedeutung früher Bindungen für die Gewissensentwicklung von Kindern (vgl. die Kapitel 4 und 5) und danach, wie Bindungserfahrungen die Entwicklung sozialer Kompetenzen von Kindern beeinflussen (vgl. hierzu insbesondere die Kapitel 6 und 7).

4. Frühe emotionale Beziehungen zwischen Kindern und ihren Eltern und Vorformen der Verinnerlichung von Normen

4.1 Vorbemerkung

Zu den klassischen Themen der Sozialisationsforschung gehört die Frage, wie kleine Kinder mit den Anforderungen und Normen ihrer sozialen Umwelt umgehen. Machen sie sich die Forderungen, die Eltern, Lehrer oder andere Erzieher und Erzieherinnen an sie stellen, zu Eigen - verinnerlichen oder „internalisieren" sie diese -, oder folgen sie den Anforderungen und Befehlen der Erwachsenen nur unter Druck, um Strafen zu vermeiden? Die Frage nach der Verinnerlichung oder Internalisierung normativer Anforderungen ist in der Sozialisationsforschung, sei sie nun soziologisch, lerntheoretisch oder psychoanalytisch orientiert, immer wieder gestellt worden, und mit dieser Frage befassen sich sowohl das vorliegende als auch das nächste Kapitel.

Beide Kapitel bilden inhaltlich eine Einheit und sollten nach Möglichkeit zusammenhängend gelesen werden. In diesem 4. Kapitel geht es um frühe Formen des kindlichen Umgangs mit Anforderungen der Eltern oder anderer Erziehungspersonen, z.B. Erzieher oder Erzieherinnen im Kindergarten oder im Kinderheim. Ab wann reagieren Kinder auf die Ge- und Verbote ihrer Eltern oder anderer Erzieher, unter welchen Bedingungen gehorchen sie oder gehorchen sie nicht, unter welchen Bedingungen können bei den Kindern Vorboten und erste Anzeichen der Internalisierung elterlicher Anforderungen entdeckt werden, und welche Rolle spielen bei all dem Bindungsbeziehungen bzw. die emotionalen Beziehungen der Kinder zu ihren Bezugspersonen? Im nächsten, dem 5. Kapitel, steht das etwas ältere Kind im Vordergrund, das in seiner Persönlichkeitsentwicklung gefestigter ist und - unter bestimmten Bedingungen - eine innere Instanz aufbaut, die die Anforderungen der Eltern und anderer Erzieher in sich aufnimmt. Im alltäglichen Sprachgebrauch, aber auch in der Wissenschaft, nennen wir diese innere, regulierende Instanz das „Gewissen". In der psychoanalytischen Forschungstradition spricht man von „Über-Ich" und meint damit die internalisierten elterlichen und gesellschaftlichen Anforderungen oder: das Gewissen. Als gelungene Über-Ich- oder Gewissensentwicklung gilt dabei, dass die Verbote und Gebote, die ursprünglich von den Eltern oder den Ersatzeltern an das Kind herangetragen wurden, nunmehr „die Handlungen und das

Benehmen des Kindes unabhängig von der Außenwelt von innen her regulieren" (A. Freud und Burlingham 1971, S. 158).

Das Interesse an der Verinnerlichung der Anforderungen der Eltern oder anderer Repräsentanten der Erwachsenenwelt galt in den Diskussionen über die Sozialisationsforschung zeitweilig als problematisch bis reaktionär. Man vermutete hinter diesem Interesse die Tendenz, sich nur für Anpassung, Unterordnung und Konformismus einzusetzen. Dennis Wrong (1961) spricht in seinem vielzitierten Aufsatz von einer „oversocialized conception of man in modern sociology". Er kritisierte in diesem Sinne den Soziologen Talcott Parsons (vgl. zu Parsons auch die Kapitel 1 und 2 dieser Arbeit) und warf ihm vor, sich mehr für die Stabilität von Gesellschaften als für ihre Veränderung zu interessieren und Menschen tendenziell nur als konforme Erfüllungsgehilfen gesellschaftlicher Anforderungen zu beschreiben. So anregend die Kritik für die Weiterentwicklung der Diskussionen über unterschiedliche Sozialisationskonzepte auch war - sie verkürzte die Diskussionen um einen entscheidenden Punkt. Mit dem ausgebildeten Gewissen oder Über-Ich werden zwar Anforderungen, die einst von außen an das Individuum herangetragen wurden, etabliert, aber sofern dieser Prozess erfolgreich verlaufen ist, folgt das Individuum diesen inneren Anforderungen nunmehr in eigener Regie. Piaget spricht in seinem Buch über das „moralische Urteil beim Kinde" von moralischer Autonomie. Kinder und Heranwachsende sind mit der Etablierung einer inneren moralischen Instanz unabhängiger, resistenter gegenüber Außendruck. Sie können im Prinzip auch zu Kritikern der eigenen Eltern werden, wenn diese den normativen Ansprüchen ihrer Kinder nicht gerecht werden. Autoren, die sich mit den sozialen und psychischen Voraussetzungen der Kritik an Autoritäten befasst haben, wissen dies. In den bekannten Untersuchungen zur autoritären Persönlichkeit (Adorno u.a. 1950) gilt der Aufbau einer inneren moralischen Instanz als wichtige Voraussetzung der Fähigkeit, nein zu sagen und sich kritisch mit Autoritäten auseinander zu setzen.

Die Frage nach der Verinnerlichung elterlicher und gesellschaftlicher Anforderungen ist daher aus unterschiedlichen Blickwickeln von Belang und sollte keineswegs mit Erziehung zur Anpassung verwechselt werden.

4.2 Zuneigung zu den Eltern und Gewissensentwicklung - die Konzeption Anna Freuds und Dorothy Burlinghams

Bevor die auf den Arbeiten Bowlbys und Ainsworths aufbauende Bindungsforschung sich mit dem Verhältnis von Bindungssicherheit, kindlicher Folgebereitschaft und Internalisierung elterlicher Anforderungen befasste (vgl. hierzu ausführlicher den Abschnitt 3 in diesem Kapitel), hatte man in der psychoanalytischen Theorie und Forschung hierzu bereits wichtige Beiträge geleistet. Es war insbesondere Anna Freud - die Tochter Sigmund Freuds -, die sich mit der Bedeutung früher emotionaler Beziehungen oder früher Bindungen für die Gewissensentwicklung befasste. Im Unterschied zu Sigmund Freud, der die Über-Ich-Entwicklung vor allem mit der ödipalen Konstellation zwischen Kindern und ihren Eltern verknüpfte (vgl. hierzu auch Abschnitt 5.2 dieser Arbeit), beachtete Anna Freud dabei die „prä-ödipalen" Bindungen der Kinder an ihre Eltern und ihre frühen Identifizierungen mit den Eltern stärker. Im Rahmen einer Reihe von Vorlesungen, die Anna Freud 1952 - auf eine Einladung Talcott Parsons' hin - an der Harvard Universität hielt, führte sie aus:

> „Das, was wir als 'Über-Ich' bezeichnen, ist nichts anderes - und auch nichts Geheimnisvolleres - als das Resultat dieser ersten Identifizierungen des Kindes. Weil die ersten Liebesbeziehungen des Kindes die stärksten sind, sind auch die ersten Identifizierungen - jene des ersten Lebensjahres - die stärksten. Sie nehmen von nun an innerhalb des Ichs eine Sonderstellung ein, und eben diese Sonderstellung, diese zusätzliche Wichtigkeit und Stärke, diese Glorifizierung der ersten Identifizierungen innerhalb der Persönlichkeit, bezeichnen wir als Über-Ich.
> Ohne die Identifizierung mit den Eltern gibt es kein Über-Ich, und ohne die Liebe zu den Eltern, ohne die Objektbindung an die Eltern, gibt es keine Identifizierung mit den Eltern - zumindest keine Identifizierung, die ein Über-Ich zur Folge hat. Das bedeutet, dass das Über-Ich aus den Objektbindungen an die Eltern hervorgeht..." (A. Freud 1993, S. 91 f.).

Die Abfolge ist also: Frühe Liebesbeziehung - Objektbindung -, Identifizierung, Über-Ich-Bildung. Eine wichtige Grundlage für Anna Freuds Überlegungen zur Gewissensentwicklung waren ihre Erfahrungen in den von ihr im Londoner Exil gegründeten „Hampstead Nurseries", die sie von 1940 bis 1945 leitete (vgl. zu den Veröffentlichungen, die aus dieser Arbeit resultierten, insbesondere Freud und Burlingham 1971). In einer Kindertagesstätte und zwei Kinderheimen wurden hier - unterstützt durch eine amerikanische Kinderhilfsaktion - Kinder betreut, die keine Eltern mehr hatten oder deren Eltern sich wegen des Krieges (Kriegsdienst, Fabrikarbeit, Kinderevakuierung aus den am stärksten gefährdeten Gebieten u.a.) nicht um sie kümmern konnten (vgl. Freud und Burlingham 1971, S. 65).

Der Vergleich zwischen den in Heimen untergebrachten Kindern und den Kinder, die in Familien leben, führte zu Einsichten, die das Verständnis der kindlichen Gewissensentwicklung vertieften. In einer von Anna Freud gemeinsam mit Dorothy Burlingham verfassten Arbeit über die „Heim-Kinder" (die „Anstaltskinder" - so der Titel des 1943 zuerst veröffentlichten Aufsatzes) erläutern die Autorinnen die besonderen Leistungen und Benachteiligungen der Heimkinder (vgl. Freud und Burlingham 1971, S. 158 f.). Sie seien in ihrer Persönlichkeitsentwicklung den in Familien aufgewachsenen Kindern in mancherlei Hinsicht überlegen. Sie erwerben unter dem Druck des Gemeinschaftslebens schon sehr früh Anpassungsfähigkeiten, die „Familienkinder" erst viel später erwerben - kompetentere Methoden von Angriff und Verteidigung, Nachgiebigkeit und Besitzteilung, Durchführung kleiner Tauschgeschäfte, größere Folgsamkeit gegenüber dem Heimpersonal. Aber keine dieser Fähigkeiten sei ausreichend, um zur Verinnerlichung von Moralvorschriften zu führen. Es fehlen die „Gefühlsbindungen an Erwachsene, die in ihrer eigenen Person die kulturellen Forderungen nach Einschränkung primitiver Triebbefriedigung verkörpern. Wo Liebesobjekte dieser Art nicht vorhanden sind, fehlt auch für das Kleinkind die Möglichkeit, sich mit diesen Forderungen zu identifizieren." (Freud und Burlingham 1971, S. 158) Wenn das Kind den Eltern oder den Ersatzeltern zuliebe auf eigene Wünsche verzichtet und ihren Forderungen nachkommt, ist auf dem Weg zur Identifizierung und Über-Ich-Entwicklung ein wichtiger Schritt getan. Wenn hingegen nur die von außen aufgelegte Disziplin und die Angst vor Strafen zur Willfährigkeit führen, ist der Prozess der Gewissensentwicklung einschneidend behindert.

Freud und Burlingham (1971, S. 157 f.) illustrieren, was sie mit der Abfolge Gefühlsbindung, Identifizierung, Über-Ich-Entwicklung meinen, an kleinen Szenen, die sie in den „Hampstead Nurseries" beobachteten:

> „In seinen Anfängen wird das Kind nur von seinen eigenen Wünschen und Bedürfnissen geleitet; es braucht Zeit, bis es lernt, den Eltern zuliebe auf Triebbefriedigungen zu verzichten.
> Derrick (3 ½ Jahre) sagte mit Bezug auf seine Ersatzmutter: 'Wenn Sarah mich lieb hat, muss ich trocken sein.'
> In der nächsten Phase beginnt das Kind, die Wertungen der Eltern zu seinen eigenen zu machen.
> Brenda (2 ¼ Jahre) ist beinahe sauber, hat aber noch zahlreiche plötzliche Rückfälle ins Nässen. Bei einer solchen Gelegenheit wird sie verspätet auf das Klosett geführt und sagt erleichtert: 'Kein Wiwi auf den Boden mehr. Mami mag es nicht, Hansi (ihre Ersatzmutter) mag es nicht, Brenda mag es nicht.'
> In jedem dieser Einzelfälle ist die Erziehungsfrage beendet, wenn das Kind die neue Einstellung wirklich als eigene empfindet und auch unter dem gesteigerten Druck von inneren Wünschen nicht mehr das Bild der Personen zu Hilfe rufen muss, denen zuliebe die innere Umwandlung ursprünglich vollzogen worden ist" (ebenda, S. 158).

Obgleich die zitierten kleinen Beispiele aus Szenen im Heim es erleichtern, sich vorzustellen, was Anna Freud und Dorothy Burlingham mit Prozessen der Identifizierung und dem Schritt der Über-Ich-Bildung meinen, bleiben auch manche Fragen offen. Am wenigsten Rätsel gibt meiner Ansicht nach die These auf, dass die frühen Objektbindungen bzw. die frühen Gefühlsbindungen der Kinder an die betreuenden Personen wichtig für die Übernahme ihrer Werte, Wünsche und Anforderungen sind. Ob diese Übernahme elterlicher Anforderungen in einem Prozess der Identifizierung erfolgt, bei dem die verinnerlichten Bilder der Eltern - die Eltern-Introjekte - positiv besetzt werden (vgl. A. Freud 1993, S. 88 ff.), ist schon schwerer zu verstehen. Ich werde im Verlauf dieses Kapitels auf die Frage der Identifizierung zurückkommen, und zwar im Zusammenhang mit Abschnitt 4.5. Vorläufig bleibt zu fragen, ob die Übernahme der elterlichen Anforderungen eher über die kognitive Repräsentation der Anforderungen der Eltern und nicht über Prozesse der Identifizierung erfolgt? Die Kinder entwickeln ein „internal working model“ (vgl. zu diesem Begriff auch Abschnitt 2.3.2 dieser Arbeit) nicht nur davon, wo ihre Eltern zu finden sind, wie sie auf die Bindungs- und Hilfewünsche des Kindes reagieren, sondern auch davon, was ihre Eltern von ihnen wollen. Zu erklären wäre dann, auf welcher Gefühls- und Motiv-Grundlage die Kinder bereit sind, den von ihnen wahrgenommenen elterlichen Anforderungen freiwillig zu folgen - wenn sie dies überhaupt tun, was ja offenkundig nicht immer der Fall ist.

Auch die Frage danach, wie der Schritt zur Etablierung des Über-Ichs vorzustellen ist, ist vorläufig nicht beantwortet. Von einem solchen kann ja erst geredet werden, wenn das Kind sich gedanklich von seiner näheren Umwelt emanzipiert hat, wenn es ehemals elterliche Anforderungen in eigener Regie und unabhängig von dem, was die Eltern wollen, anstrebt. Es gibt zu der Frage, wie das Über-Ich oder das Gewissen entsteht, sehr unterschiedliche Auffassungen. Mit ihnen will ich mich im 5. Kapitel dieses Buches auseinander setzen und dort auf Antworten aus unterschiedlichen Theorie-Traditionen eingehen.

An dieser Stelle sollen frühere Beziehungen und Identifizierungen zentral bleiben. Insbesondere sollen im Folgenden die besonderen Probleme der sozialen und moralischen Entwicklung in der Heimsituation interessieren, in der die Kinder in der Regel nicht mit stabilen Bezugspersonen, die sich intensiv um sie kümmern können, zusammen leben. Anna Freud und Dorothy Burlingham beschreiben in ihrer Arbeit über die „Anstaltskinder“, wie man in den Hampstead Nurseries versuchte, stabilere Beziehungen zwischen den Erzieherinnen und den Kindern aufzubauen und dadurch zur Identifizierung der Kinder mit den Anforderungen der Erzieherinnen beizutragen (vgl. hierzu und zum Folgenden insbesondere Freud und Burlingham 1971, S. 99 ff.).

Ein wichtiger Schritt auf diesem Weg war die Einführung familienähnlicher Strukturen. Größere Gruppen wurden in kleinere Gruppen von drei bis zu fünf Kindern unterteilt. Eine junge Erzieherin war für die Versorgung und Körperpflege dieser Kinder primär zuständig. Dieser „Familienmutter“ stand eine zweite Erzieherin zur Seite, so dass die beiden sich in ihrer dienstfreien Zeit gegenseitig ablösen konnten. Die Kinder machten in ihrer Beziehung zu den beiden Erzieherinnen einen deutlichen Unterschied, behandelten aber auch die „Ersatzpflegemutter“ durchaus als zu ihnen gehörig. Wo solche familienähnlichen Verhältnisse entwickelt waren, änderten sich die Kinder rasch. Sie schlossen sich ihrer Pflegemutter schnell und „leidenschaftlich“ an, stellten große Ansprüche an sie, zeigten sich aber gleichzeitig auch bereit, „sich von ihr beeinflussen zu lassen und sich ihr zuliebe Einschränkungen aufzuerlegen“ (vgl. Freud und Burlingham 1971, S. 99).

Die Autorinnen illustrieren die Bindung der Kinder an ihre Pflegemütter und Ersatzpflegemütter anschaulich an einigen Beispielen. Zum Beispiel:

> „Brenda (2 ½ Jahre), gehört zur Familie der Erzieherin Hanni und hängt mit zärtlicher Lieben an ihr. Hanni war mehrere Tage lang krank und abwesend. Bei ihrer Rückkehr kann Brenda sich vor Freude nicht fassen und wiederholt immer wieder: ‘Meine Hanni, meine Hanni.’ Lilly (2 ½ Jahre) will auch ‘meine Hanni’ sagen, aber Brenda wehrt sich und sagt erklärend: ‘Es ist meine Hanni, Lilly hat ihre Ruth und Bob seine eigene Ilse.’“ (Freud und Burlingham 1971, S. 100)

Oder:

> „David (3 Jahre 9 Monate) sagt auf dem Nachhauseweg vom Spaziergang: ‘Wenn meine Sara frei hat, ist meine Martha da, und wenn meine Martha frei hat, hab’ ich meine Sara.’ Im Haus angekommen, kann er Sara nicht finden und sagt gleich: ‘Meine Sara ist fort, jetzt meine Martha.’ David ist ein besonders schwieriges Kind, das sich von niemandem anrühren, helfen etc. lässt, außer von ‘seiner Sara’ oder in zweiter Linie ‘seiner Martha’.“ (Ebenda)

Freud und Burlingham haben auch einen Blick für die Probleme, die mit einer solchen stärkeren Zuneigung oder Bindung der Kinder an ihre Erzieherinnen verbunden sein können. Abgesehen von praktischen und organisatorischen Problemen für die Erzieherinnen und die Heimleitung (erhöhter Koordinations- und Personalbedarf) ist es emotional für die Kinder besonders schwierig, sich mit den Trennungen abzufinden, die mit einem Wechsel im Pflegepersonal notwendig verbunden sind und die zum Teil zu heftigen Reaktionen - Trauer, Verzweiflung, Wut, Abwendung von der geliebten Person - führen (Freud und Burlingham 1971, S. 106 f.). Die Autorinnen ziehen hieraus jedoch nicht den Schluss, dass man es zu solchen Gefühlsbeziehungen gar nicht erst kommen lassen soll, wie Kritiker des Aufbaus von Familienstrukturen im Heim dies damals offenbar vertreten haben. Auch wenn Trennungen für Kinder sehr schwer zu bewältigen sind, wäre es falsch, Kinder hiervor dadurch schützen zu wollen, dass man ihnen das Angebot einer engeren Beziehung, die Entstehung liebevoller Bindungen an Erwachsene ermöglicht, gar nicht erst macht. Auch die durch äußere Ereignisse gestörten und unterbrochenen Beziehungen seien als Voraussetzung für die Charakterentwicklung - auch die Gewissensentwicklung - trotz aller

Nachteile immer noch besser als „die völlige Gefühlsverödung" (ebenda, S. 107).

Ein wichtiges Ergebnis der Erfahrungen und theoretischen Überlegungen Anna Freuds und Dorothy Burlinghams liegt also in der Betonung der Gefühlsbindungen der Kinder an erwachsene Bezugspersonen. Dies müssen nicht, wie auch im Zusammenhang mit der Bindungsforschung ausgeführt (vgl. vorn Kapitel 2 und 3), unbedingt die leiblichen Mütter sein, es können auch die Väter oder Großmütter sein. Es können aber auch, wie in den Hampstead Nurseries, Erzieherinnen sein, die für die Pflege und Versorgung der einzelnen Kinder primär zuständig sind und an die sich die Kinder wie an Eltern binden. Wichtig für die soziale und moralische Entwicklung ist, dass die kleinen Kinder überhaupt so etwas entwickeln wie Liebe und Zuneigung zu einer erwachsenen Person, die ihnen gegenüber die sozialen, kulturellen und moralischen Anforderungen ihres gesellschaftlichen Kontextes repräsentiert. Freud und Burlingham verwenden verschiedentlich auch den Begriff der Bindung, insbesondere den Begriff der „Gefühlsbindung" (im englischsprachigen Original: „emotional attachment"; vgl. Freud und Burlingham 1974, z.B. S. 661). Sie stehen jedoch nicht im theoretischen Kontext der Bindungsforschung (vgl. zu der konflikthaften Beziehung zwischen Anna Freud und dem Bowlbyschen Ansatz u.a. Fonagy 1999). Die Phänomene, die sie als Objektbindung oder Liebe bezeichnen, sind zu einem großen Teil dennoch solche, die in der Bindungsforschung als Bindung bezeichnet werden. Freud und Burlingham vertreten also nicht nur einen modifizierten psychoanalytischen Ansatz zur Interpretation der Gewissensentwicklung, sondern können gleichzeitig auch als Mitbegründerinnen einer bindungstheoretischen Sicht gelten, nach der die Fähigkeit und die Bereitschaft kleiner Kinder, sich an erwachsene Bezugspersonen zu binden, wichtige Grundlage früher Sozialisation und sozialer und moralischer Entwicklung ist.

4.3 Mütterliche Gebote und Verbote, frühe Bindungen und kindliche Folgebereitschaft - die Arbeiten Mary Ainsworths u.a.

Ungefähr im letzten Viertel des ersten Lebensjahres beginnen Kinder, einfachen Befehlen ihrer Mutter oder - falls die Mutter nicht primär für die Versorgung und Pflege zuständig ist - einer anderen zentralen Bezugsperson Folge zu leisten. Beispiele für solche einfachen Befehle sind: Nein, nein! Nicht anfassen! Lass das! Gib her! Komm her! Hinsetzen! (vgl. Stayton u.a. 1971, S. 1061 f.).

Donelda Stayton, Robert Hogan und Mary Ainsworth (1971) haben diese kindliche Folge- oder Gehorsamsbereitschaft genauer beschrieben und analysiert und sind dabei zu dem Schluss gekommen, dass es bereits bei neun bis zwölf Monate alten Kindern erhebliche Unterschiede in der Art und Weise gibt, wie sie auf mütterliche Befehle reagieren, ob sie gehorchen, protestieren oder die Mutter ignorieren (vgl. hierzu auch Ainsworth u.a. 2003/1974, S. 295 ff.). Die Analysen Staytons, Hogans und Ainsworths sollen im Folgenden vorgestellt werden. Sie stehen im Zusammenhang mit der berühmten Baltimore-Studie (vgl. Ainsworth u.a. 1978; vgl. zu dieser auch Abschnitt 3.1 der vorliegenden Arbeit). In ihr wurde eine kleine Gruppe von Kindern (insgesamt 26) zusammen mit ihren Müttern im ersten Lebensjahr sehr intensiv beobachtet. Als die Kinder etwa ein Jahr alt waren, wurde ihr Bindungsverhalten unter Laborbedingungen in der so genannten „Strange Situation" bzw. der „Fremden Situation" beobachtet und analysiert. Zuvor wurden sie alle drei Wochen - beginnend mit der 3. Woche nach der Geburt - im häuslichen Kontext während mehrstündiger Besuche beobachtet. Die jeweiligen Beobachtungen wurden in sehr ausführlichen Protokollen festgehalten und später von mindesten zwei Forschern und Forscherinnen unter diversen Gesichtspunkten, die sich insbesondere auf die Qualität der Interaktion zwischen den Müttern und ihren Kindern bezogen, analysiert und quantifiziert (vgl. zum Vorgehen im Einzelnen Ainsworth u.a. 1978). Die beobachteten Kinder kamen aus weißen Mittelschichtfamilien und waren in ihren äußeren sozialen Bedingungen vergleichbar.

Bei der Analyse der Folgebereitschaft bzw. der Gehorsamsbereitschaft der beobachteten Kinder gingen Stayton u.a. (1971, S. 1061 f.) wie folgt vor: Sie registrierten alle Befehle - Verbote, Handlungsaufforderungen -, die die Mütter ihren Kindern gaben, sofern diese so formuliert waren, dass sie für Kleinkinder im Prinzip verstehbar sind (vgl. hierzu auch die oben angeführten Beispiele). Die Gehorsamsbereitschaft („compliance to commands") ergab sich daraus, wie häufig die Kinder den Befehlen ihrer Mütter Folge leisteten. Mit berücksichtigt wurden sowohl das Gehorchen mit einiger Verzögerung als auch das prompte Gehorchen. Nicht berücksichtigt wurden solche Situationen, in denen dem Befehl der Mutter so rasch eine Intervention der Mutter folgte (Wegnehmen eines gefährlichen Gegenstandes o.a.), dass das Kind nicht genug Zeit hatte, der Aufforderung der Mutter zu folgen.

Auffällig an den Ergebnissen zur Gehorsamsbereitschaft der Kinder ist zunächst, dass es nicht das Kontrollverhalten der Mütter war - die Häufigkeit, mit der sie Befehle gaben, die Häufigkeit von direkten Interventionen oder die Großzügigkeit, mit der die Mütter auf den Bewegungsdrang ihrer Kinder reagierten -, das zur Erklärung von Unterschieden in der Gehorsamsbereitschaft herangezogen werden konnte. Es gab in dieser Hinsicht keine signifikanten Unterschiede zwischen den folgsamen und den weniger folgsamen Kindern (vgl. Stayton u.a. 1971, S. 1062 ff.). Zentral für die Erklärung von Unterschieden zwischen den Kindern waren vielmehr die Aspekte des mütterlichen Verhaltens, die auch wichtig sind, wenn es um die Erklärung von Unterschieden in der Bindungssicherheit der Kinder geht (vgl.

hierzu auch Kapitel 3 der vorliegenden Arbeit): die Sensitivität, mit der die Mütter auf die Signale und Äußerungen ihrer Kinder reagierten, das Ausmaß, in dem sie ihre Kinder emotional akzeptierten oder zurückwiesen, und die mehr oder minder kooperative Haltung, die sie im Verhältnis zu ihren Kindern hatten. Mütter, die auf ihre Kinder sensibel reagierten, die sie emotional akzeptierten und im Umgang mit ihnen kooperativ waren, hatten Kinder, die ihren Aufforderungen im Vergleich zu anderen relativ häufig Folge leisteten, die insofern leichter lenkbar waren (vgl. Stayton u.a. 1971, S. 1062 ff.).

Da die mütterliche Sensitivität, ihre emotional akzeptierende und kooperative Haltung sowohl die Bindungssicherheit als auch die Gehorsamsbereitschaft der Kinder beeinflussen, ist zu erwarten, dass es auch einen Zusammenhang zwischen Bindungssicherheit und Gehorsamsbereitschaft gibt. Dieser Zusammenhang konnte in der Baltimore-Studie nachgewiesen werden (vgl. hierzu und zum Folgenden Ainsworth u.a. 1978, S. 128). Die sicher gebundenen Kinder fielen in den beobachteten Szenen der Interaktion zwischen Müttern und Kindern u.a. dadurch auf, dass sie deren Aufforderungen und Befehlen sehr häufig folgten (in 81% der registrierten Befehle). Hingegen folgten die unsicher-vermeidenden und die unsicher-resistenten (oder –ambivalenten) Kinder (vgl. zu diesen Kategorien Abschnitt 3.1.3 dieser Arbeit) den Aufforderungen ihrer Mütter sehr viel seltener.

Dies ist ein bemerkenswertes Ergebnis, das Londerville und Main (1981) auch für ältere Kinder (21 Monate alt) bestätigen konnten, und lässt sich sehr gut mit den im vorangehenden Abschnitt dargestellten Überzeugungen Anna Freuds und Dorothy Burlinghams vereinbaren, nach denen die affektiven Bindungen von Kindern an ihre Mütter oder andere zentrale Bezugspersonen ein wichtiges Fundament ihrer Sozialisation sind. Erinnern wir uns daran, wie in der Baltimore-Studie die Unterschiede zwischen sicher und unsicher gebundenen Kindern unter dem Gesichtspunkt affektiver Bindung beschrieben werden: Die sicher gebundenen Kinder stehen ihren Müttern ungebrochener positiv gegenüber; besonders gut sichtbar an ihren Reaktionen nach kurzen Trennungen in der Fremden Situation (vgl. hierzu und zum Folgenden Ainsworth u.a. 1978, S. XII und S. 108 ff.). Sie freuen sich, wenn sie ihre Mutter wiedersehen, lächeln sie an, lassen sich gern von ihr auf den Arm nehmen und können leicht getröstet werden, sofern sie in der Trennungssituation geweint haben. Die unsicher gebundenen Kinder lassen hingegen bei aller Zuneigung zu ihrer Mutter mehr Reserven erkennen. Sie lassen sich nach den Situationen kurzer Trennung schwerer auf den Arm nehmen und trösten, wirken wütend (die unsicher-ambivalenten Kinder) oder kehren sich tendenziell von ihren Müttern ab (die unsicher-vermeidenden Kinder), vermeiden z.B. den Blickkontakt, lächeln sie nicht an oder spielen mit ihrem Spielzeug weiter, als habe sich gar nichts verändert.

Es ist daher nicht erstaunlich, dass Stayton, Hogan und Ainsworth (1971) in ihrer zusammenfassenden Einschätzung der Gehorsamsbereitschaft der von ihnen untersuchten Kinder betonen, wie wichtig die emotionalen Beziehungen zwischen Kindern und ihren Müttern für die Herausbildung der kindlichen Gehorsamsbereitschaft ist:

> „...there is little evidence that obedience is achieved through training or specific schedules of reward or punishment. Rather the affectional tie itself seems to foster a willingness to comply with parental signals" (Stayton u.a. 1971, S. 1067).

Dies schließe die Relevanz kognitiven Lernens nicht aus. Betont wird lediglich (vgl. Stayton u.a. 1971, S. 1066f.):

1. In der Bindungsbeziehung ist die Tendenz angelegt, dass Kinder den Aufforderungen und Befehlen ihrer Mütter folgen - wie dies im übrigen auch für die nicht-menschlichen Primaten gilt.
2. Es ist anzunehmen, dass es generell einen engen Zusammenhang zwischen der Qualität der Mutter-Kind-Beziehung und der kindlichen Bereitschaft, mütterlichen Aufforderungen zu folgen, gibt.

Stayton u.a. (1971) analysieren in ihrer Studie auch erste Anzeichen internalisierter Kontrollen - Kinder, die beginnen, Verbotenes zu tun, bremsen sich dabei selbst (vgl. 1971, S. 1062 ff.). Die Autoren räumen jedoch ein, dass die beobachteten Kinder zu jung sind, um die Frage der Internalisierung elterlicher Anforderungen überzeugend zu beantworten. Eines ihrer Ergebnisse verdient es dennoch festgehalten zu werden: Nicht allein die Qualität der Mutter-Kind-Beziehung, sondern auch die kognitive Entwicklung der Kinder - ihre Intelligenz - scheint für die Herausbildung verinnerlichter Kontrollen wichtig zu sein. Dieses Ergebnis sollte als erster Hinweis darauf gewertet werden, dass die Prozesse der Internalisierung elterlicher Anforderungen und der Gewissensentwicklung nicht nur unter emotionalen, sondern auch unter kognitiven Gesichtspunkten betrachtet werden müssen.

Da es sich bei den Kinder der Baltimore-Studie, auf die sich die hier referierte Arbeit Staytons u.a. 1971 bezieht, um Kinder aus Mittelschicht-Familien handelt, ist es interessant zu erfahren, ob sich die Beziehungen zwischen Bindungssicherheit und der kindlichen Bereitschaft, mütterlichen Signalen und Befehlen zu folgen, auch unter ungünstigeren sozialen und ökonomischen Bedingungen nachweisen lassen. Dies scheint der Fall zu sein (vgl. Waters u.a. 1986, S. 110). Sicher gebundene Kinder aus Risiko-Familien sind im Vergleich zu unsicher gebundenen Kindern im Verhältnis zu ihren Müttern zugewandter und folgen ihren Anweisungen bereitwilliger.

4.4 Varianten kindlichen Gehorsams und frühe Gewissensbildung - die Arbeiten Grazyna Kochanskas u.a.

Grazyna Kochanska hat sich in verschiedenen empirischen Untersuchungen mit der kindlichen Bereitschaft, mütterlichen Anweisungen und Befehlen zu folgen, und frühen Prozessen der Internalisierung elterlicher Anforderungen befasst. Ähnlich wie Freud und Burlingham (vgl. Abschn. 4.2) und Stayton, Hogan und Ainsworth (vgl. Abschn. 4.3) sieht auch Kochanska in den affektiven Beziehungen zwischen Kindern und ihren Eltern eine wichtige Grundlage für das Akzeptieren und die Verinnerlichung elterlicher Anforderungen. Als relevante weitere Bedingungen werden von ihr elterliche Erziehungsstile und Disziplinierungstechniken sowie Temperamentunterschiede zwischen Kindern analysiert (vgl. hierzu auch Kochanska 1995).

Im Folgenden möchte ich auf die für meinen Fragekontext einschlägigen Ergebnisse einer Längsschnittstudie eingehen, die von Grazyna Kochanska zusammen mit Nazan Aksan u.a. in den neunziger Jahren an der Universität von Iowa durchgeführt wurde (vgl. hierzu insbesondere Kochanska und Aksan 1995 und Kochanska u.a. 1995; vgl. zu Kochanskas Arbeiten auch Rau 2002, S. 205 ff.). In ihr wurden Kinder und ihre Mütter zu unterschiedlichen Zeitpunkten zu Hause und im Labor in ihrer Interaktion beobachtet. Zu den zentralen Fragen der Untersuchung gehörte die Frage nach unterschiedlichen Varianten kindlichen Gehorchens und nach Prozessen der Verinnerlichung bzw. Internalisierung elterlicher Anforderungen. Dabei wurde auch der emotionale Gehalt der Beziehungen zwischen den untersuchten Kindern und ihrer Müttern berücksichtigt.

Einige Grundinformationen zur Stichprobe und zum methodischen Vorgehen: Zum 1. Erhebungszeitpunkt der Längsschnittstudie wurden 103 Kleinkinder (51 Mädchen, 52 Jungen), die zwischen 26 und 41 Monate alt waren, in die Untersuchung einbezogen. Zum 2. Erhebungszeitpunkt - knapp 1 ½ Jahre später - waren immerhin noch 99 der ursprünglich 103 Kinder beteiligt (49 Mädchen, 50 Jungen), die zwischen 43 und 56 Monate alt waren (vgl. hierzu und zum Folgenden Kochanska u.a. 1995, S. 1754 ff. und Kochanska und Aksan 1995, S. 239 ff.). Die Mütter dieser Kinder waren über Anzeigen in der Lokalpresse für eine Beteiligung an der Studie gewonnen worden. Sie kamen aus unterschiedlichen Sozialschichten, wobei Eltern mit einem höheren Bildungsabschluss relativ stark vertreten waren. Ethnische Minderheiten waren nur mit einem kleinen Prozentsatz (7%) vertreten. Zum 1. Erhebungszeitpunkt wurden die Kinder zusammen mit ihren Müttern zu Hause und im Labor beobachtet (jeweils 2 - 2 ½ Stunden lang), zum 2. Erhebungszeitpunkt nur im Labor (3 - 3 ½ Stunden lang). Die Interaktionen zwischen Müttern und Kindern wurden mit Hilfe eines Video-Gerätes protokolliert und später in aufwändigen Verfahren der Analyse ausgewertet. Das Labor bestand aus zwei, durch eine Schiebetür verbundenen Räumen.

Einer der Räume war ein Spielzimmer, mit einem Tisch, etwas Spielzeug und Stühlen. Der andere Raum war wie ein Wohnzimmer eingerichtet. In diesem stand unter anderem ein niedriges Bord mit Spielzeug, das für Kinder sehr attraktiv war. Dieses Spielzeug war Teil des Arrangements. Den Kindern wurde - nach Absprache mit der Leiterin des Experiments - von ihren Müttern verboten, mit dem für sie höchst attraktiven Spielzeug zu spielen oder es auch nur zu berühren - relevant für die Analyse ihrer Gehorsamsbereitschaft und auch der Internalisierung elterlicher Anforderungen. Das Spielzimmer war ebenfalls Teil des Untersuchungs-Arrangements. Es sollte nach dem Willen der Mutter aufgeräumt und sauber gemacht werden.

Kochanska u.a. unterscheiden anders als sehr viele andere Autoren in ihren Analysen der Gehorsamsbereitschaft der Kinder systematisch zwischen unterschiedlichen Varianten des Gehorchens: dem überzeugten Gehorchen („committed compliance") einerseits und dem situationsbedingten Gehorchen („situational compliance") andererseits (vgl. hierzu und zum Folgenden Kochanska und Aksan 1995, S. 237 ff. und Kochanska u.a. 1995, S. 1753 ff.). Sie vertreten die Auffassung, dass diese beiden Varianten des Gehorchens nicht in gleicher Weise mit Prozessen der Internalisierung und Gewissensbildung verbunden sind: Es ist vor allem das „überzeugte Gehorchen", das eine relevante Vorstufe der Verinnerlichung elterlicher Anforderungen bildet.

Überzeugtes Gehorchen liegt nach Kochanska u.a. dann vor, wenn die Kinder den Aufforderungen ihrer Mütter (oder entsprechender zentraler Bezugspersonen) engagiert oder sogar mit einem gewissen Enthusiasmus folgen. Zum Beispiel: Wenn die Kinder im Kontext der Mutter-Kind-Beobachtungen das Spielzimmer aufräumen sollen, machen sie dies sehr bemüht und kommentieren dabei ihre Aktivitäten gelegentlich mit Aussagen wie: Das muss doch hier sauber werden oder: Ich will, dass es hier nicht so unordentlich ist. Von situationsbedingtem Gehorsam sprechen die Autoren dann, wenn Kinder den Aufforderungen und Befehlen ihrer Mütter zwar im Prinzip folgen, aber immer wieder kontrolliert und zur Regelkonformität angehalten werden müssen. Wieder ein Beispiel aus der Studie: Die Kinder, denen von ihrer Mutter verboten worden war, das für sie attraktive Spielzeug zu berühren, folgen der mütterlichen Anweisung zwar im Prinzip, streichen jedoch immer wieder um das Bord mit dem Spielzeug herum und versuchen auch, es hin und wieder zu berühren. Sie müssen - anders als die Kinder, die überzeugt gehorchen („committed compliance") - häufiger ermahnt werden, um das Verbot durchzusetzen.

Aus den Beobachtungen und Analysen der in die Längsschnittstudie einbezogenen Kinder und ihrer Mütter geht hervor, dass die von Kochanska u.a. vorgeschlagene Unterscheidung zwischen unterschiedlichen Varianten des Gehorchens wissenschaftlich tragfähig ist. In den unterschiedlichen Beobachtungssituationen - in der Gebotssituation (Aufforderung aufzuräumen) und in der Verbotssituation (Verbot, das Spielzeug anzufassen) ist es in der Tat möglich, zwischen Interaktionssequenzen zu unterscheiden, bei denen entweder das überzeugte oder das situationsbedingte Gehorchen dominiert. Bei der Analyse des Nicht-Gehorchens wird übrigens ebenfalls differenziert, nämlich zwischen: passivem Nicht-Gehorchen (Ignorieren der mütterlichen Anweisungen u. Ä..) und dem offenen Nicht-Gehorchen (Nein-Sagen, Verhandeln, offener Protest bis zur wütenden Reaktion). (Vgl. Kochanska u.a. 1995, S. 1735 f.)

Der von Kochanska erwartete Zusammenhang zwischen der affektiven Qualität der Mutter-Kind-Beziehung und kindlichen Verhaltensweisen in der Gebots- und in der Verbotssituation lässt sich zu beiden Erhebungszeitpunkten nachweisen (vgl. Kochanska u.a. 1995, S. 1760). Je besser die wechselseitigen emotionalen Beziehungen zwischen Müttern und ihren Kindern sind - gemessen an den beobachteten Mutter-Kind-Interaktionen (vgl. Kochanska und Aksan 1995, S. 242) -, umso eher sind die Kinder bereit, nicht nur einfach zu gehorchen, sondern gern, überzeugt zu gehorchen. Und: Je besser die emotionale Beziehung ist, umso seltener sind Nein-Sagen, Protest oder wütende Reaktionen zu beobachten.

Einen weiteren Hinweis auf die Bedeutung der emotionalen Beziehungen zwischen Müttern und ihren Kindern enthalten auch die Befunde zu den Kontrollstrategien der Mütter. Je stärker die Mütter bei ihren Versuchen, Anweisungen gegenüber ihren Kindern durchzusetzen, auf machtorientierte Strategien zurückgreifen, umso weniger sind ihre Kinder bereit, ihnen zu gehorchen. Das Androhen von Strafen oder Schlägen oder härteres Anpfeifen führt bei den beobachteten Kindern eher dazu, dass sie besonders wenig gehorchen (vgl. Kochanska und Aksan 1995, S. 247). Die Kontrollstrategien, die härter und weniger liebevoll sind, führen bei den beobachteten Kindern also nicht zu überzeugtem Gehorchen. Sie führen allenfalls zu situationsgebundenem Gehorchen, wenn sie mit behutsameren Kontrollstrategien kombiniert sind (vgl. ebenda).

Kochanska u.a. werten die von ihnen beschriebene Variante des überzeugten Gehorchens als eine Vorform der Internalisierung elterlicher Anforderungen und meinen sogar, man könne dieses überzeugte Gehorchen als eine Form frühen Gewissens bezeichnen (vgl. Kochanska u.a. 1995, S. 1766). Von Augusto Blasi (2000, S. 133 f.) ist dies zurückgewiesen worden. Wer von Gewissen oder moralischer Verpflichtung spricht, muss zeigen können, dass die beobachteten Kinder den Anweisungen ihrer Mutter wirklich deshalb folgen, weil sie davon überzeugt sind, dass es gut ist so zu handeln. Kochanska u.a. können dies auf der Grundlage ihrer Daten nicht nachweisen. Sie können jedoch nachweisen - und das ist für das Verständnis kindlicher Gewissensentwicklung wichtig genug -, dass die von ihnen herausgearbeitete Variante des überzeugten Gehorchens mit der Verinnerlichung elterlicher Anforderungen einhergeht.

Auch wenn man das überzeugte Gehorchen nicht als eine frühe Form des kindlichen Gewissens einordnet, bleibt es also bedeutsam. Kinder, die den Anweisungen ihrer Mütter in den verschiedenen Beobachtungssituationen - Gebots- und Verbots-Situationen - gern und überzeugt folgen, sind zugleich auch diejenigen, die sich in den Situationen, in denen es keine mütterliche Aufsicht gibt (im Rahmen der Untersuchung ca. 12 Minuten), deutlich häufiger als andere an die Anweisungen ihrer Mütter halten (vgl. Kochanska und Aksan 1995, S. 245 ff. und Kochanska u.a. 1995, S. 1759 ff.). Sie haben sich die mütterlichen Anweisungen immerhin so weit zu Eigen gemacht - sie verinnerlicht -, dass sie ihnen auch dann folgen, wenn man sie nicht kontrolliert. Bei den Kindern, die in den verschiedenen Beobachtungskontexten entweder nur situationsbedingt oder gar nicht gehorchen, sind hingegen in der Situation ohne mütterliche Aufsicht deutlich mehr Regelverletzungen erkennbar: Sie spielen in aller Ruhe mit dem verbotenen Spielzeug, kommen ihrer Sortieraufgabe nicht nach, schimpfen mehr oder minder hörbar, berühren des verbotene Spielzeug o.a..

Die Kinder, die den Anweisungen ihrer Mütter überzeugt oder sogar gern folgen, erreichen demnach im Vergleich zu den anderen Kindern ein höheres Niveau der Verinnerlichung mütterlicher Anforderungen. Dies lässt sich nicht nur in Querschnittsanalysen, sondern auch in Längsschnittanalysen nachweisen. Die Kinder, die zum ersten Erhebungszeitpunkt häufiger als andere den Anweisungen ihrer Mütter überzeugt und gern folgten, gehörten auch zum 2. Erhebungszeitpunkt - knapp 1 ½ Jahre später - zu den Kindern, die man besonders wenig kontrollieren musste. Sie folgten den Anweisungen ihrer Mütter auch in Beobachtungskontexten, in denen es keine Aufsicht gab, und schummelten darüber hinaus bei Spielen, die ihnen die Leiterin des Experiments gab, weniger als andere (vgl. Kochanska u.a. 1995, S. 1763 ff.). Man kann hieraus schließen, dass die bereitwillige und überzeugte Übernahme mütterlicher Anweisungen und Forderungen einen wichtigen Zwischenschritt auf dem Weg zur Internalisierung elterlicher Anforderungen bildet.

4.5 Gefühlsbindungen und die Verinnerlichung elterlicher Anforderungen

Zentrale Voraussetzungen der Übernahme elterlicher Anforderungen - des überzeugten Gehorchens und der Verinnerlichung ihrer Verbote und Gebote - sind nach den Analysen Kochanskas u.a. in der Qualität der wechselseitigen Beziehungen zwischen Müttern und ihren Kinder angelegt. Wenn diese Beziehungen von positiven Gefühlen und wechselseitiger Zuneigung geprägt sind, dann ist mit der Bereitwilligkeit des Kindes zu rechnen, mütterliche Anforderungen zwar nicht immer, aber im Vergleich zu anderen Kindern deutlich häufiger zu folgen. Der so gestaltete Sozialisationsprozess ist mithin nicht angemessen als Kampf zwischen kulturellen Anforderungen und einer widerspenstigen menschlichen Natur zu beschreiben. In der kindlichen Bereitschaft, Zuneigung zu den erwachsenen Bezugspersonen, die Repräsentanten kultureller Anforderungen sind, zu entwickeln, liegt vielmehr ein beträchtliches Sozialisationspotential.

Bei der Diskussion ihrer Thesen zur Bedeutung der affektiven Qualität der Mutter-Kind-Beziehung (oder anderer entsprechender Beziehungen) beziehen sich Kochanska u.a. (1995, S. 1766) unter anderem auf die Arbeiten Eleanor Maccobys u.a. (vgl. etwa Maccoby und Martin 1983, Parpal und Maccoby 1985). Maccoby u.a. vertreten die Auffassung, dass bereitwilliges „rezeptives" Gehorchen sich in Beziehungen entwickelt, in der wechselseitige Kooperation, Zuneigung und Aufmerksamkeit vorherrschen. Aber zweifellos können wir in diesem Zusammenhang auch die Arbeiten Ainsworths, Staytons u.a. und Freuds und Burlinghams heranziehen (vgl. die Abschnitte 2 und 3 des vorliegenden Kapitels). Ainsworth u.a. und Freud und Burlingham verwenden zwar unterschiedliche Begriffe - Ainsworth u.a. sprechen im Kontext der Bindungstheorie von Bindung bzw. „Attachment", während Freud und Burlingham vor dem Hintergrund der psychoanalytischen Theorie von Objektliebe, Objektbindung oder auch Objektlibido sprechen (vgl. hierzu auch die Harvard-Vorlesungen Anna Freuds 1993, S. 86 ff.). So unterschiedlich die Begriffe und der jeweilige theoretische Hintergrund der Autorinnen ist: Im Kern beziehen sie sich in ihren Analysen auf identische Phänomene, die mit Hilfe des von Freud und Burlingham mitunter auch verwandten Begriffs der „Gefühlsbindung" (vgl. etwa Freud und Burlingham 1971, S. 158 f.) sehr gut benannt werden können.

Säuglinge und Kleinkinder entwickeln im Verlauf des ersten Lebensjahrs - abhängig von der Art ihrer Pflege und Versorgung - enge emotionale Beziehungen zu den Menschen, die mit ihrer Pflege und Versorgung primär betraut sind. Dies müssen, wie mehrfach ausgeführt, nicht die Mütter sein, sondern können auch andere Bezugspersonen sein. In vielen Gesellschaften - auch der unsrigen - sind in den ersten Lebensjahren jedoch faktisch vor allem die Mütter für ihre Kinder zuständig. Daher hat man sich in der Forschung zu frühen Sozialisationsprozessen realistischerweise auf die Analyse der Mutter-Kind-Beziehungen konzentriert.

Auf der Grundlage der emotionalen Beziehungen - Gefühlsbindungen - zwischen Müttern und ihren Kindern entwickeln sich dann - mehr oder weniger erfolgreich - die Prozesse, die wir als Sozialisation bezeichnen und in denen es vor allem um die Verinnerlichung elterlicher Anforderungen geht. Anna Freud und Dorothy Burlingham bezeichnen diese Prozesse mit dem Begriff der Identifizierung - das Kind verinnerlicht die Elternbilder (introjiziert sie) und besetzt diese positiv (vgl. hierzu vor allem Freud 1993, S. 86). In der generellen Diskussion sind heute die Begriffe Verinnerlichung oder Internalisierung gebräuchlicher, die auch von Ainsworth u.a. und Kochanska u.a. verwandt werden. Aber auch hier ist es so, dass trotz der unterschiedlichen Begriffe vergleichbare Phänomene avisiert werden.

Vor Studentinnen und Studenten der Harvard-Universität erläuterte Anna Freud mit Hilfe eines Beispiels, was sie mit dem Begriff der Identifizierung meint: „Sie alle kennen die Situation, wenn eine interessierte Tante ein Kind betrachtet und sagt: ‚Ja, die Augen sind von der Mutter, und die Nase, das ist ganz der Vater, und der Mund, siehst du, ist vom Großvater.' Wir lächeln über diese Versuche, die charakteristischen Merkmale der Eltern und Großeltern oder Onkel und Tanten im Gesicht des Kindes wieder zu finden, obwohl diese Wahrnehmungen natürlich häufig sehr zutreffend sind. Was die psychische Seite anbelangt, so enthalten sie mit Gewissheit eine Menge Wahres. All die Anteile, aus denen das Ich des Kindes besteht, haben einmal zu anderen Personen gehört - das Kind sammelt eine gewaltige Mischung von Haltungen, Eigenschaften, Verboten, Befehlen, Vorstellungen und Wünschen in sich an, und das Kind hat die Aufgabe ein harmonisches Ganzes daraus zu machen.“ (Freud 1993, S. 89 f.)

Wenn man den Identifizierungsprozess in dieser Weise betrachtet, wird nach Anna Freud auch verständlich, weshalb es für Kinder, deren Eltern eine Ehe voller Konflikte führen, so schwer ist, ein „harmonisches Ich“ aufzubauen. Es ist schwer, innerlich in Einklang zu bringen, was in der Außenwelt miteinander kollidiert (vgl. ebenda, S. 90). Je jünger ein Kind ist, umso leichter sei es darüber hinaus durch divergierende Bilder zu beeinträchtigen. Deshalb sei es besser, wenn die Kinder anfänglich von nur einer oder sehr wenigen Personen versorgt werden und auf dieser Grundlage die „ersten inneren Bilder, diese ersten Bestandteile der Persönlichkeit“ bilden (vgl. ebenda).

Die Nähe Anna Freuds zu Konzeptionen der Bindungsforschung ergibt sich nun nicht so sehr aus diesen Vorstellungen der Identifizierung als „Introjektion“ oder auch Verinnerlichung von Bildern der Eltern oder anderer erziehender Personen. In diesem Punkt gehen manche Autoren eher auf Distanz. So bemängeln Waters u.a. (1986), die in der Tradition der Bindungsforschung stehen, dass im Identifizierungskonzept der psychoanalytischen Tradition zu viele unsichtbare Kräfte unterstellt werden (vgl. hierzu und zum folgenden Waters u.a. 1986 f.). Sie schlagen vor, das Identifizierungskonzept aufzuschlüsseln und besser handhabbar zu machen. Der Prozess der Identifizierung sei bezogen auf des Kind in folgender Weise aufzuschlüsseln. Es gehe um: (1) besondere Aufmerksamkeit im Verhältnis zu den Eltern, (2) Vorliebe für die Eltern, (3) Vertrautheit mit dem elterlichen Verhalten, (4) Übernahme, Reproduktion charakteristischer elterlicher Verhaltensweisen, (5) Ansprechbarkeit und Rezeptivität gegenüber elterlichen Kontrollen und (6) Vermeidung elterlicher Kritik.

Auch wenn Waters u.a. das Konzept der Identifizierung differenzierter und auch anders als Anna Freud aufschlüsseln - in einem Punkt gibt es zwischen psychoanalytischen Auffassungen und Konzeptionen der Bindungsforschung große Übereinstimmung: Als Basis einer gelungenen Identifizierung oder auch Internalisierung werden die emotionalen Beziehungen zwischen Kindern und ihren Eltern angesehen und das Maß an Sicherheit und Zuneigung, was durch diese vermittelt wird.

Anna Freud beantwortet in ihren Harvard-Vorlesungen die Frage, welche Bedingungen für Identifizierung besonders günstig sind, eindeutig zugunsten der Gefühlsbindung:

> „Es ist nicht schwierig festzustellen, wodurch die Stärke einer Identifizierung bestimmt wird. Sie steht in direktem Verhältnis zur Stärke und Intensität der emotionalen Beziehung, die der Identifizierung vorangegangen ist. Eine leidenschaftliche Beziehung des Kindes zu Vater oder Mutter oder beiden wird starke Identifizierungen zur Folge haben. Die Stärke der Identifizierung wird in gewissem Sinne Erbe der Stärke der Beziehung sein." (vgl. A. Freud 1993, S. 90 f.).

Durchaus vergleichbar sprechen Stayton, Hogan und Ainsworth (1971, S. 1066 ff.) vom „affektiven Band" zwischen Kindern und ihren Eltern, welches bei den Kindern die Bereitschaft, ihren Eltern zu gehorchen, unterstützt und das später Prozesse der Internalisierung von Kontrollen stärkt. Auch wenn später andere Faktoren dazu kommen - intellektuelle Kompetenzen, Einflüsse der Gleichaltrigen oder des kulturellen Umfeldes -, bleiben die frühen affektiven Beziehungen bedeutsam. Man muss nach Ainsworth u.a. die frühen Bindungsbeziehungen berücksichtigen, wenn man „die Entwicklung und Aufrechterhaltung reifen moralischen Verhaltens" verstehen will (vgl. Ainsworth u.a. 2003/1974, S. 266). Im folgenden Kapitel soll dieser Zusammenhang weiter erläutert und diskutiert werden.

5. Beziehungserfahrungen und Gewissensentwicklung

5.1 Gewissensentwicklung, moralisches Handeln - begriffliche Fragen und altersspezifische Kategorisierungen

Manche Autorinnen und Autoren vertreten die Auffassung, dass Kinder schon mit etwa drei Jahren so etwas wie einen moralischen Standpunkt oder ein Gewissen haben. Die Kinder dieses Alters können Mitgefühl zeigen, andere Kinder trösten, wenn diese weinen, ihnen helfen. Sie reagieren eventuell schuldbewusst, wenn man sie bei Regelverletzungen ertappt, scheinen sich dabei nicht wohl zu fühlen. Und sie folgen den Anweisungen ihrer Mütter zum Teil auch dann, wenn man sie nicht beaufsichtigt. (Vgl. hierzu etwa Emde u.a. 1987, Emde u.a. 1991, Kochanska 1995, Kochanska u.a. 1994, Kochanska u.a. 1995; vgl. auch Abschnitt 4.4 in dieser Arbeit)

Augusto Blasi (2000) hat sich mit den Arbeiten derer, die von einer vergleichsweise frühen Gewissensentwicklung oder von einer frühen moralischen Entwicklung ausgehen, kritisch auseinander gesetzt. Er vertritt die Auffassung, dass Emde, Kochanska und auch andere Autorinnen und Autoren die Phänomene, die man eventuell als Ausdruck früher moralischer Orientierung beschreiben kann, durchaus angemessen beschreiben (Äußerungen des Mitgefühls bei Kleinkindern, ihr Unbehagen bei Regelverletzungen, Gehorchen, auch wenn die Mutter nicht kontrolliert u.a.). Er meint jedoch, dass die entsprechenden Autoren sich mit ihrer Verwendung der Begriffe Gewissen oder Moral zu weit von dem entfernen, was man im alltäglichen Sprachgebrauch meint, wenn man von Moral, moralischem Handeln oder Gewissen spricht. Im Alltagsverständnis setzt nach Blasi moralisches Handeln voraus (vgl. zum Folgenden Blasi 2000, S. 132 ff.), dass man

a) in der Lage ist, über die eigenen Impulse zu reflektieren - handele es sich nun um altruistische, aggressive oder andere Impulse; dass man sich

b) in seinem Handeln an eigenen Standards orientiert; dass man tut, was man selbst für gut hält, und dies

c) aus dem Gefühl einer inneren Verpflichtung heraus.

Kleinkinder sind hierzu nicht in der Lage (vgl. ebenda, S. 136). Deshalb sei es wenig plausibel anzunehmen, dass Dreijährige bereits zu moralischem Handeln fähig seien.

In seinem Aufsatz vermeidet es Blasi, einen genauen Zeitpunkt zu benennen, ab dem man von einem entwickelten moralischen Standpunkt bei Kindern sprechen könne. Wichtig ist für ihn vielmehr zu erklären, warum es seiner Ansicht nach irreführend ist, dreijährigen Kindern schon so etwas wie moralische Identität zuzuordnen. Man könne wohl beobachten, dass Kleinkinder die Anweisungen ihrer Mutter auch dann befolgen, wenn diese nicht anwesend sind. Man könne insofern auch - wie Kochanska u.a. dies tun (vgl. Abschnitt 4.4 dieser Arbeit) - von einer Internalisierung elterlicher Anordnungen und Regeln sprechen. Die entscheidende Frage ist jedoch: Folgen die Kinder ihrer Mutter, weil sie ihre Anordnungen auf der Grundlage eigener Reflexionen und aus eigenem Antrieb heraus für gut und richtig hält, oder folgen sie ihr, ohne die moralische Bedeutung ihrer Anweisungen zu verstehen. Hier liegt nach Blasi „der entscheidende Unterschied zwischen Kochanska und Emde einerseits und der kognitivistischen entwicklungstheoretischen Sicht andererseits: Die letztere beschäftigt sich mit Bedeutungen, die erstere mit Verhaltensvorhersagen“ (Blasi 2000, S. 137).

Folgt man Augusto Blasis Überlegungen, dann ist es angemessen, von einem engeren Konzept moralischen Handelns und von einem engeren Gewissensbegriff auszugehen und zu vermeiden, diverse Varianten kindlichen Wohlverhaltens oder kindlichen Schuldbewusstseins bereits als Ausdruck eines entwickelten Gewissens zu interpretieren. Hier und im Folgenden möchte ich daher, wenn ich von Gewissensentwicklung spreche, von einem engeren Gewissensbegriff ausgehen. Zum Gewissensbegriff in dem hier verstandenen Sinn gehören:

1. die Vorstellung von handlungsleitenden Normen, die im Individuum verankert sind; das Individuum hat sich diese Normen zu Eigen gemacht - sie verinnerlicht - und orientiert sich an ihnen im Prinzip unabhängig von Außendruck oder Angst vor Strafen.
2. das Postulat einer gewissen Reflexionsfähigkeit: das Individuum muss das eigene Handeln und die eigenen Motive - quasi von außen - kritisch beobachten und beurteilen können.
3. die Vorstellung, dass im Fall der eigenen Normverletzung mit Gefühlen der Schuld, der Scham, des Bedauern o. Ä. reagiert wird (vgl. zu unterschiedlichen Gefühlsreaktionen im Fall von Normverletzungen Nunner-Winkler 2000, S. 227 ff.).

Diese drei Kriterien wird man, wenngleich unterschiedlich formuliert, in vielen Umschreibungen dessen, was mit dem Begriff des Gewissens oder auch des Über-Ichs gemeint ist, wieder finden. So schreibt Anna Freud in ihrer frühen Schrift „Das Ich und die Abwehrmechanismen“ (zuerst 1936):

> „Die wirkliche Moral beginnt, wenn die verinnerlichte Kritik als Über-Ich-Forderung auf dem Boden des Ichs mit der Wahrnehmung des eigenen Vergehens zusammentrifft. Die Strenge des Über-Ichs wendet sich von da an nach innen statt nach außen..." (A. Freud 1982/1936, S. 92).

Die Schuldgefühle des Normverletzers sind dabei für Anna Freud Gradmesser der Norm-Internalisierung und deutlich abzugrenzen vom Gefühl der Scham oder der Angst vor Liebesverlust (vgl. A. Freud in: Sandler und Freud 1989, S. 299 f.). Für andere Autoren ist hingegen der Begriff des Schuldgefühls nicht zwingend mit der Idee der inneren Verpflichtung verbunden und wird beispielsweise durch den Begriff der Scham ersetzt (vgl. Tugendhat 1993). Aber auch in diesem Fall ist die normbezogene Emotion Gradmesser der inneren Verpflichtung oder der Verbindlichkeit, mit der eine Norm befolgt wird (vgl. entsprechend auch Tugendhat 2003).

Lawrence Kohlberg, der als zentraler Begründer kognitiv-entwicklungsbezogener Ansätze der moralischen Entwicklung gelten kann, hat sozialisationstheoretische Ansätze, für die das Konzept der Verinnerlichung oder Internalisierung besonders wichtig ist, verschiedentlich kritisiert und die Auffassung vertreten, das Internalisierungskonzept werde zum Teil zu eng gefasst und gehe so an der Substanz moralischen Handelns vorbei:

> „Über das normgerechte Verhalten und die Reuegefühle nach einer Regelverletzung hinaus gehört zur Internalisierung eines Standards auch die Fähigkeit, Urteile auf der Grundlage dieses Wertmaßstabs zu fällen und sich selbst und anderen gegenüber zu rechtfertigen - also zu begründen, warum man ihn anerkennt." (Kohlberg 1995/1968, S. 9)

Diese das Urteilen betreffende Seite der Moralentwicklung stehe im Mittelpunkt der Arbeiten Piagets, aber auch seiner Arbeiten zur moralischen Entwicklung.

Hiermit wird in der Erörterung moralischer Entwicklung - aber auch in der Erörterung der Gewissensentwicklung - ein wichtiger zusätzlicher Akzent gesetzt. Es kann bei der Gewissensentwicklung nicht einfach um blinde Übernahme elterlicher Anforderungen und Standards gehen - das Konzept der Verinnerlichung schließt dies nicht aus -, sondern bei der Analyse moralischer Sozialisation muss es auch um die Frage gehen, wie die Individuen die für sie verbindlichen normativen Grundlagen des eigenen Handelns begründen und rechtfertigen (vgl. hierzu auch Nunner-Winklers, 2003, Konzept der „freiwilligen Selbstbindung", das in der Tradition Kohlbergschen Denkens steht). Für Kohlberg sind die mit der Begründung von Normen und moralischen Entscheidungen verbundenen Fragen zentral. Ihm geht es mehr um die Entwicklung der moralischen Urteilsfähigkeit als um Prozesse der Verinnerlichung von Normen.

Wann Kinder so weit sind, dass man zu Recht von einem entwickelten Gewissen oder von der Fähigkeit zu moralischem Handeln sprechen kann, ist schwer exakt zu bestimmen und wird im Rahmen unterschiedlicher theoretischer Ansätze unterschiedlich beantwortet. In der Tradition der psychoanalytischen Forschung geht man im Allgemeinen davon aus, dass das Über-Ich oder Gewissen erst nach Bewältigung der ödipalen Konflikt-Konstellation etabliert wird (vgl. S. Freud 1969/1923, A. Freud 1993, S. 98 ff.). Annäherungsweise wird man eventuell ein Alter von fünf bis sieben Jahren als entsprechenden Zeitpunkt benennen können (vgl. Emde u.a. 1987, S. 246 ff.). Piaget (1973/1932) bezieht sich mit seiner Vorstellung von moralischer Autonomie auf Kinder, die älter sind. Den Sinn „für das gemeinsame Gesetz" meint er erst bei neun- bis zwölfjährigen Kindern - im Zusammenhang mit der Analyse ihrer Spielregeln - feststellen zu können (vgl. z.B. ebenda, S. 413). Kohlberg (1995/1984) verschiebt die Grenze moralisch fundierten Urteilens noch weiter nach oben. Das „präkonventielle", vormoralische Niveau der moralischen Entwicklung, auf dem bei der Begründung normkonformen Verhaltens Gesichtspunkte der Strafandrohung oder des einfachen Austauschs („do ut des") dominieren, reicht bis zur mittleren oder späten Kindheit (vgl. hierzu auch Blasi 2000, S. 116 f.). Erst danach - auf dem „konventionellen" Niveau moralischer Entwicklung - kann nach Kohlberg von einer genuin moralischen Orientierung gesprochen werden.

Gertrud Nunner-Winkler hat sich kritisch mit Kohlbergs Entscheidung auseinander gesetzt, den Beginn einer genuin moralischen Orientierung so spät anzusetzen. Sie vertritt die Auffassung, dass Kinder moralische Normen bzw. Regeln schon sehr früh kennen und auch schon früh über ein adäquates Verständnis dieser Normen verfügen. Es seien zwar nicht die Dreijährigen, wohl aber die Vier- bis Fünfjährigen, die bereits wissen, dass man beispielsweise nicht stiehlt, und die auch davon überzeugt sind, dass man dies nicht tun darf (vgl. Nunner-Winkler 1996, 1998). Nunner-Winkler bezieht sich bei der Begründung dieser Thesen auf Daten einer Längsschnittstudie, in die ca. 200 Jungen und Mädchen - aus unterschiedlichen Sozialschichten - zwischen vier bis elf Jahren einbezogen waren.

Im Alter von vier, sechs und acht Jahren wurden den Kindern, durch Bilder unterstützt, Geschichten vorgelesen, in denen es um moralische Konfliktsituationen und Normbrüche ging. Die Kinder wurden hierzu befragt und sollten nicht nur zu ihrem Normwissen und Normverständnis Auskunft geben, sondern auch darüber, wie sich der Normbrecher bzw. die Normbrecherin, falls ein Mädchen befragt wurde, nach begangener Tat jeweils fühlen würde (vgl. Nunner-Winkler 1998, S. 137 ff.). Ein Beispiel: Zwei Kinder treffen sich in der Garderobe eines Kindergartens. Eines hat gebrannte Mandeln in der Tasche seines Anoraks, das andere (Florian - im Fall eines männlichen Helden) mag diese besonders gern. Florian hat die Chance, die gebrannten Mandeln in einem unbeobachteten Moment zu stehlen. An dieser Stelle wird gestoppt und interviewt. Den Kindern werden Fragen zu ihrem Geschichtenverständnis gestellt, zu ihrer Normkenntnis (Darf man die Mandeln nehmen oder darf man das nicht?) und zu ihrer Normbegründung

(Warum/Warum nicht?). Dann geht es weiter: Florian stiehlt die gebrannten Mandeln, das bestohlene Kind bemerkt später, dass die gebrannten Mandeln nicht mehr da sind, und ist traurig. Nach Abschluss der Geschichte versuchen die Interviewerinnen, Daten zur moralischen Motivation der Kinder zu erheben. Es wird versucht, diese mit Hilfe von Emotionszuschreibungen (Was glaubst du, wie Florian sich fühlt?) und Emotionsbegründungen (Warum?) zu erfassen.

Am Beispiel der Geschichte über das Stehlen wird bei der Datenauswertung deutlich, dass die befragten Kinder - auch die Vier- bis Fünfjährigen - das Verbot zu stehlen kennen und dass sie auch ein - wie Nunner-Winkler sagt - „intrinsisches“ Normverständnis haben: Sie verstehen, dass Normen unabhängig von Strafandrohungen und Befehlen einzelner Autoritätspersonen gültig sind (vgl. Nunner-Winkler 1998, S. 143). Zur Begründung des Verbots zu stehlen beziehen sie sich nur in seltenen Fällen auf mögliche Strafen, die einem Verstoß folgen könnten, sondern sagen z.B. einfach: Stehlen darf man nicht oder Ähnliches.

Sehr tief gehend ist das Normverständnis der jüngeren Kinder allerdings nicht. Vor allem die Vier- bis Fünfjährigen, aber auch noch die Sechs- bis Siebenjährigen sind in ihren Emotionszuschreibungen durchaus vergnügungs- und weniger normorientiert. Auf die Frage, wie sich der Übeltäter Florian nach dem Diebstahl der Mandeln wohl fühlen mag, reagiert nur eine Minderheit von Kindern mit negativen Gefühlszuschreibungen (Florian fühlt sich schlecht, weil es nicht recht war zu klauen o. Ä.), die Mehrheit vermutet, dass Florian sich mit den gebrannten Mandeln ganz gut fühlt, weil sie ihm schmecken (vgl. Nunner-Winkler 1998, S. 145 ff.).

Ob Nunner-Winklers Daten geeignet sind, Kohlbergs Position zu widerlegen, nach der erst relativ spät - auf dem konventionellen Niveau - von einer genuin moralischen Orientierung gesprochen werden kann, kann bezweifelt werden. Gertrud Nunner Winkler hat in einem Punkt sicher Recht: Auch die jüngeren Kinder sind nicht einfach nur als Wesen zu beschreiben, die sich in ihrem Normverständnis an Strafvermeidung, Angst vor Autoritäten oder Nützlichkeitserwägungen orientieren. Aber kann man sagen, dass die befragten Kinder die Bedeutung der Norm, die das Stehlen verbietet, in einem tieferen Sinn verstanden haben, wenn sie sich überwiegend nicht vorstellen können, dass es dem Normbrecher nach dem Normbruch irgendwie schlecht geht - sei es, dass er sich schämt, Gewissensbisse hat oder am Ende das Opfer doch bedauert?

Wenn man einen Maßstab anlegt, wie ihn Augusto Blasi in der Diskussion von Ansätzen zur Analyse früher Moral anlegt (vgl. oben), wird man zu dem Schluss kommen müssen, dass die befragten vier- bis siebenjährigen Kinder in ihrer Mehrheit von einer genuin moralischen Orientierung noch weit entfernt sind. Der generell verpflichtende Charakter moralischer Normen ist ihnen überwiegend nicht bewusst. Man wird im Übrigen auch nicht behaupten können, dass die Vier- bis Siebenjährigen, die sich im Fall des Normbruchs Gefühle der Schuld oder Scham spontan nicht vorstellen können, bereits über ein entwickeltes Gewissen verfügen. Was allerdings bleibt: Das Normwissen und das Normverständnis der jüngeren Kinder ist nicht einfach so zu verstehen, dass es dabei nur um Strafvermeidung oder Nützlichkeitserwägungen geht. Kohlbergs Darstellung des präkonventionellen Niveaus der moralischen Entwicklung ist insofern zu einfach und müsste differenzierter formuliert werden (vgl. hierzu auch Döbert 1987 und Keller und Edelstein 1993).

Zusammenfassend: Die Frage, ab wann man sinnvoll davon sprechen kann, dass Kinder zu moralischem Handeln fähig sind oder dass Kinder über eine innere moralische Instanz - Gewissen oder Über-Ich - verfügen, wird im Rahmen unterschiedlicher theoretischer Ansätze unterschiedlich beantwortet. Unterstellt man einen engeren Begriff des moralischen Handelns oder einen engeren Gewissensbegriff, macht es keinen Sinn, den Beginn des moralischen Handelns sehr früh anzusetzen. Plausibler ist es anzunehmen, dass Kinder erst später - eventuell ab dem Alter von acht oder neun Jahren - zu moralischem Handeln in einem anspruchsvolleren Sinne fähig sind.

Auch wenn man sich dieser Auffassung anschließt, ist damit keineswegs gesagt, dass die theoretischen und empirischen Analysen zur Entwicklung früher Varianten der Gewissensentwicklung irrelevant sind. Es ist sehr gut möglich, dass die Daten und Überlegungen zu frühen Prozessen der Internalisierung elterlicher Befehle und Normen wichtige Bausteine für ein Verständnis späterer Prozesse der Gewissensbildung liefern und dass es enge Zusammenhänge zwischen frühen Prozessen der Norminternalisierung und der Entwicklung moralischer Autonomie gibt. Auch die Daten und Überlegungen zu frühen Varianten kindlichen Mitgefühls (vgl. hierzu auch Kapitel 6 der vorliegenden Arbeit) können eventuell für ein Verständnis moralischer Entwicklung sehr wichtig sein. Zwar ist Augusto Blasi (2000, S. 135 f.) zuzustimmen, wenn er argumentiert, dass das spontane Mitgefühl des Dreijährigen kein Garant dafür ist, dass er kurze Zeit später darauf verzichten wird, zuzuschlagen, wenn es seinem spontanen Bedürfnis entspricht. Es ist jedoch trotzdem nicht auszuschließen, dass die Kinder, die mit Mitgefühl auf den Kummer anderer Kinder reagieren, später einen leichteren Zugang zur emotionalen Seite moralischen Handelns haben. Schließlich geht es ja, wenn man von Gewissen oder moralischem Handeln spricht, auch um Gefühle - Gefühle der Schuld, Scham oder des Bedauerns, wenn man zur Kenntnis nehmen muss, dass man den eigenen Normen nicht gerecht wurde.

5.2 Zu psychoanalytischen Theorien der Gewissensentwicklung

Die klassische Formulierung der psychoanalytischen Theorie der Über-Ich- oder Gewissensentwicklung findet sich in Sigmund Freuds Aufsatz „Das Ich und das Es" (1969/1923). Freud verknüpft den Prozess der Über-Ich-Entwicklung theoretisch mit seinen Annahmen zur psycho-sexuellen Entwicklung von Kindern. In der phallischen Phase der kindlichen Entwicklung entwickeln Kinder auf der Grundlage bereits vorhandener, früher entstandener Identifizierungen (ebenda, S. 259) eine besondere Zuneigung zu dem jeweils gegengeschlechtlichen Elternteil. Diese Zuneigung hat nichts mit reifer genitaler Sexualität zu tun, hat aber dennoch sexuellen Charakter. Sie ist aus diversen - körperlichen, sozialen und kulturellen - Gründen nicht zu realisieren. Das Kind wird zum Triebverzicht gezwungen. Sowohl die kleinen Jungen als auch die kleinen Mädchen geben mit dem Ende der ödipalen Phase durchschnittlich die besonderen, sexuell geprägten Besetzungen des gegengeschlechtlichen Elternteils auf und identifizieren sich in jeweils unterschiedlichen Ausprägungen und Stärken mit Vater und Mutter. Und diese Identifizierungen werden zur Grundlage des Über-Ichs:

> „So kann man als allgemeinstes Ergebnis der vom Ödipuskomplex beherrschten Sexualphase einen Niederschlag im Ich annehmen, welcher in der Herstellung dieser beiden, irgendwie miteinander vereinbarten Identifizierungen besteht. Diese Ichveränderung behält ihre Sonderstellung, sie tritt dem anderen Inhalt des Ichs als Ichideal oder Über-Ich entgegen." (Freud 1969/1923, S. 262)

Talcott Parsons hat diese klassische Version psychoanalytischer Gewissenstheorien übernommen und in seine soziologisch orientierte Sozialisationstheorie integriert (vgl. als Überblick hierzu Veith 1996, S. 402 ff.). Bereits in seinem frühen Aufsatz „Das Über-Ich und die Theorie der sozialen Systeme" (1968/1952) erweiterte und modifizierte er allerdings die freudschen Annahmen. Er betonte die Bedeutung der prä-ödipalen Phase stärker als Freud und ging dabei insbesondere auf die frühen emotionalen Beziehungen zwischen Kindern und ihren Müttern ein, die nach seiner Auffassung für die Übernahme und Internalisierung elterlicher Anforderungen überaus wichtig sind (vgl. Parsons 1968/1952, S. 36 ff.).

Ich habe im vorangehenden Kapitel ausführlich dargestellt, dass auch Anna Freud die Rolle früher emotionaler Beziehungen zwischen Kindern und ihren Müttern bzw. Ersatzmüttern stärker als ihr Vater hervorhob und der Auffassung war, dass es ohne frühe Gefühlsbindungen und Identifizierungen nicht zu einer erfolgreichen Über-Ich-Bildung kommen kann (vgl. Abschnitt 4.2). Anna Freud erläutert dies in der gemeinsam mit Dorothy Burlingham verfassten Arbeit „Anstaltskinder" eindrucksvoll an Unterschieden in der Gewissensentwicklung von Heimkindern:

„Die Charakterentwicklung des Anstaltskindes ist also abhängig von seiner Beziehung zu den in der Anstalt arbeitenden Erwachsenen. Wo diese Beziehungen gut sind, d.h. die Stärke und den Gefühlston von wirklichen Elternbeziehungen erreichen, wird auch der Erziehungserfolg der Anstalt ein guter sein. Die Entwicklung der Kinder geht dann den gewöhnlichen Weg von der Gefühlsbindung zur Identifizierung und damit zur Aufrichtung eines Über-Ichs, das die Moralforderungen der Gemeinschaft verkörpert und das Verhalten in normale, sozial angepasste Bahnen lenkt. Wo die Erwachsenen der Anstalt unpersönlich und indifferent bleiben oder so häufig wechseln, dass keine dauernden Bindungen zustande kommen können, dort zeigt sich die Wirkung im Fehlschlagen der Anstaltserziehung in dieser wichtigsten Beziehung. Kinder, die unter solchen Umständen aufwachsen, zeigen grobe Defekte in der Charakterentwicklung, passen sich nur oberflächlich an die Forderungen der Umgebung an und sind, wenn sie der Anstalt entwachsen sind, allen Gefahren dissozialer Entwicklung ausgesetzt." (Freud und Burlingham 1973, S. 159).

Anna Freud und Dorothy Burlingham machen in ihrer Argumentation deutlich, dass für sie eine gelungene Über-Ich-Entwicklung auch ohne die - an Familien gebundene - ödipale Konstellation denkbar ist. Sie kann auf der Grundlage einer Heimerziehung erfolgen, die Gefühlsbindungen zwischen Kindern und Erziehern ermöglicht. Anna Freud ist in ihren Ausführungen zur psychoanalytischen Theorie der Gewissensentwicklung jedoch nicht so weit gegangen, dass sie die theoretischen Annahmen Sigmund Freuds zur Über-Ich-Bildung grundsätzlich infrage stellte (vgl. hierzu auch ihre Harvard-Vorlesungen 1993/1952). Dies haben andere, auch psychoanalytisch orientierte Autoren getan.

Wesentliche Punkte der Kritik beziehen sich auf die Freudsche Triebtheorie und die Vernachlässigung der frühen sozialen Beziehungen zwischen Eltern und ihren Kindern (vgl. hierzu und zum Folgenden Fonagy 1999, Emde u.a. 1987, Mertens 1991, Köhler 1995). Vor allem in der britischen Tradition psychoanalytischer Theoriebildung und Forschung steht man den triebtheoretischen Annahmen Freuds und seiner Darstellung der Stadien psychosexueller Entwicklung kritisch gegenüber. Die auf Beziehungen und Sicherheit gerichteten Wünsche des Kleinkindes erhalten ein stärkeres Gewicht, wie dies beispielsweise in den Arbeiten Balints (1988/1935) oder Fairbairns (1952, 1982/1946) der Fall ist. Dadurch wird auch die strategische Bedeutung der ödipalen Krise, die bei Freud an die phallische Phase der psychosexuellen Entwicklung gebunden ist, relativiert. Die erfolgreiche Bewältigung des Ödipuskomplexes kann insofern auch in psychoanalytischer Sicht nicht mehr als Königsweg zur Über-Ich-Bildung betrachtet werden. Es ist daher nur konsequent, wenn sich psychoanalytisch orientierte Autoren wie Emde u.a. (1987, 1991) oder Holder (1982) mit Vorformen der Gewissensbildung - in der „prä-ödipalen" Phase - befassen und dabei ähnliche Phänomene beschreiben, wie sie auch von Kochanska u.a. (vgl. hierzu Abschnitt 4.4 der vorliegenden Arbeiten) analysiert werden: frühe Formen der Empathie, Vorformen von Schuldgefühlen, deutlich erkennbares kindliches Unbehagen im Fall von Regelverletzungen u.a.

Gewissensentwicklung wird in diesen neueren Ansätzen mehr als ein kontinuierlicher Prozess gesehen, der auf frühen Bindungen aufbaut. Die Internalisierung elterlicher Anforderungen hängt von der gesamten Beziehungsgeschichte ab und nicht primär vom Ausgang der ödipalen Krise. Auch psychoanalytisch orientierte Autoren distanzieren sich also von der klassischen Theorie der Über-Ich-Entwicklung, wie sie von Sigmund Freud formuliert wurde. Der Beitrag der psychoanalytischen Theorien der Gewissensentwicklung ist daher weniger in den theoretischen Annahmen Freuds zum Verhältnis von Ödipus-Komplex und Über-Ich-Bildung als vielmehr in jenen Beiträgen zu sehen, in denen die Gefühlsbindungen zwischen Kindern und ihren Eltern oder Kindern und ihren Ersatzeltern betont werden. Zu diesen Beiträgen gehört zweifellos auch die Arbeit Anna Freuds und Dorothy Burlinghams über Heimkinder.

5.3 Gefühlsbindung oder Rollenübernahme? Kohlbergs Annahmen zu den Voraussetzungen moralischer Entwicklung - Chancen einer integrierenden Betrachtung

Im vorangehenden und in diesem Kapitel habe ich verschiedene theoretische und empirische Analysen vorgestellt, die sich mit kindlichem Gehorsam und frühen Prozessen der Verinnerlichung elterlicher Anforderungen befassen. Überwiegend wird in diesen Arbeiten betont, dass die emotionalen Beziehungen zwischen Kindern und ihren Eltern sehr wichtig sind, wenn es um die Erklärung der kindlichen Gehorsamsbereitschaft und der Verinnerlichung elterlicher Anforderungen geht. Auch wenn die Begriffe unterschiedlich sind - Gefühlsbindung, Liebe zu den Eltern, Objektbindung, Bindung, wechselseitige affektive Beziehung zwischen Kindern und Eltern o.a.: Die vorgestellten Autorinnen und Autoren sind auf der Grundlage ihrer Analyen überzeugt davon, dass die emotionalen Beziehungen zwischen Kindern und ihren Eltern oder Ersatzeltern für ein Verständnis früher Prozesse der Norm-Internalisierung und der Gewissensbildung zentral sind.

In der Tradition der kognitiv-entwicklungstheoretischen Analysen zur moralischen Entwicklung wird dies anders gesehen. Nach Auffassung Kohlbergs (vgl. Kohlberg 1994/1968, Kohlberg 1994/1976) spielen die affektiven Beziehungen zwischen Kindern und ihren Eltern bei der Interpretation des Moralerwerbs keine hervorgehobene Rolle. Sie spielen zwar indirekt eine Rolle, „weil positive und gefühlsbetonte Beziehungen zu anderen Menschen für die Ich-Entwicklung, die Rollenübernahme und die Anerkennung sozialer Wertmaßstäbe generell wichtig sind“ (vgl. Kohlberg 1995/1968, S. 37). Und durch diese wird die Gewissensentwicklung beeinflusst. Die affektiven Beziehungen zwischen Kindern und Eltern bilden jedoch keine „einzigartige und unmittelbare Basis“ der Gewissensbildung (vgl. ebenda, S. 37).

In der 1976 veröffentlichten Arbeit zu „Moralstufen und Moralerwerb“ formuliert Kohlberg dies noch schärfer:

> „Einflüsse der Umwelt auf die Moralentwicklung vollziehen sich eher über die allgemeine Qualität und das Ausmaß kognitiver und sozialer Anregungen im Verlauf der Entwicklung des Kindes als über spezifische Erfahrungen mit den Eltern oder Erlebnisse von Disziplinierungen, Bestrafung und Belohnung.“ (Kohlberg 1995/1976, S. 163)

Ehe ich im Folgenden darauf eingehe, wie Kohlberg die Beziehungen zwischen kognitiven und sozialen Anregungen und moralischer Entwicklung näher umreißt und wie er seine Thesen zur geringen Bedeutung der emotionalen Eltern-Kind-Beziehungen begründet, seien vorab einige Unterschiede zwischen den bisher diskutierten sozialisationstheoretischen Arbeiten und Kohlbergs Ansatz hervorgehoben. Freud und Burlingham, Ainsworth u.a., Emde u.a. oder Kochanska u.a. interessieren sich für Gewissensbildung und begreifen diese als mehr oder minder kontinuierlich verlaufenden Prozess der Verinnerlichung normativer Anforderungen. Kohlberg interessiert sich hingegen nicht primär für Prozesse der Verinnerlichung von Normen, sondern für die Entwicklung moralischen Urteilens. Dieses entwickelt sich nach seinen theoretischen Annahmen in einer festen Abfolge von Stufen, die „nicht durch internalisierte Regeln“ definiert werden, sondern „durch Strukturen der Interaktion zwischen dem Selbst und anderen“ (vgl. Kohlberg 1995/1976, S. 162; vgl. als umfassende Information zum Kohlbergschen Ansatz insbesondere Oser und Althoff 1992).

Im Einzelnen unterscheidet Kohlberg zwischen drei Niveaus der Entwicklung des moralischen Urteilens - dem präkonventionellen, dem konventionellen und dem postkonventionellem Niveau der Entwicklung. Jedes dieser Niveaus ist wiederum in zwei Stufen unterteilt (vgl. als Überblick über diese Niveaus und Stufen und über die Kriterien der Zuordnung Tabelle 4).

Tab. 4: Sechs Stufen des moralischen Urteilens (nach Kohlberg 1976; Quelle: Kohlberg 1994/1976, S. 128ff.)

NIVEAU UND STUFE	**INHALT DER STUFE**		**SOZIALE PERSPEKTIVE DER STUFE**
	Was rechtens ist	***Gründe, das Rechte zu tun***	
NIVEAU I PRÄKONVENTIONELL Stufe 1 *Heteronome Moralität*	Regeln einzuhalten, deren Übertretung mit Strafe bedroht ist. Gehorsam als Selbstwert. Personen oder Sachen keinen physischen Schaden zuzufügen.	Vermeiden von Bestrafung und die überlegene Macht der Autoritäten.	*Egozentrischer Gesichtspunkt.* Der Handelnde berücksichtigt die Interessen anderer nicht oder erkennt nicht, dass sie von den seinen verschieden sind, oder er setzt zwei verschiedene Gesichtspunkte nicht miteinander in Beziehung. Handlungen werden rein nach dem äußeren Erscheinungsbild beurteilt und nicht nach den dahinter stehenden Intentionen. Die eigene und die Perspektive der Autorität werden miteinander verwechselt.
Stufe 2 *Individualismus, Zielbewusstsein und Austausch*	Regeln zu befolgen, aber nur dann, wenn es irgend jemandes unmittelbaren Interessen dient; die eigenen Interessen und Bedürfnisse zu befriedigen und andere dasselbe tun zu lassen. Gerecht ist auch, was fair ist, was ein gleichwertiger Austausch, ein Handel oder ein Übereinkommen ist.	Um die eigenen Bedürfnisse und Interessen zu befriedigen, wobei anerkannt wird, dass auch andere Menschen bestimmte Interessen haben.	*Konkret individualistische Perspektive.* Einsicht, dass die verschiedenen individuellen Interessen miteinander im Konflikt liegen, so dass Gerechtigkeit (im konkret-individualistischen Sinne) relativ ist.

NIVEAU UND STUFE	**INHALT DER STUFE**		**SOZIALE PERSPEKTIVE DER STUFE**
	Was rechtens ist	***Gründe, das Rechte zu tun***	
NIVEAU II KONVENTIONELL Stufe 3 *Wechselseitige Erwartungen, Beziehungen und interpersonelle Konformität*	Den Erwartungen zu entsprechen, die nahestehenden Menschen oder Menschen überhaupt an mich als Träger einer bestimmten Rolle (Sohn, Bruder, Freund usw.) richten. ‚Gut zu sein' ist wichtig und bedeutet, ehrenwerte Absichten zu haben und sich um andere zu sorgen. Es bedeutet, dass man Beziehungen pflegt und Vertrauen, Loyalität, Wertschätzung und Dankbarkeit empfindet.	1. Das Verlangen, in den eigenen Augen und in denen anderer Menschen als ‚guter Kerl' zu erscheinen; 2. die Zuneigung zu anderen; 3. der Glaube an die ‚Goldene Regel'; 4. der Wunsch, die Regeln und die Autorität zu erhalten, die ein stereotypes ‚gutes' Verhalten rechtfertigen.	*Perspektive des Individuums, das in Beziehung zu anderen Individuen steht.* Der Handelnde ist sich gemeinsamer Gefühle, Übereinkünfte und Erwartungen bewusst, die den Vorrang vor individuellen Interessen erhalten. Mittels der ‚konkreten goldenen Regel' bringt er unterschiedliche Standpunkte miteinander in Beziehung, indem er sich in die Lage des jeweils anderen versetzt. Die verallgemeinerte ‚System'-Perspektive bleibt noch außer Betracht.
Stufe 4 *Soziales System und Gewissen*	Die Pflichten zu erfüllen, die man übernommen hat. Gesetze sind zu befolgen, ausgenommen in jenen extremen Fällen, in denen sie anderen festgelegten sozialen Verpflichtungen widersprechen. Das Recht steht auch im Dienste der Gesellschaft, der Gruppe oder der Institution.	Um das Funktionieren der Institution zu gewährleisten, um einen Zusammenbruch des Systems zu vermeiden, ‚wenn jeder es täte', oder um dem Gewissen Genüge zu tun, das an die selbstübernommenen Verpflichtungen mahnt. Leicht zu verwechseln mit dem für die Stufe 3 charakteristischen Glauben an Regeln und Autorität.	*Macht einen Unterschied zwischen dem gesellschaftlichen Standpunkt und der interpersonalen Übereinkunft bzw. den auf einzelne Individuen gerichteten Motiven.* Übernimmt den Standpunkt des Systems, das Rollen und Regeln festlegt. Betrachtet individuelle Beziehungen als Relationen zwischen Systemteilen.

NIVEAU III POSTKONVENTIONELL ODER PRINZIPIENGELEITET Stufe 5 *Die Stufe des sozialen Kontrakts bzw. der gesellschaftlichen Nützlichkeit, zugleich die Stufe indivdueller Rechte*	Sich der Tatsache bewusst zu sein, dass unter den Menschen eine Vielzahl von Werten und Meinungen vertreten wird, und dass die meisten Werte und Normen gruppenspezifisch sind. Diese ‚relativen' Regeln sollten im allgemeinen jedoch befolgt werden, im Interesse der Gerechtigkeit und weil sie den sozialen Kontrakt ausmachen. Doch gewisse absolute Werte und Rechte wie *Leben* und *Freiheit* müssen in jeder Gesellschaft und unabhängig von der Meinung der Mehrheit respektiert werden.	1. Ein Gefühl der Verpflichtung gegenüber dem Gesetz aufgrund der im Gesellschaftsvertrag niedergelegten Vereinbarung, zum Wohle und zum Schutz der Rechte aller Menschen Gesetze zu schaffen und sich an sie zu halten; 2. ein Gefühl der freiwilligen vertraglichen Bindung an Familie, Freundschaft, Vertrauen und Arbeitsverpflichtungen; Interesse daran, dass Rechte und Pflichten gemäß der rationalen Kalkulation eines Gesamtnutzens verteilt werden nach der Devise ‚Der größtmögliche Nutzen für die größtmögliche Zahl'.	*Der Gesellschaft vorgeordnete Perspektive.* Perspektive eines rationalen Individuums, das sich der Existenz von Werten und Rechten bewusst ist, die sozialen Bindungen und Verträgen vorgeordnet sind. Integriert unterschiedliche Perspektiven durch die formalen Mechanismen der Übereinkunft, des Vertrags, der Unvoreingenommenheit und der angemessenen Veränderung. Zieht sowohl moralische wie legale Gesichtspunkte in Betracht, anerkennt, dass sie gelegentlich in Widerspruch geraten, und sieht Schwierigkeiten, sie zu integrieren.
Stufe 6 *Die Stufe der universalen ethischen Prinzipien*	Selbstgewählten ethischen Prinzipien zu folgen. Spezielle Gesetze oder gesellschaftliche Übereinkünfte sind im Allgemeinen deshalb gültig, weil sie auf diesen Prinzipien beruhen. Wenn Gesetze gegen diese Prinzipien verstoßen, dann handelt man in Übereinstimmung mit dem Prinzip. Bei den erwähnten Prinzipien handelt es sich um universale Prinzipien der Gerechtigkeit: Alle Menschen haben gleiche Rechte, und die Würde des Einzelwesens ist zu achten.	Der Glaube einer rationalen Person an die Gültigkeit universaler moralischer Prinzipien und ein Gefühl persönlicher Verpflichtung ihnen gegenüber.	*Perspektive eines ‚moralischen Standpunktes'*, von dem sich gesellschaftliche Ordnungen herleiten. Es ist dies die Perspektive eines jeden rationalen Individuums, das das Wesen der Moralität anerkannt hat bzw. anerkennt, dass jeder Mensche seinen (End-)-Zweck in sich selbst trägt und entsprechend behandelt werden muss.

Für die Unterscheidung nach Stufen und Niveaus ist maßgebend, welche „Sozialperspektive" die zu einzelnen moralischen Dilemmata befragten Kinder, Jugendliche und Erwachsene in ihren Antworten jeweils erkennen lassen (vgl. hierzu und zum Folgenden Kohlberg 1995/1976, S. 133 ff.). Auf dem präkonventionellen Niveau dominiert die konkret-individuelle Perspektive, auf dem konventionellen Niveau die Perspektive eines Mitglieds der Gesellschaft und auf dem postkonventionellen bzw. prinzipienorientierten Niveau eine der Gesellschaft vorgeordnete Perspektive. Dabei reicht das Niveau des präkonventionellen moralischen Denkens bei Kindern etwa bis zum Alter von neun Jahren oder - in einigen Fällen - bis zu einem höheren Alter. Das postkonventionelle Niveau wird nur von einer Minderheit von Erwachsenen erreicht - und das in der Regel erst nach dem 20. Lebensjahr. (Vgl. hierzu Kohlberg 1995/1976, S. 126 f. und Kohlberg 1995/1973)

Obgleich Kohlberg sich in seinen Schriften verschiedentlich von Ansätzen abgrenzt, für die das Konzept der Verinnerlichung oder Internalisierung von Normen bei der Analyse moralischer Entwicklungen wichtig ist (vgl. hierzu auch oben), kommt er selbst bei der näheren Charakterisierung seiner eigenen Konzeption nicht ohne das Konzept der Internalisierung aus. Es wird insbesondere bei der Charakterisierung des konventionellen Niveaus der Entwicklung herangezogen und dort so verwandt, wie man dies aus verschiedenen Ansätzen, die sich mit Prozessen der Gewissensentwicklung befassen, kennt. So erläutert Kohlberg die drei Niveaus oder Ebenen moralischen Urteilens u.a. wie folgt (vgl. zum Folgenden Kohlberg 1995/1976, S. 127): Man könne die drei Niveaus moralischen Urteilens auch als Typen von Beziehungen zwischen dem Selbst und den gesellschaftlichen Regeln und Erwartungen begreifen.

> „Aus dieser Perspektive hat das präkonventionelle Subjekt (Ebene I) ein Selbst, dem die sozialen Normen und Erwartungen äußerlich bleiben; Ebene II bezieht sich auf die konventionelle Person, deren Selbst mit den Regeln und Erwartungen anderer, speziell der Autoritäten, identifiziert ist bzw. diese internalisiert hat; und Ebene III bezeichnet die postkonventionelle Person, die ihr Selbst von den Regeln und Erwartungen anderer unabhängig gemacht hat und die ihre Werte im Rahmen selbstgewählter Prinzipien definiert." (vgl. ebenda)

Das konventionelle Niveau des moralischen Urteilens wird demnach erreicht, wenn Regeln und Erwartungen anderer - Eltern, Erzieher, der sozialen Umwelt im weiteren Sinn - internalisiert werden. Genau das meinen andere Autoren, wenn sie von Gewissensentwicklung sprechen. Es ist insofern durchaus legitim, wenn man Kohlbergs Annahmen zu den Voraussetzungen moralischer Entwicklung mit den Annahmen anderer Autoren vergleicht, für die der Begriff des Gewissens oder des Über-Ichs zentral ist. Dies will ich im Folgenden versuchen.

Die Auffassungen Kohlbergs zu Stufen und Niveaus moralischen Urteilens haben die theoretischen und empirischen Diskussionen über moralische Entwicklung zeitweilig sehr stark beeinflusst; sie haben aber auch viel Kritik auf sich gezogen (vgl. als Überblick hierzu Oser und Althoff 1992). Man kritisierte den Anspruch, dass die geschilderte Stufenabfolge generell - auch in gesellschaftsvergleichender Sicht - gültig sei. Man setzte sich kritisch mit der Darstellung einzelner Entwicklungsstufen und Entwicklungsniveaus auseinander (vgl. hierzu auch Abschnitt 5.1 dieser Arbeit), auch mit deren philosophischer Begründung. Und man kritisierte auch die Methoden, mit deren Hilfe das moralische Urteilen und Argumentieren erhoben und analysiert wurde. Ich möchte im Kontext meiner Fragestellungen auf diese Debatten überwiegend nicht eingehen, sondern mich hier auf die Erörterung von Kohlbergs Thesen zum Moralerwerb konzentrieren: Unter welchen sozialen Voraussetzungen erreichen Kinder und Jugendliche das konventionelle Niveau moralischen Urteilens bzw. unter welchen Voraussetzungen gelingt der Prozess der Gewissensbildung?

Ich erwähnte oben bereits, dass in Kohlbergs Deutungen moralischer Entwicklung die affektiven Beziehungen zwischen Kindern und ihren Eltern eine vergleichsweise geringe Rolle spielen, dagegen kognitive Prozesse, vor allem sozialkognitive Prozesse, stark akzentuiert werden. Als entscheidendes Vehikel moralischer Entwicklung werden Gelegenheiten zur „Rollenübernahme" angesehen: Welche Chancen haben Kinder und Jugendliche, andere Standpunkte kennen zu lernen, sich mit diesen auseinander zu setzen und die eigene Sichtweise zur Geltung zu bringen?

Mit dem Begriff der Rollenübernahme (role taking) bezieht sich Kohlberg auf George Herbert Mead, der für einen interaktionistischen Ansatz in der Sozialisationstheorie steht (vgl. Mead 1973/1934). Der Begriff bezieht sich auf Interaktionen im engeren und im weiteren Sinn (vgl. hierzu und zum Folgenden Kohlberg 1995/1976, S. 165 ff.). Rollenübernahme findet statt, wenn man nicht nur vom eigenen Standpunkt her handelt, denkt und empfindet, sondern wenn man dabei die Perspektive, die Standpunkte anderer berücksichtigt. Prozesse der Rollenübernahme gibt es in allen sozialen Interaktions- und Kommunikationssituationen, nicht nur in affektiv bedeutsamen. Kohlberg hebt ausdrücklich hervor, dass es ihm auch um Rollenübernahme in größeren sozialen Zusammenhängen geht: Um das Verstehen auch entfernterer Positionen und Rollen, etwa im Bereich der Wirtschaft oder im Bereich der Politik.

Da moralische Urteile damit verbunden sind, dass man sich in die Lage der verschiedenen am moralischen Konflikt beteiligten Personen hinein versetzt, ist es im Prinzip überzeugend, wenn die Entwicklung moralischen Urteilens mit der Entwicklung der Fähigkeit und Bereitschaft zur Rollenübernahme - manche Autoren sagen auch: Perspektivenübernahme - verknüpft wird. Auf die Bedeutung der Fähigkeit zur Perspektivenübernahme hat bereits Piaget in seiner Arbeit zum „moralischen Urteil beim Kinde" (1973/ 1932) hingewiesen. Kinder, die noch nicht über das egozentrische Stadium der Entwicklung hinaus gewachsen sind, sind zu einem eigenständigen moralischen Urteil noch nicht fähig. Kontrovers ist nur, welches Gewicht die Gelegenheiten zur Rollenübernahme und die Entwicklung von Fähigkeiten zur Rollenübernahme im Vergleich zu anderen sozialen Voraussetzungen moralischer Entwicklung haben.

Bei Kohlberg wird die Frage, ob und in welchem Ausmaß in einzelnen sozialen Kontexten Gelegenheiten zur Rollenübernahme vorhanden sind, zur entscheidenden Frage moralischer Entwicklung. Die Familie, die in anderen Analysen moralischer Entwicklung vor allem unter dem Gesichtspunkt der affektiven Beziehungen betrachtet wird (vgl. oben), wird bei Kohlberg vor allem unter dem Gesichtspunkt der Gelegenheiten zur Diskussion und Rollenübernahme betrachtet. Sehr deutlich kommt das in den folgenden Ausführungen Kohlbergs zum Ausdruck:

> „Das Kind in der Entwicklung findet vermutlich eine grobe Sequenz von Gruppen oder Institutionen vor, an denen es teilnimmt. Der ersten, der Familie, wurde in den Sozialisationstheorien die meiste Aufmerksamkeit entgegengebracht. Nach unserer Auffassung ist jedoch (1) die Partizipation in der Familie nicht einzigartig oder wesentlich notwendig für die moralische Entwicklung und (2) die Dimensionen, in denen sie die moralische Entwicklung stimuliert, sind primär allgemein Dimensionen, in denen andere primäre Gruppen die moralische Entwicklung stimulieren, d.h. Dimensionen der Schaffung von Gelegenheiten zur Rollenübernahme. Hinsichtlich der ersten Behauptung gibt es keinen Beweis, dass die Familie eine ausschließlich notwendige Situation für die normale moralische Entwicklung ist. Ein gewöhnliches Waisenhaus ist hinsichtlich der Gelegenheiten zur Rollenübernahme eine schlechte Situation, daher überrascht es nicht festzustellen, dass die im Heim untergebrachten Zurückgebliebenen in der Entwicklung ihrer moralischen Urteilsfähigkeit stärker zurückgeblieben sind als die Kontrollgruppe der in Familien lebenden Zurückgebliebenen." (Kohlberg 1974, S. 103 f.)

In der kritischen Auseinandersetzung mit Kohlbergs Position möchte ich zunächst auf die Aussage eingehen, die am wenigsten kontrovers ist, nämlich die These, dass die „Partizipation in der Familie nicht einzigartig oder wesentlich notwendig für die moralische Entwicklung" ist. Viele Autorinnen und Autoren, die innerfamilialen Erfahrungen im Prinzip große Bedeutung für die moralische Entwicklung zuordnen, dürften hier zustimmen können. Es gibt keine auf innerfamiliale Sozialisation bezogenen Ausschließlichkeitsansprüche. Anna Freud und Dorothy Burlingham haben dies in ihrer Arbeit über Heimkinder eindrucksvoll verdeutlicht (vgl. hierzu die Abschnitte 4.2 und 5.2 in diesem Buch). Heimkinder haben in ihrer moralischen Entwicklung dann eine gute Chance, wenn die Verhältnisse im Heim es zulassen, dass sie stabile und enge emotionale Beziehungen zu den Menschen entwickeln, die für ihre Erziehung und Betreuung primär zuständig sind.

> „Die Entwicklung der Kinder geht dann den gewöhnlichen Weg von der Gefühlsbindung zur Identifizierung und damit zur Aufrichtung eines Über-Ichs, das die Moralforderungen der Gemeinschaft verkörpert..." (Freud und Burlingham 1973, S. 159).

Die entscheidende Frage ist also nicht, ob die Partizipation in der Familie eine unumgängliche Voraussetzung moralischer Entwicklung ist, sondern wie wichtig frühe Bindungen und Gefühlsbeziehungen für die Gewissensentwicklung sind. Freud und Burlingham, S. Freud, Parsons, Ainsworth u.a., Waters u.a., Kochanska u.a., Emde u.a. halten sie, wie ich im Verlauf der Kapitel 4 und 5 dargestellt habe, für sehr wichtig, Kohlberg hält sie für weniger wichtig. Für ihn sind die Gelegenheiten zur Rollenübernahme zentral. Die im Waisenhaus untergebrachten Kinder haben für ihre moralische Entwicklung vor allem deshalb schlechtere Bedingungen als die Familienkinder, weil die Gelegenheiten zur Rollenübernahme in Waisenhäusern ungünstiger als in Familien sind.

Auch die Bedeutung der Familie für die moralische Entwicklung wird also primär unter dem Gesichtspunkt der Rollenübernahme betrachtet.

> „Was die Familie angeht, so ist die Bereitschaft der Eltern, Diskurse über Wertprobleme zuzulassen und zu ermuntern, eine der deutlichsten Determinanten der Moralentwicklung der Kinder..." (Kohlberg 1995/1976, S. 166).

Kohlberg zieht zur empirischen Rechtfertigung dieser Auffassung eine empirische Untersuchung Constance Holsteins (1968) heran, in der 13-Jährige in Diskussionen mit ihren Eltern über hypothetische Situationen und Unterschiede in den moralischen Auffassungen beobachtet wurden. Einbezogen waren 52 Mittelschicht-Familien, deren Diskussionen auf Tonband festgehalten wurden. Holstein kam bei der Datenanalyse zu folgendem Ergebnis: Die Art und Weise, in der Mütter und Väter in den protokollierten Diskussionen mit den Beiträgen ihrer Kinder umgingen (ermutigten sie diese, nahmen sie die Beiträge ernst, gingen sie auf sie ein?), stand in einem deutlichen Zusammenhang mit der moralischen Urteilsfähigkeit der beobachteten 13-Jährigen. Die Eltern, die ihren Kindern Gelegenheiten zur Rollenübernahme boten und die Diskurse über Wertprobleme ermunterten, hatten besonders häufig (zu 70%) Kinder, die dem konventionellen Niveau der moralischen Entwicklung (Stufe 3 oder Stufe 4) zuzuordnen waren. Dagegen hatten Eltern, die ihre Kinder in Diskussionen wenig unterstützten, seltener (zu 40%) Kinder, die das konventionelle Niveau erreicht hatten (vgl. hierzu auch Kohlberg 1974, S. 105).

So interessant dieses Untersuchungsergebnis ist: Es kann eine so weitgehende These zu den Funktionen der Familie für die moralische Entwicklung, wie Kohlberg sie formuliert, sicher nicht rechtfertigen. Denn es ist nicht auszuschließen, dass die Jugendlichen, die von ihren Eltern in den Diskussionen besonders unterstützt und zur Beteiligung ermuntert wurden, im Gesamtverlauf ihrer Entwicklung stabilere emotionale Beziehungen zu ihren Eltern aufbauen konnten als diejenigen, die in den Diskussionen weniger Unterstützung erfuhren. Auf der Grundlage der Untersuchung Holsteins kann hierzu nichts gesagt werden. Es handelt sich um keine in der frühen Kindheit beginnende Längsschnittstudie, und zudem wurden auch keine differenzierten retrospektiven Daten zu innerfamilialen Beziehungserfahrungen erhoben. Die beobachteten Unterschiede im Niveau der moralischen Entwicklung könnten insofern auch auf Unterschiede im emotionalen Charakter der Beziehungen zwischen Kindern und ihren Eltern zurückzuführen sein und müssen nicht Folge des Diskussionsklimas und der Gelegenheiten zur Rollenübernahme sein. Die Holstein-Studie erlaubt hier keine klaren Antworten.

Dass Kohlberg die Gefühlsbindungen zwischen Kindern und ihren Bezugspersonen bei der Interpretation moralischer Entwicklung sehr wenig beachtet, wird auch an vielen anderen Textstellen deutlich. So konzediert er auf der einen Seite zwar, dass sich Zurückweisung durch die Eltern und der Einsatz physischer Strafen negativ auf die moralische Entwicklung auswirken, aber auf der anderen Seite ringt er sich nicht dazu durch zu sagen, dass die emotional positiven Beziehungen oder die Gefühlsbindungen zwischen Kindern und ihren Eltern bzw. Ersatzeltern die moralische Entwicklung fördern. Stattdessen folgender Satz: „Extreme Nestwärme und völliges Fehlen von Strafen scheinen nicht besonders günstig für die moralische Entwicklung zu sein." (Vgl. Kohlberg 1974, S. 104) Mir ist kein ernst zu nehmender Autor bekannt, der behauptet, dass „extreme Nestwärme" und „völliges Fehlen von Strafen" besonders günstig für die moralische Entwicklung seien. Es fragt sich also, gegen wen Kohlberg hier eigentlich angeht. Baut er sich nicht möglicherweise die Gegenposition zu seinen eigenen Auffassungen deshalb so negativ und verzerrt auf, um sie umso leichter verwerfen zu können?

Die Vernachlässigung der affektiven Seite moralischer Entwicklung lässt sich auch an der Art und Weise verdeutlichen, in der Kohlberg den Zusammenhang zwischen Heimerziehung und moralischer Entwicklung analysiert. Von den verschiedenen sozialen Kontexten, in denen Kohlberg und seine Mitarbeiter empirische Untersuchungen zur moralischen Entwicklung durchführten, waren es vor allem die Waisenhäuser, in denen die Kinder und Jugendlichen in ihrer moralischen Entwicklung besonders benachteiligt waren. Sie waren überwiegend auf dem vormoralischen, präkonventionellen Niveau stehen geblieben (vgl. Kohlberg 1995/1976, S. 167). Kohlberg interpretiert:

„In den amerikanischen Waisenhäusern fehlte es nicht nur an der Interaktion mit den Eltern, sondern es fand auch wenig Kommunikation und Rollenübernahme zwischen erwachsenem Personal und den Kindern statt. Die Beziehungen unter den Kindern selbst waren fragmentarisch: Es gab wenig Kommunikation und keine Anregung oder Beaufsichtigung der Peer-Interaktion vonseiten des Personals. Aus der Tatsache, dass die Waisenhaus-Jugendlichen bei einer Textaufgabe versagten, die fast alle Kinder ihres chronologischen oder geistigen Alters bewältigten, lässt sich schließen, dass der Entzug von Rollenübernahmegelegenheiten sowohl die sozial-kognitive als auch die moralische Entwicklung verzögert.“ (Ebenda)

Auch wenn man berücksichtigt, dass der Begriff der Rollenübernahme bei Kohlberg nicht nur rein kognitive Prozesse, sondern auch Empathie und Mitgefühl impliziert (vgl. ebenda, S. 165), bleibt die Darstellung der emotionalen Seite des Lebens von Heimkindern doch recht dürftig. Nichts zu den Verlusterfahrungen der Kinder oder ihren schwierigen Beziehungen zu den Eltern, falls diese noch leben, und wenig zu den Schwierigkeiten, die mit dem Aufbau von Bindungsbeziehungen im Heim verbunden sind und die von Anna Freud und Dorothy Burlingham am Beispiel der Hampstead Nurseries so eindrucksvoll geschildert wurden (vgl. hierzu Abschnitt 4.2 dieser Arbeit). Stattdessen das Hervorheben der geringen sozial-kognitiven Leistungen der Kinder: Sie versagten bei einer Textaufgabe.

Bei der Interpretation der sozialen Voraussetzungen moralischer Entwicklung hat Kohlberg erkennbar ein kognitivistisches Vorurteil. Affektive Aspekte der moralischen Entwicklung werden vernachlässigt. Sofern soziale Beziehungen bei der Interpretation moralischer Entwicklung berücksichtigt werden, werden sie auf Gelegenheiten zur Rollenübernahme reduziert. Die frühen emotionalen Beziehungen zwischen Kindern und ihren Eltern oder Ersatzeltern bleiben unbeachtet.

Die Kritik hieran sollte allerdings umgekehrt nicht dazu führen, dass man die kognitiven Aspekte moralischer Entwicklung vernachlässigt. Moralische Autonomie ist ohne soziales Verstehen und ohne die Auseinandersetzung mit Standpunkten, die von den eigenen Standpunkten abweichen, kaum vorstellbar. Es wäre insofern wünschenswert, Ansätze, in denen die Relevanz früher Gefühlsbindungen betont wird, mit Ansätzen, in denen die kognitiven und diskursiven Aspekte moralischer Entwicklung betont werden, zu verknüpfen. Leider gibt es hierfür in der empirischen Forschung kaum Vorbilder. Es fehlen insbesondere Längsschnittstudien, die es erlauben, Entwicklungsverläufe von Dreijährigen bis in die mittlere Kindheit zu verfolgen, um beurteilen zu können, in welcher Weise sich die bei Kochanska u.a. beschriebenen frühen Formen der Internalisierung elterlicher Anforderungen und Normen weiter entwickeln (vgl. hierzu auch Blasi 2000, S. 138 f.). Und es gibt generell zu wenig Studien, in denen differenzierte und valide Daten zum Verhältnis von innerfamilialen und außerfamilialen Beziehungserfahrungen und Gewissensentwicklung erhoben werden. Grazyna Kochanska u.a. haben durch Beobachtung gewonnene Daten zur Eltern-Kind-Interaktion und zur Internalisierung von elterlichen Anforderungen und normativen Vorgaben vorgelegt. Diese Daten vermitteln ein im Vergleich zu Befragungsdaten tieferes und überzeugenderes Bild vom affektiven Charakter der Beziehungen zwischen Kindern und ihren Müttern. Entsprechende Daten zur Eltern-Kind-Beziehung und zur moralischen Entwicklung von Kindern im Alter von acht, neun oder zehn Jahren fehlen. Es fehlen ebenso Studien, die eine qualitativ anspruchsvolle Auseinandersetzung mit Gelegenheiten zur Rollenübernahme außerhalb der Familie erlauben. Vorliegende Untersuchungen zur Entwicklung von Gleichaltrigen-Beziehungen können zwar weiterhelfen; sie stellen jedoch vielfach die Verbindung zu Fragen moralischer Entwicklung nicht explizit her (vgl. als Beispiel für eine Verknüpfung beider Forschungstraditionen allerdings Krappmann 2001). Zudem geht es bei der Frage nach Gelegenheiten zur Rollenübernahme nicht nur um das Verhältnis von Kindern zu ihren gleichaltrigen Freunden und Freundinnen, sondern auch um ihr Verhältnis zu Lehrern und Lehrerinnen und zu anderen, außerschulischen Kontaktpartnern.

Man kann - etwas verkürzt - sagen: In der an Kohlberg orientierten Forschungstradition hat man sich wegen spezifischer theoretischer Voreingenommenheiten um den innerfamilialen und emotionalen Hintergrund moralischer Entwicklung empirisch zu wenig gekümmert, und in der Tradition der Bindungsforschung geht es in den vorliegenden Längsschnittstudien mehr um die Entwicklung sozial-emotionaler Kompetenzen (vgl. hierzu auch Kapitel 6 dieser Arbeit) als um die moralische Entwicklung von Kindern. Prozesse der Gewissensbildung oder des Übergangs zum konventionellen Niveau moralischen Urteilens stehen in der Bindungsforschung nicht im Zentrum des Interesses. Es gibt insofern in der Moralentwicklungsforschung und in der Bindungsforschung noch viele offene Fragen.

Dass es wissenschaftlich ergiebig sein dürfte, Fragen der moralischen Entwicklung in integrierenden Ansätzen zu bearbeiten, verdeutlichen die Forschungsergebnisse Martin Hoffmans und Herbert Saltzsteins (1967; vgl. auch Hoffman 1970). Sie untersuchten in den sechziger Jahren Jungen und Mädchen siebter Klassen in Detroit (Alter: etwa 12 Jahre) und fragten dabei nach sozialen, kognitiven und affektiven Bedingungen der Gewissensentwicklung. Es ergaben sich in der Untersuchung auf der einen Seite Hinweise auf die Bedeutung kognitiver Aspekte und der Anregung zur Perspektivenübernahme: Kinder, die alle Merkmale einer stabilen Gewissensentwicklung aufwiesen (die zum Beispiel Diebstahl nicht einfach nur wegen der möglichen Strafen verurteilten oder die in der Reaktion auf vorgegebene Geschichten zu Normbrüchen dem Übeltäter Schuldgefühle zuordneten), hatten Eltern, die in ihrer Erziehung darauf achteten, dass ihre Kinder die Folgen ihres Handelns für andere berücksichtigten. Im Vordergrund der Erziehungsstile der Eltern stand nicht die Machtbehauptung (körperliche Strafen, Entzug von Vorteilen, Androhung von Strafen etc.), sondern im Vordergrund standen so genannte „induktive“ Erziehungspraktiken. D.h. die Eltern versuchten in ihrer Erziehung - nach den mit ihnen geführten Interviews zu urteilen - ihre Kinder dazu zu bringen, sich Gedanken über die Folgen ihres Handelns für andere, z.B. für andere Kinder, die von ihnen angegriffen wurden, zu machen. Auf der anderen Seite zeigt sich bei der Auswertung der Interviews mit den Kindern und ihren Eltern auch, dass die Gewissensentwicklung der Kinder mit den jeweiligen emotionalen Beziehungen in den Familien zusammenhing (vgl. Hoffman und Saltzstein 1967, S. 52 ff.). Für Hoffman und Saltzstein ist dies ein Hinweis darauf, dass es mit der Induktion allein und mit der kognitiven Unterstützung der Fähigkeit zur Perspektivenübernahme nicht getan ist (vgl. hierzu und zum Folgenden 1967, S. 54 f.). Vielmehr: Um effektiv zu sein, müssen unterschiedliche Erziehungsstile generell auf vorhandenen Gefühlen und Motiven des Kindes aufbauen.

Man sollte insofern die sozial-kognitive Stimulierung und die affektiven Beziehungen zwischen Kindern und ihren Eltern nicht gegeneinander ausspielen, sondern sich in der Forschung um eine Integration dieser Perspektiven bemühen. Eine Untersuchung, in der dies systematisch versucht wurde, ist die von Ernst Hoff, Wolfgang Lempert und Lothar Lappe (1991) durchgeführte Studie zur Persönlichkeitsentwicklung und Biographie von Facharbeitern. In dieser wurden junge Facharbeiter mehrere Jahre lang in ihrer Entwicklung beobachtet und in verschiedenen Interviews zu ihrer moralischen Urteilsfähigkeit im Sinne Kohlbergs, zu ihrer Biographie und zu den aktuellen sozialen Bedingungen, unter denen sie leben und arbeiten, befragt. Auf der Grundlage von Einzelfallanalysen konnten Hoff u.a. plausibel darlegen, dass der Übergang vom präkonventionellen zum konventionellen Niveau moralischen Urteilens (vgl. zur Bedeutung dieser Kategorien auch die vorn wiedergegebene Tabelle 4) auf der einen Seite mit Gelegenheiten zur Rollenübernahme und mit der Auseinandersetzung mit unterschiedlichen Standpunkten verbunden war (vgl. hierzu und zum Folgenden Hoff u.a. 1991, S. 208 ff.). Auf der anderen Seite war für die moralische Entwicklung der in die Untersuchung einbezogenen Facharbeiter auch wichtig, wie sehr sie durch ihre Eltern und andere Bezugspersonen unterstützt wurden und wie sehr ihre Eltern für sie auch emotional da waren.

Zusammenfassend: Man sollte in der Forschung zur moralischen Entwicklung von Kindern und Jugendlichen Fragen der sozial-emotionalen Entwicklung von Kindern und Jugendlichen insgesamt stärker berücksichtigen und in Längsschnittstudien verfolgen, wie sich frühe Bindungsbeziehungen und frühe Formen kindlichen Gehorsams in der mittleren Kindheit weiter entwickeln. Zu klären ist insbesondere, welche Bedeutung die Konfrontation mit neuen Kontexten und Perspektiven in den ersten Schuljahren für die moralische Entwicklung von Kindern hat.

Unabhängig von solchen möglichen Forschungsperspektiven kann jedoch auch festgehalten werden, dass es in der Forschung zur moralischen Entwicklung einige Einsichten gibt, die zwischen den unterschiedlichen „Schulen" nicht umstritten sind. Hierzu gehört vor allem die Überzeugung, dass eine gewaltorientierte, auf Machtbehauptung zielende Erziehung die Entwicklung moralischer Autonomie einschneidend behindert. Beleg hierfür sind die Arbeiten Hoffmans und Saltzsteins (vgl. oben), aber auch empirische Befunde zu delinquenten Jugendlichen (vgl. Blasi 1980, S. 11 f., Rutter u.a. 1998, S. 188 ff. oder Montada 2002, S. 625 f.). Sie kommen im Vergleich zu anderen Jugendlichen signifikant häufiger aus Elternhäusern, in denen harte und gewaltorientierte Erziehungspraktiken vorherrschen; und sie bleiben in ihrer Entwicklung häufiger als andere auf einem präkonventionellen, vor-moralischen Niveau der Entwicklung stehen.

6. Frühe Bindungen und die Herausbildung sozialer Kompetenzen

6.1 Begriffliche Fragen und theoretische Vorüberlegungen - innere Arbeitsmodelle von Beziehungen und soziale Kompetenzen

Mit dem Begriff der sozialen Kompetenz sollen hier solche Fähigkeiten bezeichnet werden, die es Menschen erleichtern, erfolgreich an alltäglichen Prozessen der Interaktion und Kommunikation teilzunehmen. Wichtige Beispiele für solche Fähigkeiten sind: die Fähigkeit zum empathischen Mitempfinden; die Fähigkeit sich vorzustellen, wie andere Menschen denken und empfinden, welche Handlungsmotive sie haben; die Fähigkeit zu realistischer Kommunikation über das eigene Denken, Empfinden und die eigenen Motive, aber auch die Fähigkeit zu einer sozial angemessenen Impuls- und Emotionskontrolle. All diese und andere soziale Kompetenzen sind je nach Situation und Charakter der Interaktion in unterschiedlichem Maße relevant: Der Austausch eines kurzen Grußes beim Zeitungseinkaufen stellt weniger Anforderungen an soziale Kompetenzen als beispielsweise der Streit mit Freunden, Kollegen oder Ehepartnern. Trotzdem sind an halbwegs erfolgreich verlaufenden Interaktions- und Kommunikationsprozessen im Prinzip alle hier aufgeführten Kompetenzen beteiligt.

Mit der Herausbildung sozialer Kompetenzen bei Säuglingen, Kleinkindern, Kindern und Jugendlichen haben sich unterschiedliche Disziplinen mit unterschiedlichen theoretischen Orientierungen befasst. Von besonderer Bedeutung sind Ansätze der kognitiven Entwicklungspsychologie - so etwa die Arbeiten in der Piaget-Tradition (vgl. z.B. Flavell u.a. 1975) oder neuere Arbeiten zur „theory of mind" (vgl. als Überblick Flavell 2000) -, Ansätze der psychoanalytisch orientierten Säuglings- und Kleinkindforschung (vgl. etwa Lichtenberg 1991 oder Fonagy und Target 2003), neuropsychologisch orientierte Ansätze (vgl. z.B. Baron-Cohen 1995) und bindungs- und beziehungstheoretische Ansätze. Letztere stehen im Zentrum dieses Kapitels. Ihre Darstellung und Diskussion wird im Folgenden jedoch, soweit erforderlich, durch Hinweise auf andere theoretische Traditionen und entsprechende Forschungsergebnisse ergänzt.

In der auf den Arbeiten John Bowlbys und Mary Ainsworths aufbauenden Bindungsforschung hat man sich bereits sehr früh mit der Idee befasst, dass die frühen engen Beziehungen zwischen erwachsenen Bezugspersonen und heranwachsenden Kindern - die frühen Bindungen also - das Sozialleben der Kinder und ihre sozialen Kompetenzen auch über den engeren Bereich innerfamilialer Interaktion hinausgehend beeinflussen. Man nahm an, dass Kinder, die im Verhältnis zu ihrer zentralen Betreuungs- und Bezugsperson sicher gebunden sind (vgl. zu den Merkmalen sicherer Bindung vor allem Kapitel 3 dieser Arbeit), in ihrem Sozialverhalten generell sozial kompetenter, zugewandter und zugleich auch selbstsicherer seien als andere, nicht sicher gebundene Kinder.

Bei vielen Autoren und Autorinnen spielte bei der Begründung dieser Annahmen das auf John Bowlby zurückgehende Konzept des inneren Arbeits- oder Versuchsmodells („internal working model") eine Rolle, mit dem erfahrungsgestützte kognitive Repräsentationen der sozialen Realität angesprochen werden (vgl. etwa Main u.a. 1985, Bretherton und Munholland 1999, Bretherton 2001). Kinder entwickeln - je nach Lebensalter elaborierter oder weniger elaboriert - auf der Grundlage ihrer Interaktionserfahrungen mit ihrer zentralen Bezugs- und Betreuungsperson Vorstellungen darüber, wo diese Bezugsperson anzutreffen ist, wie sie in Not-Situationen reagiert, wie verfügbar und zugewandt sie ist und wie sie selbst - d.h. das einzelne Kind, um das es geht - in dieser Beziehung einzuordnen und zu bewerten sind. Die Kinder „konstruieren" erfahrungsfundierte „internal working models" der Beziehungen zwischen ihnen und der Bezugsperson, und diese gehen in ihr Verhalten gegenüber der Bezugsperson ein, etwa auch - so die Theorie - in ihr Verhalten in der so genannten „Fremden Situation" (vgl. hierzu ausführlicher Abschnitt 3.1 dieser Arbeit). In einem weiteren theoretischen Schritt nimmt man an, dass die ursprünglich in der engen Mutter-Kind-Beziehung bzw. allgemeiner: Betreuer-Kind-Beziehung entstandenen working-models auf andere Beziehungen übertragen werden. Sie prägen nicht nur Erwartungen zum Verhalten von Müttern oder Vätern und Selbsteinschätzungen in diesen Beziehungen, sondern auch Erwartungen an andere, z.B. Freunde oder Lehrer (vgl. ausführlicher zum Konzept „internal working model" Abschnitt 2.3.2 dieser Arbeit).

Nach Bowlbys Auffassung ist die erwachsene Persönlichkeit „als Produkt der Interaktionen des Individuums mit Schlüsselfiguren in den Jahren der Unreife, besonders der Interaktionen mit Bindungsfiguren" anzusehen (vgl. Bowlby 1986/1973, S. 253). Wer die Erfahrung gemacht hat, als Kind bei erwachsenen Bezugspersonen Hilfe, Trost und Schutz gefunden zu haben, wird mit mehr Vertrauen auf die Welt zugehen und auch beunruhigende Situationen mit Zuversicht - auch Zuversicht, dass andere helfen könnten - anpacken. Wer solche Erfahrungen nicht oder nur in geringem Umfang gemacht hat, wird misstrauischer sein, sich leichter zurückziehen oder auch leichter in Streit geraten.

Was Bowlby hier über die erwachsene Persönlichkeit schreibt, ist auch auf die Persönlichkeit von Kindern und Jugendlichen zu übertragen und hat in den vorliegenden, im Folgenden ausführlicher darzustellenden Längsschnittstudien zur längerfristigen Bedeutung früher Bindungen viel Beachtung gefunden. Man bezog sich bei der Interpretation von empirischen Zusammenhängen zwischen Bindungsmustern im ersten und zweiten Lebensjahr und späteren sozialen Kompetenzen, auch späterem Selbstvertrauen, immer wieder auf das Konzept des „internal working model" von Beziehungen und griff auch Bowlbys Idee auf, dass in den „working models" konkrete soziale Beziehungen als Ganzes repräsentiert werden, und nicht nur eine Seite der Beziehung bzw. einzelne Personen (vgl. etwa Sroufe und Fleeson 1986).

Möglicherweise sind bei dieser Art der Akzentsetzung, so plausibel sie auch sein mag, andere Deutungen zu stark in den Hintergrund geraten, die aus der Perspektive einer soziologisch orientierten Sozialisationsforschung auch von Bedeutung sind. Ich habe in Kapitel 4 dieser Arbeit auf Interpretationen der Internalisierung von Normen hingewiesen, die die Gefühlsbindung an die Eltern und die leichtere „Sozialisierbarkeit" der Kinder, die ihren Eltern positiv emotional verbunden sind, in den Vordergrund stellen (vgl. hierzu die Arbeiten von Freud und Burlingham, Ainsworth u.a.; Kochanska u.a.). Solche Deutungen könnten gegebenenfalls auch eine Rolle spielen, wenn man erklären will, warum manche Kinder mehr Mitgefühl als andere zeigen, warum sie anderen helfen, sie unterstützen etc. (vgl. hierzu auch den sehr guten, älteren Forschungsüberblick zum prosozialen Verhalten von Kindern von Radke-Yarrow u.a. 1983, S. 504 ff.). Kinder, die als sicher gebundene Kinder Eltern haben, die - zumindest im Durchschnitt betrachtet - mit ihnen kooperieren und sensitiv auf ihre Signale reagieren, haben in den Eltern Vorbilder für einen empathischen und unterstützenden Umgang mit anderen Menschen - Vorbilder, die umso bereitwilliger übernommen werden, je mehr die Kinder ihren Eltern affektiv verbunden sind. Hinzu kann unterstellt werden, dass sensitive und unterstützende Eltern in der konkreten Interaktion mit ihren Kindern deren mehr oder minder empathisches, prosoziales oder aggressives Verhalten in vielfältiger Weise bestärken oder nicht bestärken; durch erfreutes Beobachten und Kommentieren, positive Rückmeldungen, Lob, wenn die eigenen Kinder hilfsbereit, sozial zugewandt oder freigiebig sind; durch Kritik und Tadel, wenn die Kinder sich zum Beispiel in der Geschwisterbeziehung als unfreundlich, aggressiv oder geizig erweisen.

Emde u.a. (1987, S. 260 ff.) haben erläutert, dass Prozesse der sozialen Bezugnahme („social referencing") bei Kindern bereits sehr früh einsetzen - etwa zu Beginn des zweiten Lebensjahres. Die Kinder bemühen sich um Rückversicherung; sie schauen auf die Eltern, wenn sie etwas Verbotenes tun wollen oder getan haben, und versuchen, die Reaktionen der Eltern zu ergründen. D.h. sie sind empfänglich für die normative Lenkung durch die

Eltern und sind zudem ebenfalls bereits empfänglich für positive Rückmeldungen, Bestärkungen und elterliche Freude über erwünschtes Verhalten. Emde u.a. sprechen in diesem Zusammenhang von der gemeinsamen Freude an den Leistungen der Kinder („positive affect-sharing") (vgl. ebenda, S. 261).

Man sollte im Folgenden diese beziehungs- und lerntheoretisch orientierten Interpretations-Alternativen nicht aus dem Auge verlieren und zudem auch andere Grenzen einer bindungstheoretischen und auch lerntheoretischen Sicht beachten. So gibt es z.B. Forschungsbefunde, nach denen autistische Kinder einfache sozial-kognitive Aufgaben, die ihnen die Fähigkeit abverlangt, sich die Gedanken und Erwartungen anderer vorzustellen (Aufgaben der sozialen Perspektivenübernahme oder, wie man auch sagt: „theory of mind"-Aufgaben) nicht bewältigen können - und zwar in einem Alter, in dem andere Kinder dies schon können, und bei sonst vorhandener Intelligenz (vgl. Baron-Cohen u.a. 1985, Frith 1989, Baron-Cohen 1995). Die Autoren, die hierzu geforscht haben, sind der Auffassung, dass die Ursachen für diese sozial-kognitiven Defizite nicht primär im Bereich der Beziehungs- und Sozialisationserfahrungen zu suchen sind, sondern mit besonderen Merkmalen der Hirnentwicklung zusammenhängen. Dass umgekehrt Beziehungs- und Bindungserfahrungen auch die Entwicklung des Gehirns beeinflussen, wird neuerdings ebenfalls diskutiert (vgl. z.B. Schore 2001).

So wichtig solche neurologischen und neuropsychologischen Arbeiten sind: Sie sollen im Folgenden nur am Rande eine Rolle spielen. Im Zentrum steht vielmehr die Frage nach dem Zusammenhang zwischen frühen Bindungs- und Interaktionserfahrungen und der Herausbildung sozialer Kompetenzen.

6.2 Längsschnittstudien zum Zusammenhang zwischen Bindungsmustern und sozialen Kompetenzen

Von den vielen mittlerweile vorliegenden Längsschnitt-Studien zu den Folgen früher Bindungsbeziehungen sind unter dem Gesichtspunkt sozialer Kompetenzen insbesondere die Arbeiten der Gruppe um Alan Sroufe an der Universität von Minnesota und die Arbeiten der Grossmanns und ihrer Mitarbeiter in Bielefeld und Regensburg wichtig. Die Darstellung ihrer Vorgehensweisen, Interpretationen und zentralen Ergebnisse sollen in diesem Abschnitt im Vordergrund stehen. Ergänzend werden Ergebnisse aus anderen Längsschnittstudien und auch aus Querschnittsstudien herangezogen, die den Zusammenhang zwischen frühen Bindungen und der Herausbildung sozialer Kompetenzen zusätzlich erhellen können (vgl. als neuere Überblicke etwa Thompson 1999 oder Berlin und Cassidy 1999).

6.2.1 Das Minnesota-Eltern-Kind-Projekt - eine Risiko-Stichprobe in der Längsschnitt-Betrachtung

6.2.1.1 Grundinformationen zur Stichprobe und zum methodischen Vorgehen

Mittlerweile können Alan Sroufe und seine Mitarbeiter den Entwicklungsverlauf der Kinder, deren Lebensbedingungen sie seit Geburt dieser Kinder kennen, bis in das Erwachsenenalter weiter verfolgen und auch schon Aussagen über deren Verhalten mit den eigenen Kindern machen (vgl. Sroufe 2003). Die Arbeitsgruppe begann in den siebziger Jahren mit den empirischen Arbeiten zu dieser Längsschnittstudie, die über Familienbeziehungen und Entwicklungsverläufe unter ungünstigen sozialen und ökonomischen Bedingungen Auskunft geben sollte. Über die „Minneapolis Public Health Clinic" wurden 267 Frauen, die ihr erstes Kind bekamen, für eine Mitarbeit an dieser Studie gewonnen (vgl. hierzu und zum Folgenden Erickson u.a. 1985, S. 148 ff., Sroufe 1983). Die Frauen hatten einen niedrigen sozioökonomischen Status und einen niedrigen Bildungsstand; 41% hatten zum Zeitpunkt der Geburt ihres Kindes noch keinen high school-Abschluss. Die in die Untersuchung einbezogenen Frauen hatten wenig soziale Unterstützung, 62% hatten zum Zeitpunkt der Geburt keinen Partner; sie lebten unter sehr schwierigen, zum Teil chaotischen Bedingungen, und es gab viel Stress in ihrem Leben. In 86% der Schwangerschaften war das Kind nicht geplant. Das Alter der Mütter reichte von 12 bis 34 (Durchschnitt: 20,5). Die meisten Mütter (80%) kamen aus Familien der weißen Mehrheitsgesellschaft.

In der Bindungsforschung sind Längsschnittstudien, in die Bevölkerungsschichten mit niedrigem sozioökonomischen Status und besonderen sozialen und psychischen Problemen einbezogen werden, vergleichsweise selten. Umso verdienstvoller ist es, dass man sich in der Arbeitsgruppe um Sroufe um diese Gruppen bemühte und auch Überlegungen dazu entwickelte, wie man im Kindergarten oder in Schulen früh auf Entwicklungsprobleme von Kindern reagieren könne - zum Beispiel durch die bewusste Einbeziehung von Ersatz-Bindungsfiguren (vgl. hierzu etwa Sroufe 1993, S. 76 f.). Insgesamt erwarteten die an der Durchführung der Längsschnittstudie beteiligten Forscher und Forscherinnen, dass die Entwicklung der Kinder, die unter so ungünstigen ökonomischen, sozialen und psychischen Bedingungen aufwachsen, weniger stabil und kontinuierlich verlaufen werde als die Entwicklung von Mittelschicht-Kindern (vgl. Erickson u.a. 1985, S. 148 f.). Spätere Veröffentlichungen zeigen, dass diese Erwartung realistisch war. Während in einer vergleichbaren Stichprobe von Mittelschicht-Kindern die untersuchten Bindungsmuster und die ihnen zugrunde liegenden Arbeitsmodelle von Bindung bis ins junge Erwachsenenalter sehr stabil blieben (vgl. die Längsschnittstudie von Waters u.a., z.B. Waters u.a. 2000), verliefen die von Sroufe u.a. untersuchten Entwicklungsprozesse von der Kindheit bis zum Alter von 19 Jahren weniger stabil und weniger kontinuierlich (vgl. Weinfield u.a. 1999, S. 84 f.). Die stärkeren Diskontinuitäten in der Risiko-Stichprobe sind nach Weinfield u.a. (vgl. ebenda) darauf zurückzuführen, dass die untersuchten Kinder und Jugendlichen in ihren sozialen Beziehungen im Vergleich zu den Mittelschicht-Kindern und Jugendlichen ungünstigere Erfahrungen gemacht haben und mehr negative, bindungsrelevante Ereignisse verarbeiten mussten, z.B. heftige Konflikte zwischen den Eltern oder abrupte Trennungserfahrungen.

In der von Sroufe u.a. untersuchten Gruppe von Kindern aus Risiko-Familien hat man die Entwicklung dieser Kinder und die Entwicklung ihrer Beziehungen zu anderen über die Jahre und Jahrzehnte hinweg mit sehr großem Aufwand verfolgt - auch mit einem sehr großen Aufwand an qualitativen Beobachtungen und Einzelfallanalysen. Informationen zum Vorgehen im Einzelnen finden sich in verschiedenen Aufsätzen zu dieser Studie (unter anderem in Sroufe 1983, Erickson u.a. 1985, Kestenbaum u.a. 1989, Sroufe u.a. 1990, Elicker u.a. 1992, Weinfield u.a. 1989), auf die ich mich im Folgenden bei der Darstellung des methodischen Vorgehens in der Minnesota-Längsschnittstudie stütze.

Als die Kinder 12 und 18 Monate alt waren, beobachtete man sie zusammen mit ihren Müttern in der „Fremden Situation" - einem Verfahren, das der Erhebung und Analyse von Bindungsmustern dient und das auf die Arbeiten Mary Ainsworths zurückgeht (vgl. ausführlicher zu diesem Verfahren und den entsprechenden Auswertungskategorien Abschnitt 3.1 dieser Arbeit). Man unterschied bei der Analyse des kindlichen Bindungsverhaltens in der „Fremden Situation" - des Verhaltens in der Interaktion mit der Mutter, des Verhaltens bei kurzen Trennungen von der Mutter und in Wiedersehens-Episoden - zwischen unsicher-vermeidenden Kindern (Gruppe A), sicher gebundenen Kindern (Gruppe B) und unsicher-resistenten Kindern (Gruppe C), die in der Literatur zur Bindungsforschung vielfach auch als unsicher-ambivalente Kinder bezeichnet werden. Die Gruppe der desorganisierten Kinder (Gruppe D) wurde in diesen frühen Analysen - man begann damit ja in den siebziger Jahren - noch nicht eigens von den anderen unterschieden, sondern diese Gruppe wurde in den empirischen Analysen des Verhaltens von Kindern in der „Fremden Situation" erst später identifiziert (vgl. hierzu Main 2001). Ich werde in dem Kapitel über kindliche Reaktionen auf Misshandlungen (vgl. Kapitel 7 dieser Arbeit) ausführlicher auf die Gruppe der desorganisierten Kinder eingehen.

In anderen Längsschnittstudien (zum Beispiel denen der Grossmanns) wurden bei der Analyse von Bindungsmustern von vornherein auch die Väter mit einbezogen. In der Minnesota-Untersuchung war dies nicht der Fall. Man konzentrierte sich auf die frühe Mutter-Kind-Beziehung und ihre Bedeutung für die weitere Entwicklung, was angesichts der Stichprobe und des hohen Anteils allein erziehender Mütter einleuchtend ist.

Als die Kinder der Minnesota-Stichprobe 24 Monate alt waren, wurden sie zusammen mit ihrer Mutter bei kleineren Aufgaben, mit Werkzeug umzugehen, beobachtet (vgl. hierzu und zum Folgenden insbesondere Erickson u.a. 1985, S. 150 ff.). Das Verhalten der Kinder und Mütter in diesen Interaktions-Situationen wurde mit einem Video-Gerät aufgenommen und später unter verschiedenen Gesichtspunkten ausgewertet. Es erfolgte auch eine Einschätzung des mütterlichen Verhaltens: Wie viel emotionale Unterstützung gab sie, wie klar und hilfreich waren ihre Hinweise, und wie gut waren sie zeitlich abgestimmt. Als die Kinder 42 Monate alt waren, wurden sie wiederum zusammen mit ihren Müttern in einer Situation, in der es um die Lösung diverser Aufgaben ging, beobachtet. Projektmitarbeiter hatten in der Zwischenzeit auch die Wohnungen der Familien besucht (Alter der Kinder: 30 Monate) und hatten hier mit Hilfe eines standardisierten Erhebungsinstruments die Ausstattung der Familien mit altersangemessenem Spielzeug, die Aktivitäts-Spielräume der Kinder, das mütterliche Engagement und ihre Responsivität im Umgang mit dem Kind eingeschätzt. Weitere Erhebungen: Mehrere Interviews mit den Müttern, Tests und Erhebungen zur kognitiven Entwicklung der Kinder.

Als die Kinder zwischen vier und fünf Jahren alt waren, wurden ausgewählte Gruppen der Gesamtstichprobe unter vielfältigen - eben auch sozialen - Gesichtspunkten in Vorschulen oder Kindergärten beobachtet. 40 Kinder besuchten mehrere Monate lang zwei Vorschulklassen in der Laboratoriums-Schule der Universität von Minnesota (Institute of Child Development) (vgl. zu diesem Teil der Studie insbesondere Sroufe 1983). Bei der Zuordnung der Kinder zu Klassen wurde darauf geachtet, dass die Bindungsmuster, die diese Kinder Jahre zuvor - im Alter von 12 und 18 Monaten bzw. in wenigen Fällen auch später - hatten, so vertreten waren, dass etwa gleich viel sicher gebundene Kinder (Gruppe B), unsicher-vermeidende (Gruppe A) und unsicher-ambivalente Kinder (Gruppe C) in den Klassen waren. In beiden Klassen waren Jungen und Mädchen etwa gleich stark vertreten. Man versuchte darüber hinaus, Faktoren wie Alter oder Intelligenz konstant zu halten. Durch den Vergleich der sicher gebundenen Kinder mit den unsicher gebundenen Kindern (Gruppen A und C) hoffte man, Grundlagen für die Prüfung und Weiterentwicklung von Thesen zu den Folgen früher Bindungen zu haben.

Zusätzlich wurden andere Kinder der Ausgangsstichprobe, die Kindergärten und Vorschulen im Bereich Minneapolis und St. Paul (die Twin Cities) besuchten und die ebenfalls vier bis fünf Jahre alt waren, in die Erhebungen einbezogen. In einem Aufsatz von 1985 (Erickson u.a.) wird insgesamt über 96 Kinder (52 Jungen, 44 Mädchen) berichtet. Auch dieser Aufsatz enthält ein interessantes Beispiel für die theoretisch orientierte Auswahl von Teilstichproben. Es werden in ihm unter anderem Kinder mit spezifischen Verhaltensproblemen (aggressives Ausagieren, Rückzug, Aufmerksamkeitsprobleme) und Kinder ohne solche Probleme miteinander verglichen und Hypothesen zur Genese dieser Probleme geprüft und weiterentwickelt.

Es folgten weitere Erhebungen, im häuslichen Kontext der Kinder und im schulischen Bereich (vgl. als Überblick Sroufe u.a. 1990). Für die Frage nach der Entwicklung sozialer Kompetenzen ist insbesondere eine Studie von Interesse, die in mehreren Ferien-Camps in Minnesota durchgeführt wurde. 24 Jungen und 23 Mädchen zwischen zehn und elf Jahren, deren Entwicklungsverläufe man bis dahin beobachtet hatte, waren vier Wochen lang in einem dieser Camps. Sie wurden dort von geschultem Personal beobachtet und unter verschiedenen Gesichtspunkten, auch unter dem Gesichtspunkt sozialer Kompetenz im Umgang mit Gleichaltrigen, beurteilt (vgl. Elicker u.a. 1992). Bei der Beurteilung der sozialen Kompetenz der Kinder spielten ihre Fähigkeiten zum interpersonalen Verstehen, erfasst in qualitativen Interviews zu gleichaltrigen Kindern, und die Qualität ihrer Beziehungen zu anderen Kindern eine hervorgehobene Rolle.

Für die Anerkennung der enormen Anstrengungen und methodischen Leistungen dieser Längsschnittstudie ist es wichtig, sie mit realistischen Maßstäben zu beurteilen. Wenn man sich so intensiv mit den Entwicklungsverläufen einzelner Kinder, mit ihren Interaktionen in unterschiedlichen Kontexten - zu Hause, im Kindergarten, in der Vorschule, in der Schule oder in den Ferien - befasst, und dies in längsschnittlicher Perspektive, dann kann man keine großen, repräsentativen Stichproben analysieren. Man hat aber den Vorteil, genau beobachten zu können und bei der Auswertung der einzelne Beobachtungen kontrolliert vorzugehen. In der Minnesota-Längsschnittstudie hat man diesen Vorteil sehr produktiv genutzt. Die Forscherinnen und Forscher bemühten sich laufend darum, in Erhebung und Auswertung der Komplexität ihres Gegenstands gerecht zu werden: durch intensive Beobachtung der Mutter-Kind-Interaktionen, der Interaktionen zwischen den Kindern und der Lehrer-Kind-Interaktionen, durch die Durchführung von Tests zur kognitiven und emotionalen Entwicklung der Kinder und durch ausführliche Interviews mit den untersuchten Kindern und ihren Müttern. In der Regel setzte man in den einzelnen Teilstudien der Minnesota-Längsschnittstudie mehrere Beobachter und Auswerter ein; man bemühte sich laufend um die intersubjektive Überprüfung einzelner Beobachtungen und Auswertungsentscheidungen (u.a. auch durch die Berechnung von Maßen für die Übereinstimmung zwischen den einzelnen Kodierern). Die Forscher und Forscherinnen näherten sich dem eigenen Forschungsfeld also nicht nur in differenzierter und sensibler Weise, sondern bemühten sich dabei zugleich auch um ein hohes Maß an Genauigkeit und um die ständige intersubjektive Überprüfung von Interpretationen.

6.2.1.2 Bindungsmuster, soziales Verhalten und Empathie

Wenn man verbreiteten Vorurteilen Glauben schenken wollte, dann müssten die Kinder, die in der Beziehung zu ihren Müttern sicher gebunden sind, später in ihren Interaktionen mit anderen Erwachsenen, vor allem Lehrern und Erziehern, besonders abhängig und fügsam sein. Ihre soziale Abhängigkeit wäre entsprechend als Ergebnis von „Verwöhnung" in frühen Jahren zu deuten (vgl. als kritische Diskussion dieses zum Teil auch in den Sozialwissenschaften verbreiteten Vorurteils Bowlby 1986/1973, S. 288 ff.).

Für die vier- bis fünfjährigen Kinder, die mehrere Monate lang in zwei Vorschulklassen der Laboratoriums-Schule der Universität unterrichtet und beobachtet wurden, galt das nicht. Die Mädchen und Jungen, die als kleine Kinder - im Alter von 12 und 18 Monaten - im Verhältnis zu ihren Müttern sicher gebunden waren, waren in der Vorschule selbstsicherer als die anderen Kinder und waren auf die Unterstützung durch die Lehrer und auf deren Aufmerksamkeit und Zuwendung weniger angewiesen als die Kinder, die im Alter von 12 und 18 Monaten in der „Fremden Situation" unsicher-vermeidend oder unsicher-ambivalent auf ihre Mütter reagiert hatten. In späteren Erhebungen wurde dieser Zusammenhang bestätigt - zum Beispiel bei den Beobachtungen von elf- bis zwölfjährigen Kindern in einem Sommer-Camp (vgl. Weinfield u.a. 1999, S. 76 f.).

Weinfield, Sroufe u.a. (1999, S. 76) kommentieren ihr Forschungsergebnis mit Überlegungen zu den Beziehungserfahrungen sicher gebundener Kinder. Kinder, die in einer frühen Phase ihres Lebens von sensitiven und verlässlichen Bezugspersonen betreut wurden, haben Vertrauen zu ihren Bezugspersonen und allgemeiner zu ihrer Umwelt entwickelt (vgl. hierzu auch Abschnitt 6.1 dieser Arbeit). Sie haben darüber hinaus auch das Vertrauen darauf entwickelt, dass sie selbst im Kontakt zu ihren Bezugspersonen erreichen können, dass ihre Bedürfnisse berücksichtigt werden. Dieses Vertrauen erlaubt es den Kindern, autonomer und selbstsicherer auf ihre Umwelt zuzugehen. Die Autorinnen und Autoren formulieren: „...infants who are effectively dependent will become effectively independent" (Weinfield u.a. 1999, S. 76).

Die Kinder, die im Alter von 12 und 18 Monaten sicher an ihre Mütter gebunden waren, konnten im Alter von vier bis fünf Jahren auch besser mit neuen, für sie gegebenenfalls auch schwierigen Situationen und Anforderungen umgehen. Sroufe u.a. sprechen in ihren Studien von „ego resiliency" (vgl. zu diesem Konzept Block und Block 1980) und meinen damit die Fähigkeit, flexibel mit sich ändernden Situationsanforderungen, insbesondere mit frustrierenden Erfahrungen umzugehen (vgl. Weinfield u.a. 1999, S. 77). Wie auch schon bei den Forschungsergebnissen zur sozialen Abhängigkeit, waren die sicher gebundenen Kinder im Umgang mit neuen Anforderungen und den eigenen Affekten kompetenter und flexibler als die unsicher gebundenen Kinder, ohne dass sich dabei Unterschiede zwischen den unsicher-vermeidenden und den unsicher-ambivalenten Kindern ergaben (vgl. Sroufe 1983, S. 58 ff.).

In den beiden genauer beobachteten Vorschulklassen der Universität waren die sicher gebundenen Kinder im Vergleich zu den unsicher gebundenen Kindern sozial zugewandter und im Durchschnitt besser gelaunt; sie gingen mit positiveren Gefühlen auf ihre Umwelt zu (vgl. Sroufe 1983, S. 61 f.). Auch in ihrer Fähigkeit und Bereitschaft zu empathischen Reaktionen, d.h. zu Mitgefühl, wenn es anderen Kindern schlecht ging, unterschieden sich die sicher gebundenen Kinder von den anderen Kindern. Hier gab es allerdings ein differenzierteres Bild: Die Kinder, die im Alter von 12 und 18 Monaten als sicher gebunden klassifiziert worden waren, reagierten auf andere Kinder besonders empathisch; die unsicher-vermeidenden Kinder äußerten besonders wenig Mitgefühl, wenn es um Probleme anderer Kinder ging, die Werte der unsicher-ambivalenten Kinder lagen dazwischen (vgl. hierzu Sroufe 1983, S. 63, und Kestenbaum u.a. 1989).

Sowohl die Lehrereinschätzungen als auch detailliertere Beobachtungen einer Gruppe von Kindern beim Spielen führten zu diesem Ergebnis. Da die Ergebnisse der detaillierteren Beobachtungen besonders aufschlussreich waren, sollen sie hier genauer dokumentiert und kommentiert werden (vgl. zum Folgenden Kestenbaum u.a. 1989, S. 55 ff.). Zwölf Jungen und zwölf Mädchen, die eine der beiden Vorklassen der Laboratoriums-Schule der Universität besuchten und zum Zeitpunkt der Beobachtungen durchschnittlich etwas über vier Jahre alt waren, wurden an 50 Tagen, täglich etwa eine Stunde lang, beim Spielen beobachtet. Ihr Verhalten in der Interaktion mit anderen Kindern wurde mit einem Video-Gerät aufgenommen und später auf der Grundlage der Video-Aufzeichnungen analysiert. Die beiden Wissenschaftlerinnen bzw. Wissenschaftler, die die Video-Aufnahmen auswerteten, wurden absichtlich nicht über die Bindungs-Klassifikation der beobachteten Kinder informiert, um zu verhindern, dass sie in ihren Deutungen einzelner Situationen durch Vorurteile gelenkt werden.

Insgesamt wurden bei der Analyse der Video-Bänder 45 Situationen identifiziert, die potentiell empathische Reaktionen hervorrufen könnten und die es erlaubten, Kinder-Reaktionen zu analysieren. Als Beispiel: Ein Kind hat Kummer, weint oder fällt hin, und es sind ein oder mehrere Kinder in seiner Nähe, deren Reaktionen analysiert werden können.

Bei der Auswertung der Reaktionen der Kinder fragte man einerseits, wie empathisch sie reagierten, und ordnete ihre Reaktionen auf einer Skala, die von 1 (keine erkennbare Reaktion) bis 7 reichte (klares emotionales Engagement, verbunden mit dem Versuch zu helfen, zu trösten; das Kind, dem es schlecht geht, auf andere Gedanken zu bringen oder Hilfe zu holen). Auf der anderen Seite konnten die Forscher auch so etwas wie „Anti-Empathie" beobachten, zum Beispiel Schadenfreude. Die „anti-empathischen" Reaktionen der Kinder wurden auf einer Skala eingeordnet, die von 1 (keine erkennbare Reaktion) bis 3 reichte (klarer Versuch, die Situation zu verschlimmern; körperliche oder verbale Gewalt; oder Fortsetzung der Belästigung, auch wenn das Opfer bittet, damit Schluss zu machen).

Die anti-empathischen Reaktionen waren relativ selten - zwölf von 144 analysierten Reaktionen. In neun Fällen kamen diese von Kindern, die man als unsicher-vermeidend eingestuft hatte, in zwei Fällen von unsicher-ambivalenten Kindern, in einem Fall von einem sicher gebundenen Kind.

Als zentrales Ergebnis der Beobachtungs-Studie ist festzuhalten: Die Kinder, die im Alter von 12 und 18 Monaten sicher an ihre Mütter gebunden waren, reagierten im Alter von ca. vier Jahren in der Interaktion mit Gleichaltrigen auf Probleme anderer Kinder deutlich empathischer als die unsicher-vermeidenden Kinder; die unsicher-ambivalenten Kinder lagen in ihren Empathie-Werten zwischen den beiden Gruppen (vgl. Kestenbaum u.a. 1989, S. 58 ff.).

Kestenbaum u.a. beziehen sich bei der Interpretation dieser Ergebnisse auf das Konzept des inneren Arbeitsmodells von Beziehungen und auch auf die Idee, dass die erlebten Beziehungen als Ganzes internalisiert werden (vgl. ebenda; vgl. zum theoretischen Hintergrund Abschnitte 2.3.2 und 6.1 dieser Arbeit sowie Sroufe und Fleeson 1986). Die sicher gebundenen Kinder haben häufiger als die anderen erlebt, dass sie in Not- oder Stress-Situationen umsorgt wurden. Sie haben in ihrer Herkunftsfamilie das Modell einer empathischen Mutter-Kind-Beziehung verinnerlicht, übertragen dieses auf andere Beziehungen und trösten andere, so wie sie einst selbst getröstet wurden.

Die unsicher-vermeidenden Kinder, die in ihren ersten Lebensjahren mit mehr Zurückweisung und manchmal auch Härte konfrontiert waren (vgl. hierzu auch Kapitel 3 dieser Arbeit), haben vor dem Hintergrund ihrer Erfahrungen hingegen ein inneres Arbeitsmodell entwickelt, das weniger Anteilnahme in Notsituationen unterstellt. Auch sie bringen dieses Modell in andere Beziehungen ein; es strukturiert ihre Erwartungen an andere und ihre Anforderungen an sich selbst. Sie reagieren mit weniger Empathie auf andere, weil sie selbst mit weniger Empathie auskommen mussten. Am Beispiel misshandelter Kinder kann dieser Zusammenhang ganz besonders deutlich gezeigt werden (vgl. hierzu Kapitel 7 dieser Arbeit). Er ist jedoch, wie die Daten Kestenbaums u.a. (1989) zeigen, auch schon bei Kindern zu erkennen, die zwar nicht misshandelt, aber emotional doch häufiger zurückgewiesen oder allein gelassen wurden.

Auch die Zwischenposition der unsicher-ambivalenten Kinder, die mit mehr Inkonsistenzen in ihren Interaktionserfahrungen konfrontiert waren (vgl. hierzu auch Abschnitt 3.1.4 dieser Arbeit), könnte vor dem Hintergrund ihrer spezifischen Beziehungserfahrungen zu deuten sein. Sie bleiben vor dem Hintergrund ihrer Unsicherheit und Inkonsistenzerfahrungen affektiv und kognitiv mehr auf ihre Mütter fixiert, beobachten argwöhnisch, ob mit ihr zu rechnen ist oder nicht. In einem zusammenfassenden Aufsatz zu Untersuchungsergebnissen, die sich auf die meist kleine Gruppe der unsicher-ambivalenten Kinder beziehen, weisen Jude Cassidy und Lisa Berlin darauf hin, dass die unsicher-ambivalenten Kinder in der „Fremden Situation" ihre Mütter aufmerksamer als die anderen Kinder beobachten (vgl. Cassidy und Berlin 1994, S. 977). Sie neigen mehr zu rückversichernden Blicken und sozialer Bezugnahme („social referencing") - beispielsweise dann, wenn die im Beobachtungs-Arrangement vorgesehene fremde Person hinzu kommt und beginnt, mit der Mutter zu sprechen. Die Kinder scheinen Sorge zu haben, dass ihre Mütter sich von ihnen abwenden und nicht mehr um sie kümmern. Über ähnliche Beobachtungen und Interpretationen berichtet Mary Ainsworth (1992) in einem Aufsatz über „social referencing".

Die stärkere Unsicherheit in der Mutter-Kind-Beziehung könnte also mit einem intensiveren „Monitoring" in dieser Beziehung verbunden sein, welches wiederum auch in andere Beziehungen hineingetragen wird - als stärkere soziale Aufmerksamkeit und Präsenz und intensivierte soziale Wahrnehmung. Dass die unsicher-ambivalenten Kinder im Vergleich zu den unsicher-vermeidenden mit etwas mehr Empathie auf andere Kinder reagieren, ist eventuell hiermit zu erklären.

Allerdings: Mehr soziale Aufmerksamkeit und mehr „Monitoring" machen durch die geschärfte Wahrnehmungsfähigkeit (Wahrnehmungs-Vigilanz) das Auftreten empathischer Reaktionen wahrscheinlicher, sie sind jedoch keineswegs notwendig mit Empathie verbunden. Die distanzierte und aufmerksam registrierende Beobachtung kann auch zu „anti-empathischen" Reaktionen führen. Bösartige und verletzende Deutungen, die sich auf subtile und intelligente Beobachtungen stützen, wären ein Beispiel hierfür.

Dass es sinnvoll ist, zwischen Empathie einerseits und sozialem Verstehen bzw. sozialer Perspektivenübernahme andererseits zu unterscheiden, zeigte sich auch im Rahmen der Minnesota-Längsschnittstudie. Als die Kinder, deren Lebenslauf und soziale, affektive und kognitive Entwicklung man über die Jahre hinweg verfolgt hatte, zehn bis elf Jahre alt waren, konnte man eine Untergruppe der gesamten Stichprobe (24 Mädchen, 23 Jungen) mehrere Wochen lang in verschiedenen Sommer-Camps in Minnesota beobachten (vgl. Elicker u.a. 1992). Bei der Auswahl der in den einzelnen Camps beobachteten Kinder bemühte man sich - wie auch schon in früheren Erhebungen - darum, dass die einzelnen Bindungstypen so vertreten waren, dass man Kinder, die in ihrer frühen Kindheit sicher gebunden waren, mit den unsicher-vermeidenden und den unsicher-ambivalenten bzw. unsicher-resistenten Kindern vergleichen konnte (vgl. zu Einzelheiten der Stichprobe und zum Auswahlverfahren Elicker u.a. 1992, S. 91 ff.).

In der letzten Woche ihrer Zeit im Ferien-Camp wurden die Kinder auch zu ihren Verstehens-Kompetenzen befragt. Man zeigte ihnen Filmaufnahmen von Ereignissen im Camp und bat um Interpretationen einzelner Szenen.

Die sicher gebundenen Kinder konnten deutlich kompetenter über die im Film gezeigten Kinder, deren Gefühle und Gedanken sprechen - zumindest im Vergleich zu unsicher-vermeidenden Kinder. Die unsicher-ambivalenten Kinder waren in ihren Interpretationen ähnlich kompetent und sensitiv wie die sicher gebunden Kinder (vgl. hierzu und zum Folgenden Elicker u.a. 1992, S. 96 ff.). Als es hingegen um die Bewertung der im Film gezeigten Kinder und ihrer Leistungen ging, ergaben sich Unterschiede. Die unsicher-ambivalenten Kinder reagierten mit mehr Vorbehalten und mit negativeren Urteilen als die sicher gebundenen Kinder. Sie ähnelten hierin den unsicher-vermeidenden Kinder, die auch - wenn auch weniger kompetent in ihren Interpretationen - zu negativeren Urteilen über die im Film gezeigten peers neigten.

D.h. Kinder, die in unsicher-ambivalenter Weise an ihre Bezugspersonen gebunden sind, haben eventuell wohl die Kompetenz zu sozialem Verstehen bzw. zur Perspektivenübernahme. Feindselige oder ängstliche Interpretationstendenzen erschweren dennoch bisweilen das kompetente Interagieren mit anderen.

Bei der Interpretation der insgesamt bemerkenswerten Ergebnisse zum Zusammenhang zwischen Bindungserfahrungen und sozialen Kompetenzen sind jedoch auch Mahnungen zur Vorsicht angebracht. Sroufe u.a. (1990) und Weinfield u.a. (1999) machen hierauf selbst aufmerksam. Die an der Minnesota-Längsschnittstudie beteiligten Forscherinnen und Forscher können auf der einen Seite nicht ausschließen, dass sich die Bindungsmuster einzelner untersuchter Kinder im Verlauf der Jahre änderten, ohne dass dieses in jedem Fall diagnostiziert werden konnte (vgl. zu diesem Argument auch Thompson 1999). Auf der anderen Seite muss die Forschergruppe um Sroufe in ihren Interpretationen laufend berücksichtigten, dass die beobachteten Kinder in jeder Phase ihres Lebens neue soziale Erfahrungen, auch neue Erfahrungen mit engen Beziehungen, machen, die über die frühen Erfahrungen in der Familie hinausweisen und die auch in ihre jeweils aktuellen sozialen Beziehungen und Kompetenzen eingehen. Zudem ist für sie das Ausmaß, in dem die Eltern der Minnesota-Stichprobe sozial kompetentes Verhalten der eigenen Kinder durch explizite Einflussnahme bzw. explizite Sozialisation förderten oder nicht förderten, nicht ohne weiteres einzuschätzen. Manche Unterschiede im Sozialverhalten der Kinder könnten weniger auf die Interaktionserfahrungen der Kinder und auf die auf ihnen aufbauenden „working models" zurückzuführen sein, sondern vielmehr mit der bewussten Förderung oder Nicht-Förderung sozialer Kompetenzen zu tun haben (vgl. hierzu auch Abschnitt 6.1 dieser Arbeit).

Man kann trotz solcher relativierenden Einwände sagen, dass die Startbedingungen der sicher gebundenen Kinder - nach der Minnesota-Studie zu urteilen - insgesamt günstiger sind. Sie hatten in den ersten zwei Jahren ihres Lebens mehr unterstützende Erfahrungen, und sie haben es, wie die

Vorschulstudien zeigen, in der Interaktion mit Kindern und Lehrern leichter, haben mehr Freunde und dadurch auch die Chance, ihre sozialen Kompetenzen auszubauen. Sie können zudem die ihnen gebotenen Lernchancen effektiver nutzen. Die Daten zu ihrem Selbstvertrauen und ihrer Ich-Flexibilität belegen dies.

6.2.1.3 Bindungsmuster und Problemgruppen in der Minnesota-Längsschnittstudie und in dem „Oregon Toddler Project" - zur Relevanz schichtspezifischer Unterschiede

In den beiden Vorschulklassen der Universität von Minnesota, von denen im Vorangehenden schon häufiger die Rede war, gab es insgesamt sieben Kinder, die in ihrem Sozialverhalten auffällig waren - aggressiv und wenig sozial kompetent - und die besonders viel Disziplinprobleme aufwarfen. All diese Kinder waren unsicher gebunden (drei unsicher-vermeidend, vier unsicher-ambivalent - unter ihnen eines, das im Alter von 12 Monaten als sicher gebunden eingeordnet worden war, dessen Bindungsmuster sich später jedoch in Richtung Unsicherheit verändert hatte) (vgl. Sroufe 1983, S. 62 f.).

In einer größeren Erhebung, bei der zusätzlich zu den Kindern aus den beiden Vorschulklassen weitere Kinder der Minnesota-Stichprobe in Kindergärten und Vorschulen beobachtet wurden (insgesamt waren 96 Kinder einbezogen), ergab sich ein vergleichbarer, wenn auch schwächerer Zusammenhang. In der Gruppe der Kinder, die von Lehrern und Beobachtern als besonders schwierig eingeschätzt wurden (insgesamt 27 Kinder; davon 17 mit Disziplinproblemen und starken aggressiven Tendenzen), waren die unsicher gebunden Kinder überrepräsentiert; in der zum Vergleich herangezogenen Gruppe der unproblematischen Kinder (insgesamt 22 Kinder) waren sie deutlich unterrepräsentiert (vgl. Erickson u.a. 1985, S. 155 ff.). Für Erickson u.a. sind diese Forschungsergebnisse ein weiterer Beleg dafür, dass sich aus frühen Beziehungen und dem Charakter früher Bindungen Prognosen zu künftigem Sozialverhalten ableiten lassen.

In der wissenschaftlichen Literatur zu den Folgen früher Bindungsbeziehungen gab es hierzu auch Widerspruch (vgl. als Überblick über kritische Stimmen Thompson 1999). Zu den empirischen Untersuchungen, die sich mit den Thesen Sroufes und seiner Kollegen kritisch auseinander setzen, gehört beispielsweise auch die von Beverly Fagot und Kate Kavanagh (1990) verfasste Arbeit, in der sich die Autorinnen um eine sehr gründliche empirische Fundierung ihrer Kritik bemühten.

In der von Fagot und Kavanagh (1990) durchgeführten Studie, dem „Oregon Toddler Project", wurden insgesamt 109 Kinder beobachtet: im Laborkontext („Fremde Situation" - im Alter von 18 Monaten), im häuslichen Kontext und in einer Versuchs-Vorschule bzw. einem Kindergarten (im Alter von ungefähr zwei Jahren, zehn Wochen lang). Zusätzlich wurden Lehrer- und Eltern-Einschätzungen zum Sozialverhalten der Kinder erhoben -

die Elterneinschätzungen bis zum Alter von vier Jahren. Es ergaben sich in dieser Studie nur wenige der erwarteten Zusammenhänge zwischen Bindungsmustern und Verhaltensproblemen - insbesondere aggressiven Tendenzen -, woraus die Autorinnen schließen, man solle mit den aus der Bindungstheorie abgeleiteten Prognosen insgesamt vorsichtiger sein (vgl. Fagot und Kavanagh 1990, S. 870 ff.).

Eine Mahnung zur Vorsicht dürfte in diesem schwierigen Feld der Forschung, in dem es um komplizierte, schwer zu erfassende Zusammenhänge zwischen Eltern-Kind-Beziehungen und komplexen sozialen Orientierungen und Verhaltensweisen geht, immer angebracht sein. Fagot und Kavanagh leisten insofern einen wichtigen Beitrag zur Relativierung bindungstheoretischer Prognosen. Können aus ihren Forschungsergebnissen möglicherweise auch darüber hinausgehende Schlussfolgerungen zu den Zusammenhängen zwischen sozialen Beziehungen und sozialen Kompetenzen und sozialen Problemen abgeleitet werden?

Nach meiner Einschätzung ist dies möglich. Bei der Interpretation der Daten Fagots und Kavanaghs einerseits und der Daten der Sroufe-Gruppe andererseits (vgl. insbesondere Sroufe 1983 und Erickson u.a. 1985) kommt man nämlich ohne eine kritische Auseinandersetzung mit dem jeweiligen sozialen und ökonomischen Kontext der Studien nicht aus und kann insofern auch etwas über Bedingungen sozialer Entwicklung und Sozialisation lernen, die über die in Bindungsbeziehungen angelegten Bedingungen hinausgehen.

Wie vorn, in dem Abschnitt zur Stichprobe und zum methodischen Vorgehen in der Minnesota-Längsschnitt-Studie (vgl. 6.2.1.1) erläutert wurde, waren in diese Studie Mütter einbezogen, die unter besonders schweren ökonomischen, sozialen und psychischen Bedingungen lebten: mit niedrigem Einkommen, niedrigem Bildungsstand, schwierigen Lebensverhältnissen und häufig ohne Partner. In der von Fagot und Kavanagh durchgeführten Studie, deren Teilnehmer man über Anzeigen in einem Eltern-Blatt gewonnen hatte, waren hingegen die Lebensverhältnisse wesentlich stabiler. Knapp 90% der Mütter lebten mit einem festen Partner zusammen. Der sozioökonomische Status und der Bildungsstand der Familien waren deutlich höher als in der Minnesota-Stichprobe. Sowohl bei den Müttern als auch bei den Vätern gab es vergleichsweise viele (etwa 50%), die eine College-Ausbildung oder eine höhere Ausbildung hatten. Nur zwei der Mütter waren während des ersten Lebensjahres ihres Kindes voll beschäftigt. (Vgl. Fagot und Kavanagh 1990, S. 866)

Es entspricht diesen Unterschieden in der sozialen Zusammensetzung der beiden Stichproben, dass es in den Vorschul- und Kindergarten-Erhebungen der Minnesota-Studie mehr Kinder gab, die von Lehrern und Beobachtern gleichermaßen als besonders schwierige Kinder angesehen wurden. Zum Beispiel: In der von Erickson u.a. (1985) veröffentlichten Studie wird berichtet, dass 17 der beobachteten 96 Kinder im Alter von etwa vier Jahren durch besonders aggressives Verhalten, viel Disziplinprobleme und ein geringes Niveau sozialer Kompetenzen auffielen. In der Fagot-Kavanagh-Studie waren es nur sechs von 109 Kindern, die im entsprechenden Alter als besonders aggressiv auffielen und zu den problematischen Kindern gerechnet wurden (vgl. Fagot und Kavanagh 1990, S. 870).

Es ist nun anzunehmen, dass die Unterschiede in den sozialen und ökonomischen Bedingungen der Familien, die in der Minnesota-Studie einerseits und von Fagot und Kavanagh andererseits untersucht wurden, die jeweiligen Ergebnisse zum Sozialverhalten und zu den sozialen Kompetenzen der Kinder mitbestimmt haben. Wenn die ökonomischen und sozialen Verhältnisse besonders schlecht sind, gibt es zusätzlich zu den durch unsichere Bindungsbeziehungen gegebenenfalls erzeugten Problemen eine Reihe weiterer Probleme, die sich auch in der sozialen Entwicklung niederschlagen. Zu ihnen gehören: der niedrigere Bildungsstand der Eltern und die geringere kognitive Förderung der Kinder, die besonderen Belastungen der allein erziehenden Mütter und ihre Zeitprobleme, mehr Gewalt in den Familien und ein geringeres Niveau sozialer Unterstützung.

Erickson u.a. machen in ihren empirischen Analysen auf einige dieser Faktoren aufmerksam (vgl. hierzu und zum Folgenden insbesondere Erickson u.a. 1985, S. 156 ff.). Sie zeigten zum Beispiel anhand ihrer vergleichenden Analysen, dass es in ihrer Stichprobe einige unsicher gebundene Kinder gab, die zur Gruppe der gut entwickelten, nicht problematischen Kinder gehörten. Häusliche Beobachtungen zu den sozialen und kognitiven Erfahrungen dieser Kinder machten deutlich, dass sie im Vergleich zu anderen Kindern des Minnesota-Samples in einem anregenderen kognitiven Milieu lebten, mit altersangemessenerem Spielzeug ausgestattet waren und dass sie Mütter hatten, die sich mehr um sie kümmerten und die sich bei gemeinsam zu bewältigenden Aufgaben darum bemühten, ihre Kinder zu unterstützen und ihnen verständlich zu erklären, wie sie dieses oder jenes Problem bewältigen können.

Man kann davon ausgehen, dass die bei Erickson u.a. (1985) beschriebenen Sozialisationsbedingungen der Kinder, die sich trotz einer unsicheren Bindung unter sozialen Gesichtspunkten gut entwickelten, in Mittelschichten-Samples verbreiteter sind und dazu beitragen, emotionale Probleme, die durch unsichere Kind-Eltern-Bindungen entstehen, aufzufangen. Zudem ist zu erwarten, dass die in den Mittelschichten weiter verbreiteten Erziehungspraktiken - weniger körperliche Bestrafung oder Androhung körperlicher Strafen, mehr „induktive" Methoden u.a. (vgl. hierzu auch Abschnitt 9.2.1 dieser Arbeit) - ebenfalls zu einer Förderung sozialer Kompetenzen beitragen. Es ist deshalb nicht von der Hand zu weisen, dass die Unterschiede in den Ergebnissen der Minnesota-Längsschnitt-Untersuchung und des „Oregon Toddler Projects" aus dem sozioökonomischen Profil der jeweiligen Stichproben resultieren.

Allgemeiner formuliert folgt aus diesen Überlegungen, dass bei der Erklärung sozialer Kompetenzen und sozial kompetenten Verhaltens stärker berücksichtigt werden muss, wie Eltern ihre Kinder in ihrer kognitiven und sozialen Entwicklung gezielt unterstützen. Dabei ist auch von Interesse, in welchem Ausmaß sich Eltern explizit an der Unterstützung kooperativen Verhaltens und an Erziehungsstilen, die Empathie und Perspektivenübernahme fördern, orientieren. Interaktionserfahrungen und die auf ihnen aufbauenden „working models" sind wichtige Erklärungsfaktoren; sie müssen jedoch bei der Erklärung konkreter Unterschiede und Ähnlichkeiten in den sozialen Kompetenzen von Kindern durch andere Erklärungsfaktoren ergänzt werden. Es ist also wichtig, sich intensiver mit den Erziehungszielen und -stilen von Eltern ergänzt zu befassen (vgl. hierzu auch Abschnitt 6.1 dieser Arbeit). Erforderlich ist zudem auch eine intensivere Auseinandersetzung mit der sozialen und ökonomischen Lage der Familien, mit denen man zu tun hat. Wie ist die Arbeitsteilung in den einzelnen Familien, wie ist das Einkommen der Eltern, was wird für die kognitive Entwicklung der Kinder getan, wer unterstützt die allein erziehenden Mütter bei ihren Erziehungsaufgaben, wie ist ihre berufliche Situation, welche Möglichkeiten der Kinderbetreuung außerhalb der Familie werden genutzt etc.?

Eine andere Frage ist die Frage danach, wie aggressive Tendenzen bei Kindern sinnvollerweise erfasst werden können. Die Erhebungsinstrumente, die in den diskutierten Studien verwandt wurden, sind vergleichsweise grob. Mit ihnen werden Verhaltensauffälligkeiten und das Ausagieren aggressiver Neigungen erfasst. Muss nicht möglicherweise subtiler gefragt werden - gerade dann, wenn es um aggressive Potentiale in den Mittelschichten geht? Hinter der Fassade sozial adäquaten Verhaltens und höflicher Angepasstheit können sich auch Ärger und Wut verbergen, die nicht so leicht zu erkennen sind. Die negativere Bewertung der Leistungen Gleichaltriger, die man in den Sommer-Camps der Minnesota-Untersuchung bei unsicher gebundenen Kindern beobachtete, könnte ein Beispiel für solche weniger offenkundigen Ausdrucksformen aggressiver Tendenzen sein. Auch in den im Folgenden vorgestellten Studien der Grossmann-Gruppe gibt es Hinweise darauf, dass es sinnvoll ist, sich bei der Messung aggressiver Tendenzen um subtilere Erhebungsmethoden - zum Beispiel um projektive Verfahren - zu bemühen.

6.2.2 Bindungsmuster, soziales Verhalten und aggressive Tendenzen - die Längsschnittanalysen der Grossmann-Gruppe

In Deutschland hat die Bindungsforschung später als in England oder in den USA Gehör gefunden. Es sind vor allem die einflussreichen Studien Klaus Grossmanns, Karin Grossmanns und ihrer Mitarbeiterinnen und Mitarbeiter, die dazu beigetragen haben, dass sich die Bindungsforschung auch in Deutschland etablieren konnte. In mehreren, empirisch sehr ergiebigen Längsschnittstudien sind von der Grossmann-Gruppe wichtige Beiträge zum Verständnis früher Bindungen, der auf ihnen aufbauenden internen Arbeitsmodelle, innerfamilialer Kommunikationsbedingungen und individueller und sozialer Entwicklungen geleistet worden (vgl. zu den einzelnen Studien, ihren Methoden und Ergebnissen u.a. die Beiträge in Spangler und Zimmermann 1995 und -neuerdings- auch Grossmann und Grossmann 2004; vgl. zum Stand der Bindungsforschung in Deutschland auch Gloger-Tippelt 2001 und Gloger-Tippelt u.a. 2000).

Von den verschiedenen Längsschnittstudien dieser Forschungsgruppe soll im Folgenden vor allem die erste Regensburger Studie, mit der 1980 begonnen wurde, berücksichtigt werden, weil in ihr kindliches Sozialverhalten eine große Rolle spielt - und dies, wie in der Minnesota-Längsschnittstudie, überwiegend auf der Grundlage von Beobachtungen in Kindergärten oder Vorschulen. Andere Längsschnittstudien, vor allem die Bielefelder Längsschnittstudie (Beginn 1976), werden ergänzend herangezogen, wenn es zum vertiefenden Verständnis erforderlich ist (vgl. als Information zu den verschiedenen Längsschnittstudien u.a. Spangler und Grossmann 1995).

6.2.2.1 Die Regensburger Längsschnittstudie - Informationen zur Stichprobe, zu grundlegenden Resultaten und zum methodischen Vorgehen

In der ersten Regensburger Untersuchung waren zunächst 51 Familien vertreten, die in ihrer Mehrheit der Mittelschicht angehörten und deren Lebensverhältnisse deutlich stabiler als die der in der Minnesota-Studie untersuchten Familien waren (vgl. hierzu und zum Folgenden insbesondere Suess u.a. 1992, S. 46 ff.). Die Mütter lebten überwiegend mit einem festen Partner zusammen. Ihre Kinder konnten daher in der „Fremden Situation" nicht nur zusammen mit den Müttern (meist im Alter von 12 Monaten), sondern auch zusammen mit den Vätern (meist im Alter von 18 Monaten) beobachtet werden. In der Beziehung zu den Müttern wurden 62% der Kinder als sicher gebunden eingestuft (vgl. zum Verfahren auch Abschnitt 3.1 dieser Arbeit), in der Beziehung zu den Vätern galten 44% als sicher gebunden. Die unsicher gebundenen Kinder waren überwiegend unsicher-vermeidend.

Stärker als in der Minnesota-Studie bemühte man sich in der Regensburger Studie darum, die Bindungsmuster der Kinder auch zu späteren Zeitpunkten zu analysieren (vgl. hierzu auch Spangler und Grossmann 1995, S. 52 ff.). Als die Kinder sechs Jahre alt waren, beobachtete man sie in der Interaktion mit ihren Müttern. Es ging dabei nach einem von Mary Main und Jude Cassidy (1988) entwickelten Auswertungsverfahren unter anderem auch um ihr Verhalten nach kurzen Trennungen: Wurden die zurückkehrenden Mütter von ihren Kindern herzlich begrüßt, waren die Kinder von sich aus gesprächsbereit, zugewandt und entspannt (die Reaktion der sicher gebundenen Kinder)? Oder grüßten sie kaum, waren weniger gesprächsbereit, spielten eher abgewandt, ohne die Mutter zu beteiligen (die unsicher-vermeidende Reaktion)? Oder gab es andere Reaktionen (z.B. starkes, kaum einzudämmendes Weinen), die eher dem unsicher-ambivalenten oder anderen Mustern zuzuordnen sind? (Vgl. hierzu und zum Folgenden Wartner u.a. 1994 und Grossmann 1995, S. 192 ff.).

Von den ursprünglich 51 Mutter-Kind-Paaren waren an der Untersuchung der Sechsjährigen noch 40 Kinder beteiligt. Dabei ergab sich eine erstaunliche Stabilität in den Bindungsmustern. Von den Kindern, die im Alter von ein bis zwei Jahren in der Beziehung zur Mutter sicher gebunden waren, waren sehr viele auch im Alter von sechs Jahren noch sicher an ihre Mütter gebunden (25 von 27 Kindern). Auch bei den unsicher-vermeidenden Kindern blieb die Bindungsklassifikation relativ stabil. Acht von ursprünglich elf unsicher-vermeidenden Kindern waren auch im Alter von sechs Jahren im Verhältnis zu ihren Müttern als unsicher-vermeidend einzuordnen.

Zumindest in der Beziehung zu den Müttern blieben die Bindungsmuster der untersuchten Kinder bis zum Alter von sechs Jahren also weitgehend stabil. Für die Interpretation der im Rahmen der Regensburger Studie erhobenen Informationen zum sozialen Verhalten und zu den sozialen Kompetenzen der Kinder im Alter von fünf Jahren ist diese Information wichtig. Mit ihrer Hilfe kann ausgeschlossen werden, dass die im Folgenden referierten Ergebnisse der Kindergarten-Erhebungen auf relevante Veränderungen in der Mutter-Kind-Beziehung oder auf veränderte interne Arbeitsmodelle dieser Beziehung zurückzuführen sind. Als Argument ist dies unter anderem auch deshalb von Interesse, weil manche Kritiker der Bindungsforschung (vgl. etwa Thompson 1999) die Auffassung vertreten, dass die aktuellen Entwicklungen in den Bindungsbeziehungen bei der Interpretation von Ergebnissen der Bindungsforschung insgesamt zu wenig berücksichtigt werden, aber faktisch für die Erklärung der jeweiligen Resultate sehr wichtig seien. Zum Beispiel: Wenn sich ein Kind, das im Alter von ein oder zwei Jahren als unsicher-vermeidend eingeordnet wurde, in der Spielgruppe sozial kompetent, zugewandt und gut gelaunt verhält, würde man unter anderem auch fragen, ob sich sein Verhältnis zur eigenen Mutter in den letzten Jahren einschneidend verändert hat und ob das Kind in seiner Beziehung zur Mutter sicherer wurde. Um solche Fragen beantworten zu können, sind natürlich zusätzliche Informationen zur Entwicklung der Bindungsbeziehungen in den ersten Lebensjahren - nach den Erhebungen in der „Fremden Situation“ - erforderlich.

Als die Kinder der Regensburg-Stichprobe fünf Jahre alt waren, wurden sie in diversen Kindergärten und Vorschulen der Stadt beobachtet (vgl. hierzu und zum Folgenden vor allem Suess 1987 und Suess u.a. 1992, S. 46 ff.). An der Beobachtungsstudie waren 39 Kinder beteiligt: 18 Jungen und 21

Mädchen. Anders als in den amerikanischen Studien, über die ich in den vorangehenden Abschnitten berichtet habe, gab es in Regensburg wie auch anderen deutschen Universitäten keine eigens für die Forschung eingerichteten Kindergärten oder Vorschulen. Daher mussten die Forscher ihre Beobachtungen in insgesamt 31 (!) unterschiedlichen Kindergärten und Vorschulen der Stadt Regensburg durchführen.

Zwei Mitarbeiter der Studie gingen während der regulären Öffnungszeiten der Kindergärten täglich für ein bis zwei Stunden in die einzelnen Kindergärten und beobachteten die Kinder der Stichprobe anhand eines von Sroufe u.a. entwickelten Beobachtungsleitfadens - der „Minnesota Preschool Affect Checklist“ (Sroufe 1983). Wie in solchen Forschungsprojekten üblich waren die Beobachter nicht über die jeweilige Bindungsklassifikation der von ihnen beobachteten Kinder informiert, um vorurteilsgebundenen Interpretationen vorzubeugen. Das Verhalten der Kinder wurde von den Beobachtern zum Teil vorgegebenen Kategorien zugeordnet; zum Teil wurden von ihnen auf der Grundlage ihrer Aufzeichnungen Beobachtungsprotokolle („narrative reports“) angefertigt. Die beiden Beobachter verglichen ihre Berichte nach den jeweiligen Kindergartenbesuchen und integrierten sie zu einem einheitlichen Protokoll, das später von anderen Kodierern ausgewertet wurde.

Zusätzlich zur Beobachtung der Kinder wurde den Erzieherinnen und Erziehern in den Kindergärten ein Erhebungsinstrument vorgelegt, das sich an dem von Block und Block (1980) entwickelten „California Child Q-sort“-Verfahren orientierte und mit dessen Hilfe sie das Sozialverhalten der einzelnen Kinder, ihre Affektkontrolle, ihre Ich-Flexibilität („ego resiliency“) u.a. einschätzen sollten. Darüber hinaus wurden den einzelnen Kindern sechs kurze Bildgeschichten gezeigt, deren Helden Kinder waren und in denen immer irgendetwas schief lief. Die Kinder der Bildgeschichten wurden zum Teil in sehr eindeutigen Situationen dargestellt, zum Teil in uneindeutigen, unterschiedlich auszulegenden Situationen. Zum Beispiel: Es wird einem Kind weh getan, sein Spielzeug wird von einem Ball getroffen, ein anderes Kind tritt auf sein Spielzeug, es fällt von der Schaukel etc. (vgl. zur Veranschaulichung Abb. 2). Die Kinder hatten die Aufgabe einzuschätzen, ob das geschilderte Missgeschick vom Aggressor jeweils so intendiert war oder nicht. Es ging darum einzuschätzen, wie stark die Kinder auch in auslegbaren Situationen den Tätern in den Bildgeschichten negative oder aggressive Motive unterstellten.

Abb. 2: Bildgeschichten zu Aggressionen (nach Suess u.a. 1992)

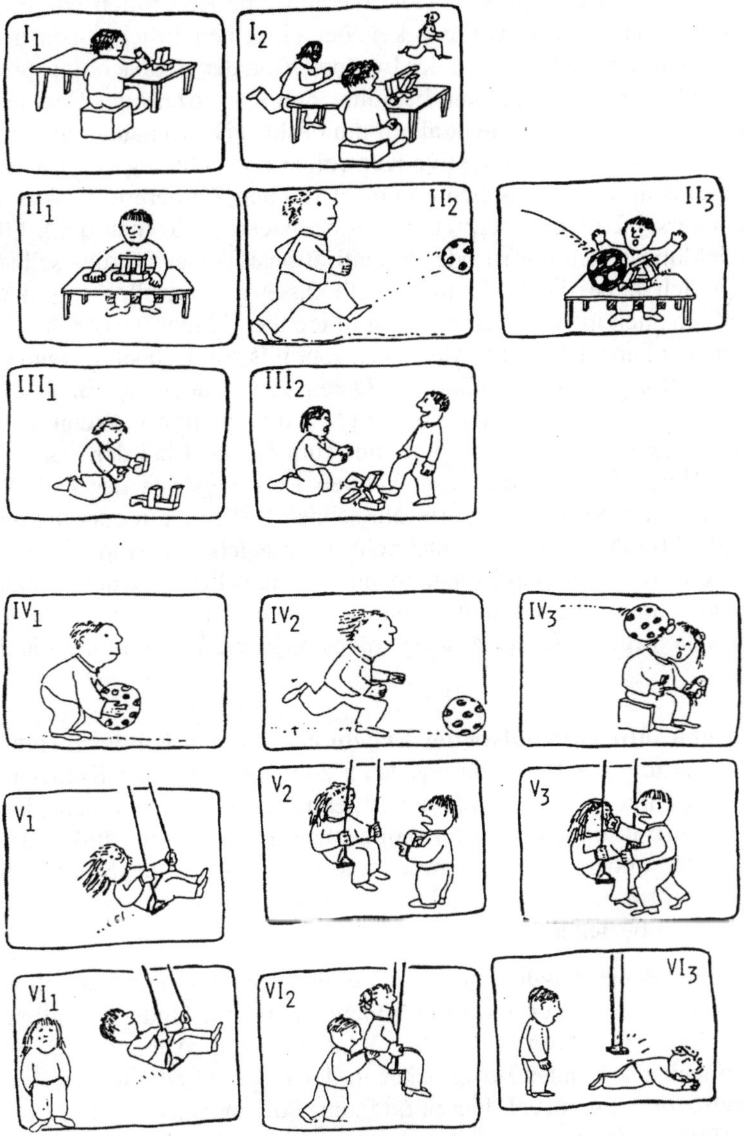

Bildgeschichten, die in der Regensburger Studie eingesetzt wurden, um Aggressionen (negative Konsequenzen) zu illustrieren: gegenüber Objekten (I-III), gegenüber Personen (IV-VI).
Als Beispiele für zufällig entstandene Schädigungen gelten I und VI, für absichtlich herbeigeführte III und V; eine unklare (ambiguous) Interpretationssituation stellen II und IV dar.

Quelle: Suess u.a. 1992, S. 50

Wie in der Minnesota-Längsschnittstudie waren auch in der Längsschnittstudie der Grossmann-Gruppe sehr viele methodische Kontrollen vorgesehen, die es erlaubten, die Zuverlässigkeit der einzelnen Erhebungsinstrumente, der Arbeit der Kodierer und der Interpretation der Beobachtungsprotokolle laufend einzuschätzen. Man bemühte sich im Prozess der Datenerhebung und -auswertung also nicht allein um deskriptive Genauigkeit, sondern auch um ständige intersubjektive Kontrollen (Berechnung von Maßen für die Übereinstimmung zwischen unterschiedlichen Kodierern, Diskussionen über unterschiedliche Interpretationen beobachteter Szenen u.a.). Für viele Entwicklungspsychologen oder Sozialisationsforscher ist dies selbstverständlich. Ich hebe die Bedeutung methodischer Kontrollen trotzdem hervor, weil ich auch in Gesprächen mit Studierenden immer wieder die Erfahrung gemacht habe, dass viele Menschen sehr misstrauisch sind, wenn es um die Auswertung stärker qualitativer Daten geht - auch die Beobachtungsdaten der Regensburger Studie sind zum Teil ja qualitativ. Wenn nicht sehr exakt gemessen werden kann, wie dies zum Beispiel bei der Feststellung der Körpergröße oder bei ausgewählten Leistungstests der Fall ist, wird den beteiligten Wissenschaftlern sehr schnell Beliebigkeit oder unkontrollierte Subjektivität des Urteils unterstellt. Demgegenüber ist immer wieder zu betonen: Auch komplexe Phänomene - wie dies Prozesse der Interaktion im Kindergarten allemal sind - können wissenschaftlich so bearbeitet werden, dass die Ergebnisse der Analyse intersubjektiver Überprüfung standhalten.

6.2.2.2 Ausgewählte Ergebnisse der Erhebungen in den Kindergärten

Bei der Auswertung der Beobachtungsdaten zum Verhalten der Kinder im Kindergarten konnte an verschiedenen Ergebnissen gezeigt werden, dass frühe Bindungserfahrungen soziale Kompetenzen im Alter von fünf Jahren beeinflussen. Besonders bemerkenswert sind die Befunde der Studie, die sich auf die Konflikte zwischen den beobachteten Kindern und die Art ihrer Konfliktlösungen beziehen.

Die sicher gebundenen Kinder haben im Vergleich zu den unsicher gebundenen Kindern seltener Konflikte mit anderen Kindern. Und - vor allem: Wo solche Konflikte auftreten, sind die Kinder, die im Alter von ein bis zwei Jahren sicher gebunden waren, eher in der Lage, zu autonomen Konfliktlösungen zu kommen (vgl. hierzu und zum Folgenden Suess 1987 und Suess u.a. 1992, S. 51 ff.). Sie können besser verhandeln, ziehen sich nicht so leicht zurück, und versuchen, ihre Konflikte selbständig, ohne Hilfe der Erzieherinnen zu lösen. In diesem Bereich gibt es übrigens anders als in anderen Beobachtungsbereichen der Studie signifikante Unterschiede zwischen Jungen und Mädchen. Die Jungen sind im Konflikt-Management kompetenter als die Mädchen.

Während für andere Ergebnisse zum sozialen Verhalten der Kinder nur die Mutter-Kind-Bindung ausschlaggebend ist - was ebenso auch für andere

Studien aus dem Bereich der Bindungsforschung gilt (vgl. z.B. Berlin und Cassidy 1990, S. 704) -, hängt das Konfliktlösungsverhalten der Kinder nicht nur mit ihrer Bindung an die Mutter, sondern auch mit ihrer Bindung an ihren Vater zusammen, und zwar unabhängig davon, ob es sich jeweils um Jungen oder um Mädchen handelt. Die Jungen sind zwar im Konflikt-Management kompetenter als die Mädchen; in der Art ihrer Bindung an die Mutter und an den Vater unterscheiden sie sich jedoch nicht signifikant von den Mädchen (vgl. Suess u.a. 1992, S. 58 f.).

Dass die sichere Bindung an den Vater vor allem in dem Bereich sozialer Kompetenzen wichtig ist, in dem es um Konflikte und ihre Bewältigung geht, ist nicht leicht zu interpretieren. Es ist jedoch sehr wahrscheinlich, dass die sichere Bindung in der Vater-Kind-Beziehung, wenn sie die sichere Bindung an die Mutter ergänzt, noch einmal zusätzliches Selbstvertrauen vermittelt, das es den Kindern erleichtert, Konflikte in eigener Regie zu bewältigen. Hierzu könnte passen, dass diejenigen Kinder bei der Konfliktregelung besonders selbständig sind, die sowohl in der Beziehung zur Mutter als auch in der Beziehung zum Vater sicher gebunden sind (vgl. Suess u.a. 1992, S. 58).

Es sei in diesem Zusammenhang auch an die Ergebnisse der Minnesota-Studie erinnert: Dort hatten die sicher gebundenen Kinder mehr Selbstvertrauen und waren von ihren Lehrern weniger abhängig als die unsicher gebundenen Kinder. Dieser Befund wiederholt sich hier. Kinder, die im Verhältnis zu ihren Eltern sicher gebunden sind, sind in anderen Kontexten keineswegs besonders abhängig, sondern eher unabhängiger. In der Interpretation Bowlbys oder Sroufes: Sie haben sich selbst in der Eltern-Kind-Beziehung als akzeptiert erlebt und gehen daher mit mehr Vertrauen auch auf kompliziertere Situationen zu. Sie unterstellen zudem bei ihren Interaktionspartnern mehr Wohlwollen, ähnlich wie sie dieses auch in ihrer Beziehung zu ihren Eltern erfahren haben. Ihr inneres Arbeitsmodell, das auch in andere Beziehungen hineingetragen wird - so die Theorie (vgl. hierzu auch die Abschnitte 2.3.2 und 6.1 dieser Arbeit) - ist so entwickelt, dass es einen optimistischen Umgang mit anderen auch im Streitfall erleichtert.

Dieser optimistische Zugang zu anderen Menschen ist den unsicher gebundenen Kindern nicht im selben Maße gegeben. Dies zeigen sowohl die Ergebnisse der Beobachtungen als auch die Ergebnisse der Interpretationsaufgaben, die den Kindern vorgelegt wurden (vgl. Abbildung 2). Die Kinder, die in ihrem Verhältnis zur Mutter im Alter von ein bis zwei Jahren sicher gebunden waren, interpretierten die ihnen vorgelegten Bildgeschichten deutlich wohl wollender und zudem realistischer. Hingegen interpretierten die unsicher gebundenen Kinder die Bildgeschichten insgesamt unrealistischer und negativer (vgl. Suess u.a. 1992, S. 55 f.). Sie unterstellten den in den Bildgeschichten dargestellten Kindern häufiger, dass sie aus böser Absicht heraus handeln: dass sie zum Beispiel mit dem Fußball bewusst auf den Kopf eines anderen Kindes zielen oder dass sie ein anderes Kind bewusst von der Schaukel schubsen.

Mit diesen Ergebnissen zur Lösung der sozial-kognitiven Aufgaben und zu unterschiedlichen Interpretationstendenzen bei sicher und unsicher gebundenen Kindern tragen die Autoren auch zu einer Überprüfung theoretischer Annahmen zur Funktion des „working model" von Beziehungen bei. Kinder, die negative Beziehungserfahrungen gemacht haben, bringen diese als negative Erwartungen - als ein negativ eingefärbtes Arbeitsmodell - in andere Beziehungen und in die Interpretation von Beziehungen ein. Ihre Bild-Interpretationen zeigen dies. Die sicher gebundenen Kinder neigen hingegen wegen ihrer optimistischeren Erwartungen auch zu optimistischeren Interpretationen. Dies stellte man übrigens auch in der Minnesota-Längsschnittstudie fest: Die sicher gebundenen Kinder interpretierten und bewerteten das Verhalten anderer Kinder wohlwollender als die unsicher gebundenen Kinder (vgl. hierzu Abschnitt 6.2.1.2 dieser Arbeit).

Solche Unterschiede in den Interpretationsstilen können auch zur Erklärung aggressiven Verhaltens herangezogen werden (vgl. z.B. Dodge u.a. 1995). Wer anderen böse Absichten unterstellt, fühlt sich in der Interaktion mit anderen Menschen selbst leichter angegriffen und gerät deshalb auch leichter in Streit. Dodge u.a. (1995) verdeutlichen diesen Zusammenhang unter anderem an Kindern, die in ihren Familien misshandelt werden und die selbst wiederum besonders aggressiv sind (vgl. hierzu auch Abschnitt 7.4 dieser Arbeit).

In der Bielefelder Längsschnittstudie hat man - anders als in der Regensburger Studie - die Kinder der Stichprobe auch im Alter von zehn Jahren besucht und befragt. Obwohl man davon ausgehen konnte, dass es in diesem Alter bereits mehr Veränderungen in den zugrunde liegenden Arbeitsmodellen von Beziehungen gibt, konnte man trotzdem auch in dieser Studie Kontinuitäten erkennen. Die Kinder, die im Alter von ein oder zwei Jahren sicher an ihre Mütter gebunden waren, hatten im Alter von 10 Jahren mehr Freunde und tiefere, auf Vertrauen basierende Freundschaftsbeziehungen (vgl. hierzu Zimmermann 1995, S. 227 f. und Freitag u.a. 1996). Sie hatten allerdings auch aktuell die besseren und vertrauensvolleren Beziehungen zu ihren Eltern und wurden insofern nicht nur durch frühe Beziehungserfahrungen geprägt. Vorerst ist jedoch nicht zu klären, wie man die Bedeutung und Erklärungskraft der früheren und der aktuellen Erfahrungen jeweils einzuschätzen hat (vgl. hierzu auch Freitag u.a. 1996, S. 1448 ff.).

Die Bindungsforschung hat zur Aufklärung der Zusammenhänge zwischen frühen Bindungserfahrungen und der Herausbildung sozialer Kompetenzen insgesamt sehr viel beigetragen. Dies zeigen die in Minnesota durchgeführten Längsschnittanalysen der Gruppe um Alan Sroufe, dies zeigen aber auch die Längsschnittstudien, die von der Grossmann-Gruppe in Regensburg und Bielefeld durchgeführt wurden. Dass dabei trotzdem viele Fragen vorerst auch offen bleiben müssen, sollte realistisch anerkannt werden. Das soziale Verhalten von Kindern, die Interaktionen zwischen Kindern, die Interaktionen zwischen Eltern und ihren Kindern, die sozialen Kompetenzen von Menschen - dies alles sind Themen, die dem wissenschaftlichen Verständnis nicht so leicht zugänglich sind wie etwa die Einkommensverhältnisse oder das Ausbildungsniveau von Menschen. Man kann froh sein, wenn es gelingt, zur Aufklärung auch kleiner Ausschnitte beizutragen. Die Gruppe um Alan Sroufe und die Gruppe um Klaus und Karin Grossmann haben solche Beiträge geleistet.

Im folgenden Kapitel, in dem es um Gewalterfahrungen von Kindern und ihre sozialen Kompetenzen geht, sollen die in den diskutierten Längsschnittstudien erarbeiteten Einsichten weiter diskutiert und vertieft werden. Es wird deutlich werden, dass die analysierten Zusammenhänge zwischen Beziehungserfahrungen und sozialen Kompetenzen unter den extremen Bedingungen, unter denen Kinder gewalttätiger Eltern aufwachsen, noch deutlicher ausgeprägt und erkennbar sind. Kinder, die von ihren Eltern misshandelt werden, sind in ihren empathischen Fähigkeiten besonders eingeschränkt. Dies gilt auch für ihre Fähigkeit zur sozialen Perspektivenübernahme, zur Impulskontrolle und für ihre Fähigkeit zum kompetenten und erfolgreichen Streiten. Sie sind dadurch in ihrem Zugang zu anderen Menschen schon früh benachteiligt, wie dies im Folgenden zu erläutern ist.

7. Kindesmisshandlung, soziale Kompetenzen und Aggressionen

7.1 Zur Einführung: Kindliche Bindung und Kindesmisshandlung

Wenn in diesem Kapitel von Kindesmisshandlung gesprochen wird, ist damit in erster Linie die körperliche Misshandlung gemeint: Extrem harte Schläge, Verbrennungen, Einsatz von harten Gegenständen oder Waffen, starkes Schütteln, auf den Fußboden werfen oder Ähnliches. Nicht selten sind Kinder, die von ihren Eltern körperlich misshandelt werden, auch anderen Formen der Misshandlung ausgesetzt: der psychischen Misshandlung, der körperlichen und psychischen Vernachlässigung oder dem sexuellen Missbrauch (vgl. als Überblick über einzelne Formen der Kindesmisshandlung Engfer 2002, Gelles 2002, S. 1048 ff.; vgl. zum Thema der Kindesmisshandlung auch Abschnitt 9.2 dieser Arbeit). Dennoch wird es im Folgenden vor allem um die körperliche Misshandlung von Kindern und ihre Bedeutung für die soziale Entwicklung von Kindern gehen.

In Zeitungsberichten über Gewalt gegen Kinder liest man mitunter, dass diese in allen gesellschaftlichen Schichten vorkommt. Dies ist so nicht falsch, lenkt aber von einer Auseinandersetzung mit den quantitativen Relationen ab. Verschiedene sozialwissenschaftliche und kriminologische Untersuchungen belegen, dass Kinder aus den unteren sozialen Schichten signifikant häufiger misshandelt werden als die Kinder anderer Schichten (vgl. hierzu u.a. Wetzels 1997, S. 144 ff. oder Garbarino und Bradshaw 2002, S. 245 ff.). Das Risiko, misshandelt zu werden, steigt insbesondere in den so genannten Randschichten der Gesellschaft (vgl. zu diesem Begriff Geißler 2002, S. 245 ff.) - Schichten mit besonders niedrigem Einkommen, hoher Arbeitslosigkeit, niedrigem Bildungsstand und besonders ungünstigen Wohnverhältnissen. Dabei sind - gegen die Erwartung - Frauen relativ häufig Täterinnen - insbesondere junge, allein erziehende Mütter der unteren sozialen Schichten (vgl. Wetzels 1997, S. 223 f.; Garbarino und Bradshaw 2002, S. 904 f.; Straus und Smith 1990, S. 249 ff.).

Für die empirische Forschung zu den sozialen und psychischen Folgen der Misshandlung von Kindern ist es wichtig, die Tatsache zu berücksichtigen, dass Kindesmisshandlung häufiger in den unteren sozialen Schichten vorkommt. Bei der Abschätzung der Folgen der Misshandlung muss immer gefragt werden, ob die beobachteten Verhaltensweisen und Orientierungen der misshandelten Kinder - z.B. ihre ausgeprägtere Aggressivität oder ihre geringere Bereitschaft zu Mitgefühl - auf die erfahrene Gewalt oder auf andere Faktoren zurückzuführen sind, die das Aufwachsen in der Familie belasten - z.B. Armut oder Vernachlässigung (vgl. hierzu auch Dodge u.a. 1995). In den verschiedenen Forschungsprojekten, deren Ergebnisse in den folgenden Abschnitten dargestellt und diskutiert werden, hat man daher durchweg versucht, bei der Erhebung und Analyse von Daten zu den Folgen der Misshandlung die Schichtzugehörigkeit zu kontrollieren.

Wenn Kinder körperlich misshandelt werden, sind die Täter häufig enge Verwandte oder die primären Bezugspersonen. Unter dem Gesichtspunkt früher Bindungen ist es besonders dramatisch, dass gerade die Personen, die für die Betreuung und Versorgung des heranwachsenden Kindes primär zuständig sind, zu den Tätern gehören. Das bedeutet, dass die Personen - Mutter oder Vater -, denen gegenüber Kinder Bindungstendenzen entwickeln und die im Notfall als sichere Basis angesteuert werden, selbst bedrohlich sind. Die Kinder haben insofern keine verlässliche sichere Basis, sondern müssen damit leben, dass von der Person, bei der sie Schutz suchen, Gefahr ausgeht. Die Kinder sind daher zwischen Bindungswunsch und Fluchttendenz hin und her gerissen (vgl. Main 2001, S. 25 f.).

Unter diesen Bedingungen ist zu erwarten, dass die misshandelten Kinder im Vergleich zu nicht misshandelten Kindern weniger Chancen haben, eine sichere Bindung zu entwickeln. Hinzu kommt etwas anderes: Viele der misshandelten Kinder sind nicht einfach nur unsicher - vermeidend oder ambivalent - gebunden, sondern weisen überhaupt kein wie auch immer geartetes, stabiles Bindungsmuster auf. Misshandelte Kinder, die zusammen mit ihren Müttern in der „Fremden Situation“ (vgl. zu dieser Abschnitt 3.1 dieser Arbeit) beobachtet wurden, verhielten sich häufig „desorganisiert“, wie Main und Solomon (1990) dies nennen. Sie hatten kein klar erkennbares Bindungsmuster, sondern verhielten sich in der Fremden Situation in widersprüchlicher, zum Teil auch bizarrer Weise.

Nach Main und Solomon (1990) werden Kleinkinder, die in der Fremden Situation beobachtet werden, als desorganisiert/desorientiert (Kategorie D) eingestuft, wenn sie eines oder mehrere der folgenden Merkmale aufweisen (vgl. zum Folgenden Main und Solomon 1990, S. 134 ff. und Main 2001, S. 21 ff.):

- Aufeinanderfolgendes Auftreten widersprüchlicher Verhaltensmuster. Beispiel: Ein misshandeltes Kind läuft mit ausgebreiteten Armen weinend auf die Mutter zu, stoppt plötzlich, dreht der Mutter den Rücken zu und schweigt.
- Gleichzeitiges Auftreten widersprüchlicher Verhaltensmuster.

- Ungerichtete, falsch gerichtete, unvollständige und unterbrochene Bewegungen und Ausdrücke, zum Beispiel lautes Weinen, wenn die fremde Person in der „Fremden Situation“ den Raum verlässt. Main erläutert diese Kategorie auch am Beispiel zweier misshandelter Kinder: Sie folgten der Mutter, die den Raum verließ, protestierten gegen ihr Fortgehen, lächelten dann aber sofort die geschlossene Tür an (vgl. Main 2001, S. 22).
- Stereotype, asymmetrische Bewegungen, zeitlich unpassende Bewegungen und abnorme Körperhaltungen. Beispiel: Ein misshandeltes Kind hob wiederholt die Hände zu den Ohren, wenn die Mutter es umarmte.
- „Einfrieren“, Erstarren und verlangsamte Bewegung und Gesichtsausdrücke.
- Direkte Hinweise auf ängstliche Besorgnis gegenüber der Mutter. Beispiel: Einige misshandelte Kinder streckten die Arme nach ihrer Mutter aus und lachten dabei mit einem ängstlichen Gesicht.
- Direkte Hinweise auf Desorganisation und Desorientierung.

Kinder, deren Verhalten entsprechend der hier aufgelisteten Merkmale als desorganisiert bezeichnet wird, können zusätzlich und ergänzend auch einem der drei „organisierten“ Bindungsmuster (sicher, unsicher-vermeidend, unsicher-ambivalent) zugeordnet werden, wenn ihr Verhalten in der Fremden Situation dies nahe legt (vgl. Main 2001, S. 24 f.).

In verschiedenen Untersuchungen, in denen misshandelte Kinder in der Fremden Situation zusammen mit ihren Müttern beobachtet wurden, zeigte sich, dass sehr viele (zwischen 55 und 80%) Merkmale desorganisierten Verhaltens aufwiesen (vgl. Main 2001, S. 26; Lyons-Ruth und Jacobvitz 1999, S. 542). Ergänzend ist nach Lyons-Ruth (1996, S. 67 ff.) zu beachten, dass misshandelte Kinder, die aus den untersten sozialen Schichten - den Randschichten - kommen, neben ihren desorganisierten Verhaltensweisen häufiger auch Merkmale einer unsicher-vermeidenden Bindung aufweisen. D.h. sie sind im Verhältnis zu ihren Müttern oder Vätern nicht nur wie beschrieben hin und her gerissen, sondern gehen auch „in Deckung“ und versuchen, Kontakte, auch Blick-Kontakte, zu reduzieren. Der mit der Vermeidung verbundene Rückzug kann das Zusammenleben mit bedrohlichen Eltern erleichtern. Durch das vermeidende Verhalten besteht weniger Gefahr, dass das Kind seine Ängste und seine Wut offen ausdrückt und dadurch neue Aktionen der Eltern heraufbeschwört (vgl. George und Main 1979, S. 315).

Nach Bowlbys theoretischem Ansatz ist bei Kindern, die von ihren Eltern nicht fürsorglich, sondern stark zurückweisend behandelt werden, damit zu rechnen, dass sie in stärkerem Maße als andere Kinder Wutgefühle und Aggressionen entwickeln (vgl. Bowlby 1986, S. 309 f. und Bowlby 1984; vgl. hierzu auch Abschnitt 2.3.3 der vorliegenden Arbeit). Sie können dadurch im Verhältnis zu ihren Eltern in einen gefährlichen Kreislauf von Aggression und Wut hineingeraten (vgl. Lyons-Ruth und Jacobvitz 1999, S. 541) und sind über die Beziehung zu ihren Eltern hinausgehend auch in anderen Beziehungen stärker gefährdet. Sie bringen stärkere Aggressionspotentiale in neue Beziehungen ein (vgl. hierzu auch unten, Abschnitt 6.3.4).

Auch bei der Interpretation von Ärger und Wut in Beziehungen außerhalb der Familie ist die Idee des Arbeitsmodells von Beziehungen (vgl. hierzu auch die Abschnitte 2.3.2 und 6.1) hilfreich. Die misshandelten Kinder entwickeln auf der Grundlage ihrer Interaktionserfahrungen mit ihren Bezugspersonen Vorstellungen, die Zurückweisung vonseiten der Eltern und Schmerzen antizipieren, und übertragen diese auf andere Beziehungen. Mit der Übertragung einer negativen Erwartung werden - so ist zu vermuten - auch Gefühle der Wut aktualisiert, die ursprünglich in der Kind-Eltern-Beziehung ihren Platz hatten. Hierfür sprechen unter anderem auch die Ergebnisse Dodges u.a. (1995), nach denen misshandelte Kinder bei der Interpretation vorgegebener Geschichten dazu neigen, den Helden der Geschichte feindselige und böswillige Motive zu unterstellen. Diese Kinder sind, wie Längsschnittanalysen zeigen, in der Vorschule aggressiver als andere Kinder (vgl. hierzu auch Abschnitt 7.4).

Die Idee des Arbeitsmodells von Beziehungen hat auch für weitere Verhaltensbereiche Bedeutung - insbesondere für die Bereiche: Empathie und fürsorgliches Verhalten (vgl. hierzu Abschnitt 7.2) und eventuell auch für die stärker sozial-kognitiven Aspekte sozialer Kompetenzen (vgl. hierzu Abschnitt 7.3). Allerdings ist zu beachten, dass bei der Interpretation der sozial-kognitiven Kompetenzen misshandelter Kinder auch generelle kognitive und intellektuelle Defizite dieser Kinder berücksichtigt werden müssen (vgl. hierzu ebenfalls Abschnitt 7.3). In den folgenden Abschnitten soll versucht werden, die skizzierten Zusammenhänge auf der Grundlage ausgewählter empirischer Studien differenzierter und vertiefend zu beschreiben.

7.2 Kindesmisshandlung und Empathie

Carol George und Mary Main führten in den siebziger Jahren in Berkeley eine auf qualitativen Beobachtungen basierende Studie zu den sozialen und psychischen Folgen von Kindesmisshandlung durch (vgl. George und Main 1979 und Main und George 1985). Eine kleine Gruppe misshandelter Kinder im Alter von eins bis drei Jahren wurde mit einer ebenfalls kleinen Gruppe von Kindern verglichen, die in ihren Familien zwar nicht misshandelt wurden, aber doch unter ungünstigen sozialen und emotionalen Bedingungen aufwuchsen. Der Zugang zu den Kindern wurde über spezialisierte Kindertagesstätten gefunden, in denen körperlich misshandelte Kinder oder Kinder aus Familien mit besonderen sozialen und emotionalen Belastungen betreut wurden.

Zehn misshandelte und zehn sozial benachteiligte, aber nicht misshandelte Kinder wurden nach einem sorgfältig vorbereiteten Verfahren („matched sample") ausgewählt, bei dem jedem misshandelten Kind ein in sozialer Herkunft, Alter, Geschlecht und ethnischer Zugehörigkeit vergleichbares „Kontroll-Kind" zugeordnet wurde. Damit konnten mögliche „Störfaktoren" - z.B. Auswirkungen der sozialen Herkunft (vgl. hierzu auch Abschnitt 7.1) auf das soziale Verhalten der Kinder - kontrolliert werden; kausale Schlussfolgerungen zu den Folgen von Misshandlung waren entsprechend leichter zu rechtfertigen. (Vgl. ausführlicher zur Stichprobe und zum methodischen Vorgehen im Einzelnen George und Main 1979, S. 307 ff.; vgl. zu Verfahren und Funktionen von „matched samples" u.a. Bortz und Döring 2002, S. 526 f.).

Jedes Kind wurde insgesamt viermal eine halbe Stunde lang von geschultem Forschungspersonal beobachtet. Aufgabe der Beobachter/Beobachterinnen war es, soziales Verhalten so ausführlich und genau wie möglich zu notieren. Auch kleine Bewegungen wie zum Beispiel rückwärts gehen sollten registriert werden. Die auf diese Weise entstandenen Beobachtungsprotokolle („narrative reports") wurden danach unter ausgewählten Gesichtspunkten ausgewertet und kodiert, wobei zunächst vor allem Annäherungs- und Vermeidungsverhalten und aggressives Verhalten interessierten (vgl. George und Main 1979; vgl. hierzu auch Abschnitt 7.4).

Im Verlauf der weiteren Arbeiten stellte sich heraus, dass die Beobachtungsprotokolle wertvolle Aufschlüsse zum empathischen oder nichtempathischen Verhalten der Kleinkinder enthielten. Die Protokolle wurden daher erneut ausgewertet (vgl. hierzu und zum Folgenden Main und George 1985, S. 408 ff.). Man identifizierte Situationen - insgesamt 50 -, in denen ein Kind Kummer hatte und weinte und andere Kinder in seiner Nähe waren (vgl. als Beispiel für ein solches Vorgehen auch Kestenbaum u.a. 1989; vgl. hierzu vorn, Abschnitt 6.2.1.2). Die Reaktionen der Kinder, die Zeugen des Kummers waren, wurden dann analysiert: Zeigten sie Interesse, Mitgefühl, trösteten sie eventuell, oder reagierten sie ängstlich, wütend, aggressiv oder attackierten sie eventuell sogar das Kind, das weinte und Probleme hatte?

Von den neun misshandelten Kindern, die in mehreren einschlägigen Situationen beobachtet worden waren, zeigte kein einziges Kind Mitgefühl: „No abused toddler ever exhibited a concerned response at witnessing the distress of another toddler." (Main und George 1985, S. 409). Dagegen reagierten die nicht misshandelten, zum Vergleich herangezogenen Kinder anders. Von den neun Kindern, die mit einem weinenden oder sonst unglücklichen Kind konfrontiert waren, regierten immerhin fünf mindestens einmal mit Anteilnahme und Empathie. Hinzu kommt ein weiterer dramatischer Befund: Von den neun misshandelten Kindern reagierten acht mit Furcht, körperlichen Attacken oder anderen Varianten wütenden oder aggressiven

Verhaltens auf das Kind, das bekümmert war. Von den nicht misshandelten Vergleichskindern reagierte nur eines in dieser Weise. (Vgl. Main und George, ebenda)

Main und George (1985) schildern zur Illustration einige Vorfälle, die Furcht oder Aggression und Angriff als Reaktion auf den Kummer anderer zeigen. Zum Beispiel: Thomas, ein misshandeltes einjähriges Kind, hört ein Kind - in einiger Entfernung - weinen. Im Folgenden wird aus dem Beobachtungsprotokoll zitiert:

> „Suddenly, Thomas becomes a statue. His smiles fades and his face takes a look of distress also. He sits very still, his hand frozen in the air. His back is straight, and he becomes more and more tense as the crying continues. The fingers on his hand slowly extend a bit ...The (distant) crying diminishes. Suddenly Thomas is back to normal, calm, mumbling and playing in the sand." (Ebenda, S. 410)

Ein anderes Beispiel: Martin (misshandelt, 32 Monate alt) hört ein Kind weinen, versucht die Hand des weinenden Mädchens zu ergreifen. Das Mädchen will das nicht, er schlägt sie mit der offenen Hand auf ihren Arm. Martin wendet sich dann von ihr ab, schaut auf den Boden und sagt sehr laut, und jedes Mal lauter: „Cut it out! CUT IT OUT!". Martin tätschelt das Mädchen. Als sie gestört reagiert, tritt er ein wenig zurück, zischt und zeigt die Zähne. Er beginnt, erneut ihren Rücken zu tätscheln, das Tätscheln wird zum Schlagen. Er setzt dies fort, ohne auf ihre Schreie zu achten. (Ebenda)

Greifen wir auf die unter 7.1 erläuterten Merkmale desorganisierten Verhaltens zurück, so können wir in beiden Fällen Merkmale solchen Verhaltens erkennen. Besonders deutlich bei Thomas: Das starre Sitzen, die Hand, die wie erstarrt („frozen") wirkt, und die Angespanntheit. Auch Martins Reaktion enthält Elemente desorganisierten Verhaltens, so in dem Aufeinanderfolgen widersprüchlicher Verhaltensmuster oder auch in den falsch gerichteten Bewegungen und Äußerungen: Tätscheln und Schlagen bzw. Nähe suchen und Angriff oder sich abwenden, auf den Boden schauen und das andere Kind gleichzeitig laut auffordern, Ruhe zu geben.

Gerade das letzte Beispiel verdeutlicht auch etwas anderes, nämlich die von Bowlby und auch von Sroufe und Fleeson (1986) formulierte These, dass in den Arbeitsmodellen von Beziehungen diese als Ganzes internalisiert werden (vgl. hierzu auch die Abschnitte 2.3.2 und 6.1 dieser Arbeit). Am Beispiel Martins wird deutlich: Er ist in der Reaktion auf das weinende Mädchen nicht nur das Opfer - das misshandelte Kind -, sondern ihm steht auch die Täter-Rolle - die Rolle der schlagenden Eltern - zur Verfügung. Er ruft das weinende Mädchen laut und immer lauter zur Ordnung, schlägt sie, wenn sie gestört auf sein Tätscheln reagiert, und fährt fort, sie zu schlagen, obgleich sie schreit.

Die misshandelten Kinder haben in ihren Familien häufiger die Erfahrung gemacht, dass die Eltern keine sichere, tröstende Basis sind, wenn sie Kummer haben, wenn sie schreien, protestieren oder Hilfe suchen. Umgekehrt: Ihr eigenes Schreien und Weinen wurde nicht selten mit Schlägen oder Anschreien beantwortet. Man kann annehmen, dass sie diese Erfahrungen in neue Beziehungen hineintragen. Nicht nur die Opfer-Rolle wurde verinnerlicht, sondern auch die Täter-Rolle: Die Rolle einer unempathischen und gewaltbereiten Mutter oder die Rolle eines unempathischen und gewaltbereiten Vaters. Kinder, die weinen oder schreien, werden nicht bedauert und getröstet, sondern gegebenenfalls attackiert.

Zudem ist zu vermuten, dass die ausgeprägtere Aggressivität der geschlagenen Kinder (vgl. hierzu auch 7.1 und 7.4) echtes Mitleid erschwert. Warum soll man den bedauern, den man ohnehin nicht so gerne mag oder von dem man sich sogar angegriffen fühlt? Martins Reaktion auf das Zurückweichen und die abwehrende Reaktion des Mädchens, das weinte, könnte ein Beispiel hierfür sein.

Carollee Howes und Robert Eldredge (1985) kommen in einer vergleichbaren Studie, die ebenfalls in einer Kindertagesstätte durchgeführt wurde, zu einem ähnlichen Ergebnis. Ihre Beobachtungen zeigten, dass misshandelte Kinder eher mit Aggressionen auf Kummer und Weinen anderer Kinder reagierten; die nicht misshandelten, im Übrigen aber vergleichbaren Kinder reagierten auf den Kummer anderer eher mit Anteilnahme.

Man braucht nicht allzu viel soziale Fantasie, um sich vorzustellen, dass Kinder, die unempathisch oder sogar aggressiv auf den Kummer anderer reagieren, in ihren sozialen Beziehungen im Kindergarten beeinträchtigt sind. Es ist für sie schwerer, Freunde zu gewinnen, was dadurch verstärkt wird, dass sie auf freundliche Annäherungsversuche anderer Kinder eher ausweichend oder zurückweisend reagieren (vgl. Howes und Eldredge 1985, S. 265 ff. und George und Main 1979, S. 311 ff.).

7.3 Kindesmisshandlung und soziales Verstehen

Von der Fähigkeit zur Empathie oder zu Mitgefühl abzugrenzen ist die Fähigkeit zu sozialem Verstehen oder zur sozialen Perspektivenübernahme. Es gibt zwar empirische Zusammenhänge zwischen beiden Kompetenzen. Zudem ist ein reiferes Mitgefühl erst dann möglich, wenn Kinder und Jugendliche die Fähigkeit entwickelt haben, sich Perspektive und Erleben der Person, die leidet, vorzustellen (vgl. hierzu auch Hoffmann 1983). Trotzdem kann analytisch zwischen beiden Konzepten unterschieden werden, und beide Kompetenzen können auch unabhängig voneinander auftreten. Bei kleinen Kindern ist die Fähigkeit zu Mitgefühl zeitlich eher entwickelt als die Fähigkeit zur sozialen Perspektivenübernahme (vgl. hierzu etwa Radke-Yarrow u.a. 1983 oder Schmidt-Denter 1996, S. 241 ff.); und es gibt umgekehrt auch die Fähigkeit zur Perspektivenübernahme ohne Mitgefühl. Ein Beispiel sind Menschen, die ihre Fähigkeit, sich die Gefühle und Wünsche anderer vorzustellen, geschickt und ohne Mitleid zu empfinden nutzen, um andere reinzulegen.

Von sozialem Verstehen oder von der Fähigkeit zur sozialen Perspektivenübernahme spricht man dann, wenn folgende Fähigkeiten gegeben sind:

a) die Fähigkeit, sich vorzustellen, dass andere Menschen anders denken, fühlen oder andere Ziele haben als man selbst (die nicht-egozentrische Perspektive);

b) die Fähigkeit, plausible Annahmen darüber zu entwickeln, was andere Menschen wahrnehmen und denken, wie sie empfinden und welche Handlungsziele sie verfolgen.

In der Piaget-Tradition nahm man früher an, dass Kinder die Fähigkeit zur Perspektivenübernahme erst relativ spät entwickeln - mit etwa sechs bis sieben Jahren -; inzwischen wurde dies korrigiert (vgl. hierzu auch Flavell 2000). Kinder können schon mit ca. vier Jahren leichtere Perspektivenübernahme- oder „theory of mind"-Aufgaben lösen. Ein Beispiel aus einer Untersuchung von Baron-Cohen u.a. (1985): Man zeigt Kindern zwei Puppen: Sally und Anne, und vergewissert sich, dass die Kinder diese voneinander unterscheiden können. Es geht dann um folgende Geschichte: Sally legt eine Marmel in ihren Korb und verlässt die Szene. Anne nimmt sich die Marmel und versteckt sie in ihrer Box. Sally kommt zurück. Der Experimentleiter fragt das Kind, das die Szene beobachtet hat: Wo wird Sally die Marmel suchen? Die „false-belief"-Frage ist richtig beantwortet, wenn das befragte Kind auf den Korb deutet oder den Korb benennt. Durchschnittlich entwickelte Kinder von ca. viereinhalb Jahren können dies. Autistische Kinder können dies überwiegend nicht, auch wenn man sie in einem späteren Lebensalter befragt. Sie beantworten die „false belief"-Frage falsch bzw. egozentrisch, indem sie der Puppe Sally ihr eigenes, privilegiertes Wissen unterstellen und annehmen, Sally würde die Marmel in Annes Box suchen. (Vgl. Baron-Cohen u.a. 1985, S. 40 ff.)

Verschiedene Untersuchungen haben ergeben, dass Kinder, die körperlich misshandelt wurden, ebenfalls mehr Probleme damit haben, realistische Annahmen zum Denken, Fühlen und zu den Handlungsmotiven anderer zu entwickeln. Zwar sind die Unterschiede zwischen ihnen und den nicht misshandelten Kindern keineswegs so eklatant wie die Unterschiede zwischen autistischen und durchschnittlich entwickelten Kindern, aber sie sind immerhin bemerkenswert.

Barahal u.a. (1981) verglichen 17 körperlich misshandelte Kinder im Alter von sechs bis acht mit 16 zum Vergleich herangezogenen Kindern, die in ihrer Alterszusammensetzung, dem Anteil von Jungen und Mädchen, der sozialen Herkunft und Lebenssituation etwa der Gruppe der misshandelten

Kinder entsprachen. Die Kinder wurden unter anderem mit Hilfe eines von Flavell u.a. (1975) entwickelten Verfahrens getestet, mit dem ihre Fähigkeit zur Rollen- bzw. Perspektivenübernahme erfasst werden sollte. Ihnen wurde die Geschichte vom Jungen, dem Hund und dem Baum vorgelegt (vgl. hierzu Flavell u.a. 1975, S. 111 ff.). Sie besteht aus sieben Bildern; einige davon zeigen, wie der Held der Geschichte von einem Hund verfolgt wird und vor ihm auf einen Apfelbaum flüchtet.

Den Kindern wurde die Bild-Geschichte, die friedlich beginnt und friedlich endet, insgesamt Bild für Bild erzählt. Dann entfernte man vier Bilder - die mit dem Hund verbundenen, für den Helden der Geschichte bedrohlich wirkenden Bilder -, zeigte den Kindern die gekürzte Geschichte und fragte sie, wie eine Person, die bislang keines der Bilder gesehen hat, diese Geschichte wohl erzählen würde. Die misshandelten Kinder hatten signifikant mehr Probleme damit sich vorzustellen, dass die neu hinzugekommene Person über den Hund, die Bedrohung und die Flucht nichts wissen konnte. Sie unterstellten häufiger - egozentrisch - das eigene privilegierte Wissen (vgl. Barahal u.a. 1981, S. 511).

In einer von Ann Frodi und Judith Smetana (1984) durchgeführten Untersuchung wurden bei Kindern im Alter von drei bis fünf Unterschiede bei der Zuschreibung von Gefühlen festgestellt. Die misshandelten Kinder hatten bei kleinen Interpretationsaufgaben (nach einem von Borke, 1971, entwickelten Verfahren) mehr Schwierigkeiten damit, den Helden der kleinen Geschichten, die ihnen erzählt wurden (z.B. Nancy/Johnny fällt hin, und es tut weh), passende Gefühle zuzuordnen (vgl. Frodi und Smetana 1984, S. 462 ff.).

Allerdings: In der Untersuchung Frodis und Smetanas kam man bei genauerer Analyse zu folgendem Ergebnis: Sobald man nur Kinder miteinander verglich, deren Intelligenz-Quotient relativ niedrig war, zeigte sich, dass die misshandelten Kinder im Geschichtenverständnis und bei der Interpretation von Gefühlen kaum weniger kompetent waren als die Kinder, die unter günstigeren Bedingungen aufwuchsen (vgl. ebenda). Auch in der von Barahal u.a. durchgeführten Studie ließ sich ein solcher Einfluss der Intelligenz nachweisen. Die Unterschiede zwischen den misshandelten und nicht misshandelten Kindern wurden geringer, wenn man deren Intelligenz-Quotienten in die Analysen einbezog. Die Fähigkeiten der misshandelten Kinder, sich Wahrnehmung und Interpretationen einer anderer Person vorzustellen, waren unter diesen Bedingungen zwar immer noch weniger entwickelt als bei den anderen Kindern; aber die Unterschiede waren statistisch nicht mehr signifikant.

Es gibt also gute Gründe dafür anzunehmen, dass die geringeren sozialkognitiven Fähigkeiten der misshandelten Kinder auch mit Problemen ihrer generellen kognitiven Entwicklung zusammenhängen. Verschiedene Studien machen darauf aufmerksam, dass die misshandelten Kinder - ähnlich wie die von ihren Eltern vernachlässigten Kinder - in ihren kognitiven Fähigkeiten im Vergleich zu anderen Kindern generell weniger entwickelt sind. Dies zeigte sich beispielsweise auch in der Minnesota-Längsschnittstudie, über deren Methoden und zentrale Ergebnisse ich im vorigen Kapitel ausführlich berichtet habe (vgl. Abschnitt 6.2.1). Die Kinder, die in ihren ersten Lebensjahren von ihren Eltern körperlich misshandelt worden waren, schnitten bei einem für ihre Altersgruppe geeigneten Intelligenz-Test („Wechsler Preschool and Primary Scale of Intelligence") signifikant schlechter ab als Kinder, die zu Hause nicht geschlagen und adäquat versorgt wurden. Nur diejenigen Kinder, die von ihren Eltern sehr stark vernachlässigt wurden, standen in ihrer Intelligenz-Entwicklung noch ungünstiger da. (Vgl. Erickson u.a. 1989, S. 669 ff.) Auch die Vorschullehrer der misshandelten und vernachlässigten Kinder schätzten deren Fähigkeit, dem Unterricht zu folgen, als sehr gering ein.

Auch in der großen von Dodge u.a. durchgeführten Längsschnitt-Studie, die auf einer repräsentativen Stichprobe basiert, gibt es deutliche Hinweise darauf, dass die körperlich misshandelten Kinder in ihren kognitiven Fähigkeiten im Vergleich zu nicht misshandelten Kindern weniger entwickelt sind (vgl. hierzu Weiss u.a. 1992 und Dodge u.a. 1995). Die misshandelten Kinder konnten kleine Geschichten, die man ihnen auf einem Fernsehgerät vorspielte und in denen es jeweils um kindliche Helden und deren Missgeschick ging, signifikant schlechter nacherzählen als andere Kinder (vgl. zum Verfahren Weiss u.a. 1992, S. 1325 f.).

Wie auch immer man die geringeren kognitiven Leistungen der misshandelten Kinder erklären mag - spielen körperliche Einwirkungen eine Rolle, besonderer Stress in der Erziehung, der Neugier und Exploration verhindert, unzureichende Förderung durch die Eltern o.a.?: Die Unterschiede in den kognitiven Leistungen müssen mit berücksichtigt werden, wenn man erklären will, warum Kinder, die von ihren Eltern misshandelt wurden, Probleme damit haben, andere Menschen zu verstehen, warum ihre Fähigkeit zur sozialen Perspektivenübernahme weniger entwickelt ist.

Die geringeren Verstehenskompetenzen der misshandelten Kinder sind für ihre soziale Entwicklung und ihre soziale Integration von großer Bedeutung. Kinder, die, aus welchen Gründen auch immer, nicht in der Lage sind, das Verhalten anderer realistisch einzuschätzen und zu interpretieren, werden Probleme im Umgang mit anderen Kindern und Erwachsenen haben. Sie können beispielsweise freundliches Entgegenkommen anderer schwerer erkennen und reagieren möglicherweise auch deshalb ausweichend oder gar zurückweisend, wenn gleichaltrige Kinder freundlich auf sie zukommen (vgl. hierzu auch Abschnitt 7.2). Und sie sind auch leichter anfällig für Interpretationen, die dem Gegenüber feindselige Absichten unterstellen (vgl. hierzu auch Abschnitt 7.4). Wer Probleme damit hat, sich vorzustellen, dass andere Menschen vor einem anderen Informationshintergrund als dem eigenen handeln, und mit Motiven, die anders sind als die eigenen oder die der eigenen Eltern, gerät leichter in Versuchung, der Realität die eigenen Erwartungen - das eigene „internal working model" - überzustülpen. Es gibt weniger Chancen, eigene Fehldeutungen zu überprüfen und zu revidieren.

7.4 Kindesmisshandlung und Aggressivität

In dem Abschnitt über die gering entwickelten empathischen Fähigkeiten misshandelter Kinder (vgl. Abschnitt 7.2 dieser Arbeit) habe ich über eine von George und Main durchgeführte Studie berichtet (vgl. George und Main 1979 und Main und George 1985). In ihr wurden zehn körperlich misshandelte Kinder mit zehn sozial und psychisch benachteiligten, aber nicht misshandelten Kindern verglichen. Zu den Ergebnissen dieser Studie gehörte, dass misshandelte Kinder nicht nur Empathie vermissen ließen, wenn andere Kinder weinten und Kummer hatten, sondern zum Teil auch mit Aggressionen, Schlagen, Anschreien oder Treten auf das Weinen anderer reagierten. Sie unterschieden sich in diesen aggressiven Reaktionen von den anderen Kindern im Kindergarten, die eher mit Anzeichen des Mitgefühls auf den Kummer und das Weinen eines Kindes reagierten. Howes und Eldredge (1985) berichten auf der Grundlage einer anderen Beobachtungsstudie über einen vergleichbaren Befund.

Auf eine mögliche Interpretation dieser Ergebnisse, die sich auf theoretische Annahmen zur Herausbildung und zu den Auswirkungen interner Arbeitsmodelle von Beziehungen stützt (vgl. zu diesen auch die Abschnitte 2.3.2, 6.1 und 7.1 dieser Arbeit), habe ich bereits hingewiesen: Kinder entwickeln auf der Grundlage ihrer Erfahrungen mit den Eltern innere Arbeitsmodelle von Beziehungen, und sie verinnerlichen dabei die erlebten sozialen Beziehungen als Ganzes (vgl. hierzu auch Sroufe und Fleeson 1986). Ihnen ist sowohl die Täter-Rolle als auch die Opfer-Rolle vertraut. In ihrem eigenen Verhalten können sie daher gegebenenfalls auch die strafende Täter-Rolle übernehmen, wenn die soziale Situation entsprechende Anreize enthält (zum Beispiel das laute Schreien eines Kindes). Die aus dem Forschungsbericht Mains und Georges referierte Passage zum Verhalten Martins könnte ein Beispiel hierfür sein (vgl. hierzu vorn, Abschnitt 7.2).

Für die Interpretation ebenfalls wichtig könnte Bowlbys Annahme sein, dass starke Zurückweisungen in der Erziehung - Misshandlungen gehören hierzu - Enttäuschung und Wut erzeugen, die zu erhöhter Aggressivität führen (vgl. hierzu auch die Abschnitte 2.3.3 und 7.1 dieser Arbeit). Dodge u.a. (1995) weisen schließlich auch auf die Tendenz hin, dass misshandelte Kinder in der kognitiven Verarbeitung ihrer sozialen Umwelt zu Verzerrungen neigen und böse Absichten selbst dort unterstellen, wo ihr Gegenüber es gut mit ihnen meint.

Wir müssen diese verschiedenen Interpretationsmöglichkeiten im Auge behalten, wenn wir die zahlreichen empirischen Befunde zur Entwicklung des aggressiven sozialen Verhaltens misshandelter Kinder zur Kenntnis nehmen.

Bleiben wir zunächst bei den Beobachtungen Georges und Mains (1985). Die misshandelten Kinder waren im Durchschnitt signifikant aggressiver als die vergleichbaren Kinder. Die misshandelten Kinder attackierten andere Kinder mehr als doppelt so häufig wie die nicht misshandelten Kinder, und sie gingen im Unterschied zu den anderen Kindern deutlich aggressiver mit dem Betreuungspersonal um. Fünf der misshandelten Kinder - und keines der anderen Kinder - attackierten die Erzieherinnen körperlich oder drohten dies zu tun. Zudem neigten die misshandelten Kinder mehrheitlich dazu, ihre Erzieherinnen zu ärgern oder zu schikanieren (vgl. George und Main 1979, S. 311 ff.).

Es gibt in der Untersuchung Georges und Mains Hinweise darauf, dass hinter der Aggressivität gegenüber dem Betreuungspersonal die Übertragung negativer Erwartungen stehen könnte - die Übertragung der negativen Erfahrungen in der Eltern-Kind-Beziehung auf die Beziehungen mit dem Betreuungspersonal. Die misshandelten Kinder reagierten auf freundliche Angebote der Erzieherinnen - anders als die Vergleichskinder - ausweichend und vermieden es, direkt auf die Erzieherinnen zuzugehen (vgl. George und Main 1979, S. 311 ff.) - so als ob sie dem freundlichen Entgegenkommen nicht trauten.

Negative Erwartungen scheinen auch in die Beziehungen zu den Kindern des Kindergartens einzugehen. Ihr freundliches Entgegenkommen wurde mit einer Mischung von Annäherung und Vermeidung (z.B. hingehen, aber nicht angucken) beantwortet. Alle misshandelten Kinder, aber keines der zum Vergleich herangezogenen Kinder reagierten auf die freundliche Annäherung eines anderen Kindes mit einem Verhalten, das zwischen Annäherung und Vermeidung schwankt (ebenda, S. 311).

Trotzdem sind für George und Main die Aggressivität gegenüber dem Betreuungspersonal und die dabei zugrunde liegenden Erwartungen besonders bemerkenswert:

> „Although for every measure of aggressive incidence, the abused children exceeded the control children, the strongest group differences occured in behavior with caregivers. The abused children were the only children in the sample to assault or threaten to assault their caregivers, and seven of the abused children ... but only two of the control children ... 'harrassed' their caregivers." (George und Main 1979, S. 313).

Für George und Main stehen hinter der Aggressivität im Verhältnis zu dem Betreuungspersonal die negativen Erfahrungen mit potentiell gefährlichen elterlichen Betreuern. Sie verweisen in diesem Zusammenhang auch auf eine Längsschnittstudie, die den Zusammenhang zwischen starker mütterlicher Zurückweisung und Attacken des Kindes gegen die Mutter belegt (vgl. ebenda, S. 313 f.).

Die Wut auf die eigenen Eltern und die Übertragung dieser Wut auf andere - beide Phänomene stehen vermutlich hinter vielen Ergebnissen zur Aggressivität von körperlich misshandelten Kindern. Ein Beispiel aus der Minnesota-Längsschnitt-Studie (vgl. zu deren Methoden und zentralen Ergebnissen Abschnitt 6.2.1): Als die im Längsschnitt beobachteten Kinder sechs Jahre alt waren, gab es unter ihnen neun Jungen und sieben Mädchen, von denen klar war, dass sie in den letzten Jahren von ihren Eltern misshandelt worden waren (vgl. hierzu und zum Folgenden Erickson u.a. 1989, S. 667 ff.). Diese Kinder waren nach Einschätzung ihrer Erzieherinnen/Erzieher im Alter von vier bis fünf Jahren signifikant aggressiver als die zum Vergleich herangezogenen nicht misshandelten Kinder - und auch aufsässiger. Die Erzieherinnen meinten, sie würden im Unterricht deutlich mehr stören als andere Kinder. Auf die geringeren kognitiven Leistungen dieser Kinder habe ich bereits hingewiesen (vgl. Abschnitt 7.3).

Allerdings: Erickson u.a. betonen, dass die Gruppe der stark vernachlässigten Kinder - neun Jungen und acht Mädchen - im kognitiven und sozialen Bereich ähnliche Probleme hatten (vgl. ebenda, S. 670 ff.). Auch sie waren aggressiver als die zum Vergleich herangezogenen Kinder, auch sie warfen im Unterricht erhebliche Probleme auf, auch sie waren in ihren kognitiven Leistungen deutlich schwächer als die Vergleichskinder. Im Vergleich zu anderen Kindern waren zudem ihre Tendenzen zu sozialem Rückzug und Ängstlichkeit ausgeprägter - auch im Vergleich zu den körperlich misshandelten Kinder.

Auf Parallelen in der sozialen und kognitiven Entwicklung von körperlich misshandelten und stark vernachlässigten Kindern weisen auch andere Studien hin (vgl. u.a. Frodi und Smetana 1984 und Howes und Eldredge 1985). Dies könnte nahe legen zu fragen, ob nicht die Zurückweisung durch die Eltern, die mit der körperlichen und emotionalen Vernachlässigung von Kindern verbunden ist, ähnliche emotionale Folgen hat wie die körperliche Misshandlung: In beiden Fällen werden Enttäuschung und Wut erzeugt, und in beiden Fällen machen es die Beziehungserfahrungen in der Familie für die Kinder schwer, innere Arbeitsmodelle zu entwickeln, die von sozialem Vertrauen zeugen.

Auch Dodge u.a. (1995) legen Untersuchungsergebnisse vor, die belegen, dass frühe körperliche Misshandlung mit späteren Problemen verbunden sind - mit stärkerer Aggressivität und mehr Verhaltensauffälligkeiten in der Schule. Für Dodge u.a. sind bei der Interpretation dieser Zusammenhänge sozial-kognitive Gesichtspunkte besonders wichtig. Die körperlich misshandelten Kinder haben mehr Probleme, ihre soziale Umwelt realistisch zu interpretieren; sie neigen stärker zur Unterstellung von Feindseligkeit, stehen im hypothetischen Konfliktfall aggressiven Problemlösungen näher und bewerten Aggressionen positiver als andere (vgl. Dodge u.a. 1995, S. 636 ff.). In ihren empirischen Analysen zu einer Längsschnittstudie, in die 584 Kinder - ausgewählt auf der Grundlage von Zufallsstichproben in drei Einzugsbereichen - einbezogen waren, konnten Dodge u.a. ihre Vermutungen zum Teil bestätigen. Die genannten sozial-kognitiven Prozesse konnten bei der Interpretation des Zusammenhangs zwischen Misshandlung und Aggressivität - mit unterschiedlichem Gewicht - erfolgreich herangezogen werden.

Bei der Interpretation ihrer Ergebnisse benennen Dodge u.a. allerdings auch Grenzen (vgl. Dodge u.a. 1995, S. 641). Man müsse sich dem Phänomen der Aggressivität in einem multi-kausalen Ansatz nähern. Es seien biologische Faktoren zu berücksichtigen und Sozialisationseffekte, die über die körperliche Misshandlung hinausgehend zur Aggressivität führen. Die Autoren erwähnen die Beobachtung von Gewalt im eigenen sozialen Umfeld, unzureichende elterliche Unterstützung und Betreuung und unzureichendes „Monitoring" der Eltern. Man muss diese Auflistung möglicher Sozialisationsbedingungen sicher ergänzen, wenn man die im Vorangehenden dargestellten empirischen Befunde und theoretischen Überlegungen berücksichtigt. Insbesondere muss die emotionale Entwicklung der Kinder stärker beachtet werden. Die Bedingungen, unter denen sie aufwachsen, fördern Gefühle der Enttäuschung und Wut, die in die Interaktion mit anderen Menschen hineinwirken - mit einschneidenden Folgen für die soziale Integration und für die Entwicklung sozialer Kompetenzen.

7.5 Die sozialen Beziehungen der misshandelten Kinder

In den vorangehenden Abschnitten habe ich an verschiedenen empirischen Studien dargestellt, dass sich misshandelte Kinder in ihren sozialen Kompetenzen von vergleichbaren Kindern, die nicht misshandelt wurden, unterscheiden. Sie äußern weniger Mitgefühl, wenn andere Kinder Kummer haben, reagieren eventuell sogar mit Aggressionen auf den Kummer anderer. Sie haben geringere sozial-kognitive Fähigkeiten und mehr Probleme damit sich vorzustellen, wie andere Menschen denken und empfinden, und sie sind aggressiver, sowohl gegenüber anderen Kindern als auch gegenüber ihren Erzieherinnen und Erziehern. Dieses alles führt dazu, dass misshandelte Kinder es im Umgang mit anderen nicht leicht haben, was umgekehrt auch für die anderen gilt. Das Sozialverhalten der misshandelten Kinder kann im Kindergarten zu erheblichen Schwierigkeiten führen und Aggressionen erzeugen. Es kommt erschwerend hinzu, dass die kognitiven und sprachlichen Fähigkeiten der misshandelten Kinder im Durchschnitt hinter den Fähigkeiten vergleichbarer Kinder zurück bleiben (vgl. Erickson u.a. 1989, S. 667 ff. oder Cicchetti u.a.1992, S. 353). Es fällt diesen Kindern schwerer, sich in möglichen Konfliktsituationen sprachlich zu verständigen.

In der Minnesota-Studie (vgl. zu dieser die Abschnitte 6.2.1 und 7.4) sind die misshandelten Kinder im Alter von durchschnittlich 4 ½ Jahren nach der Einschätzung ihrer Erzieherinnen und Erzieher in ihren jeweiligen Kindergarten-Gruppen besonders wenig beliebt und stören auch mehr als die anderen den Unterricht (vgl. Erickson u.a. 1989, S. 667 ff.). In der Interaktion mit anderen können misshandelte Kinder schwerer mit Frustrationen umgehen und lassen sich leichter provozieren. Sie reagieren auf die Attacken anderer Kinder häufiger als andere aggressiv, reagieren auf das freundliche Entgegenkommen anderer zögerlicher und ausweichender und initiieren selbst seltener Interaktionen mit anderen Kindern (vgl. George und Main 1985, Howes und Eldredge 1985, Howes und Espinosa und als informativen Überblick über verschiedene Studien hierzu Mueller und Silverman 1989).

Howes und Espinosa (1985) vertreten die These, dass therapeutische Intervention hier viel bewirken könnte. Sie meinen insbesondere, dass die Betreuung von misshandelten Kindern in kleinen und stabilen Kindergartengruppen zu besseren Beziehungen in der Gleichaltrigengruppe führen würde. Sie können dies in einer kleinen, auf Beobachtung basierenden Studie untermauern. Sie verglichen misshandelte Kinder aus stabilen, gut etablierten Gruppen mit misshandelten Kindern, die in neu zusammengestellten Gruppen mit anderen Kindern zu tun hatten, und zogen zudem zum Vergleich auch nicht misshandelte Kinder heran. Die Ergebnisse waren verblüffend (vgl. hierzu und zum Folgenden Howes und Espinosa 1985, S. 400 ff.). In den gut etablierten Kindergruppen waren die misshandelten Kinder im Vergleich zu den nicht misshandelten Kindern zwar seltener initiativ - sie initiierten seltener Kontakte. Aber insgesamt waren die Unterschiede im Sozialverhalten zwischen beiden Gruppen nicht sehr ausgeprägt. In den neu zusammengesetzten Gruppen waren die Unterschiede zwischen misshandelten und nicht misshandelten Kindern hingegen auffällig. Die misshandelten Kinder initiierten sehr viel seltener Kontakte und waren im Ungang mit anderen Kindern sehr viel seltener unterstützend, großzügig oder freundlich.

Für Howes und Espinosa folgt hieraus, dass es wichtig ist, die sozialen Möglichkeiten misshandelter Kinder als variabel zu begreifen. Die Gleichaltrigen-Beziehungen der misshandelten Kinder können, aber müssen nicht problematisch sein. Sie können durch therapeutische und pädagogische Interventionen verbessert werden, mit denen Eltern darin unterstützt werden, anders mit ihren Kindern umzugehen, und mit denen Kindern die Möglichkeit eröffnet wird, in verlässlichen, sehr gut betreuten Gruppen mit anderen Kindern zusammen zu sein (vgl. Howes und Espinosa S. 403).

Da funktionierende soziale Beziehungen zu Gleichaltrigen für die Entwicklung und Sozialisation von Kindern sehr wichtig sind (vgl. hierzu u.a. Cicchetti u.a. 1989, S. 348 f. oder Krappmann und Oswald 1995, S. 141 ff.), sind Versuche, hier fördernd und stabilisierend einzugreifen, von großer praktischer Bedeutung. Wer sich aktiv und vorbeugend mit den destruktiven Folgen von Kindesmisshandlung auseinander setzen will, sollte früh intervenieren und den Kindern soziale Alternativen zu ihrem häuslichen Milieu anbieten. So könnten die bei Howes und Espinosa beschriebenen stabilen, therapeutisch betreuten Kindergarten-Gruppen ein Milieu sein, in dem Freundschaften entstehen und soziale Kompetenzen gefördert werden.

Wie hilfreich dies für misshandelte Kinder wäre, lässt sich auch daran erkennen, dass misshandelte Kinder bei stabiler und gut geschulter Betreuung auch ihr Verhalten gegenüber den Erzieherinnen und Erziehern ändern (vgl. Howes 1999, S. 678). So beschreibt Carollee Howes (ebenda) ein eigenes Forschungsprojekt, in dem man verhaltensauffällige Kinder über einen längeren Zeitraum in einer therapeutischen Vorschule beobachtete. Die Kinder waren wegen ihrer Probleme aus kommunalen Kindergärten herausgenommen worden und wurden in dem therapeutischen Kindergarten von ihren Erzieherinnen besonders kompetent und unterstützend betreut. Im Verlauf der ersten sechs Monate in dieser Einrichtung veränderte sich das Verhalten der Kinder. Sie entwickelten im Verhältnis zu ihren Betreuerinnen bessere Beziehungen und wurden in ihrer Bindung an sie deutlich sicherer. Die zunächst vorhandenen Unsicherheiten, die aus ungünstigen häuslichen Bedingungen resultierten, konnten zum Teil abgebaut werden. Das heißt aber auch: Die durch pessimistische Erwartungen gekennzeichneten internen Arbeitsmodelle, die auf negative Erfahrungen in der Eltern-Kind-Beziehung zurückgehen, müssen nicht zwangsläufig auf andere Beziehungen übertragen werden. In neuen, unterstützenden Milieus können neue Bindungen entstehen, die - wenn sie Bestand haben - Sicherheit vermitteln und zur Veränderung der Art und Weise, in der Kinder auf ihre Umwelt zugehen, führen.

8. Zwischenbetrachtung: Vorläufige Zusammenfassung und Überlegungen zur längerfristigen Bedeutung früher Bindungs- und Interaktionserfahrungen

In dem Buch mit dem Titel „Ist Erziehung sinnlos?“, das in der Bundesrepublik auf ein breites Medien-Echo stieß, vertritt Judith Rich Harris (2000) die Auffassung, dass frühe Bindungserfahrungen längerfristig für die Entwicklung von Kindern wenig Bedeutung haben. Harris konzediert zwar, dass frühe Erfahrungen der Interaktion mit der Mutter die Bindungssicherheit und unterschiedliche Muster der Bindung beeinflussen. „Hat das Kind früher in seiner Mutter eine Quelle des Trostes gefunden, wenn es Angst hatte oder unglücklich war, dann wird es dasselbe auch jetzt erwarten.“ (Harris 2000, S. 230). Harris zieht jedoch an dieser Stelle den Trennungsstrich zur Bindungsforschung. Unplausibel und nicht belegt sind aus ihrer Sicht insbesondere Bowlbys Thesen zur Relevanz der auf Interaktionserfahrungen basierenden inneren Arbeitsmodelle und die Behauptung, die inneren Arbeitsmodelle würden das soziale Verhalten auch außerhalb der Kind-Eltern-Beziehung beeinflussen. Harris begründet dies nicht im Einzelnen, sondern vertraut darauf, dass man ihr glaubt. Nach ihrer Auffassung sind es vor allem die genetischen Potentiale der Heranwachsenden und ihre Umwelt - so die Umwelt in der Gleichaltrigen-Gruppe -, die ihre Entwicklung und Sozialisation prägen, und nicht die Beziehungs- und Erziehungserfahrungen in der Familie.

Ich werde an anderer Stelle (vgl. hierzu insbesondere die Abschnitte 9.3 und 9.4.1) auf Thesen der Verhaltensgenetiker zurückkommen. An dieser Stelle möchte ich die bisher diskutierten Befunde zur Relevanz früher Bindungen zusammenfassen und Thesen zur längerfristigen Bedeutung früher Bindungs- und Interaktionserfahrungen formulieren. Anders als es Harris' Thesen nahe legen, konnten im Vorangehenden Einflüsse früher Bindungen belegt werden.

Von großer Bedeutung sind zunächst die bindungstheoretischen Annahmen und die empirischen Daten zur „Sozialisierbarkeit“ von Kleinkindern. Ähnlich wie in der psychoanalytischen Theorie und in den Arbeiten Anna Freuds und Dorothy Burlinghams wird auch in der Bindungsforschung angenommen, dass frühe affektive Beziehungen - frühe Bindungen - zwischen Kindern und ihren Eltern beeinflussen, wie bereitwillig Kinder übernehmen, was ihre Eltern von ihnen fordern, und wie bereitwillig sie mit ihren Eltern kooperieren (vgl. hierzu und zum Folgenden vor allem Abschnitt 2.3.1 und Kapitel 4 dieser Arbeit). In der bekannten Baltimore-Studie und in weiteren Studien aus dem Umfeld Mary Ainsworths konnten diese Annahmen belegt werden. Sicher gebundene Kinder folgen den Anweisungen ihrer Mütter signifikant häufiger und bereitwilliger als unsicher gebundene Kinder, und sie kooperieren mit ihren Eltern auch besser. Die Bedeutung der positiven affektiven Beziehung zwischen Kindern und ihren Eltern kommt auch in den Studien Grazyna Kochanskas u.a. zum Ausdruck. Kochanska u.a. können auf der Grundlage umfassender Beobachtungen von Kindern und ihren Müttern zeigen, dass Kinder elterliche Anforderungen dann besonders bereitwillig übernehmen, wenn sie eine positive und harmonische Beziehung zu ihren Müttern haben. Sie gehen davon aus, dass hiermit eine wesentliche Grundlage für die Verinnerlichung elterlicher Anforderungen und für die Gewissensentwicklung gelegt ist.

In Kapitel 5 habe ich diesen Gedanken weiter verfolgt und gefragt, ob frühe Gefühlsbindungen für die Gewissensentwicklung auch dann bedeutsam bleiben, wenn die Kinder älter werden und in ihrer kognitiven Entwicklung weiter vorangeschritten sind. Insbesondere in der Kohlberg-Tradition werden kognitive Gesichtspunkte bei der Interpretation moralischer Entwicklung sehr stark und emotionale Gesichtspunkte sehr wenig beachtet. Es sind nach Kohlberg vor allem die Gelegenheiten zur Rollenübernahme bzw. zur Perspektivenübernahme, die bestimmen, wie sich die moralische Urteilsfähigkeit von Kindern und Jugendlichen entwickelt. Es gibt dagegen gute theoretische und empirische Argumente dafür, dass man die Kohlbergschen Annahmen zur Entwicklung moralischer Urteilsfähigkeit erweitert und den Einfluss affektiver Beziehungen stärker berücksichtigt. Dies zeigen beispielsweise auch die Arbeiten Martin Hoffmans und Herbert Saltzsteins. Für die Entwicklung einer eigenständigen Orientierung an Normen sind neben kognitiven Entwicklungen auch affektive Entwicklungen wichtig: Es geht nicht nur um induktive Erziehungsstile und die Stärkung der kindlichen Fähigkeit zur Perspektivenübernahme, sondern auch um die emotionalen Beziehungen in den Familien. Um effektiv zu sein, müssen unterschiedliche Erziehungsstile generell auf vorhandenen Gefühlen und Motiven des Kindes aufbauen, zum Beispiel auf dem Gefühl der Zuneigung zu den Eltern oder auf dem Wunsch, von den Eltern akzeptiert zu werden.

Neben den Überlegungen und empirischen Befunden zur „Sozialisierbarkeit" von Kindern und zur Entwicklung moralischer Autonomie ging es in den vorangehenden Kapiteln auch um die Entwicklung sozialer Kompetenzen und die Entwicklung aggressiver Tendenzen (vgl. hierzu die Kapitel 6 und 7).

Als soziale Kompetenz wurde im Kontext dieser Arbeit die Fähigkeit definiert, sich erfolgreich - oder zumindest doch halbwegs erfolgreich - an Prozessen alltäglicher Interaktion und Kommunikation zu beteiligen. Die Fähigkeiten, die dabei erforderlich sind, sind je nach Alter der Beteiligten und nach der Art der Beziehung unterschiedlich - je nach dem, ob es sich zum Beispiel um beiläufige Bekanntschaften, leidenschaftliche Liebesbeziehungen, dienstliche Kontakte, soziale Beziehungen in der Schulklasse, in der Vorschule o.a. handelt. Die folgenden Fähigkeiten sind jedoch in jeweils unterschiedlicher Intensität und Mixtur fast immer gefragt: die Fähigkeit zum empathischen Mitempfinden; die Fähigkeit zur Perspektivenübernahme oder Rollenübernahme - d.h. die Fähigkeit sich vorzustellen, wie andere Menschen denken und empfinden und welche Handlungsmotive sie haben; die Fähigkeit zur realistischen Kommunikation über das eigene Denken, Empfinden und die eigenen Motive, aber auch die Fähigkeit zu einer sozial angemessenen Impuls- und Emotionskontrolle.

In Kapitel 6 und 7 bin ich der Frage nachgegangen, ob es theoretische und empirische Argumente gibt, die dafür sprechen, dass auch diese Kompetenzen durch frühe Bindungs- und Interaktionserfahrungen geprägt sind. Ich habe dabei zwar auch auf die Relevanz bewusster elterlicher Erziehungspraktiken hingewiesen. Im Mittelpunkt meiner Überlegungen stand jedoch die Frage nach frühen Bindungsmustern (vgl. zu diesen auch Kapitel 3), nach ihrer Bedeutung für die Entwicklung sozialer Kompetenzen und nach den vermittelnden Funktionen innerer Arbeitsmodelle von Beziehungen. Kinder entwickeln auf der Grundlage ihrer Interaktionserfahrungen mit ihren Müttern oder mit entsprechenden anderen Bezugspersonen Erwartungen an Interaktion, auf die sie auch in anderen Kontexten zurückgreifen (vgl. hierzu auch Abschnitt 2.3.2 dieser Arbeit). So können Kinder, die im Verhältnis zu ihren Müttern sicher gebunden sind, im Kindergartenalter besser mit anderen Kindern kooperieren; sie reagieren auf die Notsituation anderer Kinder mit mehr Empathie und sind bei der Lösung von Konflikten effektiver als unsicher gebundene Kinder. Sie können dabei auf Interaktionserfahrungen in der Mutter-Kind-Beziehung und auf die auf ihnen aufbauenden Erwartungen an sich und andere zurückgreifen. Hierfür sprechen sowohl die Untersuchungen der Minnesota-Gruppe als auch die Arbeiten der Grossmann-Gruppe (vgl. hierzu vor allem Kapitel 6).

John Bowlby vertrat auch die Auffassung, dass frühe einschneidende Trennungs- und Zurückweisungserfahrungen bei den betroffenen Kindern Ärger und Wut auslösen und zu mehr oder minder verdeckten Aggressionen im Verhältnis zu den Eltern führen (vgl. hierzu auch vorn, Abschnitt 2.3.3). Entsprechend müsste man bei unsicher gebundenen Kindern, die in der Beziehung zu ihren Eltern mehr Zurückweisungserfahrungen gemacht haben, mit stärker ausgeprägten Aggressionstendenzen rechnen, die - vermittelt über innere Arbeitsmodelle von Beziehungen - auch auf die soziale Umwelt gelenkt werden. In der Minnesota-Studie und auch in den Untersuchungen der Grossmann-Gruppe gibt es Belege für diese These. In anderen Untersuchungen - ich habe als Beispiel das „Oregon Toddler Project“ herangezogen

- gibt es Gegenevidenzen. Vor allem zwei Überlegungen und Argumentationsstränge müssen hier nach den vorliegenden Forschungsergebnissen zu urteilen herangezogen werden:

1. Es muss zum einen die soziale Herkunft der betreffenden Kinder genauer beachtet werden. Unsicher gebundene Kinder, die unter günstigeren ökonomischen Bedingungen und in einer - bedingt durch die elterlichen Bildungsaspirationen - kognitiv anregenderen Umgebung aufwachsen, haben im Vergleich zu unsicher gebundenen Kindern aus Familien der Unterschicht bessere Chancen zur Kompensation von Zurückweisungserfahrungen und bessere Chancen, mit der eigenen Aggressivität in sozial verträglicher Weise umzugehen, zum Beispiel in der Konkurrenz mit anderen Kindern. Sie werden darüber hinaus durch ihre Eltern eventuell mehr zur Unterdrückung aggressiver Handlungstendenzen angehalten und wirken auch dadurch weniger auffällig.
2. Es müssen zum anderen zusätzlich besondere Belastungen in der Familie berücksichtigt werden, die sich zum Beispiel aus psychischen Erkrankungen der Eltern oder aus deren Misshandlungstendenzen ergeben. Ich habe mich in Kapitel 7 vor allem auf zusätzliche Belastungen konzentriert, die im Zusammenhang mit Misshandlungstendenzen der Eltern und einer hoch-prekären Kind-Eltern-Beziehung stehen. Die Kinder, die in der Fremden Situation mit desorganisierten Verhaltensweisen (vgl. zu diesen Abschnitt 7.1) reagieren und/oder von denen bekannt ist, dass ihre Eltern sie misshandeln, sind unter den aggressiven und verhaltensauffälligen Kindern sehr deutlich überrepräsentiert.

Ob Kinder im Verlauf der ersten Lebensjahre auffällig aggressiv werden oder nicht, kann also allem Anschein nach nicht einfach darauf zurückgeführt werden, dass sie im Alter von einem Jahr unsicher gebunden waren. Es müssen vielmehr zusätzliche soziale, körperliche und psychische Belastungen in der Entwicklung von Kindern berücksichtig werden, wenn es um die Interpretation erhöhter Aggressivität geht.

In Kapitel 7 habe ich Forschungsergebnisse referiert, die die Bedeutung früher Misshandlungen für die Herausbildung aggressiver Tendenzen belegen. In diesem Kapitel wurde darüber hinaus auch deutlich, dass Misshandlungserfahrungen in der Familie die Herausbildung sozialer Kompetenzen generell erheblich beeinträchtigen. In Kindergarten-Studien zeigte sich, dass die körperlich misshandelten Kinder auffällig wenig daran interessiert waren, ob es den anderen Kindern im Kindergarten gut oder schlecht geht. Sie reagierten auf den Kummer anderer Kinder sehr wenig empathisch und hilfsbereit, zum Teil sogar aggressiv. Auch hier lag es nahe, die Reaktionen der misshandelten Kinder aus erfahrungsfundierten inneren Arbeitsmodellen von Beziehungen zu erklären. Sie übertragen Erfahrungen in der Interaktion mit ihren Eltern und die auf diesen aufbauenden Erwartungen auf andere Beziehungen. Dabei sind sie nach Alan Sroufe und June Fleeson sowohl mit der Täter-Rolle als auch mit der Opfer-Rolle vertraut. Sie internalisieren die Beziehung als Ganzes und übernehmen je nach Kontext und Handlungssituation in neuen Beziehungen bisweilen die Rolle des Täter und bisweilen die Rolle des Opfers.

Auch die Fähigkeiten zur Perspektivenübernahme sind bei misshandelten Kindern schwächer entwickelt als bei nicht misshandelten Kindern. Sie haben mehr Probleme als andere Kinder damit, realistische Annahmen zum Denken, Fühlen und zu den Handlungsmotiven anderer zu entwickeln. Allerdings hängen die geringeren sozial-kognitiven Fähigkeiten auch mit ihrer generellen kognitiven Entwicklung zusammen. Wenn die Intelligenz der Kinder kontrolliert wird, sind die sozial-kognitiven Defizite der misshandelten Kinder im Vergleich zu anderen Kindern weniger auffällig. Da misshandelte Kinder - übrigens auch: stark vernachlässigte Kinder - in ihrer Intelligenz-Entwicklung im Vergleich zu anderen Kindern zurückbleiben, müssen die Unterschiede in den kognitiven Leistungen der Kinder systematisch mit berücksichtigt werden, wenn man erklären will, warum Kinder, die von ihren Eltern misshandelt wurden, mehr Probleme damit haben, andere zu verstehen und das Verhalten anderer realistisch zu interpretieren. In ihren Effekten ist die reduzierte Verstehenskompetenz dramatisch. Sie führt dazu, dass freundliches Entgegenkommen anderer nicht erkannt wird oder dass dem Verhalten anderer Menschen - angesichts eines im Prinzip aggressiven Interpretationsrahmens - zu leicht böswillige Motive unterstellt werden, was dann wiederum zu aggressiven Reaktionen führen kann (vgl. hierzu auch Abschnitt 7.4 dieser Arbeit).

Die geringeren sprachlichen und kognitiven Fähigkeiten machen es für die misshandelten Kinder auch schwerer, sich in möglichen Konfliktsituationen sprachlich zu verständigen und realistisch über sich selbst Auskunft zu geben. Insgesamt sind die sozialen Kompetenzen der misshandelten Kinder also besonders wenig entwickelt und ihre Aggressionstendenzen im Vergleich zu anderen Kindern ausgeprägter. Sie haben damit schon im Kindergarten mehr soziale Probleme und mehr Integrationsprobleme als andere Kinder.

In den vorangehenden Kapiteln und auch in diesem Kapitel habe ich mich primär mit Befunden der Bindungs- und Sozialisationsforschung befasst, die bis ins Vorschulalter hineinreichen, aber noch nicht mit längerfristig angelegten Prognosen und Daten. Diese gibt es, und ich werde in Kapitel 9 am Beispiel der Gewaltbereitschaft von Männern und Frauen auch auf Befunde der Bindungs- und Sozialisationsforschung eingehen, die sich auf soziales Handeln, soziale Kompetenzen und Aggressivität im Erwachsenenalter beziehen. An dieser Stelle möchte ich die Probleme längerfristig ausgerichteter Prognosen zunächst auf allgemeinerer Ebene ansprechen und Hypothesen zu den längerfristigen Auswirkungen früher Bindungs- und Interaktionserfahrungen formulieren.

In der Bindungsforschung wird bisweilen Sigmund Freuds These diskutiert, dass die frühe Beziehung des Kindes zur Mutter ein „Vorbild aller späteren Liebesbeziehungen" sei (vgl. Freud 1983/1940, S. 115). Es wird ähnlich wie in dieser These nach der langfristigen Bedeutung früher Bindungserfahrungen und früher Bindungsmuster gefragt. Man fragt, ob die Mutter-Kind-Interaktionen im ersten Lebensjahr und die auf ihnen aufbauenden inneren Arbeitsmodelle von Beziehungen nicht nur bis ins Vorschulalter hinein wirksam werden, sondern ob sie die Beziehungen von Menschen auch später in ihren Leben prägen, z.B. in ihren Partnerschaftsbeziehungen oder in ihrem Verhältnis zu ihren Kindern (vgl. zu solchen längerfristig orientierten Prognoseversuchen z.B. Grossmann und Grossmann 2003 oder Sroufe 2003).

Wenn man sich mit solchen längerfristig ausgerichteten Prognosen auseinander setzt, müssen eine Reihe einschränkender Bedingungen beachtet werden. Ich möchte diese im Folgenden vorstellen und dabei auch Thesen zur Art der Prozesse, in denen frühe Bindungserfahrungen wirksam werden, formulieren.

Um mit dem Selbstverständlichsten zu beginnen: Es geht hier wie auch in vielen anderen Bereichen der Sozialisations- und Bindungsforschung nicht um deterministische, sondern um probabilistische Zusammenhänge (vgl. zur Unterscheidung zwischen deterministischen und probabilistischen Gesetzes-Aussagen auch Schnell u.a. 1999, S. 51 ff.). Das heißt: Es wird in der Forschung nicht behauptet, dass frühe Interaktionserfahrungen und frühe Arbeitsmodelle von Beziehungen notwendig zu bestimmten Beziehungen im Erwachsenenalter führen. Kein verständiger Forscher behauptet zum Beispiel: Wer im Alter von einem Jahr unsicher gebunden war, wird im Erwachsenenalter im Vergleich zu anderen, die im Alter von einem Jahr sicher gebunden waren, zwangsläufig mit weniger Vertrauen auf Partner bzw. Partnerinnen in Liebesbeziehungen zugehen. Sofern solche längerfristig orientierten Hypothesen überhaupt formuliert werden, werden sie allenfalls in der Form probabilistischer Zusammenhänge behauptet, wie zum Beispiel: Wer im Alter von einem Jahr unsicher gebunden war, wird im Erwachsenenalter im Vergleich zu anderen mit einer bestimmten, im Einzelnen näher zu bezeichnenden Wahrscheinlichkeit mit weniger Vertrauen auf Partner oder Partnerinnen in Liebesbeziehungen zugehen.

Aber auch dann, wenn man wie hier erläutert vorsichtiger formuliert, bleibt die Formulierung und Überprüfung solcher längerfristig orientierten bindungstheoretischen Hypothesen problematisch. Es gibt sehr viele Begrenzungen. Zu diesen gehören:

1. Die inneren Arbeitsmodelle, die sich in der Interaktion mit der Mutter im Verlauf des ersten Lebensjahres herausgebildet haben, werden mit dem Heranwachsen von Kindern und Jugendlichen nicht allein komplexer, sondern sie können sich auch ändern. Aus einer unsicheren kann eine si-

chere Bindungsrepräsentation werden und umgekehrt. Studien, in denen man ältere Kinder beobachtete und befragte, belegen dies. Wer will ausschließen, dass es vor allem die veränderten inneren Arbeitsmodelle sind, die für die Entwicklung von Vertrauen in späteren Partnerschaftsbeziehungen wichtig sind?

2. Neben der Beziehung zur Mutter gibt es in der Entwicklung des Kindes weitere Bindungsbeziehungen, vor allem die Beziehung zum Vater, aber auch Beziehungen zu anderen Verwandten oder betreuenden Personen außerhalb der Familie. Diese anderen Beziehungen können gegebenenfalls so wichtig werden, dass sie die Bedeutung der Kind-Mutter-Bindung überlagern und spätere Beziehungen und Erwartungen an Partner oder Partnerinnen beeinflussen, und zwar stärker als dies für die Mutter-Kind-Beziehung gilt.
3. Im Verlauf ihrer Kindheit und Jugend gehen die Heranwachsenden vielfältige neue Beziehungen ein, dabei auch enge Freundschaftsbeziehungen zu Gleichaltrigen. Sie können in diesen Beziehungen neue, stützende Erfahrungen machen und dabei Sicherheit gewinnen, die auch in spätere Partnerschaftsbeziehungen eingeht.
4. Es gibt daneben eine Vielzahl weiterer Faktoren, die wichtig sind, wenn man erklären will, warum dieser mit viel Vertrauen, jener aber mit wenig Vertrauen auf seine Partnerin zugeht; z.B. Unterschiede in den Erfahrungen mit anderen Partnerinnen, Unterschiede in der Fähigkeit zur Perspektivenübernahme und in der Fähigkeit zur realistischen Einschätzung potentieller Partnerinnen o.a.

Man sollte also bei der Formulierung längerfristig angelegter Hypothesen vorsichtig sein. Realistischer ist es, sich in den Hypothesen zu den Folgen früher Bindungsbeziehungen auf kürzere Abschnitte oder Stufen der Entwicklung zu beziehen und dabei unterschiedliche Lebens- und Handlungsbereiche der Heranwachsenden zu berücksichtigen. Kinder werden durch ihre frühen Bindungs- und Interaktionserfahrungen in je spezifischer, im Vorangehenden charakterisierter Art und Weise beeinflusst (vgl. hierzu insbesondere die Kapitel 4-7). Sie bringen vor diesem Hintergrund, wenn sie älter werden, spezifische Kompetenzen und Handlungstendenzen in neue soziale Kontexte (z.B. die Schule, die Nachbarschaft etc.) ein. Sie finden beispielsweise leichter oder schwerer Freunde oder haben im schulischen Alltag im Verhältnis zu den Lehrern viele Probleme oder nicht so viele Probleme. Die heranwachsenden Kinder werden umgekehrt selbst auch durch diese neuen Kontexte - zum Beispiel durch neue Freundschaften - beeinflusst. Es geht demnach bei der Analyse der längerfristigen Auswirkungen früher Bindungsbeziehungen nicht um einlinig verlaufende Einflussprozesse, sondern um Prozesse wechselseitiger Beeinflussung (vgl. hierzu entsprechend auch Dodge und Pettit 2003; vgl. zu Prozessen der Wechselwirkung zwischen biographischen und Kontextfaktoren auch die Abschnitte 9.2.2 und 9.5 dieser Arbeit). Ich möchte diese Art der Verknüpfung früher Bindungserfahrungen mit späteren Entwicklungen im Folgenden beispielhaft erläutern.

Wenn Kinder im Alter von sechs oder sieben Jahren in die Schule kommen, können viele von ihnen auf eine Geschichte sicherer Bindungen im Verhältnis zu ihrer primären Bezugsperson oder zu ihren Bezugspersonen zurückblicken und haben in ihren Familien auch nicht mit gravierenden psychischen und sozialen Problemen - Misshandlung durch die Eltern, psychische Erkrankung oder Alkoholabhängigkeit eines Elternteils o. Ä. - zu tun. Im Vergleich zu unsicher gebundenen Kindern haben diese Kinder nach dem gegenwärtigen Wissensstand zu urteilen bessere Chancen, funktionierende soziale Beziehungen zu Gleichaltrigen und zu Lehrerinnen und Lehrern aufzunehmen. Sie sind sozial kompetenter und kooperativer als unsicher gebundene Kinder, haben sich elterliche Anforderungen und Anforderungen anderer Bezugspersonen mehr zu Eigen gemacht und sind im Durchschnitt weniger aggressiv. Sie finden dadurch leichter Anschluss an die Gleichaltrigen-Gruppe und finden auch leichter Freunde. Es ist zu erwarten, dass sich ihnen unter diesen Bedingungen ein neues und reichhaltiges Potential sozialen Lernens eröffnet. Kinder können sich, wie beispielsweise die Arbeiten Lothar Krappmanns und Hans Oswalds zeigen, mit Freunden erfolgreicher streiten, lernen mit Freunden leichter zu verhandeln als mit anderen Kindern. Sie können ihre ohnehin vorhandene Konfliktfähigkeit so weiter ausbauen und haben die Möglichkeit, andere, für sie neue soziale Kontexte und Perspektiven kennen zu lernen. Es bieten sich für sie in diesen neuen Kontexten mehr Gelegenheiten zum Austausch mit anderen und mehr Gelegenheiten zur Perspektivenübernahme, was nach dem Kohlbergschen Modell (vgl. hierzu Abschnitt 5.3 dieser Arbeit) zur Förderung ihrer moralischen Urteilsfähigkeit beiträgt. Sie erreichen leichter als andere Kinder Eigenständigkeit in ihrer Orientierung an Normen bzw. die Stufe, die von Piaget moralische Autonomie bezeichnet wird. Bestimmte normative Anforderungen - z.B. das Verbot zu stehlen oder das Verbot andere zu verletzen oder zu schlagen - sind für sie unabhängig vom Außendruck und von den Strafandrohungen der Autoritäten verbindlicher. Mit den in der Gleichaltrigengruppe erweiterten sozialen Kompetenzen und der entwickelten moralischen Urteilsfähigkeit haben diese Kinder in der Zukunft insgesamt bessere Chancen, krisenhafte Situationen - sei es im häuslichen Kontext oder in der Schule oder in anderen Kontexten - zu verarbeiten. Sie können mit Krisen eigenständiger umgehen und haben es leichter, soziale Unterstützung für sich zu mobilisieren.

Das Modell einer stufenweisen Entwicklung und Sozialisation, in dem komplizierte Prozesse der Wechselwirkung zu beachten sind, kann auch am Beispiel der Kinder erläutert werden, die vor einem sehr viel schwierigeren sozialen Hintergrund in die Schule kommen. Kinder, die im Verhältnis zu ihrer primären Bezugsperson bzw. zu ihren primären Bezugspersonen unsicher gebunden sind und die darüber hinaus in ihren Familien mit zusätzlichen Belastungen konfrontiert sind - insbesondere mit Misshandlungserfahrungen -, haben in der Schule größere Schwierigkeiten damit, funktionierende soziale Beziehungen zu Gleichaltrigen und zu Lehrerinnen und Lehrern aufzunehmen. Ihre sozialen Kompetenzen - auch die Fähigkeit zur Empathie - sind weniger entwickelt, sie haben sich elterliche Anforderungen oder die Anforderungen anderer Bezugspersonen weniger zu Eigen gemacht und sind im Durchschnitt deutlich aggressiver als die sicher gebundenen Kinder. Nach den Ergebnissen verschiedener Studien zu urteilen (vgl. als Überblicke Eisenberg und Fabes 1998, Coie und Dodge 1998 oder Rubin u.a. 1998) haben diese Kinder in der Schule mehr Schwierigkeiten. Sie sind in der Schüler-Lehrer-Beziehung auffälliger, weniger leicht lenkbar, haben schlechtere Schulleistungen und finden im Klassenverband weniger leicht Anschluss, finden auch schwerer Freunde. Sie haben also weniger Chancen, in neuen sozialen Beziehungen unterstützende und anregende soziale Erfahrungen zu machen, und haben damit auch weniger Chancen zu sozialem Lernen. Der Konflikt mit anderen Kindern gerät leichter zur Prügelei oder führt zum Beziehungsabbruch; die stärkere soziale Isolierung erschwert es, neue soziale Kontexte und neue Perspektiven kennen zu lernen. Es gibt damit auch weniger Chancen moralischen Lernens und geringere Chancen, eine eigenständige, nicht autoritätsgebundene Orientierung an Normen zu entwickeln. Hinzu kommt, dass die Aggressivität dieser Kinder, die schon mit Schuleintritt stärker als bei anderen Kinder ausgeprägt ist, in der Schule neue Nahrung erhält. Die Kinder müssen mehr Zurückweisungserfahrungen verkraften, sowohl vonseiten der Lehrer - Disziplinierungsversuche, Kritik - als auch vonseiten der Mitschülerinnen und Mitschüler, die aggressive Kinder eher vermeiden, nicht schätzen oder links liegen lassen. Im Vergleich zu den sicher gebundenen Kindern haben die unsicher gebundenen Kinder, die in ihren Familien zusätzlichen Belastungen ausgesetzt waren, in der Schule also deutlich schlechtere Chancen sozialen und moralischen Lernens; und sie haben auch nur geringe Chancen zum Abbau von Aggressionen. Ihre Aggressivität wird vielmehr durch diverse Zurückweisungserfahrungen sogar verstärkt. In möglichen Krisensituationen sind sie insgesamt weniger eigenständig, können weniger soziale und emotionale Ressourcen mobilisieren und sind zudem durch aggressive Handlungs- und Interpretationstendenzen so belastet, dass sie zusätzliche Aggressionen auf sich ziehen und selbst mobilisieren.

Das Modell einer stufenweisen Entwicklung und Sozialisation, in dem biographische und Kontextfaktoren sich wechselseitig beeinflussen, kann auch am Beispiel der Kinder erläutert werden, die zwischen den beiden bisher erläuterten Gruppen stehen. Für die Kinder, die im Verhältnis zu ihrer primären Bezugsperson bzw. zu ihren primären Bezugspersonen unsicher gebunden sind, die aber darüber hinaus nicht mit besonderen Belastungen in ihren Familien konfrontiert sind - elterlichen Misshandlungstendenzen o.a. -, sind Prognosen schwerer zu formulieren. Diese Kinder stehen in der Entwicklung ihrer sozialen Kompetenzen, in ihrer moralischen Entwicklung und in der Entwicklung ihrer Aggressivität zwischen den Kindern, die durch die Geschichte ihrer Bindungsbeziehungen besonders begünstigt und besonders benachteiligt sind. Ob sie in der Schüler-Lehrer-Beziehung zurecht kommen, ob sie Anschluss im Klassenverband finden, ob sie Freunde finden, hängt von sehr vielen zusätzlichen Faktoren ab - von der Sicherheit im Verhältnis zu anderen Bezugspersonen (z.B. der Großmutter o.a.), von der Schichtzugehörigkeit und vom Bildungsstand der Eltern, von den Erziehungszielen und -stilen der Eltern, von den kognitiven Möglichkeiten des Kindes u.a. All diese Faktoren sind auch für die Entwicklung der anderen Kinder - der sicher gebundenen und der unsicher gebundenen, die besonders belastet sind - wichtig. Sie werden jedoch besonders wichtig, wenn die Bindungsbeziehung allein keine klare Prognose zulässt (vgl. hierzu auch Abschn. 6.2.1.3 dieser Arbeit). Sofern es Kindern, die in der beschriebenen Weise unsicher gebunden sind, gelingt, in der Gleichaltrigengruppe Anschluss zu finden und Freundschaften zu schließen, gibt es für diese Kinder wiederum neue Möglichkeiten sozialen Lernens. Sie haben dann bessere Chancen der Weiter-Entwicklung sozialer Kompetenzen, der Entwicklung moralischer Eigenständigkeit und zum Aggressionsabbau.

Die Frage nach den längerfristigen Folgen früher Bindungsbeziehungen sollte also im Rahmen von Modellen beantwortet werden, die vielfältige Bindungskonstellationen und vielfältige zusätzliche Einflussfaktoren einbeziehen und in denen darüber hinaus berücksichtigt wird, dass Kinder und Jugendliche in jeder Phase ihrer Entwicklung und in jeder neuen sozialen Umwelt immer wieder neue Lernchancen haben. Im folgenden Kapitel möchte ich dies konkretisieren und am Beispiel von Interpretationen erläutern, die sich auf die Gewaltbereitschaft von Männern und Frauen beziehen.

9. Bindung, Sozialisation und sozialer Kontext: Am Beispiel der Entwicklung von Gewaltbereitschaft

Mit Gewalttätigkeit und Gewaltbereitschaft in unserer Gesellschaft haben sich viele wissenschaftliche Disziplinen in einer Vielzahl theoretischer und empirischer Arbeiten befasst. Die Frage danach, wie sich destruktive und gewalttätige Potentiale bei Menschen entwickeln, hat auch außerhalb der Wissenschaft viel Aufmerksamkeit auf sich gezogen. Es geht mit dieser Frage um Kernfragen menschlichen Zusammenlebens und sozialer Integration.

In Mediendiskussionen und im politischen Bereich werden hierzu mitunter sehr einfache Erklärungen vorgetragen, in denen die Gewaltbereitschaft von Menschen auf eine zentrale Ursache (z.B. sozialstrukturelle Bedingungen oder Sozialisationsbedingungen) zurückgeführt wird. In den Sozialwissenschaften sind solche monokausalen Erklärungen seit langem überholt. Dies wird in verschiedenen Disziplinen, die sich dem Phänomen der Gewaltbereitschaft von unterschiedlichen wissenschaftlichen Perspektiven her nähern, gleichermaßen akzeptiert - in der Soziologie genauso wie in der Psychologie oder in der Kriminologie. Die Gewaltbereitschaft delinquenter Jugendlicher, fremdenfeindliche Gewalt, Gewalt gegenüber Obdachlosen, Gewalt in der Familie, Kindesmisshandlung - dies alles sind Phänomene, deren Erklärung die Berücksichtigung vielfältiger Faktoren voraussetzt: sozialer, ökonomischer, kultureller, politisch ideologischer und psychischer Faktoren. Hinzu kommt, dass bei der Erklärung von Gewaltbereitschaft unterschiedliche Ebenen und Bereiche menschlichen Zusammenlebens systematisch zu beachten sind: die Ebene der individuellen Entwicklung, die Ebene des unmittelbaren sozialen Kontextes (der Familie, der Partnerschaft, der Eltern-Kind-Beziehung o. Ä.), die Ebene des mittelbaren, „angrenzenden" sozialen Kontextes (der Gemeinde, Nachbarschaft, der Schule, des beruflichen Umfelds etc.) und die Ebene der Gesamtgesellschaft - welche gewaltbezogenen Normen sind etabliert, wie gewalttätig ist die Kultur, welche Männlichkeitsbilder dominieren, wie krisenhaft ist die Gesellschaft unter ökonomischen Gesichtspunkten etc. (vgl. zu solchen unterschiedlichen Ebenen der Betrachtung von Gewaltbereitschaft etwa Parsons 1964/1947, Belsky 1980, Wetzels 1967, S. 77 ff.).

Im Zusammenhang mit der vorliegenden Arbeit interessieren von den unterschiedlichen Bedingungen und Konstellationen, in denen Gewaltbereitschaft entsteht, vor allem jene Bedingungen, die mit frühen Bindungs- und Sozialisationserfahrungen und deren subjektiver Verarbeitung zusammenhängen. Bei der Darstellung und Diskussion unterschiedlicher empirischer Studien, die sich mit den Voraussetzungen von Gewaltbereitschaft und Delinquenz befassen, wird jedoch deutlich werden, dass es unterschiedliche Entwicklungspfade gibt, die zur Gewaltbereitschaft im Erwachsenenalter führen und dass die frühen sozialen Erfahrungen - Bindungserfahrungen, Misshandlungserfahrungen, Konfrontation mit schweren Trennungen und Zurückweisungen - im Verlauf des Heranwachsens in vielfältiger Weise relativiert werden können - durch neue Beziehungserfahrungen, durch die Aufarbeitung belastender Erinnerungen, durch ein unterstützendes nachbarschaftliches oder schulisches Umfeld oder durch andere unterstützende Erfahrungen. D.h. es gibt keine deterministischen Beziehungen zwischen frühen sozialen Erfahrungen und dem Sozialverhalten Erwachsener (vgl. hierzu auch Kapitel 8 dieser Arbeit).

Im Folgenden sollen zunächst einige begriffliche Fragen erörtert werden, die der Präzisierung der Varianten gewalttätigen Handelns dienen sollen, die im Kontext dieses Kapitels besonders wichtig sind (vgl. Abschnitt 9.1). In weiteren Abschnitten sollen dann unterschiedliche Schwerpunkte gewalttätigen Handelns und ihr Bezug zu Bindungs- und Sozialisationserfahrungen im Vordergrund der Diskussion stehen, in Abschnitt 9.2 Gewaltbereitschaft und Gewaltdelikte in der Eltern-Kind-Beziehung und in Abschnitt 9.4 Gewaltbereitschaft und das gewalttätige Handeln von Jugendlichen. In Abschnitt 9.3 möchte ich in einem Exkurs auf neuere Befunde und Kontroversen eingehen, die sich auf das Thema Gewaltbereitschaft im Geschlechtervergleich beziehen.

9.1 Gewaltbereitschaft und unterschiedliche Varianten gewalttätigen Handelns

Mit dem Begriff Gewaltbereitschaft wird hier die im Einzelfall jeweils unterschiedlich ausgeprägte Bereitschaft zu gewalttätigem Handeln bezeichnet. Der Begriff Gewaltbereitschaft ist wie viele andere Begriffe in den Sozialwissenschaften - zum Beispiel die Begriffe Macht oder Angst - als hypothetisches Konstrukt zu verstehen. Man kann auch sagen: Bei der Variable Gewaltbereitschaft handelt es sich nicht um eine manifeste Variable, sondern um eine latente Variable. Unterschiedliche Ausprägungen von Gewaltbereitschaft sind nicht direkt zu erfassen wie zum Beispiel die Zensuren im Fach Englisch in der Hauptschule, sondern müssen aus anderen, manifesten Indikatoren erschlossen werden; zum Beispiel aus der Häufigkeit, mit der ein Jugendlicher in der Vergangenheit durch gewalttätiges Handeln auffiel, aus angekündigten oder angedrohten Gewalttaten, aus der Unterstützung von politischen Programmen, in denen die gewalttätige Auseinandersetzung mit dem politischen Gegner oder Gewalt gegen Minderheiten propagiert wird, oder aus der Billigung der Gewalttaten anderer.

Gewalttätiges Handeln wird hier als soziales Handeln im Sinne Max Webers angesehen (vgl. hierzu die ersten Abschnitte aus „Wirtschaft und Gesellschaft“). Es bezieht sich auf andere Menschen, auf soziale Institutionen oder Organisationen. Anders als andere Varianten sozialen Handelns (z.B. das Schenken) ist gewalttätiges Handeln dadurch gekennzeichnet, dass die je spezifischen Handlungsziele mit Hilfe gewaltsamer Mittel verfolgt werden - mit dem Einsatz von körperlicher Gewalt, von Waffengewalt, von psychischer Gewalt oder von anderen Zwangsmaßnahmen, zum Beispiel Inhaftierung. Wie es für andere Arten sozialen Handelns gilt, kann auch das gewalttätige Handeln unterschiedlich motiviert sein. Es kann zweckrational oder wertrational motiviert sein, es kann auf tradierten Gewohnheiten basieren, oder es kann primär affektuell motiviert sein und an der Grenze sinnhaften Handelns stehen.

Ferdinand Sutterlüti (2003) hat in seiner gründlichen Analyse von Interviews, in denen gewalttätige Jugendliche über ihre Motive und das Erleben während ihrer Gewalthandlungen sprechen, auf Gewalthandlungen hingewiesen, die weder als wertrational noch als zweckrational motiviert gelten können, sondern die eher dem Typus affektuellen Handelns zuzuordnen sind. Es handelt sich dabei um Gewalttaten, bei denen „euphorisierende“, im Handlungsvollzug auftretende Erlebnisse handlungsleitend werden.

> „Intrinsisch motivierte Gewalttaten, bei denen rauschhafte Erlebnisse im Verlauf der Handlung die Regie übernehmen ... lassen sich nicht nach dem Zweck-Mittel-Schema analysieren. Sie gehen im Hier und Jetzt auf und suspendieren den für rationales Handeln wesentlichen Zukunftsbezug. Derartige Taten gehen weithin mit einer relativen Immunität gegenüber eventuellen negativen Gewaltfolgen sowie mit einem partiellen Kontrollverlust einher, wie die im Interviewmaterial mehrfach auftauchende Rede vom ‘Ausklinken’ in der Gewaltsituation zeigt.“ (Sutterlüti 2003, S. 356).

Im gesellschaftlichen Zusammenhang kann gewalttätiges Handeln - und damit auch Gewaltbereitschaft - in unterschiedlichen Kontexten und in unterschiedlichen Varianten auftreten. Eine für ein Verständnis von Sozialisation und sozialer Integration zentrale Unterscheidung ist die Unterscheidung zwischen dem gewalttätigen Handeln, das durch die jeweils herrschende rechtliche und moralische Ordnung legitimiert ist, und dem gewalttätigen Handeln, für das dies nicht gilt (vgl. zu dieser Unterscheidung - bezogen auf aggressives Handeln - z.B. auch Parsons 1964/1947, S. 223). Ein Polizist, der einem überführten Straftäter mit Gewalt Handschellen anlegt, handelt dabei - soweit die Gewaltausübung erforderlich ist, um das Handlungsziel, die Festnahme, zu erreichen - auf der Grundlage rechtlicher Normen. Er übt legitime Gewalt aus. Vergleichbar handelt der Boxer, der seinen Gegner während eines offiziellen Wettkampfs mit Fausthieben zu Boden streckt, legitim. Er bewegt sich mit seinem gewalttätigen Handeln in einem Rahmen, der rechtlich geregelt ist und der unter dem Gesichtspunkt herrschender Normen im Allgemeinen für legitim gehalten wird, selbst wenn es in unserer Gesellschaft manche Menschen gibt, die solche Wettkämpfe verabscheuen. Das gewalttätige Handeln des Polizisten wird in Deutschland zum nicht legitimierten Handeln, wenn er einen Tatverdächtigen foltert, um ein Geständnis zu erpressen. Entsprechend wird das gewalttätige Handeln des Boxers zum nicht legitimierten Handeln, wenn er seinem Gegner im Boxring nach dem offiziellen Kampf heimlich auflauert und ihn zusammenschlägt.

Die Grenzen zwischen legitimiertem und nicht legitimiertem Gewalthandeln sind nicht immer leicht zu ziehen. Dies zeigt sich zum Beispiel, wenn es um gewalttätiges Handeln geht, das im Kontext diktatorischer Regimes steht. Diejenigen, die während der Zeit des Nationalsozialismus Menschen misshandelt oder ermordet haben, haben in späteren Gerichtsverhandlungen - wenn es denn dazu kam - vielfach geltend gemacht, dass sie nach dem damals geltenden Recht und nach Befehlen, die ihnen von Vorgesetzten erteilt wurden, gehandelt haben. Christopher Browning (1993) beschreibt dies am Beispiel der Angehörigen des Reserve-Polizeibataillons 101, die in Polen aktiv an Massenerschießungen und an der Ermordung polnischer Juden beteiligt waren. Am häufigsten erklärten die Täter ihr Verhalten damit, dass sie lediglich Befehle ausgeführt haben.

> „Die autoritäre politische Kultur der nationalsozialistischen Diktatur, die keinerlei offenen Dissens tolerierte, habe zusammen mit der Notwendigkeit militärischen Gehorsams und der erbarmungslosen Aufrechterhaltung der militärischen Disziplin zu einer Situation geführt, in der dem Einzelnen *keine Wahl* blieb." (Browning 1993, S. 222)

Den Gewalttätern schien ihr Handeln zum Zeitpunkt der Tat nach ihren Aussagen in dem Prozess, der in den sechziger Jahren in Hamburg stattfand, legal und unvermeidlich. Was ihnen als legal und unvermeidlich erschien, war selbst zur Zeit des Nationalsozialismus für viele Deutsche unter moralischen Gesichtspunkten dennoch nicht legitim und auch nicht unvermeidlich. D.h. es gab damals keinen gesellschaftlichen Konsensus darüber, dass die Misshandlung und Ermordung von Minderheiten legitim sei, auch wenn die Täter ihr Verhalten für gerechtfertigt hielten.

Wichtige Kriterien für die Grenzziehung zwischen legitimiertem und nicht legitimiertem Gewalthandeln sind also nicht allein rechtliche Kriterien - es kann sich ja um ein verbrecherisches Recht handeln -, sondern ebenfalls die elementaren moralischen Vorstellungen, die für die Mitglieder der Gesellschaft, um die es geht, verbindlich sind. Das macht die Grenzziehung nicht leichter, sondern schwerer; denn gesellschaftlich akzeptierte Werte und Normen sind empirisch schwerer zu rekonstruieren als Rechtsnormen. Aber eine Grenzziehung, die sowohl rechtliche als auch moralische Gesichtspunkte berücksichtigt, ist soziologisch betrachtet realistischer und vermeidet eklatante Fehleinschätzungen, nach denen das Gewalthandeln des Folterers legitim ist, sofern ihm nur Befehle und Rechtsvorschriften zugrunde liegen.

Eine weitere Unterscheidung, die bei der Erörterung von Gewaltbereitschaft und gewalttätigem Handeln wichtig ist, ist die Unterscheidung zwischen direktem und indirektem gewalttätigen Handeln. Am Beispiel der Männer des Polizeibataillons 101: Sie waren die Täter, die direkt gewalttätig handelten. Ihre unmittelbaren und mittelbaren Vorgesetzten, die ihnen die Befehle gaben oder die ihren Einsatz auf der Ebene der Administration vorbereiteten, waren auch Täter, aber - zumindest in den höheren Rängen - an den Gewalttaten nicht direkt, sondern indirekt beteiligt.

Verschiedene Historiker haben sich mit den Tätern, die den Massenmord programmatisch, organisatorisch und technisch vorbereiteten, befasst; so Ulrich Herbert (1996) in seiner Biographie über Werner Best, einen der maßgeblichen Organisatoren des Holocaust, oder Michael Wildt (2003) in seiner Arbeit über des Führungskorps des Reichssicherheitshauptamtes - die „Generation des Unbedingten". Auch wenn diese Männer vielfach nicht direkt gewalttätig waren, waren sie dennoch in ihrem Denken und in ihrer Tätigkeit durch ein hohes Maß von Gewaltbereitschaft gekennzeichnet, das sich in einer extrem gewalttätigen, auf Vernichtung des Gegners zielenden Sprache und entsprechendem administrativen Handeln ausdrückte.

In dem vorliegenden Kapitel wird die soziologisch und psychologisch außerordentlich interessante Gruppe der „Schreibtischtäter" leider nur am Rande behandelt. Es gibt zu dieser Gruppe zu wenige ausführliche biographische Studien, die auch detaillierte und durch historische Quellen abgesicherte Aufschlüsse über die Kindheit und die Beziehungsgeschichte dieser Männer enthalten. Dies gilt auch für die in Materialreichtum und Qualität bewundernswerte Arbeit über Werner Best (vgl. Herbert 1996). Im Zentrum dieses Kapitels stehen vielmehr Männer und Frauen, die direkt gewalttätig sind und deren Handeln nach den eben erläuterten Kriterien als nicht legitimiert bezeichnet werden kann.

In der Psychologie wird dieses nicht legitimierte Gewalthandeln - zusammen mit anderen Varianten abweichenden Verhaltens, wie z.B. Diebstahl oder Betrug - häufig auch unter dem Begriff des „antisozialen" Verhaltens zusammengefasst (vgl. z.B. Patterson u.a. 1989, Moffitt 1993, Rutter u.a. 1998 oder Coie und Dodge 1998). In der Soziologie - und zum Teil auch in der kriminologischen Forschung - wird dieser Begriff eher vermieden und den Begriffen „Devianz", „Delinquenz" oder „abweichendes Verhalten" der Vorzug gegeben (vgl. z.B. Lamnek 1993, Sack und Lindenberg 2001, Lüdemann und Ohlemacher 2002 oder Schumann 2003). In diesem Kapitel werde ich mich der soziologischen begrifflichen Tradition anschließen und den Begriff „antisozial" nur dann verwenden, wenn es zum Verständnis der referierten Ansätze und der empirischen Befunde erforderlich ist. Der Begriff des „Antisozialen" hat durch seine Nähe zum Begriff des „Asozialen" in Deutschland eine sehr stark abwertende Bedeutung. Dies gilt für die Begriffe Devianz oder abweichendes Verhalten in geringerem Maße. Zudem machen diese Begriffe deutlicher als der Begriff des „Antisozialen" auf die Kontextabhängigkeit der zu analysierenden Phänomene aufmerksam. Es geht immer um Abweichung in einem je spezifischen gesellschaftlichen Kontext und um Abweichung von den in diesem Kontext geltenden Normen. Zum Beispiel: Lehrer oder Eltern, die Kinder in unserer Gesellschaft sehr hart körperlich strafen bzw. misshandeln, verhalten sich im Kontext aktueller rechtlicher und moralischer Regeln abweichend. Sie orientieren sich in ihrem Handeln nicht an dominierenden moralischen Vorstellungen und an geltenden Rechtsnormen (vgl. hierzu auch Abschnitt 9.2.1 dieser Arbeit). In anderen kulturellen Kontexten und in traditionellen Gesellschaften kann ihr Verhalten als selbstverständlich und legitim gelten, wie dies z.B. in bäuerlichen Kontexten in Deutschland im 19. Jahrhundert der Fall war (vgl. Rosenbaum 1982, S. 89 ff.; vgl. zur Geschichte der „schwarzen Pädagogik" auch Rutschky 1977). Der Begriff des abweichenden Verhaltens fasst solche historisch und kulturell variablen Prozesse der Festlegung legitimierten und nicht legitimierten Sozialverhaltens realistischer und weniger stark wertend als der Begriff des „Antisozialen."

9.2 Gewalttätige Eltern - soziale und psychische Voraussetzungen von Gewalt in der Eltern-Kind-Beziehung

9.2.1 Aspekte der Definition, empirischen Erfassung und Verbreitung von Kindesmisshandlung und Gewalt gegenüber Kindern

Gewalt gegenüber Kindern ist auch heute noch - auch in unserer Gesellschaft - sehr verbreitet. In vielen Familien gilt eine Tracht Prügel immer noch als heilsames Mittel der Erziehung, und die gelegentliche Ohrfeige hat angeblich noch niemandem geschadet. Allerdings haben sich die erziehungs- und gewaltbezogenen Normen in den letzten Jahrzehnten verändert. Gewalt in der Erziehung wird deutlicher tabuisiert - auch rechtlich -, und der Begriff der Kindesmisshandlung wird heute weiter als früher gefasst. In einem Urteil des Bundesgerichtshofs von 1986 galten Schläge mit dem Gartenschlauch, die Striemen auf den Oberschenkeln und auf dem Gesäß eines achtjährigen Mädchens hinterließen, als Strafen, die den Rahmen des elterlichen Züchtigungsrechtes nicht überschritten (s. unten). Nach heutigen Maßstäben würde man wegen der Verletzungen des Kindes von Misshandlung sprechen (vgl. zu Fragen der Kindesmisshandlung auch Kapitel 7 dieser Arbeit).

Bei der Beschäftigung mit der Misshandlung von Kindern unterscheidet man im Allgemeinen zwischen unterschiedlichen Varianten der Kindesmisshandlung: der physischen, körperlichen Misshandlung, der psychischen Misshandlung, der physischen und psychischen Vernachlässigung und dem sexuellen Missbrauch von Kindern (vgl. hierzu etwa Engfer 2002, Gelles 2002, S. 2048 ff.). Ich werde mich in diesem und dem folgenden Abschnitt vor allem mit der körperlichen Misshandlung von Kindern und deren Voraussetzungen befassen, möchte jedoch betonen, dass die Übergange zwischen den unterschiedlichen Varianten der Kindesmisshandlung fließend sind und dass sie in verschiedenen Kombinationen auftreten. Der sexuelle Missbrauch von Kindern ist häufig mit körperlicher Gewaltausübung verbunden; die physische Misshandlung kann von psychischer Degradierung und Psycho-Terror begleitet sein; die extreme körperliche Vernachlässigung kann mit starker psychischer Vernachlässigung verbunden sein, die in dem Desinteresse und der Nicht-Beachtung kindlicher Wünsche der psychischen Misshandlung sehr nahe kommt. Dan Olweus spricht in einem solchen Zusammenhang von „silent violence" (vgl. 1980, S. 658).

Was als physische bzw. körperliche Misshandlung von Kindern betrachtet wird, ist, wie oben erläutert, historisch und kulturell variabel (vgl. hierzu auch Abschnitt 9.1). Selbst in den letzten Jahren haben sich zu dieser Frage in der Bundesrepublik Veränderungen ergeben. Seit November 2000 schreibt § 1631 Abs. 2 des Bürgerlichen Gesetzbuches (BGB) vor: „Kinder haben ein Recht auf gewaltfreie Erziehung. Körperliche Bestrafung, seelische Verletzungen und andere entwürdigende Maßnahmen sind unzulässig." Bis zu diesem Zeitpunkt war die rechtliche Situation eine andere. Gewalt in der Erziehung war nicht prinzipiell tabuisiert. Zwar stellte das Strafgesetzbuch in § 223 b die schwere Misshandlung von Kindern und anderen Schutzbefohlenen unter Strafe, aber der Begriff der Misshandlung war dabei in der juristischen Auslegung relativ eng gefasst. Im Prinzip ging man davon aus, dass Eltern das Recht haben, ihre Kinder zu „züchtigen" (vgl. hierzu und zum Folgenden Wetzels 1997, S. 69 ff.). Das Schlagen mit harten Gegenständen (Kochlöffel, Stock o. Ä.) galt als legitime Wahrnehmung des elterlichen Züchtigungsrechts. Ohrfeigen bis hin zum Schlagen mit Gegenständen wurden für zulässig gehalten; das absichtliche Zufügen von Verletzungen, bei der die Verletzung das Ziel und nicht eine „Nebenfolge" des erzieherischen Handelns ist, hingegen nicht. Peter Wetzels erläutert diese Tendenz der Rechtsprechung an einem Urteil des Bundesgerichtshofs (BGH) von 1986. Es ging dabei um den Fall eines Kindes, das mit einem Gartenschlauch verprügelt worden war, was Striemen auf dem Gesäß und auf den Oberschenkeln verursachte. Der BGH entschied, dass mit dieser Art der Bestrafung noch nicht die Grenzen des elterlichen Züchtigungsrechts überschritten sei (vgl. Wetzels 1997, S. 123).

Nach den neuen gesetzlichen Bestimmungen (vgl. oben) wäre ein solches Urteil wohl nicht mehr denkbar. In einer vom Bundesministerium für Familie, Senioren, Frauen und Jugend und Bundesministerium der Justiz 2003 veröffentlichten Schrift zur „Gewaltfreien Erziehung“ wird ausgeführt, dass heutzutage Körperstrafen, die früher als legitim galten, unter Strafe gestellt werden: so etwa die Ohrfeige. Es sei mit strafrechtlichen Konsequenzen zu rechnen, „wenn die körperliche Einwirkung einen gewissen Grad an Intensität aufweist, der jetzt bereits bei einer Ohrfeige erreicht wird. Eltern begehen somit eine strafbare Körperverletzung nach § 223 des Strafgesetzbuches (StGB), wenn sie oberhalb dieser Schwelle mit Gewalt auf ihre Kinder einwirken. Für Eltern gelten nunmehr auch in der Beziehung zu ihren Kindern die gleichen Grenzen wie allgemein in der Gesellschaft.“ (Ebenda, S. 5)

Aus der zitierten Broschüre wird allerdings auch deutlich, dass man mit strafrechtlichen Konsequenzen nur in gravierenden Fällen rechnet und dass es auch keine Pflicht zur Anzeige einfacher Akte der Körperverletzung gegenüber Kindern gibt. Es wird also auch in Zukunft Konflikte darüber geben, ab wann Gewalthandlungen gegenüber Kindern als gravierend zu betrachten sind oder nicht. Trotzdem gibt es im Vergleich zur Vergangenheit einen Wandel in der Rechtsauffassung und auch in den gesellschaftlich verbreiteten Normen und kulturellen Vorstellungen, der dazu führt, dass die Grenzen legitimierter Gewalt in der Erziehung enger gefasst werden und dass der Misshandlungsbegriff tendenziell weiter gefasst wird.

Der Wandel in gesellschaftlich verbreiteten Erziehungsnormen und kulturellen Deutungen lässt sich auch aus neueren Umfragen ablesen. In einer 2001 im Auftrag der Bundesregierung in Deutschland durchgeführten repräsentativen Befragung von Eltern mit Kindern unter 18 Jahren (Leitung: Kai-D. Bussmann) stimmten fast 74% der befragten Eltern der folgenden, ihnen im Interview vorgelegten Aussage zu: „Gegenüber allen Menschen ist Schlagen eine strafbare Körperverletzung, es gibt keinen Grund warum das beim Züchtigen von Kindern anders sein sollte.“ (vgl. hierzu und zum Folgenden Bundesministerium für Familie, Senioren, Frauen und Jugend und Bundesministerium der Justiz 2003, S. 14). Allerdings stimmen fast 16% der befragten Eltern immerhin der folgenden Aussage zu: „Die Erziehung der Kinder ist das natürliche Recht der Eltern; da hat niemand den Eltern Vorschriften zu machen, auch der Gesetzgeber nicht.“ Dieser Anteil ist in der Gruppe der gewaltbelasteten Eltern deutlich größer, nämlich 34,5%. Eltern, die ihre Kinder schlagen, sind also häufiger als andere Eltern davon überzeugt, dass man ihnen bei der Erziehung ihrer Kinder nicht hereinreden darf.

In der erwähnten Elternbefragung erhob man auch Daten zum faktischen Erziehungs- und Sanktionsverhalten der Eltern, verzichtete jedoch auf Fragen zur Kindesmisshandlung im engeren bzw. „traditionellen“ Sinn. Die Ergebnisse ermöglichten, zwischen den folgenden drei Elterngruppen zu unterscheiden (vgl. hierzu und zum Folgenden, Ebenda, S. 7):

- eine Elterngruppe, die überwiegend sanktionsfrei erzog, umfasste etwa 28% aller Eltern mit Kindern unter 18 Jahren: Sie verwendeten nach eigenen Angaben sehr selten erzieherische Sanktionen und verzichteten weitgehend auf Körperstrafen.

- eine weitere Elterngruppe wurde dem Typ der „konventionellen Erziehung“ zugeordnet. Zu ihr gehörten 54% der Eltern, die neben diversen Sanktionen (z.B. Fernsehverbot) auch leichtere körperliche Strafen einsetzen, wie zum Beispiel den berühmten leichten Klaps auf den Po.
- eine dritte Gruppe wurde dem Typ der „gewaltbelasteten Erziehung“ zugeordnet, nämlich 17%. Diese Eltern sanktionierten ihre Kinder generell häufiger, auch mit Körperstrafen, insbesondere mit schweren Körperstrafen (wie Tracht Prügel, kräftig den Po versohlen; weitergehende Misshandlungen wurden nicht erfasst).

Die Autoren, die über die Ergebnisse der Elternbefragung von 2001 informieren, meinen, es sei seit den neunziger Jahren ein Rückgang von Gewalt in der Erziehung zu verzeichnen. Da in ihrer Untersuchung schwere Misshandlungen, so wie sie in der von Peter Wetzels geleiteten Studie des Kriminologischen Forschungsinstituts Niedersachsen analysiert wurden (vgl. unten), nicht ausdrücklich erfasst wurden, ist die Tragfähigkeit ihrer Thesen schwer einzuschätzen.

Generell gilt, dass Akte der Misshandlung von Kindern, die über das gesellschaftlich tolerierte Maß hinausgehen, besonders schwer empirisch zu fassen sind. Allein auf polizeiliche Statistiken kann man sich nicht stützen, weil viele Akte der Misshandlung und Körperverletzung in der Familie unentdeckt bleiben. Die Täter und Täterinnen versuchen zu verbergen, dass sie ihre Kinder misshandeln, und sofern Nachbarn oder nahe Verwandte aufmerksam werden, zögern sie, die misshandelnden Eltern anzuzeigen. Wetzels (1997, S. 242 ff.) schätzt, dass es im Bereich der Kindesmisshandlung ein sehr großes Dunkelfeld gibt, noch größer als im Bereich sexuellen Missbrauchs. Für die empirische Forschung bedeutet dies, dass andere als polizeiliche Zugänge zur Analyse der Häufigkeit von Kindesmisshandlung und Gewalt gegenüber Kindern gesucht werden müssen. Die üblichen Wege sind hier Befragungen - möglichst repräsentative Befragungen -, in denen man den Zugang zu den Tätern oder Opfern von Gewalttaten zu finden hofft (vgl. zu unterschiedlichen Varianten von Dunkelfeld-Analysen Wetzels 1997, S. 35 ff. oder Lüdemann und Ohlemacher 2002, S. 15 ff.).

In einer Anfang der neunziger Jahre am Kriminologischen Forschungsinstitut Niedersachsen durchgeführten repräsentativen Befragung zu Gewalterfahrungen in der Kindheit erhob man besonders umfangreiche Informationen zur Verbreitung von Gewalt in der Erziehung - auch zur Verbreitung von Kindesmisshandlungen - und trug damit zur Aufklärung des „Dunkelfeldes“ in diesem schwer zugänglichen Bereich bei. Man kam zu dem Schluss, dass der Anteil von Befragten, die von ihren Eltern in ihrer Kindheit schwer misshandelt worden waren, beträchtlich war. Zwischen 10 und 11% der Befragten waren in ihrer Kindheit von ihren Eltern misshandelt worden - 4,7%

der Befragten waren häufiger misshandelt worden -, und insgesamt knapp 75% der Befragten hatten in ihrer Erziehung Gewalt erlebt (vgl. Wetzels 1997, S. 144 ff.). Im Einzelnen unterschied man in dieser Untersuchung zwischen „körperlicher Züchtigung“ und „körperlicher Misshandlung“ vor dem Hintergrund der damaligen Rechtssituation. Das Schlagen mit Gegenständen wurde zusammen mit Ohrfeigen, hart anpacken, herumstoßen oder mit einem Gegenstand nach einem Kind werfen als „leichtere“ Gewalt in der Erziehung und als „körperliche Züchtigung“ eingeordnet (vgl. hierzu und zum Folgenden Wetzels 1997, S. 119 ff., der sich in seinen Fragen zur Gewalt in der Erziehung an der von Straus entwickelten Konflikttaktikskala - CTS - orientierte; vgl. zu dieser Skala und ihren unterschiedlichen Varianten Straus 1990). Als Antwortvorgaben, mit deren Hilfe Misshandlungserfahrungen erfasst wurden, wurden eingesetzt: Eltern (bzw. Ersatzeltern) haben:

- mich mit der Faust geschlagen, mich getreten oder gebissen,
- mich geprügelt, zusammengeschlagen,
- mich gewürgt,
- mich mit einer Waffe, z.B. einem Messer oder einer Schusswaffe bedroht,
- mir absichtlich Verbrennungen oder Verbrühungen zugefügt,
- eine Waffe, z.B. ein Messer oder eine Schusswaffe gegen mich eingesetzt.

In derselben Erhebung fragte man auch, wie diejenigen Befragten, die in ihren Familien Kinder unter 15 Jahren erziehen, mit diesen umgingen: Was sagten sie über die körperliche Züchtigung und die körperliche Misshandlung der eigenen Kinder? (vgl. hierzu und zum Folgenden Wetzels 1997, S. 220 ff.). Man bemühte sich dabei - wie überhaupt in dieser Befragung - darum, die Befragungssituation so zu gestalten, dass für die Befragten die Anonymität und Vertraulichkeit im Vergleich zu anderen Befragungen besonders überzeugend abgesichert war; etwa dadurch, dass die Befragten beim Ausfüllen des Fragebogenteils zu Gewalt in der Familie und zu sexuellem Missbrauch allein waren und dadurch weniger sozialem Druck in Richtung sozial erwünschter Aussagen ausgesetzt waren (vgl. Wetzels 1997, S. 112 ff.). Trotzdem beteiligten sich an dem Befragungsteil, in dem es um Gewalttätigkeit gegenüber den eigenen Kindern ging, nicht alle Befragten mit Kindern unter 15 Jahren; und sie waren bei der Beantwortung der Fragen zu ihrem eigenen Gewalthandeln auch vorsichtiger als in dem Teil der Befragung, in dem es um das Gewaltverhalten ihrer Eltern ging. Die Fragen, in denen es um schwere körperliche Gewalt und Misshandlung der eigenen Kinder ging, wurden besonders zögerlich beantwortet. Die Täter sind offenbar immer noch schwerer zu befragen als die Opfer innerfamilialer Gewalt.

In der beschriebenen Teilstichprobe von Eltern mit Kindern unter 15 Jahren fanden sich 2,9% (n=27) Befragte, die ihre Kinder in der Vergangenheit nach eigenen Angaben misshandelt haben. 55,9% (n=525) gaben an, dass sie ihren Kindern gegenüber Körperstrafen eingesetzt haben. Unter ihnen waren 496 Befragte, die ihre Kinder ausschließlich körperlich züchtigten, ohne sie zu misshandeln (vgl. zu diesen Begriffen und zu ihrer Operationalisierung oben). Wetzels vermutet, dass diese Zahlen - auch im Vergleich zu anderen Studien (z.B. Schneewind u.a. 1983) - unrealistisch niedrig liegen (vgl. Wetzels 1997, S. 221 f.). Insbesondere die Angaben zu aktiver Misshandlung der eigenen Kindern seien im Vergleich zu den Angaben zu aktiver körperlicher Züchtigung durch positive Selbstdarstellungswünsche geprägt. Angesichts der stärkeren gesellschaftlichen Ächtung schwerer Misshandlungen in der Kindererziehung ist diese Interpretation plausibel. Die Ohrfeige oder das Versohlen mit einem Kochlöffel sind leichter zuzugeben als Versuche, das eigene Kind zu würgen oder mit einer Waffe zu bedrohen.

Sowohl in der KFN-Erhebung als auch in der im Auftrag der Bundesregierung durchgeführten Elternbefragung von 2001 ist zu beobachten, dass Mütter im Durchschnitt etwas häufiger als Väter an Gewalthandlungen gegenüber ihren Kindern beteiligt sind. Dies entspricht auch Befunden aus Untersuchungen, die in den USA durchgeführt wurden (vgl. hierzu etwa Straus und Smith 1990 und Krahé 2002, S. 149 ff.). Für manche mag dieses Ergebnis überraschend sein. Es ist jedoch nachvollziehbar, wenn man bedenkt, dass in vielen Familien die Mütter auch heute noch vorwiegend für die Erziehung ihrer Kinder zuständig sind. In den vorangehenden Kapiteln ist dies ja häufiger betont worden (vgl. hierzu insbesondere die Kapitel 3, 4 und 6). Mütter sind sehr viel häufiger als Väter mit ihren Kindern zusammen und sind dadurch auch häufiger mit komplizierten Erziehungskonstellationen konfrontiert, mit denen einige von ihnen erkennbar überfordert sind (vgl. hierzu auch Abschnitt 9.2.2).

Geschlechtsspezifische Unterschiede spielen auch bei der Frage, wer Opfer von Körperstrafen in der Erziehung wird, eine Rolle: Mädchen werden im Allgemeinen seltener geschlagen als Jungen. In der KFN-Befragung gaben von den Männern 77,9% (n=1235) an, dass sie in ihrer Kindheit und Jugend mit elterlicher Gewalt konfrontiert waren. Von den Frauen sagen dies nur 71,9% (n=1197). Dabei waren die Körperstrafen, von denen die Männer berichteten, härter als die, von denen die Frauen berichteten (vgl. entsprechend auch Bundesministerium für Familie, Senioren, Frauen und Jugend und Bundesministerium der Justiz 2003, S. 8 f.).

In vielen Untersuchungen zur Gewalt in der Erziehung und Kindesmisshandlung stellte man fest, dass Körperstrafen und Kindesmisshandlungen in den einzelnen sozialen Schichten unterschiedlich verteilt sind. Zwar ist es richtig, dass Gewalt und Misshandlungen in der Erziehung in allen sozialen Schichten vorkommen; trotzdem sind die Unterschichten stärker gewaltbelastet als die Mittel- und Oberschichten. Arbeitslosigkeit, ein niedriges Einkommen, ein geringer beruflicher Status und eine geringe Bildung sind Faktoren, die die Gewaltbereitschaft gegenüber Kindern erhöhen. Dies ergab sich insbesondere aus der großen, repräsentativen Befragung zu Gewalt in Familien - dem „Family Violence Survey“ -, die 1975 in den USA durchgeführt wurde, in der auch die bekannte Konflikttaktikskala (CTS; vgl. oben) eingesetzt wurde (vgl. Straus, Gelles und Steinmetz 1980). Auch in der Wiederholungsbefragung von 1985 - dem „Family Violence Resurvey“ (vgl. Straus und Gelles 1990) - wurde deutlich, dass Eltern mit einem geringen Einkommen und einem niedrigen Bildungsstand ihren Kinder gegenüber gewaltbereiter als andere sind. Insbesondere die arbeitslosen Eltern waren im Verhältnis zu ihren Kindern gewalttätiger (vgl. Straus und Smith 1990).

Auch in Deutschland konnte man in der Befragung, die den großen amerikanischen Repräsentativerhebungen zu Gewalt in Familien am besten vergleichbar ist - das ist die oben dargestellte Studie Peter Wetzels' -, die Bedeutung sozioökonomischer Faktoren belegen. Wetzels unterscheidet in seiner Anfang der neunziger Jahre durchgeführten Untersuchung zwischen vier Sozialschichten und fragt danach, wie in ihnen die Gewaltbereitschaft jeweils ausgeprägt ist (vgl. hierzu und zum Folgenden Wetzels 1997, S. 134 f. und S. 148 ff.). In der sozioökonomischen Statusgruppe I fasst er un- und angelernte Arbeiter zusammen sowie Landwirte mit sehr geringem Besitz (<20 ha). In der Statusgruppe II sind Facharbeiter, einfache Angestellte und Beamte und Landwirte (<50 ha) vertreten. In der Gruppe III sind Meister, mittlere und gehobene Angestellte und Beamte, Selbständige (bis 9 Mitarbeiter) und Landwirte mit größeren Betrieben (>50 ha) zusammengefasst und in der Gruppe IV höhere Angestellte und Beamte, freiberufliche Akademiker und Selbständige (mit mehr als 9 Mitarbeitern).

Tabelle 5 enthält einen Überblick darüber, wie das Verhältnis von sozioökonomischem Status in der Herkunftsfamilie und den in den Interviews berichteten Gewalterfahrungen ist.

Tab. 5: Opfer körperlicher Gewalt (insgesamt) und sozioökonomischer Status der Herkunftsfamilie (KFN-Untersuchung)

sozioökonomische Statusgruppe[a]		**körperliche Elterngewalt insgesamt**[b]		
		nie	**selten**	**häufiger als selten**
I	(n=215)	20,0 %	38,6 %	41,4 %
II	(n=1126)	21,8 %	34,7 %	43,4 %
III	(n=1056)	25,4 %	37,3%	37,3 %
IV	(n=688)	31,8 %	38,2 %	29,9 %

Anm.: Prozentangaben beziehen sich auf die Zeilen.

a I bezeichnet die niedrigste und IV die höchste sozioökonomische Statusgruppe.

b $\chi^2(6, N=3085)=42.47$, $\rho<.0000$

Quelle: Wetzels 1997, S. 148

Bei den Befragten, deren Eltern den unteren beiden Statusgruppen zuzuordnen sind - den Gruppen I und II - ist der Anteil derjenigen, die von ihren

Eltern mit Körpergewalt erzogen wurden, besonders hoch. Bei den Befragten aus Gruppe III ist dieser Anteil schon niedriger. Am geringsten ist die Gewaltbelastung bei den Befragten, deren Eltern der oberen Mittelschicht und der Oberschicht (Gruppe IV) zuzuordnen sind. Dass sie häufiger körperlich bestraft wurden, sagen nur knapp 30% der Befragten dieser Gruppe, während knapp 32% nicht mit Gewalt in der Erziehung konfrontiert waren.

Wie Tabelle 6 zeigt, wiederholt sich das Muster der stärkeren Gewaltbelastung in den beiden unteren Schichten, wenn man explizit nach Misshandlungserfahrungen fragt.

Tab. 6: Opfer elterlicher körperlicher Misshandlung und sozioökonomischer Status der Herkunftsfamilie (KFN-Untersuchung)

		körperliche Misshandlung[b]	
sozioökonomische Statusgruppe[a]	**nie**	**selten**	**häufiger als selten**
I (n=213)	85,0 %	8,5 %	6,5 %
II (n=1125)	88,4 %	6,1 %	5,4 %
III (n=1054)	90,4 %	5,7%	3,9 %
IV (n=687)	91,3 %	5,8 %	2,9 %

Anm.: Prozentangaben beziehen sich auf die Zeilen.

a I bezeichnet die niedrigste und IV die höchste sozioökonomische Statusgruppe.

b $\chi^2(6, N=3079)=12.32, \rho<.05$

Quelle: Wetzels 1997, S. 149

Tabelle 5 und Tabelle 6 machen aber auch deutlich, dass man gut daran tut, mit voreiligen Zuschreibungen vorsichtig zu sein. Es geht hier um unterschiedliche quantitative Relationen, nicht um Aussagen über schichttypische Erziehungsstile. Befragte, deren Eltern zu den unteren Sozialschichten gehören, wurden - nach den Interviews zu urteilen - zwar häufiger als die Befragten der Mittel- und Oberschichten geschlagen, sie wurden auch häufiger misshandelt. Aber auch in den beiden untersten Schichten gab es sehr viele Befragte (zwischen 55 und 60%), die in ihrer Kindheit selten oder nie mit elterlicher Gewalt konfrontiert wurden; und noch viel mehr Befragte (85,0% bzw. 88,4%) sagten, dass sie von ihren Eltern nicht misshandelt wurden. Es wäre also völlig verfehlt, von einer Subkultur der Gewalt in den Unterschichten zu sprechen.

Wichtig ist allerdings, sozioökonomische Faktoren zusammen mit anderen Faktoren bei der Erklärung von Gewalt und Misshandlung in der Familie systematisch mit zu berücksichtigen. Dies sei am Beispiel allein erziehender Mütter und Väter erläutert (vgl. hierzu Wetzels 1997, S. 38). Diese Gruppen sind nach dem „Family Violence Resurvey“ von 1985 (vgl. Straus und Gelles 1990) im Verhältnis zu ihren Kindern beide besonders gewaltbereit. Jedoch: Wenn man das Einkommen der jeweiligen Männer und Frauen berücksichtigt, stellt man fest, dass es vor allem die Frauen mit einem niedrigen ökonomischen Status sind, die ihren Kindern gegenüber gewalttätig sind. Richard Gelles kommentiert: „Economic deprivation is indeed the reason, why single parent mothers, who make up nearly 90% of all single parent families, are more likely to abuse their children.“ (Gelles 1989, S. 497)

9.2.2 Beziehungs- und Gewalterfahrungen in der Kindheit und die Gewaltbereitschaft in der Elternrolle

9.2.2.1 Zur These der intergenerationalen Weitergabe von Gewalterfahrungen

Sehr häufig hört man: Wer als Kind geschlagen wurde, wird später auch die eigenen Kinder schlagen. Diese These ist weit verbreitet - im Alltagsdenken, aber auch in der Wissenschaft. Wie ich in diesem Abschnitt zeigen möchte, ist es mit dieser These wie mit vielen anderen Thesen zur Entwicklung und Sozialisation von Menschen: Es gibt deutliche empirische Zusammenhänge zwischen Gewalterfahrungen und späterer Gewaltbereitschaft, aber es handelt sich hierbei nicht um deterministische Beziehungen - d.h. derjenige, der als Kind misshandelt wurde, wird später nicht notwendigerweise die eigenen Kinder misshandeln. Zudem müssen viele weitere Faktoren und Konstellationen berücksichtigt werden, wenn man erklären will, warum diese Eltern ihr Kind misshandeln und jene Eltern nicht.

Bei den Studien, in denen die These der „intergenerationalen Weitergabe“ von Gewalt- und Misshandlungserfahrungen überprüft wird und die hier und im Folgenden vorgestellt und diskutiert werden sollen, handelt es sich in der Regel um Untersuchungen, in denen die Kindheits- und Beziehungserfahrungen der gewaltbereiten Mütter und Väter in biographischen Interviews rekonstruiert werden (vgl. als Überblicke u.a. Kaufman und Zigler 1989, Zuravin u.a. 1996 oder Wetzels 1997, S. 101 ff.). Es handelt sich also nicht um Längsschnittstudien, in denen die späteren Mütter und Väter beginnend mit ihrer frühen Kindheit über die Jahre und Jahrzehnte hinweg in Forschungsprojekten begleitet, beobachtet und befragt wurden. Es mag sein, dass in der bekannten Minnesota-Längsschnitt-Studie, in der Kinder aus unterprivilegierten Familien bis ins Erwachsenenalter hinein begleitet wurden (vgl. zu dieser Studie auch Abschnitt 6.2.1 und Kapitel 7 dieser Arbeit), inzwischen auch Analysen zu frühen Misshandlungserfahrungen und dem späteren Elternverhalten vorliegen - aus dieser Studie gibt es immerhin bereits Längsschnitt-Analysen zu den Beziehungen zwischen frühen Kindheitserfahrungen und Gewaltbereitschaft und Kriminalität im Jugendalter (vgl. hierzu auch Abschnitt 9.4.1 dieser Arbeit). Bislang liegen solche auf misshandelnde und gewaltbereite Eltern bezogenen Längsschnitt-Analysen, die mit der frühen Kindheit beginnen, meines Wissens jedoch nicht vor.

In der Forschung ist man demnach bei Analysen zur intergenerationalen Weitergabe von Gewalt- und Misshandlungserfahrungen in der Regel auf retrospektive Studien und auf das Erinnerungsvermögen und die Kooperationsbereitschaft der gewaltbereiten Eltern angewiesen. Dass solche Studien schwer durchzuführen sind und dass es schwer ist, die Eltern, die ihre Kinder schlagen oder misshandeln, dazu zu bringen, in einem empirischen Forschungsprojekt zu kooperieren, kann man sich leicht vorstellen. Trotzdem gibt es eine Reihe von Forschungsprojekten, in denen dies gelungen ist. Es ist allerdings zu vermuten, dass in diesen Studien die Fälle extremer Misshandlung unterrepräsentiert sind.

Joan Kaufman und Edward Zigler legten 1989 einen informativen und sorgfältig argumentierenden Überblick zu unterschiedlichen Studien über elterliches Gewalthandeln und Gewalt- und Misshandlungserfahrungen in der Kindheit vor. Sie schätzen, dass die Rate der intergenerationalen Weitergabe von Misshandlungserfahrungen im Durchschnitt bei 30% (+/- 5%) liegt (vgl. ebenda, S. 135). Einige der Studien, die sie diskutieren, liegen deutlich über diesem Wert, einige deutlich darunter, was nicht zuletzt auch damit zusammenhängt, dass Misshandlungserfahrungen in den einzelnen Studien in unterschiedlicher Weise empirisch erfasst wurden und dass die jeweils untersuchten Stichproben sehr heterogen waren. Kaufman und Zigler (1989) folgern aus ihrem Überblick:

> „The association between abuse in childhood and poor parenting is far from complete - the majority of parents who were abused do not maltreat their children. Although a 30% +/- 5% transmission rate is scarcely inconsequential, it is a long cry from the 99 percent figure promulgated in the popular press. Undoubtedly, a history of abuse is a considerable risk factor associated with the etiology of child maltreatment, but the pathway to abusive parenting is far from inevitable or direct." (Ebenda, S. 135)

Die Autoren halten in ihrem Artikel den Zusammenhang zwischen frühen Misshandlungserfahrungen und späteren Kindesmisshandlungen also auf der einen Seite für wichtig und empirisch gut belegt. Sie warnen aber, wie das Zitat zeigt, auf der anderen Seite davor, sich die Welt zu einfach vorzustellen und das Ausmaß der intergenerationalen Weitergabe von Gewalt naiv zu überschätzen. Gefordert sind zusätzliche Erklärungen, die der Komplexität des Zusammenhangs zwischen frühen sozialen Erfahrungen und gewalttätigem Handeln gegenüber Kindern gerecht werden.

Solche zusätzlichen Erklärungen sollen im Folgenden auf der Grundlage ausgewählter empirischer Studien vorgestellt und diskutiert werden. Dabei geht es zum einen darum zu erklären, warum einige der Eltern, die als Kinder misshandelt wurden, ihre eigenen Kinder selbst wiederum misshandeln und andere nicht. Zum anderen muss auch erklärt werden, warum einige Eltern, die als Kinder nicht misshandelt wurden und die auch nicht besonders gewalttätig erzogen wurden, ihre Kinder trotzdem misshandeln. Diese letztere Gruppe gibt es in allen Studien, in denen Informationen zur Biographie misshandelnder Eltern vorliegen. Ich greife Tabelle 7 (vgl. S. 195), die dies dokumentiert, insofern nur beispielhaft heraus. In ihr werden Daten zur intergenerationalen Weitergabe von Gewalt- und Misshandlungserfahrungen zusammengefasst, die in der KFN-Studie zu Gewalterfahrungen in der Kindheit erhoben wurden (vgl. Wetzels 1997, vgl. zu dieser Studie auch Abschnitt 9.2.1 dieser Arbeit).

Generell ist zu der gegenüberliegenden Tabelle zu sagen, dass sie Thesen zum Zusammenhang zwischen Gewalterfahrungen in der Kindheit und aktivem Gewalthandeln in der Elternrolle eindeutig stützt. Ich will dies an einigen Zahlen und Argumenten verdeutlichen: Von denjenigen Vätern und Müttern, die in ihrer Kindheit von ihren Eltern häufiger körperlich gezüchtigt wurden (vgl. zu diesem Begriff und seiner empirischen Erfassung Abschnitt 9.2.1), setzen relativ viele (71,6%) auch selbst körperliche Gewalt gegenüber ihren Kindern ein. Im Vergleich zu den Vätern und Müttern, die als Kinder wenig oder gar nicht gezüchtigt wurden, sind dies deutlich mehr. Bei den Eltern, die als Kinder misshandelt wurden (vgl. zur empirischen Erfassung ebenfalls Abschnitt 9.2.1), ist zwar die Rate der intergenerationalen Weitergabe deutlich niedriger (14,6%), aber trotzdem ist festzustellen, dass Väter und Mütter, die als Kinder von ihren Eltern körperlich misshandelt wurden, ihre eigenen Kinder zumindest signifikant häufiger als die anderen Eltern misshandeln. Von den 27 Vätern und Müttern, die ihre Kinder nach eigenen Angaben misshandeln, sind immerhin 15 - mehr als die Hälfte - in ihrer eigenen Kindheit selbst misshandelt worden. Bemerkenswert ist auch, dass von den Vätern und Müttern, die in der Kindheit nicht mit körperlicher Gewalt konfrontiert waren, kaum einer sein Kind misshandelt (in einem von 208 Fällen geschieht dies). Die dargestellten Zusammenhänge zwischen Gewalterfahrungen in der Kindheit und aktivem Gewalthandeln in der Elternrolle sind dabei nicht auf soziodemographische Drittvariablen - die Geschlechtszughörigkeit der Befragten, ihren sozioökonomischen Status oder ihre Arbeitslosigkeit - zurückzuführen, wie man in multivariaten statistischen Analysen feststellen konnte (vgl. hierzu Wetzels 1997, S. 231 f.).

Bestätigt die Tabelle 7 einerseits verbreitete Thesen zur intergenerationalen Weitergabe von Gewalterfahrungen, so macht sie andererseits auch auf die Grenzen dieser Thesen aufmerksam. Am deutlichsten wird dies an den Daten zur Misshandlung. Von den 105 Befragten, die als Kinder von ihren Eltern körperlich misshandelt wurden, geben 15 (14,3) die Misshandlung an ihre Kinder weiter, aber 90 Befragte (85,7%) nicht. Möglicherweise ist dieser Anteil unterschätzt. Denn, wie oben ausgeführt (vgl. Abschnitt 9.2.1), ist davon auszugehen, dass in der Realität des Familienalltags mehr als im Interview zugegeben misshandelt wird. Aber selbst wenn man dies berücksichtigt und den Prozentsatz der intergenerationalen Weitergabe höher ansetzt (z.B. bei dem von Kaufman und Ziegler angesetzten Durchschnittswert von 30%), bleibt immer noch ein beträchtlicher Anteil von Frauen und Männern übrig, die als Kinder von ihren Eltern misshandelt wurden und die

Tab. 7: Intensität und Häufigkeit körperlicher Gewalterfahrungen in der Kindheit und aktives Gewalthandeln in der Elternrolle (KFN-Untersuchung)

	Handeln als Erwachsener in der Elternrolle					
	aktive körperliche Erziehungsgewalt gegen eigene Kinder insgesamt[a]			aktive körperliche Misshandlung der eigenen Kinder[b]		
Viktimisierung durch elterl. phys. Gewalt in der Kindheit	Nein (Zeilen-%)	Ja (Zeilen-%)	Summe (Spalten-%)	Nein (Zeilen-%)	Ja (Zeilen-%)	Summe (Spalten-%)
keine elterliche phys. Gewalt	**158** **(75,6 %)**	51 (24,4 %)	209 (22,4 %)	**207** **(99,5 %)**	1 (0,5 %)	208 (22,3 %)
selten körperlich gezüchtigt	143 (40,9 %)	207 (59,1 %)	350 (37,4 %)	345 (98,6 %)	5 (1,4 %)	350 (37,5 %)
häufiger als selten körperlich gezüchtigt	77 (28,4 %)	**194** **(71,6 %)**	271 (29,0 %)	264 (97,8 %)	6 (2,2 %)	270 (28,9 %)
körperlich misshandelt	26 (34,3 %)	**69** **(65,7 %)**	105 (11,2 %)	90 (85,7 %)	**15** **(14,3 %)**	105 (5,6 %)
Summe (%)	414 (44,3 %)	521 (55,7 %)	935 (100 %)	906 (97,1 %)	27 (2,9 %)	933 (100 %)

Anm.: a Gesamttabelle $\chi^2(2, N=935)=116.7$, $p<.0001$. b Kein Chi-Quadrat Test wegen Erwartungswerten < 5.
Statistisch signifikante Prädiktionstypen ($p <.001$) sind fett hervorgehoben

Quelle: Wetzels 1997, S. 230

dies trotzdem nicht an ihre Kinder weitergeben. Und umgekehrt gibt es unter denjenigen, die gar nicht oder selten körperlich gezüchtigt wurden, doch einige - nämlich sechs Befragte -, die ihre Kinder misshandeln. Vergleichbar gibt es unter den Müttern und Vätern, die als Kinder nicht mit elterlicher Gewalt konfrontiert waren (insgesamt 209), eine nennenswerte Zahl von Befragten, die im Verhältnis zu ihren Kindern körperliche Erziehungsgewalt einsetzen - nämlich fast ein Viertel dieser Befragtengruppe.

Die Thesen zur intergenerationalen Weitergabe von Gewalterfahrungen müssen also in zweierlei Hinsicht relativiert und erweitert werden: Es müssen plausible Interpretationen dafür gefunden werden, dass eine Reihe von Eltern erfahrene Gewalt nicht weitergeben, und auch dafür, dass Eltern gewalttätig werden, die in ihrer Kindheit von ihren Eltern nicht mit körperlichen Strafen und Gewalt erzogen wurden. Ganz offenkundig ist es erforderlich, in beiden Richtungen mit der Theoriebildung weiterzukommen. Es geht also nicht nur darum zu fragen, unter welchen Bedingungen Gewalterfahrungen weitergegeben werden oder nicht - wie dies die Autoren, die sich mit dem „intergenerational cycle of child maltreatment" beschäftigen, tun (vgl. z.B. Kaufman und Zigler 1989 oder Zuravin u.a. 1996) -, sondern auch darum zu fragen, unter welchen Bedingungen körperliche Gewalt gegenüber Kindern eingesetzt wird, ohne dass die Eltern in ihrer Kindheit von ihren Eltern gewalttätig behandelt wurden.

9.2.2.2 An der Schwelle zur Misshandlung des eigenen Kindes - soziale und psychische Bedingungen von Misshandlung am Beispiel eines Einzelfalls

John Bowlby berichtet von dem Fall einer Mutter - Mrs. Q. -, die nahe davor war, ihr Kind zu misshandeln, die jedoch bedingt durch verschiedene Umstände nicht zu einer misshandelnden Mutter wurde (vgl. hierzu und zum Folgenden Bowlby 1988, S. 86 ff.). Ihr Fall kann helfen, Dimensionen herauszuarbeiten, die beachtet werden müssen, wenn die Entwicklung von Müttern und Vätern, die gegenüber ihren Kindern Gewalt einsetzen, erklärt werden soll.

Mrs. Q. kam auf ärztlichen Rat hin zu einem Beratungsgespräch mit John Bowlby, der neben seiner wissenschaftlichen Tätigkeit stets auch als Therapeut arbeitete. Der 1 ½-jährige Sohn Mrs. Q.s' weigerte sich zu essen und verlor zu viel Gewicht. Im Gespräch mit Bowlby wirkte die Mutter sehr ängstlich und depressiv. Sie war dies seit der Geburt ihres Sohnes. Frau Q. hatte Angst, dass ihr Sohn sterben könnte, und bedrängte ihn zu essen. Sie erzählte auch davon, dass sie manchmal den Impuls hätte, ihr Kind aus dem Fenster zu werfen. Erst sehr viel später erzählte sie von einem hysterischen Ausbruch - sie habe dabei Geschirr zerschlagen und auch den Kinderwagen ihres Sohnes geschlagen.

Bowlby riet Mrs. Q. zu einer psychotherapeutischen Behandlung. Sie kam einmal wöchentlich zu Bowlby, und im Verlauf der Behandlung ergab sich folgendes Bild der sozialen Beziehungen in ihrer Herkunftsfamilie: Frau Q. erinnerte sich an intensive Streitereien zwischen ihren Eltern, in deren Verlauf diese sich gegenseitig angriffen und sogar mit Mord drohten. Die Mutter setzte die Familie und auch ihr Kind dadurch unter Druck, dass sie wiederholt damit drohte, ihre Familie zu verlassen. Sie drohte auch mit Selbstmord. Frau Q. fand ihre Mutter einmal kurz davor - mit dem Kopf im Gasofen. Ein anderes Mal tat ihre Mutter so, als hätte sie die Familie verlassen, und blieb einen halben Tag lang weg. Ihre Mutter verbot ihr, mit Außenstehenden über die Vorfälle in der Familie zu sprechen. So konnte sie keine Entlastung durch Gespräche und Unterstützung durch andere Personen finden.

Mrs. Q. war vor der Ehe in einem qualifizierten Beruf tätig und wirkte insgesamt sozial integriert. Sie bemühte sich allseits um gute nachbarschaftliche Beziehungen und um gute Beziehungen zu ihrem Mann und zu ihrem Kind. Die gelang ihr meist gut - aber ihre gelegentlichen gewalttätigen und destruktiven Ausbrüche ängstigten sie. Sie hatte ihretwegen auch intensive Gefühle der Scham.

Bowlby interpretiert die wütenden Ausbrüche als Ausdruck intensiver Wut, die dadurch entstand, dass Frau Q.s' Mutter wiederholt und über Jahre hinweg damit drohte, ihre Familie zu verlassen. Diese Wut wurde schon früh auf andere, weniger gefährliche Ziele verlagert: „After some time I had little doubt that the angry outbursts were to be understood as the expression of intense anger which, generated initially and over many years by her mother's repeated threats to abandon the family, had early in her life become directed away from her mother and towards less dangerous targets. Terrified then and later of ever expressing her anger directly, she redirected (Bowlby gibt diesem Begriff aus der Ethologie den Vorzug und vermeidet den seiner Ansicht nach weniger klaren Begriff „displacement". D.Verf.) it towards something which, or someone who, could not retaliate." (Bowlby 1988, S. 87). In ihrer Kindheit attackierte Mrs. Q. gelegentlich ihre Puppen, als erwachsene Frau attackierte sie ihr Geschirr, den Kinderwagen ihres Kindes und „almost but not quite the baby". Bowlby nimmt an, dass jeder der aktuellen Ausbrüche durch Frau Q.s' Mutter ausgelöst war, die - dominant und sich einmischend wie auch früher - ihre Tochter täglich (!) besuchte.

Wichtige Bestandteile der Bowlbyschen Interpretation der Ausbrüche von Gewalt bei seiner Patientin sind also: die durch laufende und massive Trennungsdrohungen in der Kindheit erzeugte Wut („anger"), die Umlenkung der Wut auf weniger gefährliche Ziele (vgl. zur Bedeutung dieser theoretischen Annahmen im Bowlbyschen Denken auch vorn, Abschnitt 2.3.3) und schließlich die Aktualisierung der Wut durch die stete Präsenz der dominanten und intrusiven Mutter. Hinzu kommt das alte Kommunikationsverbot. Die dramatische Familiengeschichte muss geheim bleiben.

Das Beispiel Frau Q.s' zeigt, dass der Tendenz zur körperlichen Misshandlung des eigenen Kindes nicht unbedingt eigene Misshandlungserfahrungen voraus gehen müssen - zumindest nicht eigene Erfahrungen mit körperlicher Misshandlung. Man kann angesichts der Erfahrungen, über die Frau Q. im Rahmen ihrer Therapie berichtet, allerdings von psychischer Misshandlung sprechen. Dies bedeutet auf allgemeinerer Ebene: Bei der Interpretation von Tendenzen zur Kindesmisshandlung muss auch gefragt werden, ob und in welcher Weise die Mütter oder Väter in ihrer Kindheit von ihren Eltern psychisch malträtiert wurden, unter Druck gesetzt wurden, geängstigt und in Furcht und Schrecken versetzt wurden. In standardisierten Erhebungen zu Misshandlungserfahrungen in der Kindheit geschieht dies in der Regel nicht differenziert genug. Es fehlen in diesen vertiefte Informationen zu den Erfahrungen mit psychischer Misshandlung, starken Zurückweisungserfahrungen, Trennungserfahrungen oder Trennungsdrohungen. Die Ergebnisse der quantitativen Forschung zu den sozialen und psychischen Bedingungen von Kindesmisshandlungen sind daher nur zum Teil ergiebig. Sie vermitteln kein realistisches Bild der Beziehungs- und Leidensgeschichte der misshandelnden Eltern und können deshalb auch nur eingeschränkte Beiträge zur Erklärung von elterlicher Gewaltbereitschaft leisten.

Faktisch kam es in dem geschilderten Fall, wie dargestellt, nicht zur körperlichen Misshandlung des eigenen Kindes. Dass Frau Q. ihr Kind - möglicherweise penetrant - bedrängt hat zu essen, wird man wohl kaum als körperliche Misshandlung bezeichnen wollen. Die Beziehung zwischen der Mutter und ihrem 1 ½-jährigen Sohn war zwar sehr problematisch, aber sie entwickelte sich nicht zu einer Beziehung, in der misshandelt wurde. Warum nicht?

Nicht expliziert, aber aus dem Text zu erschließen ist, dass die gewalttätigen und destruktiven Tendenzen Frau Q.s' durch normative Kontrollen eingegrenzt waren. Sie schämte sich ihrer gewalttätigen und destruktiven Ausbrüche, sie bemühte sich um das gesundheitliche Wohl ihres Kindes und sprach über ihre eigenen destruktiven Tendenzen im Rahmen der Therapie nur zögernd und mit Ängsten vor ärgerlichen Reaktionen des Therapeuten. Sie hätte sich so nicht verhalten, wenn für sie die Norm, andere nicht zu schädigen, sie nicht zu verletzen, nicht wichtig gewesen wäre.

Andere Bedingungen dafür, dass es in dem von Bowlby geschilderten Fall nicht zu Misshandlungen kam, sind - auch nach vorliegenden Studien zu urteilen (vgl. hierzu u.a. Belsky und Vondra 1989, Rutter 1989, Kaufman und Zigler 1989, Wetzels 1997 oder Brown u.a. 1998):

- die Beziehungen Mrs. Q.s' zu ihrem Ehemann; sie wurde in der Ehebeziehung nicht erneut zum Opfer von Misshandlungen, stand insofern auch nicht unter dem Druck, in der Beziehung entstandene Gefühle von Wut und Ärger („anger") auf andere, auch ihr Kind, zu verschieben;

- die frühere erfolgreiche und qualifizierte berufliche Tätigkeit und die Einbindung in nachbarschaftliche Kontakte - mit entsprechenden Chancen der psychischen Stabilisierung und der Weiterentwicklung unter dem Gesichtspunkt moralischer Orientierungen und sozialer Kompetenzen.

Belsky und Vondra (1989) haben die unterschiedlichen Aspekte, die bei der Erklärung des Erziehungsverhaltens und der Misshandlungstendenzen von Eltern zu beachten sind, in einem kleinen Verlaufsmodell zusammengefasst, das im Folgenden in einer erweiterten und konkretisierten Form wiedergegeben wird (vgl. Abb. 3 auf der nächsten Seite).

Dieses Modell gibt im Prinzip keine neuen Aufschlüsse, hilft aber dabei, sich die einzelnen Aspekte, die bei der Interpretation von elterlicher Gewaltbereitschaft wichtig sind, in einem knappen Überblick zu vergegenwärtigen: die zentrale Rolle der Biographie der Eltern, ihre Persönlichkeitsentwicklung, die hierauf aufbauende Einbindung in partnerschaftliche Beziehungen und in berufliche und soziale Kontexte, die individuelle Weiterentwicklung in diesen Beziehungen und Kontexten und das hierauf basierende Elternverhalten - und - unter ungünstigen Entwicklungsbedingungen - die Misshandlung des eigenen Kindes, mit entsprechenden Auswirkungen für die Entwicklung des Kindes (vgl. zu den Folgen von Kindesmisshandlung auch Kapitel 7 dieser Arbeit). Das Schema erwähnt auch, dass bestimmte angeborene Merkmale und Dispositionen des Kindes Misshandlungstendenzen bestärken oder reduzieren können (vgl. hierzu auch Brown u.a. 1998, S. 1069 ff.). In der sozialwissenschaftlichen Literatur zu dieser Frage wird allerdings wiederholt daran erinnert, dass es am Ende von den Eltern und von ihrer Vorgeschichte abhängt, wie sie mit einer Behinderung ihres Kindes oder mit seinem unruhigen Temperament umgehen (vgl. hierzu z.B. Wetzels 1997, S. 75 ff.).

Das Schema verdeutlicht unter anderem auch, dass es bei der Interpretation von Kindesmisshandlungen nicht um schlichte, in einer Richtung verlaufende Entwicklungen geht, sondern um vielschichtige, in Stufen verlaufende Entwicklungen, wobei sich auf jeder Stufe im Prinzip neue Lernchancen und Entwicklungsmöglichkeiten oder auch neue Beeinträchtigungen ergeben können, die selbst wiederum einen eigenständigen Einfluss auf die Persönlichkeitsentwicklung und auf das elterliche Verhalten ausüben (vgl. hierzu auch Kapitel 8 dieser Arbeit). Zum Beispiel: Der eigene biographische Hintergrund beeinflusst die Partnerwahl und den Verlauf der Partnerschaftsbeziehung; der Verlauf der Partnerschaftsbeziehung ist aber selbst wiederum für die weitere persönliche Entwicklung wichtig (vgl. hierzu auch Rutter 1988). So geht aus verschiedenen empirischen Untersuchungen zu den Voraussetzungen von Kindesmisshandlungen hervor, dass die emotionale Unterstützung durch Partner/Partnerinnen dazu beiträgt, dass vor-

Abb. 3: Determinanten des Elternverhaltens und elterlicher Tendenzen zur Kindesmisshandlung - ein Prozessmodell (orientiert an Belsky und Vondra 1989)

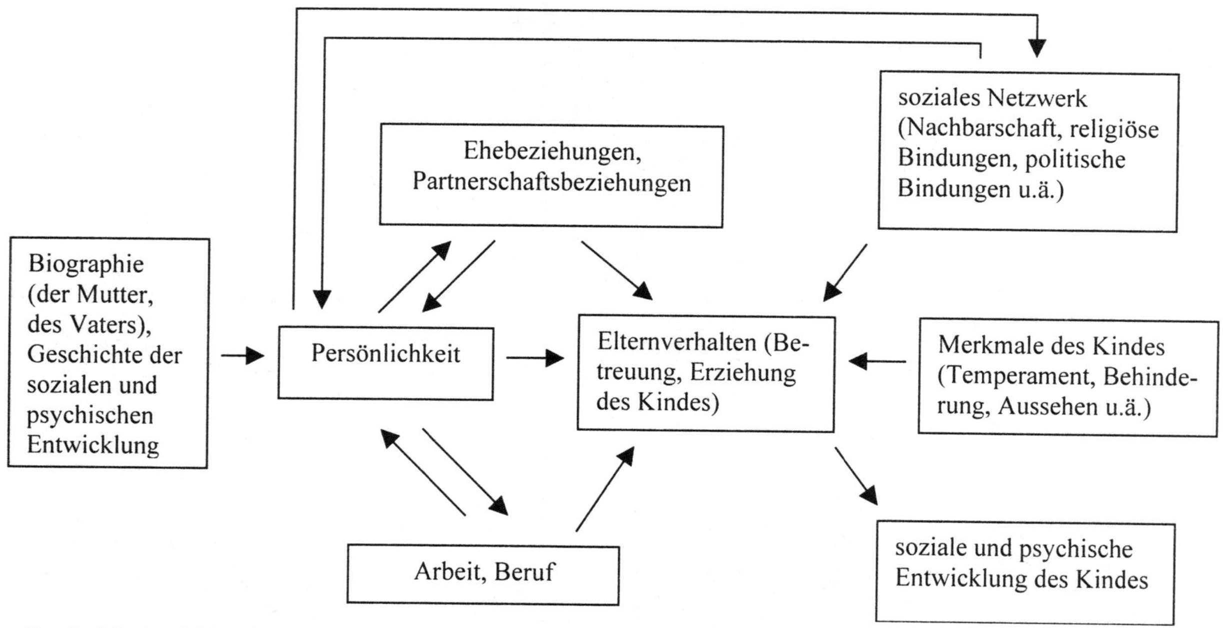

Quelle: Belsky und Vondra 1989, S. 157/in einer erweiterten und konkretisierten Form

handene Opfer- und Misshandlungserfahrungen nicht weitergegeben werden (vgl. hierzu u.a. Pianta u.a. 1989, Rutter 1989). Umgekehrt erhöht die Erfahrung mit schwerer Gewalt in der Partnerschaft das Risiko, dass Misshandlungserfahrungen in der eigenen Kindheit an die nächste Generation weitergegeben werden (vgl. Wetzels 1997).

9.2.3 Bindungen, alternative Bezugspersonen und die Aufarbeitung von Misshandlungserfahrungen

An dem im vorangehenden Abschnitt diskutierten Fallbeispiel konnten unterschiedliche soziale und psychische Bedingungen der Misshandlung von Kindern erläutert werden. Diese liegen auf unterschiedlichen Ebenen und beeinflussen sich zum Teil wechselseitig, wie ich am Beispiel der Beziehungen zwischen Partnerschaft und persönlicher Entwicklung erläutert habe. Im Folgenden sollen nun vor allem diejenigen Analyse-Ebenen und Fragen vertieft behandelt werden, die sich auf den biographischen Hintergrund und die psychischen Dispositionen der misshandelnden Eltern beziehen. Dabei geht es auch um die spezifischen biographischen Bedingungen, die es Müttern und Vätern ermöglichen, aus dem Kreislauf der Misshandlung auszusteigen.

Eine Untersuchung, die für die Frage nach den biographischen Bedingungen von Misshandlungen und nach der Weitergabe von Misshandlungserfahrungen besonders aufschlussreich ist, ist die von Byron Egeland, Alan Sroufe u.a. geleitete Minnesota-Längsschnittstudie, von der im Verlauf dieser Arbeit schon häufiger die Rede war (vgl. hierzu insbesondere das Kapitel 6 dieser Arbeit, vgl. aber auch Abschnitt 7.4). Zur Erinnerung: Man begann Mitte der siebziger Jahre damit, Frauen, die ihr erstes Kind erwarteten, für die Mitarbeit in einem längerfristig angelegten Forschungsprojekt zu frühen Bindungen und kindlicher Entwicklung zu gewinnen (vgl. hierzu und zum Folgenden auch 6.2.1.1 dieser Arbeit). Ganz bewusst wurden in dieser Studie Frauen - insgesamt 267 - aus ökonomisch und sozial unterprivilegierten Schichten rekrutiert. Es ging um die frühen Bindungen und die Entwicklung von Kindern unter ungünstigen Bedingungen - in einer Risiko-Stichprobe. Die Frauen, die für die Mitarbeit gewonnen wurden, waren im Durchschnitt sehr jung - es gab manche Teenager-Mütter; die Schwangerschaft der Frauen war meist nicht geplant. Insgesamt hatten die in die Untersuchung einbezogenen Frauen einen niedrigen Bildungsstand, lebten unter ungünstigen ökonomischen Bedingungen, lebten überwiegend nicht in festen Partnerschaftsbeziehungen und unter ungünstigen und tendenziell chaotischen Bedingungen. Es handelte sich hier also um eine Stichprobe von Frauen, die - nach diversen quantitativen Erhebungen zu urteilen (vgl. hierzu auch vorn, Abschnitt 9.2.1) - besonders gefährdet waren. Die Wahrscheinlichkeit, dass sie ihre Kinder misshandeln würden, war im Vergleich zu anderen Stichproben relativ hoch.

Im Verlauf der Studie bestätigte sich diese Erwartung (vgl. hierzu ausführlicher unten). Aber, wie ich im Verlauf dieser Arbeit schon mehrfach erläutert habe: Es geht hier wie auch in anderen Fällen um quantitative Relationen und unterschiedliche Häufigkeiten von Misshandlung, nicht um die Behauptung, es gäbe so etwas wie schichttypische Gewalt-Milieus. Auch unter den Müttern der Minnesota-Studie gab es viele Frauen, die ihr Kind akzeptierten, die sich liebevoll um ihr Kind kümmerten und die in der Interaktion mit ihrem Kind sensitiv waren (vgl. hierzu etwa Pianta, Sroufe und Egeland 1989 oder Egeland und Farber 1984; vgl. zur Bedeutung von mütterlicher Sensitivität vor allem Kapitel 3 dieser Arbeit). Dass dies der Fall war, ist auch daran zu abzulesen, dass es unter den Kindern relativ viele gab, die als sicher gebunden eingestuft wurden, als sie ein Jahr alt waren und in der Fremden Situation zusammen mit ihren Müttern beobachtet wurden - nämlich 118 (55%) von 220 Kindern (vgl. Egeland und Farber 1984, S. 758 ff.; vgl. zum Verfahren der Fremden Situation und zu den entsprechenden Auswertungsverfahren auch die Abschnitte 3.1.2 und 3.1.3 dieser Arbeit). Daraus, dass mehr als die Hälfte der in die Untersuchung einbezogenen Kinder im Alter von einem Jahr sicher an ihre Mütter gebunden waren, kann geschlossen werden, dass viele der Kinder trotz aller ökonomischen und sozialen Probleme ihrer Mütter in angemessener Weise betreut wurden. Es ist also nicht so, dass die Mütter der Minnesota-Studie besonders inkompetent, lieblos oder wenig sensitiv waren.

Aber es gab unter ihnen auch Mütter, die ihre Kinder misshandelten. Die Autoren und Autorinnen der Studie hatten durch den engen Kontakt zu den untersuchten Familien und dadurch, dass sie wiederholt Kontakt zu den Familien hatten, mehr Gelegenheit als dies in anderen Studien der Fall ist, Misshandlungen zu identifizieren. Sie hatten auch mehr Gelegenheit, mit den misshandelnden Müttern zu sprechen und sie mit nicht misshandelnden Müttern zu vergleichen. Ich möchte im Folgenden einige ihrer zentralen Ergebnisse referieren und zur Diskussion stellen.

Im Verlauf der ersten sechs Lebensjahre der in die Untersuchung einbezogenen Kinder wurde in der Minnesota-Studie wiederholt gefragt, ob die Kinder misshandelt wurden - als sie etwa ein Jahr alt waren, als sie etwa zwei Jahre alt waren, später, als die Kinder etwa sechs Jahre alt waren. Datenbasis waren dabei: Interviews mit den Müttern, eigene Beobachtungen der Mutter-Kind-Interaktion - unter Labor-Bedingungen und bei Hausbesuchen - und amtliche Vermerke und Interventionen (vgl. zu diesen Teilen der Minnesota-Studie insbesondere Erickson, Egeland und Pianta 1989; Pianta, Egeland und Erickson 1989 und Egeland 2002).

In den im Vergleich zu anderen Erhebungen besonders ausführlichen Recherchen und Analysen, bei denen vielfältige Informationsquellen genutzt werden konnten, stellte man fest, dass in dieser Stichprobe viele Kinder misshandelt wurden, und zwar deutlich mehr, als durchschnittlich zu erwarten wäre (vgl. zu Vergleichsdaten auch Abschnitt 9.2.1 dieser Arbeit). Auch schon im ersten Lebensjahr gab es eine Reihe von Kindern, die misshandelt oder die zumindest doch sehr unzureichend versorgt wurden (vgl. hierzu und zum Folgenden Pianta u.a. 1989, S. 224 ff. und Erickson u.a., S. 656 ff.). Als die Kinder etwa sechs Jahre alt waren, gehörten knapp 25% der Stichprobe zur Gruppe der misshandelten Kinder, 47 von 200 Kindern (die Stichprobe war inzwischen kleiner geworden, bedingt durch den Umzug von Familien, sinkende Kooperationsbereitschaft und andere Faktoren).

Die Minnesota-Forschungsgruppe ging bei ihren Analysen von einem differenzierten Misshandlungskonzept aus. Mit einbezogen waren auch psychische Misshandlungen, die sich darin zeigten, dass die Mütter für ihre Kinder psychisch und emotional nicht erreichbar waren („psychologically unavailable"). Die Mütter dieser Kinder reagierten auf ihre Kinder kaum, ignorierten Bitten um Hilfe, trösteten ihr Kind nicht, wenn es Kummer hatte, schienen wenig Zuneigung zu empfinden, lehnten ihr Kind zum Teil sogar ab und wirkten eher affektarm und depressiv (vgl. zu dieser und zu den anderen Auswertungskategorien insbesondere Pianta u.a. S. 226 ff.). Die anderen Misshandlungskategorien waren:

- physische Misshandlung - die Mütter dieser Gruppe schlugen ihre Kinder häufig und hart, hatten Wutanfälle, die bei ihrem Kind zu schweren Beeinträchtigungen führen konnten, zum Beispiel zur Verletzung durch eine glimmende Zigarette. In vielen Fällen wurden Akte körperlicher Misshandlung bei Hausbesuchen der Forscher oder in den Laboratoriums-Räumen der Universität beobachtet, in anderen Fällen erzählten die Mütter davon. Alle Mütter dieser Gruppe waren auch bei sozialen und administrativen Einrichtungen, die dem Schutz des kindlichen Wohls dienen, registriert und wurden durch diese Einrichtungen auch beraten.
- Vernachlässigung - die Mütter dieser Gruppe kümmerten sich extrem wenig um das körperliche Wohl ihres Kindes. Es gab in der Stichprobe zum Beispiel Kinder, die körperlich sehr ungepflegt waren oder die unzureichend ernährt waren. Den Müttern dieser Gruppe fehlte es vor allem am Verständnis für die Voraussetzungen einer angemessenen Pflege und an elementaren Kompetenzen.
- sexueller Missbrauch - in zwei Fällen war die Mutter die Täterin, sonst männliche Familienangehörige oder Jugendliche außerhalb der Familie. Es ging dabei um schweren sexuellen Missbrauch und nicht einfach um kindliche Sexualneugier oder sexuelle Spiele.

Zur Gruppe der körperlich misshandelnden Mütter gehörten, als die Kinder sechs Jahre alt waren, 16 Mütter. Zur Gruppe der psychisch und emotional für das Kind nicht erreichbaren Mütter gehörten ebenfalls 16 Mütter. 17 Mütter vernachlässigten ihre Kinder, und in elf Fällen kam es im Familien- oder Nachbarschaftskontext zu sexuellem Missbrauch des Kindes (vgl. Pianta u.a. 1989, S. 229 ff.). Zwischen den verschiedenen Misshandlungstypen gab es zum Teil Überschneidungen. Insgesamt gab es 47 Fälle, in denen es zu einem oder mehreren der geschilderten Typen von Misshandlung kam (vgl. hierzu auch oben).

Die Autoren der Minnesota-Gruppe werteten zur näheren Charakterisierung der misshandelnden und auch der anderen Mütter vielfältige Materialien aus, psychologische Tests, Beobachtungen im häuslichen Kontext und auch ausführliche Interviews, die zu verschiedenen Zeitpunkten mit den Müttern geführt worden waren. Auf dieser Grundlage verglichen sie die misshandelnden Mütter mit Müttern derselben Stichprobe, die ihr Kind nicht misshandelten und es sehr gut versorgten. Als besonders wichtige Unterschiede ergaben sich dabei (vgl. hierzu und zum Folgenden Pianta u.a., S. 233 ff.):

- Die misshandelnden Mütter waren emotional deutlich weniger stabil als die Mütter, die ihre Kinder gut versorgten; sie waren weniger stabil und unreifer.
- Die misshandelnden Mütter waren im häuslichen Kontext im Verhältnis zu ihrem Kind durchweg weniger unterstützend. Sie waren insbesondere weniger reponsiv, reagierten weniger sensibel auf die Signale, Wünsche und Nöte ihrer Kinder. Sie hatten auch Probleme damit, ihre Kinder zu verstehen, ihre Signale richtig zu interpretieren (vgl. hierzu ebenda, S. 225).

Weitere Unterschiede, die nach dem Urteil der Autoren nicht ganz so viel Gewicht hatten wie die ersten beiden Faktorengruppen, waren: Im Leben der misshandelnden Mütter gab es mehr Stress und belastende Lebensereignisse (Trennungen, schwierige Wohnverhältnisse, Krankheit u.a.). Sie hatten weniger emotionale Unterstützung, sei es durch ihren Partner oder Familienangehörige oder enge Freunde. Sie waren weniger intelligent, was vor allem für die Gruppe der vernachlässigenden Mütter gilt, und sie waren im Vergleich zu den Müttern, die ihre Kinder gut versorgten, stärker in ihren Stimmungen beeinträchtigt, angespannter, depressiver, neigten mehr zu Ärger und Wut oder waren auch einfach konfuser.

Die misshandelnden Mütter hatten, wie sich aus dem Vorangehenden ergibt, manche Eigenheiten und Handlungstendenzen, die in verschiedenen empirischen Studien als soziale und psychische Folgen von Kindesmisshandlung beschrieben werden (vgl. zu diesen vor allem Kapitel 7 dieser Arbeit), so insbesondere:

- die geringer entwickelte Fähigkeit zur sozialen Perspektivenübernahme - sie konnten ihr eigenes Kind in seinen Wünschen und Absichten zum Teil einfach nicht verstehen. Sie hielten zum Beispiel Verhalten für frech und ungehorsam, was mit dem Entwicklungsstand und den geringeren Kompetenzen des Kindes zusammenhing, oder interpretierten die nörgelige Suche nach Trost und Zuwendung als Affront, auf den man zu Recht wütend reagieren darf.

- die geringer entwickelte Fähigkeit und Bereitschaft zu Empathie und Mitgefühl; die misshandelnden Mütter zeigten weniger Mitleid, wenn ihr Kind Kummer oder Probleme hat, und trösteten ihr Kind auch weniger.
- Sie waren leichter wütend als die Mütter, die ihr Kind gut versorgten, und
- sie waren im Durchschnitt depressiver als die zum Vergleich herangezogenen Mütter; sie waren auch deshalb weniger zugewandt und unterstützend (vgl. zu der Verknüpfung von Wut und depressiven Tendenzen auch den von Bowlby geschilderten Fall, vgl. hierzu oben, Abschnitt 9.2.2.2).

Bezieht man Informationen zur Biographie der misshandelnden Mütter in die Analyse ein, so zeigt sich, dass in der Tat viele der misshandelnden Mütter in ihrer Kindheit selbst misshandelt worden waren und dass ihre psychischen und sozialen Probleme zum Teil hieraus resultierten (vgl. hierzu und zum Folgenden Pianta u.a. 243 ff.). Wie auch in anderen Studien (vgl. hierzu oben, Abschnitt 9.2.2.1), ist es allerdings auch in der Minnesota-Studie nicht so, dass alle Mütter, die in ihrer Kindheit misshandelt wurden, nun wiederum selbst auch ihre Kinder misshandeln. Am Beispiel der Frauen, die in ihrer Kindheit körperlich misshandelt wurden (insgesamt 47): Von ihnen gaben 28 (60%) die Misshandlung in irgendeiner Weise weiter, aber immerhin 19 (40% dieser Frauen) taten dies nicht. Auch bei den Frauen, die in ihrer Kindheit sexuell missbraucht oder vernachlässigt wurden, gab es keine nahtlose Weitergabe ihrer Misshandlungserfahrungen an die nächste Generation.

Es gibt also auch in dieser Stichprobe Bedingungen, die verhindern, dass Gewalt- und Misshandlungserfahrungen in der nächsten Generation reproduziert werden. Welche sind dies? Angesichts der ausführlichen Gespräche, die die Forschergruppe der Minnesota-Studie mit den untersuchten Müttern führen konnten, und angesichts der vielfältigen Chancen zu eigenen Beobachtungen, konnten in dieser Studie überzeugender als in anderen Studien Bedingungen herausgearbeitet werden, die mit dafür verantwortlich waren, dass der Kreislauf von Gewalt und Misshandlung in einer Reihe von Fällen durchbrochen werden konnte.

Zu diesen Bedingungen gehörte, dass die Frauen, die als Kinder misshandelt wurden, in ihrer Kindheit vielfach irgendjemanden hatten (Pflegeeltern oder Verwandte), an den sie sich wenden konnten und der sie unterstützte (vgl. hierzu auch Egeland u.a. 1988 und Egeland 2002, S. 318). Eine weitere schützende Bedingung war - wie auch in anderen Studien (vgl. hierzu auch Abschnitt 9.2.2.2) - die emotionale Unterstützung durch den Partner. Die meisten Mütter, die es schafften, den Kreislauf der Gewalt zu durchbrechen, hatten stabile, intakte und befriedigende Beziehungen zu ihrem Partner, der sie unterstützte (vgl. Egeland 2002, S. 318).

Schließlich waren es auch Erfahrungen mit längerfristig angelegten psychotherapeutischen Behandlungen und Erziehungsberatung, die es den Frauen ermöglichten, aus dem Gewaltkreislauf auszusteigen. Pianta u.a. konnten dies am Beispiel von Frauen zeigen, die ihr Kind misshandelt hatten, als es zwei Jahre alt war, und die ihr Kind, als es sechs Jahre alt war, nicht mehr misshandelten (insgesamt 17 Mütter; vgl. hierzu und zum Folgenden Pianta u.a. 1989, S. 241 f.). Aus ausführlichen Interview-Analysen, in die alle Interviews, die man zu verschiedenen Zeitpunkten mit den Müttern geführt hatte, einbezogen wurden, ergaben sich folgende Einsichten:

1. Die Frauen, die ihre Kinder nicht mehr misshandelten, unterschieden sich von den misshandelnden Müttern nicht unter den Gesichtspunkten der emotionalen Unterstützung und des Stress. Sie wurden - wie diese - emotional wenig durch Partner oder andere Personen unterstützt, und sie hatten - wie diese - einigen Stress in ihrem Leben.
2. Andere Unterschiede waren wichtiger: Mehrere der Frauen, die ihre Kindern nicht mehr misshandelten, waren an Interventions-Programmen beteiligt, die das Ziel hatten, ihr Verhalten gegenüber ihren Kindern zu verändern und in denen therapeutische Hilfen und Erziehungsberatung kombiniert wurden. Fast alle Frauen, die an Interventions-Programmen beteiligt waren, sagten in den Interviews, dass sie sich durch ihre Therapeuten unterstützt fühlten. Sie betonten insbesondere, dass sie sich akzeptiert fühlten und dass sie den Eindruck hatten, man sei an ihnen und an ihrem Wohlergehen interessiert. Einige Frauen hatten eigene Misshandlungserfahrungen in der Kindheit oder Misshandlungserfahrungen in der Partnerschaftsbeziehung in der Therapie zur Sprache bringen können. Ihre Berichte deuteten darauf hin, dass die Therapien für sie bei der Aufarbeitung ihrer Erfahrungen sehr wichtig waren und dass sie ihnen auch halfen, sich selbst besser zu verstehen. In anderen Interview-Antworten wurde der praktische Nutzen von Erziehungshilfen und Erziehungsberatung betont. Einige Mütter hatten eine Art Eltern-Schulung durchlaufen und dabei gelernt, ihre Kinder und deren Bedürfnisse besser zu verstehen. Sie erhielten auch explizite Hinweise darauf, wie sie diesen Bedürfnissen in der konkreten Interaktion mit ihrem Kind besser gerecht werden können (vgl. zu Interventionsprogrammen, die auf der Grundlage der Minnesota-Studie entstanden auch Erickson 2002 oder Egeland 2002).

Es ging hier also um eine Verbindung von Therapie, Aufarbeitung und Eltern-Erziehung, die sich positiv auf die Entwicklung der jungen Mütter und - entsprechend auch - ihrer Kinder auswirkte. Die Kinder wurden nicht mehr geschlagen, als sie sechs Jahre alt waren.

Insgesamt hat die Minnesota-Studie besonders viel zum vertieften Verständnis von Kindesmisshandlung und zum Verständnis der sozialen und psychischen Voraussetzungen der Misshandlung von Kindern beigetragen. Andere empirische Untersuchungen, die in der Qualität und Intensität ihrer empirischen Erhebungen allerdings nicht das Niveau der Minnesota-Studie erreichten, konnten die Thesen der Minnesota-Gruppe zum Teil bestätigen. Zuravin u.a. (1996) fanden in einer Befragung von afrikanisch-amerikanischen Frauen, die wie die Frauen der Minnesota-Studie auf sehr niedrigem ökonomischen Niveau lebten, Belege dafür, dass frühe stützende emotionale Beziehungen den Einfluss von Misshandlungserfahrungen eindämmen können. Die Bedeutung guter und unterstützender partnerschaftlicher Beziehungen wird unter anderem auch durch eine Studie von Rutter belegt (vgl. Rutter 1989), in die ebenfalls unterprivilegierte Frauen - zum Teil im Heim erzogen, zum Teil in Familien erzogen - einbezogen waren. Aus dieser Studie können im Übrigen auch Schlüsse auf die Relevanz früher Bindungen gezogen werden. Die ehemaligen Heimkinder hatten in ihrer Eltern-Rolle ganz besonders viele Probleme.

Über die Bedeutung therapeutischer Hilfen und ganz konkreter Erziehungshilfen für Eltern wird auf der Grundlage ausgewählter Interventionsstudien in der Forschung weiter diskutiert (vgl. hierzu als Überblick Bakermans-Kranenburg u.a. 2003). Zu vermuten ist, dass sowohl die Aufarbeitung der eigenen Misshandlungserfahrungen als auch die Gelegenheit, in Erziehungsfragen beraten zu werden, wichtig sind. George Downing und Ute Ziegenhain (2001) berichten beispielsweise von einem praktisch orientierten Projekt, in dem sehr junge Mütter aus Risiko-Stichproben, die den Müttern der Minnesota-Studie vergleichbar sind, in ihrer Erziehung beraten werden und in dem auch therapeutische Angebote gemacht werden. Ein wichtiger Schwerpunkt der Beratung besteht in diesem Projekt darin, Sequenzen der Interaktion zwischen den zu beratenden Müttern und ihren Kindern mit einem Video-Gerät aufzunehmen, diese dann zusammen mit den Müttern durchzugehen, gelungene und misslungene Interaktionssequenzen mit ihnen gemeinsam zu interpretieren und die Mütter in diesem Zusammenhang auch zu beraten. Downing und Ziegenhain halten ihr Vorgehen für erfolgreich. Sie belegen das an einer Interventionsstudie, in die jugendliche Mütter mit ihren neugeborenen Säuglingen einbezogen waren. Die Mütter wurden drei Monate lang in der beschriebenen Weise - unterstützt durch Video-Aufnahmen und deren Interpretation - beraten (vgl. hierzu und zum Folgenden Downing und Ziegenhain 1001, S. 283 ff.). Nach dieser Phase verhielten die Frauen sich gegenüber ihrem Kind deutlich feinfühliger als vorher. Sie unterschieden sich damit positiv sowohl von einer Gruppe jugendlicher Mütter, die zeitlich vergleichbare Gesprächsangebote erhalten hatten, als auch von einer Gruppe jugendlicher Mütter, die überhaupt nicht an Interventionsprogrammen teilgenommen hatten. Längerfristig trugen aber auch die therapeutischen Gespräche zu einer Veränderung des mütterlichen Verhaltens und zu einer Verbesserung der Kooperation mit dem Kind bei. Die Autoren warnen deshalb davor, Beratung und Therapie gegeneinander auszuspielen, und befürworten einen integrierten Ansatz.

9.3 Exkurs: Männer, Frauen und Gewaltbereitschaft - zu ausgewählten empirischen Befunden und Kontroversen

Bei der Beschäftigung mit der Misshandlung von Kindern wurde deutlich, dass auch Frauen Gewalt in der Erziehung einsetzen. Nach neueren Erhebungen zu urteilen neigen Frauen mindestens im selben Umfang wie Männer dazu, bei der Erziehung ihrer Kinder körperliche Strafen einzusetzen. Sie tun dies teilweise sogar häufiger als Männer (vgl. hierzu auch Abschnitt 9.2.1 dieser Arbeit). Oberflächlich betrachtet könnte man hieraus schließen, dass Frauen generell mindestens genauso stark wie Männer zu gewalttätigem Handeln neigen. Bereits elementare Alltagserfahrungen sprechen hiergegen; es sprechen aber auch zahlreiche Forschungsbefunde dagegen. Nicht nur bei Erwachsenen, sondern auch bei Jugendlichen - bei einer Gruppe also, in der Tendenzen zu abweichendem Verhalten besonders ausgeprägt sind - ist zu beobachten, dass Männer bzw. männliche Jugendliche im Vergleich zu Frauen oder jungen Mädchen deutlich gewaltbereiter sind.

Da die Kategorie des Geschlechts in allen Studien zur Entwicklung von Gewaltbereitschaft eine wichtige Kontext-Kategorie ist, sollen in diesem Abschnitt einige Befunde vorgestellt und diskutiert werden, die zu einer präziseren Diskussion des Verhältnisses von Geschlecht und Gewalt und zu einem vertieften Verständnis von Sozialisation und Gewaltbereitschaft beitragen können. In der wissenschaftlichen Literatur wird die Frage nach der Gewaltbereitschaft von Männern und Frauen kontrovers diskutiert. Daher ist eine differenzierte Bestandsaufnahme ganz besonders wichtig. Man muss wissen, worüber man streitet.

Zum Teil spielen in den Kontroversen über Gewalt und Geschlecht unterschiedliche feministische Positionen eine Rolle - ältere Positionen, in denen Frauen vor allem als Opfer männlicher Gewalt erscheinen, und neuere Positionen, in denen die Frauen als Täterinnen stärker in den Blick geraten. Einen guten Überblick zu diesen Kontroversen enthält der von Lamnek und Boatca 2003 herausgegebene Sammelband „Geschlecht, Gewalt, Gesellschaft“. Zum Teil geht es bei den Kontroversen über das Thema Gewalt und Geschlecht jedoch auch um sehr alte Kontroversen, nämlich um den Streit über genetische Anlagen auf der einen Seite und Sozialisationsprozesse auf der anderen Seite bzw. den Streit über „nature“ vs. „nurture“. Sind die Frauen deshalb weniger gewalttätig, weil sie in ihrer Sozialisation - innerhalb und außerhalb der Familie - vielfältigen Einflüssen ausgesetzt sind, die ihnen abverlangen, als Frau friedfertig, nachgiebig, hilfsbereit und nicht gewalttätig zu sein, oder haben die Wissenschaftler und Wissenschaftlerinnen recht, die genetische Unterschiede zwischen den Geschlechtern betonen und auch so komplexe Dispositionen wie die Gewaltbereitschaft von Individuen als nicht nur sozial, sondern auch als genetisch bestimmt ansehen (vgl. als Beispiel Baker 2002).

Ehe man sich darüber streitet, was man von der Idee der genetischen Bestimmung gewalttätiger Dispositionen hält, sollte man wissen, was man überhaupt erklären will. So völlig eindeutig ist das Bild ja gar nicht. Die Frauen werden auch zu Täterinnen. Am Beispiel der Misshandlung von Kindern konnten wir dies deutlich erkennen. Bei der Interpretation der Daten zum Gewalthandeln in der Erziehung habe ich allerdings auch darauf aufmerksam gemacht, dass Frauen und Männer unterschiedliche Gelegenheiten oder Chancen zum Gewalthandeln in der Kindererziehung haben. In der Gruppe der allein erziehenden Eltern dominieren eindeutig die allein erziehenden Mütter, und sofern Frauen und Männer gemeinsam für die Erziehung und Betreuung ihrer Kinder verantwortlich sind, sind es auch in den ökonomisch und technologisch fortgeschrittenen Gesellschaften überwiegend die Frauen, die sich primär um die Erziehung und Versorgung ihrer Kinder kümmern, vor allem in den ersten Lebensjahren.

Die Frauen haben also deutlich mehr Gelegenheiten zu gewalttätigem Handeln in der Erziehung. Angesichts der Ungleichheiten in den „Chancen", die eigenen Kinder gewalttätig zu behandeln, müsste es eigentlich sogar deutlich mehr gewalttätige Mütter geben - zumindest dann, wenn man von der Voraussetzung ausgeht, dass es keine geschlechtsspezifischen Differenzen in der Gewaltbereitschaft gibt.

Von dieser Voraussetzung kann man jedoch nicht ausgehen. Es gibt einfach zu viele empirische und historische Belege dafür, dass Männer im Durchschnitt gewalttätiger als Frauen sind - insbesondere dann, wenn man die schweren Gewaltdelikte betrachtet - Mord, Totschlag, schwere Körperverletzung (vgl. hierzu z.B. Rutter u.a. 1998, S. 256 ff. oder verschiedene Beiträge in Heitmeyer und Hagan 2002).

Kürzlich legte der Kriminologe Manuel Eisner einen historischen Überblick über die langfristige Gewaltentwicklung in Europa vor (vgl. Eisner 2002). Er verzeichnet darin einen sehr deutlichen Rückgang der „Homizidrate" - des Anteils von Morden und Tötungen - vom Mittelalter bis in die Mitte des 20. Jahrhunderts. Für denselben Zeitraum lassen die Archivdaten des Mittelalters und die moderne Kriminalstatistik auch Schlüsse auf das Geschlecht der Täter zu. Der Befund ist, wie aus der von Eisner zusammengestellten Tabelle (vgl. Tabelle 8) hervorgeht, bemerkenswert stabil.

Tab. 8: Prozentualer Anteil weiblicher Täter an Tötungsdelikten, ausgewählte Zeiträume und geographische Regionen (nach Eisner 2002)

Region	Zeitperiode	Anteil weiblicher Täter	Quelle
England	13. Jh.	9 %	Given 1977: 169
Norfolk	1300-1348	7 %	Hanawalt 1976: 268
Nürnberg	1285-1400	2 %	Schüssler 1991: 178
Utrecht	15. Jh.	4 %	Berents 1985: 140
Essex	1620-1680	16 %	Sharpe 1983: 124
Surrey	1663-1802	13 %	Beattie 1975: 90
Frankreich	1830er Jahre	12 %	Perrot/Robert 1989: 27
Deutsches Reich	1890er Jahre	8 %	Johnson 1995: 189
USA	1990er Jahre	11 %	Sourcebook of Criminal Justice Statistics 1994 - 1998 (Ed. U.S. Department of Justice)
Schweiz	1990er Jahre	10 %	Polizeiliche Kriminalstatistik 1990 - 1999 (Hrsg. Bundesamt für Polizeiwesen)

Quelle: Eisner 2002, S. 69

Vom 13. Jahrhundert bis in die Gegenwart hat der Anteil von Frauen an Tötungs-Delikten offenbar nie mehr als 20% der erfassten Täter erreicht, und überwiegend bewegt sich der Frauenanteil über acht Jahrhunderte hinweg im Bereich von 5 - 12%. Diese große Stabilität im Frauenanteil ist ein starker Beleg dafür, dass Männer in unterschiedlichen Regionen und zu unterschiedlichen historischen Zeitpunkten im Vergleich zu Frauen deutlich gewaltbereiter waren und sind (vgl. hierzu auch Eisner 2002, S. 68). Auch aktuelle interkulturelle Vergleiche sprechen hierfür (vgl. Boatca 2003, S. 57 f.).

Gegen diese Befunde könnte man eventuell einwenden, dass es sich hier meist nur um Analysen handelt, in denen die offiziell bekannt gewordenen Delikte erfasst werden. Es könnte ja sein, dass Gewalttaten und Tötungsdelikte von Frauen in der Vergangenheit und auch heute häufiger unentdeckt blieben und bleiben oder einfach seltener angezeigt und verfolgt werden (vgl. zur geschlechterbezogenen Selektivität in der Verfolgung von Straftaten u.a. auch Mansel 2003). Es ist jedoch unwahrscheinlich, dass die geschilderten massiven Unterschiede zwischen den Geschlechtern allein durch unterschiedliches Anzeige-Verhalten und unterschiedliche Verfolgungspraktiken der gesellschaftlichen Kontroll-Instanzen zustande kommen.

Ein anderes Argument, das zur Relativierung der massiven Geschlechterdifferenzen beitragen könnte, ist eventuell überzeugender. Frauen haben im Durchschnitt - sieht man einmal von der Gewalt im häuslichen Raum ab - weniger Gelegenheit, gewalttätig zu werden. Sie sind stärker an ihr Zuhause gebunden und sind daher an den Orten, an denen Verbrechen stattfinden -

Raubüberfälle, rechtsextreme Gewalttaten etc. - weniger präsent. Es ist insofern nicht überraschend, wenn Frauen bei Tötungs-Delikten unterrepräsentiert sind.

Für einen präziseren Vergleich der Gewaltneigung von Männern und Frauen sollte man sich deshalb auf ein Feld gewalttätigen Handelns konzentrieren, in dem Frauen und Männer im Prinzip die gleichen Chancen haben, schwere Gewaltverbrechen zu verüben. Dies sind häusliche Kontexte und Partnerschaftsbeziehungen. Beide Kontrahenten sind hier präsent und beide haben die Chance, den Partner bzw. die Partnerin schwer zu verletzten oder sogar zu töten, wenngleich mit unterschiedlichen Mitteln (Körpergewalt vs. Waffengewalt o.a.).

Nach einer von Jürgen Gemünden erarbeiteten Übersicht über Tötungen und Morde im Rahmen von Partnerschaftsbeziehungen dominieren auch hier deutlich die Männer (vgl. Gemünden 1996 und 2003). Nur in den USA gibt es nach Schätzungen Gemündens eine besonders hohe Quote weiblicher Täter. In anderen Ländern, auch in der Bundesrepublik, ist der Anteil weiblicher Täter dagegen niedriger (schätzungsweise zwischen 10% bis 25%; vgl. Gemünden 2003, S. 344 f.).

Also: Auch in Handlungsbereichen, in denen Frauen und Männer im Prinzip dieselben Chancen zu gewalttätigem Handeln haben, sind die Männer gewalttätiger - soweit es um Tötungs-Delikte geht und, wie zu ergänzen ist, um schwere Gewalttaten (vgl. hierzu auch Krahé 2003). Bei der Interpretation dieser Daten sollte allerdings beachtet werden, dass Tötungs-Delikte insgesamt sehr selten sind. In Deutschland und in der Schweiz waren dies beispielsweise nach Schätzungen Manuel Eisners in einer untersuchten Zeitperiode von 1975-1994 durchschnittlich 1,2 Fälle, bezogen auf 100.000 Einwohner (vgl. Eisner 2002, S. 63).

Sofern es um leichtere Gewalttaten im Rahmen von Partnerschaftsbeziehungen geht, sind die Unterschiede zwischen den Geschlechtern dagegen nicht gravierend. Dies belegen die großen repräsentativen Untersuchungen in den USA, in denen man sich bei der Erfassung innerfamilialer Gewalt auf die von Straus entwickelten Konflikt-Taktik-Skalen stützte (vgl. zu diesen auch Abschnitt 9.2.1 dieser Arbeit). Frauen schmeißen offenbar gelegentlich auch mit Gegenständen nach ihrem Partner, schubsen, stoßen oder packen ihn fast genauso häufig an wie er sie oder versetzen ihm sogar häufiger, als er dies tut, Schläge mit einem Gegenstand oder versuchen dies zumindest (vgl. Gemünden 2003, S. 338 ff.). Allerdings ist zu bedenken, dass es nicht unbedingt dasselbe ist, wenn Frauen und Männer auf der Konflikt-Taktik-Skala dasselbe ankreuzen. Ein Mann, der seine Frau schubst oder in die Seite stößt, tut dies zum Beispiel meist mit größerer Körperkraft - die Folgen können schwerwiegender sein als dies umgekehrt gilt (vgl. zu widersprüchlichen Ergebnissen in der Forschung zu Gewalt in Partnerschaftsbeziehungen auch Stets und Straus 1990, Archer 2000, Moffitt u.a. 2001, S, 53 ff. und Krahé 2003).

Wenn man über Gewalt im Geschlechtervergleich spricht, muss man also insgesamt von einem komplexeren Bild ausgehen. Auch Frauen können schwere Gewaltverbrechen begehen und sind im Rahmen von Partnerschaftsbeziehungen gegebenenfalls ähnlich gewalttätig wie ihre Männer. Es wäre deshalb unsinnig zu sagen, dass Gewalt eine Domäne der Männer ist. Gewalt ist nicht männlich, und Sanftmütigkeit ist nicht weiblich. Trotzdem sind im Durchschnitt betrachtet Männer gewalttätiger als Frauen, insbesondere, wenn es um schwere Gewalttaten - Mord, Totschlag, schwere Körperverletzung - geht.

Bei der Interpretation dieser Unterschiede könnten genetische Unterschiede zwischen den Geschlechtern eine Rolle spielen. Diskutiert werden in der Literatur insbesondere Unterschiede im Hormon-Haushalt von Männern und Frauen und evolutionsbiologische und -psychologische Überlegungen (vgl. als Diskussion hierzu unterschiedliche Beiträge in Björkvist und Niemelä 1992 oder in Archer 1994; vgl. aber auch Daly und Wilson 2002). Es wäre aus der Perspektive einer an rationaler Argumentation und empirischer Forschung orientierten Sozialwissenschaft falsch, solche Diskussionen mit Tabus zu umstellen, was in der radikal-konstruktivistischen feministischen Forschung mitunter geschieht - durch radikales Ignorieren der an den Naturwissenschaften orientierten Forschung.

Aber selbst wenn es klare Belege dafür gäbe, dass die geschlechterbezogenen Unterschiede in der Gewaltbereitschaft zumindest zum Teil genetisch zu erklären sind - bislang ist dies anscheinend nicht hinreichend belegt (vgl. Plomin u.a. 2001, S. 251 ff. oder Baker 2002, S. 754) -, bliebe es für die unterschiedlichen sozialwissenschaftlichen Disziplinen eine vordringliche Aufgabe, jene sozialen und kulturellen Bedingungen zu erfassen, die die Entwicklung gewalttätigen Handelns unterstützen, gestalten oder bremsen. Denn selbst wenn Menschen von Geburt an mit unterschiedlichen Gewaltpotentialen ausgestattet wären, müsste immer noch geklärt werden, warum einige diese Potentiale als Jugendliche und Erwachsene in gewalttätiges Handeln umsetzen und andere nicht. Es bliebe eine zentrale sozial- und kulturwissenschaftliche Aufgabe, sich mit den kulturellen und sozialen Bedingungen zu befassen, unter denen die Tendenz gewalttätig zu handeln zu faktischer Gewalttätigkeit führt, und dabei auch systematisch zu beachten, wie die Rollen von Männern und Frauen in unterschiedlichen Gesellschaften - in rechtlichen Regeln, normativen Vorschriften, auf der Ebene kognitiver Konstruktionen und Geschlechter-Stereotype, in familiären Kontexten, im Ausbildungskontext und beruflichen Kontexten, oder in medialen Deutungsangeboten - definiert werden. Wir müssen verstehen, an welchen Vorbildern und Entwicklungszielen sich Männer und Frauen und Jungen und Mädchen orientieren, wenn sie heranwachsen oder wenn sie selbst ihre

Kinder erziehen, um zu erklären, warum Männer häufiger als Frauen gewalttätig sind.

Max Weber hat diese spezifische Relevanz kulturell bezogener, am Handlungssinn orientierter Deutungen in seinen einleitenden Abschnitten zu „Wirtschaft und Gesellschaft" - in den „Soziologischen Grundbegriffen" - sehr deutlich betont (vgl. Wirtschaft und Gesellschaft, S. 3). Die soziologische Analyse sozialen Handelns wird durch Entdeckungen im Bereich der Biologie und der Genetik, die sich auf das soziale Verhalten und das soziale Handeln von Menschen beziehen, nicht gegenstandslos. Man sollte die Entdeckungen künftiger Forschung - man könnte heute hierbei zum Beispiel an die moderne Verhaltensgenetik denken (vgl. als Überblick Plomin u.a. 2001) - in der Soziologie vielmehr berücksichtigen und in die soziologischen Handlungserklärungen, die sich auf Sinn und Motive sozialen Handelns beziehen, einbauen. In den Formulierungen Max Webers, die meiner Ansicht nach noch immer aktuell sind und manchem Genetik-gläubigem Forscher ins Stammbuch geschrieben werden können:

> „Die Möglichkeit ist nun gegeben, dass künftige Forschung auch unverstehbare Regelmäßigkeiten für sinnhaft besondertes Verhalten auffindet, so wenig dies bisher der Fall ist. Unterschiede des biologischen Erbguts (der „Rassen" - wir könnten hier, ohne den Sinn der Aussage zu entstellen, hinzufügen: oder der Geschlechter D. Verf.-) z.B. würden - wenn und soweit der statistisch schlüssige Nachweis des Einflusses auf die Art des soziologisch relevanten Sichverhaltens, also: insbesondere des sozialen Handelns in der Art seiner Sinnbezogenheit, erbracht würde, - für die Soziologie als Gegebenheiten ganz ebenso hinzunehmen sein, wie die physiologischen Tatsachen etwa der Art des Nahrungsbedarfs oder der Wirkung der Seneszenz auf das Handeln. Und die Anerkennung ihrer kausalen Bedeutung würde natürlich die Aufgaben der Soziologie (und der Wissenschaften vom Handeln überhaupt): die sinnhaft orientierten Handlungen deutend zu verstehen, nicht im mindesten ändern. Sie würde in ihre verständlich deutbaren Motivationszusammenhänge an gewissen Punkten nur unverstehbare Tatsachen (etwa: typische Zusammenhänge der Häufigkeit bestimmter Zielrichtungen des Handelns, oder des Grades seiner typischen Rationalität, mit Schädelindex oder Hautfarbe oder welchen anderen physiologischen Erbqualitäten immer) einschalten, wie sie sich schon heute ...darin vorfinden." (Weber, Wirtschaft und Gesellschaft, S. 3)

Bezogen auf das Thema Geschlecht und Gewaltbereitschaft: Selbst wenn der Nachweis einer auch genetischen Bestimmung der geschlechterbezogenen Unterschiede in der Gewaltbereitschaft erbracht würde - zurzeit sind die Befunde nicht eindeutig (vgl. oben) -, stünde die Soziologie nach wie vor vor der Aufgabe, sich mit dem je spezifischen Sinnbezug des Gewalthandelns von Männern und Frauen und ebenso mit dem je spezifischen

Sinnbezug der Gewaltabstinenz von Männern und Frauen auseinander zu setzen. Diese Sinnbezüge des Handelns von Männern und Frauen können unter unterschiedlichen gesellschaftlichen Bedingungen unterschiedlich sein und sind dies auch. In säkularer Perspektive haben sich Männlichkeitsbilder in Europa tiefgreifend verändert. Die Männer-Rolle ist weniger gewaltbestimmt; die männliche „Ehre" verliert als Auslöser von Gewalthandlungen an Bedeutung (vgl. hierzu auch Eisner 2002). Umgekehrt zeigt sich, dass die Rolle von Frauen im historischen Vergleich heute weniger als in früheren Jahrhunderten durch Gewalt-Abstinenz gekennzeichnet ist. Dies belegt unter anderem der Zugang von Frauen zu Positionen und Handlungsbereichen im Militär oder bei der Polizei, zu deren Aufgaben auch der Einsatz von Gewalt gehört. Eine auch noch so hoch entwickelte verhaltensgenetische Forschung könnte, auch wenn sie bezogen auf die Gewaltthematik erfolgreich wäre, Forschung zu den Handlungsorientierungen von Männern und Frauen und zur historischen Entwicklung von Geschlechterbildern und normativen Anforderungen an Männer und Frauen in keiner Weise ersetzen.

Für die Analyse der Entwicklung der Gewaltbereitschaft von Männern und Frauen folgt hieraus, dass es unabdingbar ist, sich auch mit der geschlechterbezogenen Sozialisation von Jungen und Mädchen zu befassen und diese bei Erklärungen von Gewaltbereitschaft mit heranzuziehen. Im folgenden Abschnitt möchte ich unter anderem auch Studien vorstellen, in denen dieses versucht wird (vgl. hierzu insbesondere Abschnitt 9.4.3). Vorrangig soll es im folgenden Abschnitt jedoch darum gehen, Linien der Argumentation weiter zu verfolgen, die in den früheren Kapiteln dieser Arbeit entwickelt wurden. Es geht vor allem um den Versuch, die Gewaltbereitschaft von Jugendlichen vor dem Hintergrund früher Bindungs- und Beziehungserfahrungen zu interpretieren.

9.4 Bindungs- und Beziehungserfahrungen und die Entwicklung der Gewaltbereitschaft von Jugendlichen

9.4.1 Nature vs. Nurture? Terrie Moffitts Thesen zu neuropsychologischen Dysfunktionen und Devianz

1993 veröffentlichte Terrie Moffitt eine Arbeit, die in der kriminologischen Diskussion und in psychologischen Diskussionen über antisoziales Verhalten (vgl. zu diesem Begriff und dem Begriff der Devianz auch Abschnitt 9.1 dieser Arbeit) einflussreich werden sollte. Unter dem Titel „Adolescence-limited and life-course-persistent antisocial behavior: A developmental taxonomy" wurde hier zwischen unterschiedlichen Varianten und Entwicklungspfaden devianten Verhaltens unterschieden, die nach Auffassung der Autorin jeweils in unterschiedlicher Weise erklärt werden sollten. Einer der

Entwicklungspfade ist dadurch gekennzeichnet, dass Tendenzen zu antisozialem Verhalten (z.B. häufige Handgreiflichkeiten, Drangsalieren anderer Kinder, Aufsässigkeit in der Schule, Lügen, Stehlen) schon relativ früh einsetzen - zum Teil schon im Vorschulalter - und relativ stabil bis ins Jugend- und Erwachsenenalter erhalten bleiben, später verbunden mit Gewaltbereitschaft, die im Vergleich zur Gewaltbereitschaft der temporär devianten Adoleszenten ausgeprägter ist. Ein anderer Entwicklungspfad hat temporären Charakter. Die Devianz ist auf das Jugendalter beschränkt.

Terrie Moffitt und ihre Kollegen haben diese Thesen zu unterschiedlichen Varianten devianter Entwicklung in einer großen Längsschnittstudie, die in den siebziger, achtziger und neunziger Jahren in Neuseeland (in Dunedin) durchgeführt wurde, überprüft und belegen können (vgl. hierzu insbesondere Moffitt 1993 und Moffitt u.a. 1996). Einige knappe Informationen zu dieser Studie: Ab April 1972 bis Ende März 1973 wurden alle in Dunedin geborenen Kinder erfasst; es wurden auch perinatale Daten erhoben. Als die Kinder drei Jahre alt waren, wurde eine Stichprobe von 1139 (52% männlich, 48% weiblich) Kindern für eine Beteiligung an der Längsschnittstudie ausgewählt. Diese Kinder wurden ab dem Alter von drei Jahren in regelmäßigen Abständen beobachtet und getestet; ihre Eltern wurden befragt, ihre Lehrer wurden befragt, und als die Kinder älter wurden und ins Jugendalter kamen, wurden sie auch selbst zur Einschätzung ihrer Delinquenz (mit Hilfe des „Self-Reported Delinquency structured Interview“) befragt. Darüber hinaus wurden Informationen zu Devianzverläufen bei amtlichen oder polizeilichen Stellen eingeholt.

Bei der Auswertung der aufwändig erhobenen Daten konnte - zunächst nur für Jungen und junge Männer (vgl. zu den auf die Mädchen und jungen Frauen der Dunedin-Studie bezogenen Daten Moffitt u.a. 2001) - belegt werden, dass sich die Unterscheidung zwischen unterschiedlichen Devianz-Verläufen - den früh einsetzenden (childhood-onset) und den spät einsetzenden (adolescent-onset), temporären Verläufen - bewährte (vgl. hierzu und zum Folgenden Moffitt u.a. 1996, S. 405 ff.). Es konnten in der inzwischen erwartungsgemäß kleiner gewordenen Stichprobe folgende Verlaufsmuster identifiziert werden:

- Die Fälle, bei denen im Kindesalter antisoziale Tendenzen und Aggressivität beobachtet worden war und die auch als Jugendliche delinquent blieben, umfassten 7% (32 Fälle) der männlichen Untersuchungsteilnehmer.
- Die Jugendlichen, deren Devianz erst im Adoleszenzalter einsetzte, umfassten 23,6% (108 Fälle) des männlichen Samples. In beiden Gruppen von Devianz-Verläufen wurden im Jugendalter nur die ausgeprägt Devianten erfasst, nicht alle Jugendlichen, die irgendwann einmal Drogen genommen hatten, betrunken Auto gefahren waren oder in einem Geschäft gestohlen hatten o.a.

Neben den beiden devianten Verlaufsmustern wurden zwei weitere bemerkenswerte Verlaufsmuster identifiziert: die „Recoveries" - die Jugendlichen, die als Kinder auffällig und aggressiv waren, die später jedoch nicht mehr überdurchschnittlich deviant waren (5,9% des Samples) - und die „Abstainers" - Kinder und Jugendliche, die über die verschiedenen Erhebungen hinweg im Vergleich zu ihrer jeweiligen Altersgruppe auffällig wenig deviant waren (5,5% des Samples). 265 Jungen der Stichprobe (58%) wurden keiner der genannten Gruppen zugeordnet. Sie waren nicht auffällig und entsprachen in ihrer Devianz Durchschnittswerten.

Die Unterscheidung zwischen unterschiedlichen Verlaufsmustern bzw. Pfaden devianter Entwicklung, wie sie in dieser Studie vorgestellt wurde, spielt auch in anderen theoretischen und empirischen Texten eine Rolle (vgl. etwa Patterson 1991, Loeber und Hay 1997, Petermann und Scheithauer 1998 oder Greve und Hosser, im Druck). Auch in der Minnesota-Längsschnitt-Studie, die im Verlauf dieser Arbeit schon häufiger erwähnt wurde (vgl. hierzu insbesondere einzelne Abschnitte der Kapitel 6 und 7 und Abschnitt 9.2.3 des vorliegenden Kapitels) kam man zu einer vergleichbaren Untergliederung von Devianz-Verläufen. Man unterschied zwischen „early-onset/persistent" und „adolescence-onset antisocial behavior types" (vgl. Aguilar u.a. 2000). Kontrovers sind nicht die Unterschiede in den Verlaufsmustern - kontrovers sind die theoretischen Interpretationen. Die Minnesota-Gruppe akzentuiert Beziehungs- und Bindungs-Aspekte bei der Interpretation devianter Verläufe (vgl. hierzu ausführlicher unten), während die Gruppe um Terrie Moffitt biologische Gesichtspunkte stärker betont - nicht ausschließlich, aber doch mit einigem Gewicht.

Von Moffitt u.a. werden je nach dem, um welchen Verlaufstyp es sich handelt, unterschiedliche Erklärungen devianter Entwicklungen zugrunde gelegt. Bei der für unseren Zusammenhang besonders interessanten Gruppe - der Gruppe der langfristig antisozialen bzw. devianten Individuen („life-course-persistent antisocial behavior") - dominiert eine biologisch orientierte Argumentation, die antisoziales Verhalten aus der Interaktion zwischen frühen neuropsychologischen Dysfunktionen und einer ungünstigen sozialen Umwelt ableitet. In den Worten Moffitts u.a.:

> „ ... LCP (Life-Course-Persistent. D. Verf.) behavior begins early in childhood because subtle neuropsychological dysfunctions disrupt normal development of language, memory, and self-control, producing a toddler with cognitive delay and a difficult, undercontrolled temperament. These individual differences in turn increase vulnerability to criminogenic aspects in the childs social environment." (Moffitt u.a. 1996, S. 401).

Dabei seien die neuropsychologischen Dysfunktionen nicht notwendig genetisch bestimmt, sondern sie könnten auch durch vorgeburtlichen Schädigungen (z.B. durch Alkohol-Abusus der Mutter) oder durch Komplikationen bei der Geburt verursacht sein (vgl. Moffitt u.a. 1993, S. 680 ff.). Kinder mit diesen Störungen sind nach Moffitt u.a. also in ihrer kognitiven Entwicklung, in der Temperament-Entwicklung und der Fähigkeit zur Selbstkontrolle beeinträchtigt, was im Zusammenspiel mit ungünstigen sozialen Bedingungen Tendenzen zu einer devianten Entwicklung fördert.

Für die nur im Jugendalter delinquenten Jugendlichen sind dagegen nach Moffitt u.a. weder frühe neuropsychologische Dysfunktionen noch frühe problematische Entwicklungen im sozial-emotionalen Bereich kennzeichnend. Ihre Delinquenz wird als jugendtypisches Phänomen beschrieben und dem Einfluss devianter Vorbilder in der Gleichaltrigengruppe zugerechnet (vgl. hierzu und zum Folgenden Moffitt u.a. 1996, S. 402). Im Jugendalter durchleben die Heranwachsenden eine Phase diskrepanter Erfahrungen und Wünsche: Sie wollen die Privilegien der Erwachsenen für sich in Anspruch nehmen, ohne dies bereits zu dürfen. Deviante Gleichaltrige führen vor, wie dieses Dilemma zu lösen ist, und motivieren zu eigener Devianz. Das deviante Handeln wird später, wenn der Zugang zu Erwachsenen-Privilegien erreicht ist, aufgegeben. Dies sei möglich, weil der soziale, emotionale und kognitive Hintergrund der begrenzt Devianten relativ günstig ist.

Im Kontext des vorliegenden Kapitels sind vor allem die Interpretationen Moffitts von Interesse, die sich auf die Gruppe der gewaltbereiteren langfristig Devianten beziehen. Um sie soll es im Folgenden gehen. Haben Moffitts Thesen Bestand? Sind sie bindungs- und sozialisationstheoretischen Deutungen überlegen, oder gibt es gute Gründe dafür, sich von den stärker biologisch orientierten Thesen Moffitts zu distanzieren?

Das Letztere ist meiner Ansicht nach der Fall. Die Gruppe um Terrie Moffitt hat sicher wichtige Beiträge zur Unterscheidung zwischen unterschiedlichen Devianzverläufen geleistet. Ihre zentrale These - die These zur Bedeutung neuropsychologischer Dysfunktionen für die Devianzentwicklung - konnte sie bislang jedoch nicht überzeugend belegen. Dies hängt nicht zuletzt mit dem Design ihrer Längsschnitt-Untersuchung - der Dunedin-Studie - zusammen. Erst als die Kinder drei Jahre alt waren, begann man damit, sie systematisch zu beobachten und zu testen. Es gab keine frühen, kurz nach der Geburt erfolgenden Erhebungen zum Temperament der Kinder und ebenfalls keine Daten zu den frühen neuropsychologischen Merkmalen der Kinder, wie diese zum Beispiel in den „Bayley Scales of Infant Development" gemessen werden (vgl. hierzu Aguilar u.a. 2000, S. 115 ff.; vgl. zur Information über frühe Messungen der Reaktionen und Kompetenzen von Säuglingen auch Rau 2002). Es gab auch keine Daten zu den frühen sozialen Erfahrungen und zur frühen sozialen Entwicklung der in die Untersuchung einbezogenen Kinder: Nichts zur Geschichte früher Interaktions-Erfahrungen, nichts zur Geschichte früher Bindungen und nichts zur Geschichte früher Misshandlungserfahrungen (vgl. zur Relevanz dieser Erfahrungen und Entwicklungen insbesondere die Kapitel 3, 4, 6 und 7 in diesem Buch).

Da man mit den Erhebungen zum Temperament der Kinder, zu ihren Fähigkeiten zur Selbstkontrolle, zu ihren kognitiven Fähigkeiten, ihrer Konzentrationsfähigkeit u.a. erst begann, als die Kinder drei Jahre alt waren, und da Kinder dieses Alters bereits über eine reichhaltige und differenzierte „Sozialbiographie" verfügen, hatte man gar keine Möglichkeit, Annahmen zur Bedeutung früher, schon bei der Geburt vorliegender neuropsychologischer Dysfunktionen zu überprüfen. Denn sofern es diese Störungen gegeben hatte, waren diese inzwischen untrennbar mit sozialen Erfahrungen, Interaktionserfahrungen, Bindungserfahrungen, Misshandlungserfahrungen etc. verwoben.

Ich möchte dies an einem Beispiel erläutern: Als die Kinder der Dunedin-Studie drei und fünf Jahre alt waren, fragte man auf der Grundlage von Verhaltensbeobachtungen in Test-Situationen unter anderem auch nach folgenden Merkmalen: ob sie emotional labil seien, ob sie ruhelos, impulsiv oder eigensinnig - auch aggressiv - seien oder ob sie negativistisch seien, z.B. resistent im Verhältnis zu den testenden Personen und deren Anforderungen? (vgl. Caspi u.a. 1995, S. 57 ff. und Moffitt u.a. 2001, S. 98 ff.). Schaut man sich diese Merkmale, die für die Prognose späterer Devianz wichtig sind, genauer an, so wird man feststellen, dass im Rahmen der Bindungsforschung vergleichbare Merkmale erhoben und analysiert wurden (vgl. hierzu etwa die Minnesota-Längsschnitt-Studie, aber auch die Arbeiten der Grossmann-Gruppe). Man analysierte die Ich-Flexibilität (ego resiliency) der jeweils beobachteten Kinder - ihre Fähigkeit, mit frustrierenden Situationen umzugehen -, ihre Fähigkeit zur Impuls-Kontrolle oder ihre Bereitschaft, im Vorschul-Kontext auf Anforderungen der Erzieherinnen einzugehen. Zu den wichtigen Ergebnissen dieser Studien gehört, dass die genannten Merkmale der Kinder mit ihren Interaktionserfahrungen und mit der Sicherheit ihrer Bindung an ihre Mutter zusammenhängen (vgl. hierzu ausführlicher Kapitel 6 dieser Arbeit). Wer will entscheiden, ob die wenig ausgeprägte Selbstkontrolle bei manchen Kindern der Dunedin-Studie oder ihre gering entwickelten Fähigkeiten, mit Stress und Anforderungen der Umwelt umzugehen, primär aus ihren Beziehungs- und Sozialisationserfahrungen resultiert, oder ob sie - wie Moffitt behauptet - vor allem mit frühen neuropsychologischen Dysfunktionen zusammenhängen? Auf der Grundlage der Dunedin-Studie ist es nicht möglich, hierüber zu entscheiden.

In der Minnesota-Längsschnitt-Studie konnten Moffitts Thesen zur Bedeutung früh vorhandener neuropsychologischer Dysfunktionen für die Devianz-Entwicklung jedoch überprüft werden (vgl. zu Zielsetzungen und Design dieser Studie insbesondere Abschnitt 6.2.1.1 der vorliegenden Arbeit). Denn es liegen in dieser Studie - neben den Daten zur Devianz-Entwicklung - differenzierte Daten zur kindlichen Entwicklung vor, mit deren Erhebung schon bald nach der Geburt der Kinder begonnen wurde - so Daten zum Temperament der Kinder, zu ihren kognitiven und motorischen Fähigkeiten, zu ihren Interaktionserfahrungen, zu ihren Misshandlungserfahrungen, zu ihrer Bindungssicherheit und auch Daten zur sozialen und ökonomischen Situation ihrer Familien (vgl. hierzu insbesondere Aguilar u.a. 2000).

Aus der Analyse dieser reichhaltigen Daten zur kindlichen Entwicklung ergeben sich Einsichten, die Moffitts Annahmen deutlich widersprechen: Zwischen den langfristig Devianten und den erst im Jugendalter Devianten gab es - bezogen auf ihre ersten vier Lebensjahre - in der Minnesota-Studie nicht die nach Moffitt zu erwartenden Unterschiede (vgl. hierzu und zum Folgenden Aguilar u.a. 2000, S. 112 ff.). Die frühen Temperament-Messungen - wenige Tage nach der Geburt - ergaben keine Unterschiede zwischen denen, die sich später langfristig in devianter Richtung entwickelten, und den Jugendlichen, die erst als Adoleszente deviant wurden. Auch die neuropsychologischen Erhebungen - neun Monate nach der Geburt der Kinder wurden ihre kognitiven und kommunikativen Leistungen mit Hilfe der „Bayley Scales of Infant Development" erfasst - hatten kein Resultat, das es rechtfertigen würde, die langfristig Devianten von den erst im Jugendalter Devianten abzugrenzen.

Trotzdem ergaben sich zwischen beiden Gruppen von Devianten erhebliche Unterschiede. Nur lagen diese nicht im neuropsychologischen Bereich oder im Bereich früher Temperament-Unterschiede (Irritierbarkeit, „Tröstbarkeit" u.a.), sondern im sozial-emotionalen Bereich. Jugendliche, die in ihrer Kindheit mehrfachen sozialen Risiken ausgesetzt waren, waren in der Gruppe der langfristig Devianten deutlich überrepräsentiert: Sie waren im Alter von einem und 1 ½ Jahren häufiger unsicher - und zwar unsicher-vermeidend - an ihre Mütter gebunden, man hatte sie häufiger misshandelt und vernachlässigt, und sie hatten als kleine Kinder in ihren Familien dadurch mehr Stress erlebt, dass ihre Mütter besonders gestresst und belastet waren (vgl. Aguilar u.a. 2000, S. 123 ff.). Aguilar u.a. leiten aus diesen Ergebnissen den Schluss ab, dass weniger die neuropsychologischen Dysfunktionen als vielmehr die massiven sozialen Probleme herangezogen werden müssen, wenn man erklären will, warum manche Kinder langfristig deviant werden und andere nicht.

Aguilar u.a. konzedieren allerdings, dass sich die beiden Gruppen von Devianten in der Phase der mittleren Kindheit auch in der Minnesota-Studie - und nicht nur in der Dunedin-Studie - in ihrer Intelligenz, vor allem in ihren verbalen Fähigkeiten, voneinander unterschieden, meinen jedoch, dass sich hieraus keine Bestätigung für die Thesen Moffitts ergebe (vgl. Aguilar u.a. 2000, S. 127 ff.). Denn erstens könne aus dem statistischen Zusammenhang zwischen niedriger Intelligenz und langfristiger Devianz keine Bestätigung einer Kausalhypothese abgeleitet werden, und zweitens gäbe es vielfältige Belege dafür, dass sich die Intelligenz von Kindern nicht unabhängig von ihren sozialen Erfahrungen entwickelt. Es sei daher nicht verwunderlich, dass Kinder, die lieblos erzogen werden, die misshandelt und vernachlässigt werden, in ihrer Intelligenz, insbesondere in ihren sprachlichen Fähigkeiten, zurückblieben. Die Autoren betonen jedoch ausdrücklich, dass in der Minnesota-Studie das Zurückbleiben der verbalen Intelligenz in der Gruppe der langfristig Devianten erst ab dem Alter von 64 Monaten zu beobachten sei (vgl. Aguilar u.a., S. 127).

Für mich folgt aus den Analysen der Minnesota-Gruppe, dass bei der Interpretation langfristiger Tendenzen zu Devianz und Gewaltbereitschaft soziale Faktoren - Interaktionserfahrungen in der Familie, Bindungserfahrungen, Misshandlungserfahrungen, Trennungserfahrungen oder sozialer und ökonomischer Stress im Familienalltag - den Vorrang haben sollten. Terrie Moffitts Thesen zur Relevanz früher neuropsychologischer Dysfunktionen mögen relevant und anregend sein, konnten bislang jedoch nicht überzeugend belegt werden. In den folgenden Abschnitten soll es daher vor allem um die sozialen Bedingungen der Entwicklung von Gewaltbereitschaft gehen.

9.4.2 Soziale, kognitive und moralische Bedingungen von Gewaltbereitschaft - erläutert an einer Einzelfallanalyse

In diesem Abschnitt soll an dem Fall eines gewaltbereiten Jugendlichen - und auf der Basis vorliegender Forschungsergebnisse - erläutert werden, welche sozialen Bedingungen im Einzelnen berücksichtigt werden müssen, wenn man versucht, die Entwicklung von Gewaltbereitschaft und Devianz zu erklären. Es sollen an diesem Fall zugleich Bedingungen erläutert werden, die der Entwicklung zu einer stabilen Gewalt-Karriere entgegenwirken. Es geht also auch um „schützende" Bedingungen.

Ich habe mich für diese eher unübliche Form der Verknüpfung einer Einzelfallanalyse mit der Vorstellung von Forschungsergebnissen aus sehr unterschiedlichen Forschungskontexten aus unterschiedlichen Gründen entschieden: Mit der gewählten Form der Darstellung sollte zum einen die in Kapitel 8 vorgestellte Forschungsperspektive konkretisiert werden, nach der frühe Bindungs- und Beziehungserfahrungen in einem komplizierten Prozess wirksam werden, in dem auf unterschiedlichen Entwicklungsstufen in jeweils neuen Interaktions- und Beziehungserfahrungen frühe Erfahrungen relativiert und neue Entwicklungsrichtungen eröffnet werden können. Zum Zweiten erlaubt die fallbezogene Darstellung, in der Auseinandersetzung mit konkreten Interview-Passagen einzelne, für meine Interpretation wichtige Argumente klarer herauszuarbeiten, zum Beispiel die auf die Ebene normativer Orientierungen bezogenen Argumente. Schließlich kann am Einzelfall die Schwierigkeit, Prognosen zu formulieren, plausibler als auf der Ebene allgemeiner Statements erläutert werden.

Jürgen C. wurde Ende der neunziger Jahre im Rahmen einer qualitativen Studie interviewt, die an der Universität Hildesheim durchgeführt wurde und die sich mit innerfamilialen Erfahrungen, Medien-Konsum und Gewaltbereitschaft auseinander setzte. Einbezogen waren 27 Jugendliche, die zwischen 18 und 22 Jahre alt waren - 19 junge Männer und acht junge Frauen. In der Regel verfügten diese Jugendlichen über einen Hauptschul- oder Realschulabschluss und standen in ihrer Berufsausbildung - viele im Metallbereich, andere im Verwaltungs- und Dienstleistungsbereich oder in sozialen Berufen (vgl. zum empirischen Vorgehen und zu den Fragestellungen dieser Studie Silzer und Wernich 2000 und Hopf 2001).

Mit allen Jugendlichen - auch mit Jürgen C. - wurden zwei sehr ausführliche qualitative Interviews geführt, die mit einem Kassettengerät aufgenommen wurden, verschriftet wurden und später sowohl unter quantitativen als auch unter qualitativen Gesichtspunkten ausgewertet wurden. Eines der beiden Interviews bezog sich als „fokussiertes Interview" auf einen gewaltorientierten Film, den die Interviewer zusammen mit den Interviewten betrachteten - den Film „Romper Stomper" (vgl. hierzu Silzer und Wernich 2000, Hopf 2001). Das zweite Interview bezog sich primär auf die Beziehungs- und Bindungserfahrungen der Befragten. Orientiert an dem von Main u.a. entwickelten „Adult Attachment Interview" versuchten wir, mit den Befragten in ein Gespräch über ihre Beziehungserfahrungen in ihrer Kindheit zu kommen, über ihre Bindungserfahrungen, ihre Zurückweisungs-, Trennungs- und Verlusterfahrungen, ihre Erfahrungen mit Gewalt in der Erziehung und die Entwicklung ihrer Beziehung zu ihren Eltern (vgl. als Information zum „Adult Attachment Interview" Hesse 1999, Gloger-Tippelt 2001, aber auch unsere früheren Arbeiten in Hildesheim, so etwa Hopf, Rieker, Sanden-Marcus, Schmidt 1995 oder Hopf und Hopf 1997, Kapitel 3). Im Rahmen der Auswertung dieser Interviews analysierten wir auch die Art und Weise, in der die Jugendlichen über ihre Erfahrungen sprachen, ihre kognitiven und affektiven Repräsentationen von Bindungserfahrungen: Dominiertere ein wegschiebender, bagatellisierender („dismissing") Stil der Auseinandersetzung mit schwierigen Erfahrungen, dominierten wütend-verstrickte oder passiv-verstrickte Formen der Auseinandersetzung, oder konnten die Befragten kohärent, in einer sicher-autonomen Weise über ihre Erfahrungen sprechen? (Vgl. zu diesen Kategorien und zur Auswertung von Adult Attachment Interviews insbesondere Main und Goldwyn 1998 und verschiedene Beiträge in Gloger-Tippelt 2001).

In beiden Interviews kamen auch frühe und spätere Gewalterfahrungen der Jugendlichen zur Sprache, die sie außerhalb ihrer Familien gemacht hatten. Jürgen C. gehörte, nach beiden Interviews zu urteilen, zu der Gruppe von sieben Jugendlichen, die besonders gewaltbereit waren. Diese Jugendlichen waren alle männlich (vgl. zur Gewaltbereitschaft der männlichen und weiblichen Jugendlichen in dieser Stichprobe auch Tabelle 9) und waren nach ihren Angaben in den letzten Jahren mehrfach in Schlägereien verwickelt, nicht nur als Opfer, sondern auch als Täter. Sie schlugen gegebenenfalls auch hart zu - dies gilt auch für Jürgen - und hatten zum Teil mit Anzeigen wegen Körperverletzung zu tun. Jürgen neigte, wie auch die anderen gewaltbereiten Jugendlichen in unserer Stichprobe, schon als Kind zu Raufereien und aggressiven Auseinandersetzungen mit anderen Kindern. In der Schule kämpfte er beispielsweise häufiger mit einem Mitschüler, um klarzustellen - dies als explizites Kampfmotiv -, wer der Stärkere ist (vgl. zum Zusammenhang zwischen früher Aggressivität und späterer Gewaltbereitschaft auch Coie und Dodge 1998, S. 801 ff.).

Tab. 9: Die Neigung der befragten Jugendlichen zu gewalttätigen Handlungen (Hildesheimer Studie zu Biographie, Medien und Gewaltbereitschaft)

Geschlecht	**nicht vorhanden bzw. geringe Ausprägung**	**mittlere Ausprägung**	**starke Ausprägung**	**insgesamt**
männlich	9	3	7	19
weiblich	7	1	-	8
insgesamt	16	4	7	27

Quelle: Hopf 2001, S. 155

Alle von uns befragten gewaltbereiten Jugendlichen erzählten in den mit ihnen geführten Interviews von härteren Strafen in der Erziehung oder von frühen Zurückweisungs- und Vernachlässigungserfahrungen (vgl. zu ausgewählten Fallanalysen hierzu auch Hopf, Silzer, Wernich 1999 und Hopf 2001). Für Jürgen gilt dies in besonderem Maße. Er wurde als Kind von seinen Eltern, vor allem von seinem Vater, misshandelt und erhielt zugleich von den Eltern wenig emotionale Unterstützung. In seinen Erzählungen über die frühen Kind-Eltern-Beziehungen dominieren Berichte über harte Strafen - „Stubenarrest", Eingeschlossenwerden (z.B. in einen Schrank) oder Prügelstrafen -, zu denen es auch schon bei nichtigen Anlässen kam. Die Mutter prügelte mit einem Teppichklopfer, der Vater prügelte mit der bloßen Hand, was genauso wehtat. Der Vater prügelte sehr viel häufiger als die Mutter und offenbar auch unkontrollierter. Weinen durfte Jürgen nicht. Der Vater verprügelte ihn sonst nur noch ausdauernder.

In vielen empirischen Untersuchungen zur Entwicklung von Devianz ist nachgewiesen worden, dass solche harten und gewaltorientierten Erziehungspraktiken, wie sie von Jürgen beschrieben werden, die Entwicklung von Gewaltbereitschaft im Jugendalter fördern (vgl. als Überblick Coie und Dodge 1998, S. 816 ff.; vgl. aber auch die in Abschnitt 9.4.1 vorgestellten Ergebnisse der Minnesota-Studie oder als neuere deutsche Studien hierzu Böttger 1998, S. 126 ff., Wetzels u.a. 2001, 230 ff. und Neumann und Frindte 2002, S. 118 ff.). Im Folgenden soll gefragt werden, welche subjektive Bedeutung die frühen Misshandlungserfahrungen für Jürgen nach dem mit ihm geführten Interviews zu urteilen haben, wie er sie interpretiert und bewertet und wie dies sein Handeln beeinflusst.

Jürgen erzählt in dem Interview zu seinen Kindheitserfahrungen mehrfach, dass er nicht weinen durfte, wenn er verprügelt wurde oder wenn man ihn einsperrte. Der Interviewer fragt an einer Stelle, ob er es denn geschafft habe, nicht zu weinen. Jürgen antwortet, er sei „irgendwann hart" geworden:

> „...irgendwann dann - stellt man sich hin, denn kriegt man ein paar in die Fresse oder so und denn - (holt tief Luft) hält man es ein, geht man nach oben und denn - kullern da halt oben die Tränen, ne."

Jürgen verwendet in dem mit ihm geführten „Adult Attachment Interview" häufig - wie auch in der zitierten Passage - das distanzierende „man", wenn er über sich und seine Leidensgeschichte spricht; er lacht mitunter auch bei der Darstellung belastender Erfahrungen. Er hat jedoch sein Leid nicht vergessen, wie der Interview-Ausschnitt ebenfalls zeigt.

Im „Adult Attachment Interview" wird Jürgen auch auf allgemeinerer Ebene gefragt, in welcher Beziehung er früher, als er etwa fünf oder sechs Jahre alt war, zu seinen Eltern stand. Die Antworten zeigen, dass er als Kind vermutlich keine positiven Beziehung zu seinen Eltern hatte und dass er die Eltern auch heute nicht idealisiert. Die Beziehung zur Mutter war nach Jürgens Äußerungen zu urteilen allerdings etwas besser als die zum Vater - sie hat nicht ganz so unnachsichtig gestraft wie der Vater und Jürgen manchmal auch getröstet. Hingegen habe es im Verhältnis zum Vater nur Ärger gegeben. „Da hat es nur Schläge gegeben und nur Ärger gegeben und nur Stubenarrest gegeben und nix anderes." Jürgen meint, die Beziehung zum Vater sei eigentlich keine Beziehung gewesen, spricht manchmal auch von der Beziehung zum Vater so, als sei sie ihm heute egal, was für einen wegschiebenden Stil der Auseinandersetzung mit seiner Leidensgeschichte spricht. Auf der anderen Seite ist die Wut auf den Vater nicht nur latent zu spüren, sondern tritt auch offen zutage. Als Jürgens Freundin ihm vor einiger Zeit den Laufpass gab, versuchte sein Vater, ihn zu trösten. Jürgen schildert die eigene Reaktion:

> „ ... da hab ich zu ihm gesagt, 'verpiss dich', also de- das war wirklich der Letzte, den ich brauchen konnte ... Auch wenn es ihm wehgetan hat, aber irgendwo war er der Letzte, den ich gebrauchen konnte. - (betont) Der Allerletzte."

Für Jürgen ist also nicht nur distanzierendes Wegschieben der belastenden Erfahrungen, sondern auch emotionale Verwicklung kennzeichnend. Er kämpft innerlich damit, dass sein Vater so wenig liebevoll ist, erzählt anklagende Geschichten hierzu und hadert damit, dass sein Vater nicht einfach sagen kann: Du bist mein Bester oder Ich hab dich lieb.

Auch die Gewalterfahrungen in der Kindheit sind für Jürgen weiterhin lebendige Wirklichkeit. Es gibt in dem Adult Attachment Interview eine Passage, in der er gefragt wird, in welcher Weise seine Kindheitserfahrungen ihn nach seiner Auffassung geprägt haben. Jürgen antwortet unter anderem:

„...aber dass ich jetze so geworden bin, wie ich bin, hat bestimmt sehr viel damit zu tun. - Dadurch, dass es viel Schläge geben hat und so was ... ich bin ja nun mal nicht so der Typ dafür - mit Schlägereien und so was, ne, aber ich habe so - dadurch, dass man sich dann halt eben selber irgendwie durchgekämpft hat, - auch keine Angst - groß so vor Auseinandersetzungen oder vor dem Schmerz da oder so."

In dieser Selbst-Interpretation Jürgens werden zwei Tendenzen sichtbar, die in den beiden mit ihm geführten Interviews auch an anderen Stellen deutlich werden. Auf der einen Seite stellt er sich als jemanden dar, der nicht für Schlägereien ist. Zum Beispiel distanziert er sich in seinen ersten Reaktionen auf den Film „Romper Stomper" von der dort gezeigten Brutalität und von dem Gewalthandeln der Filmhelden. Er distanziert sich auch von seinem gewalttätigen Vater. Er möchte nicht so sein wie dieser und meint auch, er sei nicht so - er sei „ganz bestimmt nicht" wie sein Vater geworden.

Auf der anderen Seite zieht Jürgen auf der Ebene der Selbstbeschreibung und -bewertung keine klaren Grenzen: Das gewalttätige Handeln und die gewalttätigen Auseinandersetzungen bleiben Handlungsoptionen, vor denen er, der gelernt hat, Schmerzen zu ertragen ohne zu weinen, keine Angst hat. Er beurteilt es als positiv, wenn man keine Angst vor gewalttätigen Auseinandersetzungen und Schmerzen hat. Dies erläutert er in einer Interviewpassage, in der er gefragt wird, wie seine Eltern früher reagierten, wenn er sich gegenüber anderen Kinder „gemein" verhielt und wenn die Eltern dies mitbekamen. Jürgen antwortet: Sie hätten dies scharf kritisiert, und der Vater hätte ihn, wenn er als Kind in Prügeleien verwickelt war, auch körperlich oder mit Stubenarrest bestraft. Er selbst kritisiert diese Reaktionen der Eltern - nicht etwa deshalb, weil er meint, dass Prügelstrafen und andere Zwangsstrafen wenig geeignet sind, Kinder davon abzuhalten gewalttätig zu sein. Sein Argument ist anders: Es war deshalb ein Fehler der Eltern, Schlägereien mit anderen Kindern nicht zuzulassen, weil Kinder in solchen Schlägereien etwas sehr Wichtiges lernen, nämlich kein Angst vor Schlägereien zu haben. Als Kind

„muss man sich einfach raufen. Weil man sonst irgendwie ...hat man sonst Angst davor. --- Und das, find ich, ist das Schlimmste, was man haben kann, irgenwie vor einer ... Auseinandersetzung Angst zu haben. Muss ja nicht immer unbedingt - äh in einer Schlägerei enden, aber das ist ja denn eine Auseinandersetzung äh allgemein, ne - hat man denn einfach Angst vor."

Die Freiheit von Angst vor Auseinandersetzungen, gegebenenfalls auch körperlichen Auseinandersetzungen, wird in dieser Deutung zu einem positiven und wichtigen Resultat von Gewalterfahrungen, und zwar von körperlichen Auseinandersetzungen zwischen Kindern, wie in der eben zitierten Text-Passage. Die erwünschte Angstfreiheit wird an anderer Stelle des Interviews, wie oben bereits ausgeführt, auch als ein positives Ergebnis der

Gewalterfahrungen in der Eltern-Kind-Beziehung beschrieben. Den Erfahrungen der Misshandlung wird dadurch - bei aller Kritik am Vater - am Ende doch etwas Positives abgewonnen. Der Umgang mit der eigenen Leidensgeschichte wird dadurch für Jürgen eventuell leichter - die Gewalterfahrungen , die Schmerzen, das unterdrückte Weinen hatten zumindest irgendeinen Sinn. Jürgen bleibt mit dieser Betonung der positiven Funktionen der eigenen Gewalterfahrungen und der eigenen Angstfreiheit jedoch in einem Denken gefangen, das die gewaltsame Lösung von Konflikten im Prinzip akzeptiert und nicht kategorisch ausschließt.

Dass Jürgen sich nicht klar von gewalttätigem Handeln distanziert und dass für ihn der Anspruch, Konflikte gewaltfrei zu lösen, nicht subjektiv verbindlich ist, wird an vielen Stellen der mit ihm geführten Interviews deutlich. Ein Beispiel: Er schildert in dem ersten mit ihm geführten Interview eine Situation, in der eine größere Gruppe von türkischen Jugendlichen ihn am Bahnhof aufforderte, sein Portemonnaie herauszugeben:

> „Natürlich hat man denn Angst - aber - ich denke mir mal, nach den Erfahrungen, die ich gemacht habe, sollte man die Angst (lachend) niemals zeigen. Also - das - tu ich auch nicht. Ich geh dann ganz einfach auf denjenigen zu, und ich sage, ‘komm her, ich hau dir die Fresse ein“, sag ich, denn ... - im Normalfall hat sich das dann für die erledigt, und die verpissen sich dann. --- Weil, ich denke mir, ich bin dann auch nicht der -- (lacht) Spargel in Person ... denn geh ich auf die Leute zu - ja gut, man kann natürlich - damit ziemlich ins Fettnäpfchen treten. Und man kann sich ganz schön eine abkassieren ...“

Wenn es dann zu einer Schlägerei kommt, in der Jürgen unterlegen ist und in der er selbst verprügelt wird - er schildert in diesem Interview einige Beispiele dafür -, dann kann es geschehen, dass er so „ausklinkt“ oder ausrastet, wie Ferdinand Sutterlüti (vgl. vorn, Abschnitt 9.1) dies auch für einige der von ihm befragten Jugendlichen beschreibt:

> „... ist bei mir irgendwann - wie so ein Schalter - der geht dann um und denn dreh ich denn völlig ab. Denn mach ich alles platt.“

In dieser Situation spürt Jürgen nach seinen Selbstbeschreibungen keinen Schmerz mehr, sondern ist nur noch wütend und aggressiv („denn kommt dir einfach alles - kommt einfach alles hoch ...“). Nach Jürgens Schilderungen zu urteilen hat er solche Erfahrungen des Ausrastens schon häufiger gemacht. Er nehme dann nichts mehr wahr und auf keinen mehr Rücksicht. Er spüre dann auch selbst nichts mehr. Er beschreibt dies drastisch:

> „ ... ich denke mal, (leise) selbst wenn man mich da einer mit dem Messer aufschlitzen (würde), das würde ich wohl auch nicht merken. Man merkt es dann halt eben nur bloß hinterher.“

Jürgen kommt jedoch nicht von ungefähr in solche Situationen. Er leistet, wie die oben erläuterte Szene am Bahnhof zeigt, selbst einen eigenen Beitrag zur Eskalation von Gewalt. Er will zwar nicht sein wie sein Vater oder die von ihm verachteten Filmhelden in dem Film „Romper Stomper", aber er kann sich trotzdem nicht zu einer klaren Abgrenzung von Gewalt durchringen. Die Norm, andere Menschen nicht zu verletzen, ist für Jürgen keine Norm, der er sich in seinem tiefsten Inneren - wertrational - verbunden fühlt. Ein wichtiges Indiz hierfür ist unter anderem auch, dass Jürgen in den mit ihm geführten Interviews bei der Darstellung der eigenen Gewalttätigkeit und der Situationen, in denen er ausrastet, wenig selbstkritisch ist. Er scheint kein besonders schlechtes Gewissen gegenüber denjenigen, die er körperlich verletzt, zu haben und beschreibt das Ausrasten nicht als Verhaltenstendenz, gegen die er systematisch und mit viel Einsatz angehen muss. Auch Akte der Rache, bei denen es zu körperlicher Gewalt kommt, sind für ihn keineswegs tabu. Jürgen schildert im Interview beispielsweise relativ ausführlich eine Situation, in der er von einer größeren Gruppe von Jugendlichen zusammengeschlagen wurde. Der Interviewer fragt: „und wie geht es dir jetzt damit?". Jürgens antwort:

> „Mh - jetzt im Nachhinein, wenn ich darüber nachdenke und so - wie es mir damit geht? --- Ich denke mal, ziemlich feige Schweine - Also am liebsten würde ich jetze auch, also ... tausend Leute zusammentrommeln und die da auch mal so richtig runtermachen, aber ich denke mir mal, wenn er (der zentrale Angreifer. D. Verf.) irgendwann noch mal kommt in die Disco ... und wollte noch mal irgendwas sagen, dann werde ich wohl -- äh - dann wird er von mir auch schon seinen Arsch voll kriegen. (lacht) Aber - aber so, dass ich es denn da - mit mehreren Leuten oder so was --- (für) so was bin ich nicht, so was mach ich auch nicht, halt ich auch nix von."

Der zitierte Textausschnitt sollte noch einmal verdeutlichen, was ich meine: Jürgen unterstützt wohl Normen der Fairness, nicht aber Normen der Gewaltfreiheit. Der in der körperlichen Auseinandersetzung vollzogene Racheakt ist in den Vorstellungen hierzu nicht tabu, eher sogar erwünscht. Das Akzeptieren gewalttätiger Konfliktlösungen unterscheidet ihn beispielsweise elementar von der von Bowlby beschriebenen Mrs. Q., die ihre Ausbrüche von Wut und Aggression als zutiefst problematisch ansah (vgl. hierzu Abschnitt 9.2.2.2 dieser Arbeit). Der hier am Einzelfall verdeutlichte Zusammenhang zwischen einer vergleichsweise geringen Bindung an Normen, die die Anwendung körperlicher Gewalt verbieten, und eigener Gewalttätigkeit wird auch in anderen quantitativen und qualitativen Studien belegt. Jugendliche, die die gewalttätige Lösung von Konflikten auf der normativen Ebene nicht ausschließen oder sogar akzeptieren, sind sehr viel häufiger an Gewaltdelikten beteiligt als andere Jugendliche (vgl. Oberwittler 2004, S. 162). Und Bandura und Walters (1959, S. 287 ff.) vermerken in ihrer nach wie vor sehr lesenswerten Studie über „Adolescent Aggression", es sei auffällig, wie wenig Schuldgefühle die aggressiven und gewaltbereiten Jugendlichen äußern, wenn sie in den mit ihnen geführten qualitativen Interviews von aggressiven oder gewalttätigen Akten berichten (vgl. zur Diskussion des Verhältnisses von Normbindung und Gewaltbereitschaft auch Müller 1996 oder Hopf 2001).

Es gibt also, auch wenn man dies mit vorliegenden Studien vergleicht, in dem Fall Jürgens eine Reihe von Bedingungen, die die Entwicklung von Gewaltbereitschaft bei ihm unterstützen: die Misshandlungserfahrungen in der Kindheit und die - notwendig unterdrückte - Wut auf den Vater; die unzureichende emotionale Unterstützung durch die Eltern, die frühen Raufereien und gewalttätigen Auseinandersetzungen in der Schule und die Art der kognitiven und moralischen Bearbeitung der frühen Gewalterfahrungen. Gewalt ist nicht tabu. Sie wird zwar nicht verherrlicht; aber auf der anderen Seite sind Normen, in denen Gewaltfreiheit gefordert wird und in denen gefordert wird, andere Menschen nicht zu verletzen, für Jürgen nicht unbedingt verpflichtend. Im Rahmen der gewaltorientierten Erziehung Jürgens konnte keine stabile Orientierung an Normen der Gewaltfreiheit vermittelt werden (vgl. zu Fragen moralischer Sozialisation auch die Kapitel 4 und 5 dieser Arbeit).

Es gibt auf der anderen Seite in Jürgens Leben auch Bedingungen, die dagegen sprechen, dass er langfristig in eine stabile Gewalt-Karriere hineingerät. Die „schützenden" Bedingungen entsprechen denen, die ich in den Abschnitten über die Gewaltbereitschaft von Frauen im Verhältnis zu ihren Kindern vorgestellt habe (vgl. hierzu insbesondere die Abschnitte 9.2.2.2 und 9.2.3).

Jürgen hatte zum einen in seiner Kindheit und im Jugendalter alternative Bezugspersonen, die sich um ihn kümmerten und ihn unterstützten. Besonders wichtig war für ihn eine Freundin der Familie, mit der er als Kind sehr häufig zusammen war. Sie war für ihn seine „Oma". Zu ihr konnte er gehen, wenn man ihn geschlagen hatte. Sie tröstete ihn und beschäftigte sich mit ihm, kochte mit ihm zusammen, häkelte, strickte mit ihm oder sah mit ihm zusammen fern. Später kamen andere Bezugspersonen dazu. Ganz besonders wichtig wurden für Jürgen die Erfahrungen mit seiner Freundin, der er sehr eng verbunden war, und mit deren Familie. Die Familie der Freundin wurde für ihn zur Ersatzfamilie - zur „richtigen Familie", wie er auch sagt. „Das ist einfach meine Familie ... ich gehör einfach dazu." Er wohnte zeitweilig auch mit der Familie der Freundin zusammen, in die er offenbar sehr freundlich aufgenommen wurde. Umso schwieriger war es für ihn, dass seine Freundin sich von ihm abwandte. Er verlor nicht nur die Freundin - er hat jedoch die Hoffnung auf einen Neubeginn der Beziehung mit ihr nicht aufgegeben -, sondern auch seine neue „Familie". Jürgen reagierte mit Depressionen und massiven Alkohol-Problemen. Eine therapeutische Behandlung half ihm in dieser Phase. In dem Interview zu seinen Bindungs-

und Beziehungserfahrungen geht er verschiedentlich hierauf ein. Er schätzt an seiner Therapie unter anderem, dass er heute seine Gefühle besser als früher äußern könne, und erwähnt auch die kritische Auseinandersetzung mit der Unterdrückung von Gefühlen in seiner Kindheit (vgl. zur Bedeutung der in Therapien gestützten Aufarbeitung von Gewalterfahrungen in der Familie auch Abschnitt 9.2.3 dieser Arbeit).

Andere Bedingungen, die Jürgen davor schützen könnten, dass er längerfristig deviant wird, sind, nach den mit ihm geführten Interviews zu urteilen:

- Er kommt mit seiner beruflichen Ausbildung zurecht und überlegt sich, längerfristig eine zusätzliche Ausbildung zu absolvieren;
- Er war als Jugendlicher nicht in deviante Cliquen integriert, er war auch - im Unterschied zu anderen in dieser Studie befragten gewaltbereiten Jugendlichen (vgl. hierzu auch Hopf u.a. 1999) - nicht rechtsextrem orientiert. Vorhandene Tendenzen zur Gewaltbereitschaft wurden also nicht durch gewalttätige Vorbilder in Gleichaltrigengruppen und einen in aggressive Richtung drängenden Gruppendruck bestärkt (vgl. zu solchen Zusammenhängen Coie und Dodge 1998, S. 831 ff., Wetzels u.a. 2001, S. 262 ff., Gaßebner u.a. 2003, S. 39 ff. oder Othold 2003b). Eher umgekehrt wurde er durch die intensiven Kontakte zu seiner Freundin und zu deren Familie in Richtung kooperativer Tendenzen bestärkt. Er lernte, was ihn sehr beeindruckte, eine Familie kennen, in der es im Vergleich zu seiner Herkunfts-Familie wesentlich mehr wechselseitige Achtung und Zuneigung zwischen den Eltern und ihren Kindern und zwischen den Geschwistern gab.

Es gibt also in Jürgens Biographie neben den offenkundig belastenden Bedingungen eine Reihe von Bedingungen, die ihn davor schützen könnten, in eine Gewalt-Karriere und längerfristige Devianz hineinzugeraten. So weit wir die Lebensgeschichte Jürgens kennen lernen konnten, sind beide Entwicklungswege denkbar: eine stabilere Gewalt-Karriere oder eine Abkehr von der Tendenz zu gewalttätigem Handeln und eine intensive, selbstkritische Auseinandersetzung mit der eigenen Gewaltneigung und dem „Ausrasten". Ich selbst halte die zweite Entwicklung für die wahrscheinlichere. Dass beide Wege im Prinzip vorstellbar sind, sollte Anlass zur Vorsicht und Bescheidenheit sein. Wie ich in diesem Buch schon häufiger betont habe (vgl. hierzu auch Kapitel 8), kann es bei den komplizierten Fragen, mit denen wir uns hier befassen, keine einfachen Lösungen geben. Es gibt keine deterministischen Beziehungen zwischen Gewalterfahrungen in der Kindheit und späterer Gewalttätigkeit, wohl aber mehr oder minder wahrscheinliche Entwicklungen. Und um diese geht es im vorliegenden Abschnitt, aber auch in den anderen Abschnitten dieses Kapitels.

9.4.3 Soziale Ungleichheit, Geschlechterverhältnis und die Gewaltbereitschaft von Jugendlichen

In diesem Buch sind in unterschiedlichen thematischen Zusammenhängen schichtspezifische Differenzen zur Sprache gekommen. In Kapitel 3 habe ich auf der Grundlage vorliegender Studien dargestellt, dass Kinder aus Familien mit einem niedrigen sozioökonomischen Status im Alter von einem Jahr weniger sicher an ihre Mütter gebunden sind als die Kinder, die aus Mittelschicht-Familien kommen (vgl. insbesondere Abschnitt 3.2.2 dieser Arbeit). In dem Kapitel über die Misshandlung von Kindern (Kapitel 7) habe ich darauf aufmerksam gemacht, dass Kindesmisshandlung in Familien mit besonders niedrigem ökonomischen und sozialen Status häufiger vorkommt als in Mittelschicht-Familien. Im vorliegenden Kapitel habe ich insbesondere in Abschnitt 9.2.1 mehr Informationen zu diesem Zusammenhang vorgelegt. Das Risiko für Kinder, von ihren Eltern misshandelt zu werden, ist besonders groß, wenn ihre Eltern ein sehr geringes Einkommen haben, wenn die Eltern in der beruflichen Hierarchie unten stehen oder arbeitslos sind und wenn sie einen niedrigen Bildungsstand haben. Selbstverständlich sind ökonomische und soziale Faktoren sowie Unterschiede im Bildungsstand nicht die einzigen Faktoren, die beachtet werden müssen, wenn man erklären will, warum Eltern ihre Kinder misshandeln (vgl. hierzu insbesondere die Abschnitte 9.2.2 und 9.2.3). Aber sie müssen bei der Interpretation elterlicher Gewaltbereitschaft - zusammen mit anderen Faktoren - auf jeden Fall berücksichtigt werden.

Ökonomische und soziale Faktoren und das jeweilige Ausbildungsniveau müssen auch beachtet werden, wenn es um die Erklärung jugendlicher Devianz und Gewaltbereitschaft geht. Viele Untersuchungen haben hierauf aufmerksam gemacht. Zwar gibt es in den Sozialwissenschaften, wie angesichts der Komplexität des Gegenstandsbereichs nicht anders zu erwarten ist, auch wissenschaftliche Kontroversen über die Art und den Umfang des Einflusses sozioökonomischer Bedingungen auf die Entwicklung von Gewaltbereitschaft. So meinen einige Autoren, dass die schichtspezifischen Differenzen wesentlich geringer als im Allgemeinen behauptet ausgeprägt seien (vgl. als Überblick über die entsprechenden Diskussionen etwa Crutchfield und Wadsworth 2002, Albrecht 2002 oder Schumann 2003a). Trotzdem ist die These, dass zumindest schwere Gewaltdelikte überproportional häufig von Tätern verübt werden, die aus Familien mit besonders niedrigem sozioökonomischen Status - der so genannten „Underclass“ (vgl. zu diesem Begriff Kronauer 2002) - kommen, bislang nicht widerlegt worden.

In den Auseinandersetzungen über die Relevanz sozioökonomischer Faktoren spielen unter anderem auch schwierige methodische Fragen eine Rolle, insbesondere die Frage danach, ob in der offiziellen Kriminal-Statistik und auch in den so genannten Dunkelfeld-Analysen, die sich auf Täter- und Opfer-Befragungen beziehen, mit schichtspezifischer Selektivität zu rechnen ist. Wird in diesen verschiedenen Varianten der Erhebung und Analyse von Daten die jeweilige Beteiligung bestimmter sozialer Schichten an Devianz und Gewaltdelikten eventuell über- oder unterschätzt? Da diese methodenbezogenen Fragen für die Analyse von Gewaltbereitschaft generell von großer Bedeutung sind - auch für die Analyse von Gewaltbereitschaft im Geschlechtervergleich -, sollen einige Thesen hierzu knapp skizziert werden (vgl. zu Fragen der Hellfeld- und Dunkelfeld-Analyse auch Abschnitt 9.2.1 dieser Arbeit).

Bezogen auf die amtliche Statistik - das Hellfeld - wird häufig das folgende Argument diskutiert: Die Jugendlichen aus Familien mit niedrigem sozioökonomischen Status oder aus Familien ethnischer Minderheiten werden in ihrer Devianz leichter auffällig, können sich weniger geschickt rausreden und werden von Polizei und Justiz härter angefasst (vgl. zu dieser Argumentation etwa Sack und Lindenberg 2001, S. 191 ff.). Es sei daher zu erwarten, dass sie in der Polizeilichen Kriminalstatistik überrepräsentiert sind.

Auf eine ganz andere Richtung schichtspezifischer Selektivität in der kriminologischen Forschung weisen Crutchfield und Wadsworth (2002, S. S. 86 ff.) hin. Sie vertreten die Auffassung, dass die in der kriminologischen Forschung verbreiteten Methoden der Dunkelfeld-Analyse, insbesondere die Täter-Befragungen, dazu führen, dass die Gewaltbelastung der Unterschichten unterschätzt wird. Ihre Argumentation: Den Befragungen von Jugendlichen zu ihrer Devianz liegen in der Regel standardisierte Erhebungsinstrumente zugrunde. Die Befragungen werden zudem häufig an Schulen durchgeführt. Dies ist organisatorisch am leichtesten durchzuführen, und es werden auch hohe Beteiligungsquoten erreicht. Aber die Vorteile des Verfahrens werden mit einer Reihe schwerwiegender Nachteile erkauft. Wer sich in seinen Analysen auf die Selbstauskünfte von Jugendlichen über ihre Diebstahls- und Gewaltdelikte verlässt, wird die Relevanz der schweren Verbrechen unterschätzen - nur naive Deviante würden schwere Verbrechen im Fragebogen zu Protokoll geben - und damit auch zu schichtenbezogenen Fehleinschätzungen kommen. Sehr eindringlich formuliert dies Rodney Stark in einer Arbeit über „Deviant Places“:

> „Die Sozialwissenschaft hat die Verbindung zu wesentlichen Aspekten der Kriminalität und Delinquenz verloren. An die Stelle von Armutsgegenden traten einzelne Kinder mit unterschiedlich hohem Familieneinkommen, und von einem Umfeld war überhaupt nicht mehr die Rede. Die Phänomene selbst wurden blutlos, steril und geradezu harmlos, denn Fragebogen-Studien können Mord, Vergewaltigung, Überfälle, bewaffneten Raub und nicht einmal signifikante Einbrüche und Betrugsdelikte in keiner brauchbaren Weise erfassen - der Personenkreis, der solches Verhalten zeigt, ist zu klein, um in machbaren Stichproben in signifikanter Zahl zu erscheinen. Delinquenz, worunter man früher Gesetzesverstöße verstand, die eine gerichtliche Anklage rechtfertigten, umfasste mit

einem Mal auch Dinge wie die Entnahme von zwei Dollar aus dem Geldbeutel der Mutter ... Diese Veränderung führte bald zu der wiederholten 'Entdeckung', dass Armut in keinem Zusammenhang mit Delinquenz steht" (Stark 1987, S. 894; hier zitiert nach Crutchfield und Wadsworth, S. 87 f.).

Das heißt, die in Schulen durchgeführten standardisierten Befragungen unterschätzen nach dieser Argumentation die Devianz der Unterschichten. Hinzu kommt etwas anderes: Gerade bei den Heranwachsenden mit der höchsten Delinquenz ist die Wahrscheinlichkeit am geringsten, dass sie in Selbstauskunft-Studien erfasst werden, weil sie keine Schule oder andere Institutionen besuchen, über die üblicherweise Befragungen durchgeführt werden (vgl. hierzu und zum Folgenden Crutchfield und Wadsworth 2002, S. 88). Bei denselben Kindern und Jugendlichen ist auch die Wahrscheinlichkeit am größten, dass sie arm sind oder auch den ökonomisch unterprivilegierten Teilen der ethnischen Minderheiten angehören. In den USA ist dieses Problem der Erfassung devianter Jugendlicher über Befragungen an Schulen - wegen der größeren Bedeutung von Slums - wahrscheinlich gravierender als in Deutschland, aber auch in Deutschland dürften Schüler, die häufig die Schule schwänzen oder die nach Beendigung der Schulpflicht mehr auf der Straße als in Betrieben oder Ausbildungsstätten anzutreffen sind, keine absolute Ausnahme sein.

Es gibt also insgesamt gute Gründe dafür, gegenüber standardisierten, an Schulen durchgeführten Befragungen zur selbstberichteten Delinquenz skeptisch zu sein. Allerdings dürften die Alternativen hierzu - zum Beispiel teilnehmende Beobachtung in delinquenten Jugendgruppen (vgl. für Deutschland z.B. Tertilt 1996) - so aufwändig sein, dass man sich vorläufig vermutlich mit diesen weniger überzeugenden Lösungen eines schwierigen methodischen Problems zufrieden geben muss. In diesem Sinne sollten auch die folgenden Informationen zur Gewaltbelastung von Jugendlichen aus unterschiedlichen sozialen Schichten und mit unterschiedlichem Bildungsstand in aller Vorsicht zur Kenntnis genommen werden.

In einer repräsentativen Befragung von Münchener Jugendlichen, die 1998 an Münchener Schulen mit Schülern und Schülerinnen der 9. Klassen durchgeführt wurden, wurden zur Ermittlung des Dunkelfeldes von Gewaltdelikten auch Selbstauskünfte der Jugendlichen zu ihrer Devianz erhoben (vgl. Wetzels u.a. 2001). Die Ergebnisse belegten die Relevanz sozioökonomischer Faktoren. Jugendliche, die aus unteren sozialen Schichten kamen und deren Familien von Arbeitslosigkeit betroffen oder von Sozialhilfe abhängig waren, waren nach den Ergebnissen dieser Erhebung zu urteilen, gewaltbereiter als die anderen Jugendlichen. Allerdings wurden diese Zusammenhänge erst dann besonders deutlich, wenn man sich in der Analyse auf Mehrfach- bzw. Intensivtäter konzentrierte - Befragte, die in den letzten 12 Monaten nach ihren eigenen Angaben fünf und mehr Gewaltdelikte (gemeint sind: Körperverletzung, mit der Waffe bedrohen, Raub, Erpressung) verübt hatten (vgl. hierzu und zum Folgenden Wetzels u.a. 2001, S. 197 ff.). In derselben Befragung wurden auch Zusammenhänge zwischen dem jeweils besuchten Schultyp und der Gewaltbereitschaft der befragten Jugendlichen analysiert. Jugendliche, die die Förderschule besuchten, zählten im Vergleich zu den Schülern der anderen Schultypen besonders häufig zu den Mehrfachtätern (21,6% Mehrfachtäter), Jugendliche, die das Gymnasium besuchten, besonders selten (1,9% Mehrfachtäter); Hauptschüler nahmen eine Zwischenstellung ein (7,9% Mehrfachtäter). Der Zusammenhang zwischen Schultypen und Gewaltbelastung (Mehrfachtäter) blieb im Übrigen auch dann erhalten, wenn man nur einheimische deutsche Jugendliche in die Analyse einbezog und Jugendliche aus Familien der ethnischen Minderheiten, die nach Wetzels u.a. (2001) durchschnittlich stärker gewaltbelastet waren, nicht berücksichtigte. Auch weitere am Kriminologischen Forschungsinstitut Niedersachsen durchgeführte Erhebungen konnten die Bedeutung sozioökonomischer und bildungsbezogener Faktoren belegen (vgl. Enzmann u.a. 2004).

In diesen Studien wurde zugleich eine mögliche Linie der Verknüpfung zwischen sozialer Schicht und Gewaltbereitschaft vorgestellt. Nicht nur bei Gruppen jugendlicher Migranten, sondern auch bei einheimischen Deutschen mit niedrigem sozioökonomischen Status konnte man Orientierungen beobachten, die Enzmann u.a. (2004) als Unterstützung „gewaltlegitimierender Männlichkeitsnormen“ bezeichnen. Die Autoren stützen sich mit diesem Konzept auf die Arbeit Nisbetts und Cohens (1996) zu regionalen Unterschieden in der Gewaltbereitschaft. Gemeint sind damit Vorstellungen, nach denen Gewalt legitim ist, wenn sie der Verteidigung der eigenen Familie oder der Ehre dient. Zu den Item-Vorgaben der Skala zu „Gewaltlegitimierenden Männlichkeitsnormen“ gehören darüber hinaus aber auch Aussagen, in denen die Vorherrschaft von Vätern gegenüber Ehefrauen und Kindern betont wird - notfalls auch mit Gewalt durchzusetzen (vgl. Enzmann u.a. 2004, S. 273).

Andere Autoren betonen, wenn sie den Zusammenhang zwischen sozialer Schicht und jugendlicher Gewaltbereitschaft zu erklären suchen: die durch die Armut bedingte höhere Stress-Belastung und Deprivation, die höheren Anteile von Kindesmisshandlung in den unteren Schichten (vgl. hierzu auch Abschnitt 9.2.1), die Tendenzen zur Desorganisation in den Wohn-Quartieren der Unterschichten oder auch die - durch das Wohn-Quartier bedingte - stärkere Präsenz von Jugendlichen der Unterschicht in devianten Cliquen (vgl. hierzu unter anderem Crutchfield und Wadsworth 2002 oder Oberwittler 2004). Wie auch immer der Zusammenhang von Schicht und Gewaltbereitschaft im Einzelnen erklärt wird: Es gibt bislang kein vernünftiges Argument, das dafür spricht, sich nicht um Fragen ökonomischer und sozialer Unterprivilegierung zu kümmern, wenn man versucht zu erklären, warum Jugendliche deviant und gewalttätig werden.

Weniger umstritten sind in der sozialwissenschaftlichen Literatur im Allgemeinen Annahmen zu geschlechterbezogenen Unterschieden in der Gewaltbereitschaft. Mädchen und junge Frauen sind nach vielen empirischen Untersuchungen zu urteilen weniger gewalttätig als die gleichaltrigen Jungen und jungen Männer. Dies bedeutet nicht notwendig, dass sie weniger aggressiv als Männer sind. Sie drücken ihre aggressiven Tendenzen möglicherweise nur anders - indirekter - aus als Männer (vgl. zu diesem Argument insbesondere Björkvist und Niemelä 1992). Was jedoch in der Regel nicht bestritten wird, ist, dass Mädchen und junge Frauen deutlich weniger Gewaltdelikte verüben als Jungen und junge Männer.

Mädchen und junge Frauen sind - auch im internationalen Vergleich - generell weniger deviant als Jungen und junge Männer, und sie sind nach verschiedenen Hell- und Dunkelfeld-Analysen zu urteilen auch weniger gewalttätig (vgl. hierzu etwa Wetzels u.a. 2001, Moffitt u.a. 2001, Othold und Schumann 2003 oder Seus und Preun 2004). Dabei scheinen die geschlechterbezogenen Unterschiede in der Gewaltbereitschaft besonders stabil zu sein. Hierauf weisen unter anderem Moffitt u.a. (2001, S. 34 ff.) hin. Verschiedene international vergleichende Studien und Meta-Analysen vorliegender Untersuchungen hätten ergeben, dass Unterschiede zwischen den Geschlechtern bei Gewalt-Delikten am stärksten ausgeprägt seien, bei anderen - sie rechnen hierzu Drogen-Delikte - hingegen sehr viel geringer.

Auch in der oben bereits erwähnten repräsentativen Befragung von Münchener Schülerinnen und Schülern der 9. Klassen ergaben sich deutliche Unterschiede in der selbstberichteten Gewaltbelastung von Jungen und Mädchen (vgl. hierzu und zum Folgenden Wetzels u.a. 2001, S. 194 ff.). Jungen sind bei allen Delikten, bei denen in mehr oder minder starkem Umfang Gewalt im Spiel ist, überrepräsentiert (vgl. hierzu auch Abb. 4 auf der nächsten Seite). Bei der Bedrohung mit Waffen ist die Täterrate der Jungen mehr als dreimal höher als die der Mädchen. Auch bei dem in der Adoleszenzphase insgesamt recht verbreiteten Delikt der Körperverletzung sind die Unterschiede zwischen Jungen und Mädchen immer noch beträchtlich. Bei den Körperverletzungsdelikten stehen die Täter-Raten von Mädchen und Jungen etwa im Verhältnis 1:2.

Wenn man sich in der Analyse auf Mehrfachtäter und -täterinnen konzentriert, bestätigt sich das Bild einer höheren Gewaltbelastung von Jungen. Sie sind unter den Mehrfachtätern (fünf und mehr Delikte) deutlich häufiger vertreten als Mädchen. 7,7% der Jungen, aber nur 3,0% der Mädchen sagen von sich, dass sie in den letzten 12 Monaten häufiger (mehr als viermal) Gewaltdelikte begangen haben (vgl. Wetzels u.a., S. 95 f.). Generell nimmt man - auch in der Münchener Studie - an, dass bei den Gewaltdelikten in der Adoleszenz die Gewaltakte der Jungen im Durchschnitt gravierender und gefährlicher als die der Mädchen sind (vgl. hierzu auch Coie und Dodge 1998, S. 792 f.).

Abb. 4: Die Prävalenz selbstberichteter Gewaltdelinquenz bei den befragten männlichen und weiblichen Jugendlichen der Münchener Studie / in den letzten 2 Monaten vor der Befragung (nach Wetzels u.a. 2001)

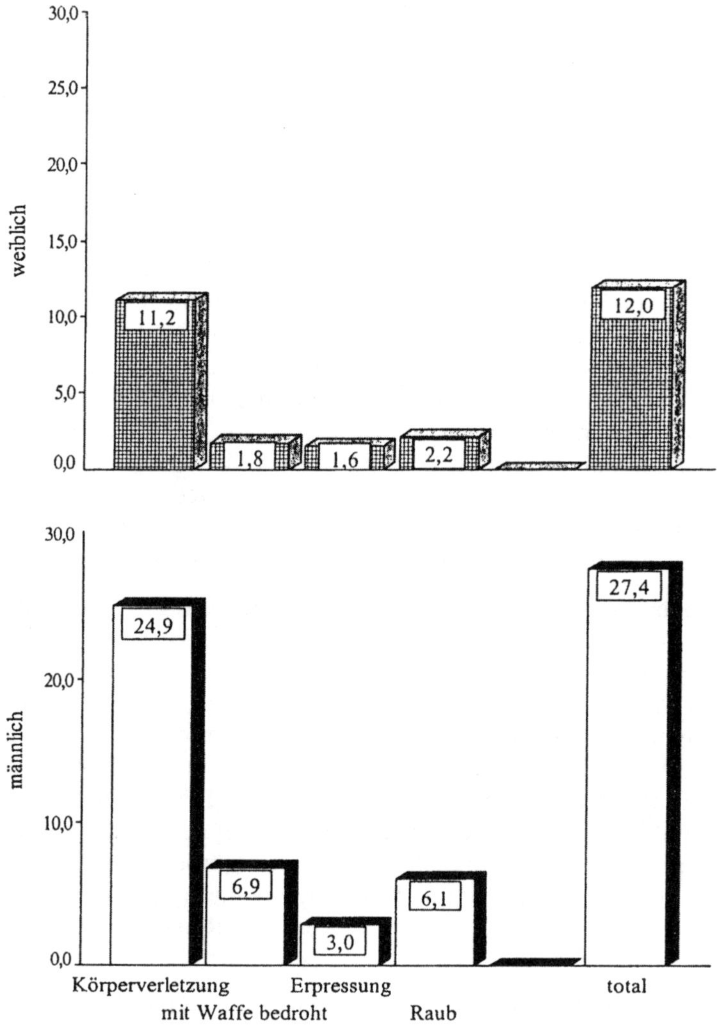

Quelle: Wetzels u.a. 2001, S. 195

Ich habe in den Abschnitten 9.2 und 9.3 Befunde vorgestellt, aus denen hervorgeht, dass Frauen nicht in allen Lebensbereichen weniger gewaltbereit sind. Insbesondere im Bereich der Kinder-Erziehung und auch im Bereich von Partnerschaftsbeziehungen sind Frauen relativ stark gewaltbelastet - zum Teil sogar stärker als Männer. Es bleibt jedoch trotz der beobachteten Überschneidungen in der Gewaltbereitschaft von Männern und Frauen als zentraler Befund erhalten, dass Frauen im Vergleich zu Männern erheblich seltener beteiligt sind, wenn es um schwere Gewaltverbrechen geht.

Es gibt verschiedene Versuche biologisch orientierter Deutungen dieser relativ stabilen Geschlechterdifferenzen (vgl. hierzu auch Abschnitt 9.3. dieser Arbeit). Auch in der von Moffitt u.a. in Dunedin (Neuseeland) durchgeführten Längsschnittstudie (vgl. zum methodischen Vorgehen und zu zentralen Thesen dieser Studie auch Abschnitt 9.4.1 dieses Kapitels) haben biologische Argumente ein relativ starkes Gewicht, wenn die Autoren versuchen, den geringen Anteil von Frauen in der Gruppe der langfristig Devianten zu erklären (vgl. hierzu insbesondere Moffitt u.a. 2001, S. 227 ff.).

Generell ist nicht auszuschließen, dass die gewaltbezogenen Unterschiede zwischen den Geschlechtern zum Teil auch biologisch zu erklären sind. Für sozialwissenschaftliche Analysen von Gewaltbereitschaft im Geschlechtervergleich ist dies jedoch nicht entscheidend. Denn wie immer die Antwort ausfällt: Ohne historische, soziologische und ethnologische Analysen des Geschlechterverhältnisses, der Arbeitsteilung und der Machtverhältnisse zwischen den Geschlechtern wird man nicht erklären können, wie sich das Verhältnis von Frauen und Männern zu gewalttätigem Handeln historisch und im Vergleich von Gesellschaften konkret entwickelt. Dass Männer in Europa heute weniger gewalttätig sind als noch im Mittelalter, wird man wohl kaum auf genetische Faktoren zurückführen können. Das Gleiche gilt für die Veränderungen in den aktuell zu beobachtenden Weiblichkeits-Konzepten. Die Polizistin, die den verfolgten Täter mit Gewalt zur Räson bringt, wird in medialen Darstellungen nicht mehr als zu kritisierender Ausnahmefall dargestellt. Mit genetischen Deutungen dieser gewandelten Vorstellungen von Weiblichkeit käme man sicher nicht sehr weit (vgl. hierzu auch Abschnitt 9.3 dieser Arbeit).

Unabhängig von solchen längerfristig orientierten historischen, soziologischen und ethnologischen Analysen des Geschlechterverhältnisses zu unterschiedlichen Zeiten und in unterschiedlichen Gesellschaften bleibt es eine Herausforderung für die Sozialwissenschaften, die aktuell zu beobachtenden Unterschiede in der Gewaltbereitschaft von Jungen und Mädchen und Männern und Frauen zu erklären. Zu berücksichtigen ist dabei, dass diese Unterschiede nicht erst in der Adoleszenz auftreten, sondern dass sie in der Entwicklung von Jungen und Mädchen bereits früher erkennbar sind. Bereits zu Beginn der Adoleszenz sind Jungen und Mädchen unter dem Gesichtspunkt der Gewaltbereitschaft und Gewalttätigkeit voneinander zu unterscheiden (vgl. hierzu auch Moffitt u.a. 2001, S. 34 ff.). Nach Coie und Dodge sind Geschlechterdifferenzen in der Belastung mit Gewaltdelikten in den USA schon im Alter von 12 Jahren zu beobachten (vgl. hierzu und zum Folgenden Coie und Dodge 1998, S. 792 f.). Während der Adoleszenzphase kommt es dann bei beiden Geschlechtern zunächst zu einer Zunahme in der Gewalttätigkeit, später - ab dem Alter von ca. 16 Jahren - zu einer Abnahme. Während des gesamten Verlaufs der Adoleszenz bleiben die Geschlechterdifferenzen jedoch erhalten.

In der theoretischen und empirischen Literatur zur Sozialisationsforschung hat man sich in vielen Arbeiten mit der Frage auseinander gesetzt, wie es zu solchen eklatanten Unterschieden in der Gewaltbereitschaft von Männern und Frauen kommt, in der Regel verbunden mit generellen Fragen zur geschlechterbezogenen Sozialisation (vgl. hierzu etwa Hagemann-White 1984, Maccoby 1986, Bilden 1991, Nunner-Winkler 2001, Foster und Hagan 2002, Micus 2002 oder Tillmann 2003). In der vorliegenden Arbeit sollen und können die diversen theoretischen Ansätze und Hypothesen, die in den entsprechenden Diskussionen eine Rolle spielten, nicht umfassend rezipiert und diskutiert werden. Im Folgenden sollen dennoch einige Hypothesen und Forschungsergebnisse vorgestellt werden, die für das Verständnis von geschlechtsspezifischen Unterschieden wichtig sind.

Bekannt ist, dass sich Mädchen und Jungen in den ersten Lebensjahren in ihrer körperlichen Aggressivität nicht wesentlich voneinander unterscheiden. Stärkere Unterschiede bilden sich erst heraus, wenn Jungen und Mädchen damit beginnen, in geschlechtshomogenen Gruppen zusammen zu spielen (vgl. hierzu und zum Folgenden Coie und Dodge 1998, S. 789 ff. und Foster und Hagan 2002, S. 686 ff.). Bei den Jungen spielen in diesen Gruppen mehr Dominanzkonflikte und körperliche Auseinandersetzungen eine Rolle, während die Mädchen sich in ihren Gruppen kooperativer verhalten. Die Mädchen sind dabei allerdings nicht nur friedlich. Sie äußern ihre Aggressionen nur anders - indirekter und stärker beziehungsorientiert. Dies haben verschiedene empirische Untersuchungen über Schulkinder bestätigt, konnte aber auch schon im Vorschulalter beobachtet werden (vgl. hierzu Foster und Hagan 2002, S. 685 ff. oder Micus 2002, S. 173 ff.).

Bereits in der Vorschulzeit erwerben die Kinder neben elementaren sozialen Kompetenzen und normativen Orientierungen (vgl. hierzu insbesondere die Kapitel 4 und 6 dieser Arbeit) auch elementare Vorstellungen davon, was es bedeutet, männlich oder weiblich zu sein. Sie erreichen eine Selbstkategorisierung etwa im Alter von zwei bis drei Jahren, eine stabile Geschlechtsidentität mit etwa fünf bis sechs Jahren (vgl. hierzu und zum Folgenden Tillmann 2003, S. 97 ff. und Micus 2002, S. 101 f.). Nach Kohlberg (1974) stellt sich die Geschlechtsidentität als die stabilste aller sozialen Identitäten dar und bestimmt - ebenso wie andere fundamentale Selbstkategorisierungen - auch elementare Bewertungen.

> „Sobald der Knabe sich stabil als männlich kategorisiert hat, wird er jene Objekte und Akte positiv bewerten, die mit seiner Geschlechtsidentität übereinstimmen“ (Kohlberg 1974, S. 344).

Dies gilt entsprechend, allerdings weniger ausgeprägt, auch für die Mädchen.

Was die Jungen und Mädchen in diesem Prozess als angemessen für Jungen oder Mädchen interpretieren, hängt von dem sozialen Kontext ab, in dem sie aufwachsen. Dieser wird nicht nur durch ihre Eltern und ihre nahen Verwandten bestimmt, sondern auch durch Erfahrungen in der Nachbarschaft, in Kindergärten, in Spielgruppen oder in den ersten Kontakten mit Medien (Kinderbüchern, Fernsehen u.a.). Selbst wenn Eltern ihre Kinder nicht „geschlechtstypisch" erziehen wollen, werden sich in den Vorstellungen ihrer Kinder dennoch Bilder verfestigen - Scripts oder „working models" -, die Auskunft über die für ihr Geschlecht durchschnittlich erwünschten Eigenschaften und Orientierungen geben.

> „Auch wenn Mama und Papa glauben, Barbiepuppen förderten ein zweifelhaftes Stereotyp, wird ihre Tochter sich weiter eine wünschen, wenn ihre Freundinnen eine haben." (Nunner-Winkler 2001, S. 275)

Die früh erworbenen Scripts oder „Working Models", in denen Bilder von Männlichkeit und Weiblichkeit produziert und reproduziert werden - oder: konstruiert werden -, übernehmen für die kleinen Jungen und Mädchen wichtige handlungsleitende Funktionen. Kinder orientieren sich in ihrem Verhalten schon früh an diesen, in der Interaktion mit anderen erworbenen Bildern oder Arbeitsmodellen. Die Vorstellungen von Männlichkeit und Weiblichkeit werden auch für die Art und Weise bedeutsam, in der die Kinder mit ihren Aggressionen umgehen. Fagot u.a. (1986) vertreten die - auch empirisch belegte - Auffassung, dass Mädchen, die ihre Geschlechtsidentität noch nicht realisiert haben, im Zusammenspiel mit anderen aggressiver sind als Mädchen, die sich bereits sicher als Mädchen kategorisieren. Bei den Jungen nehme mit der Selbstkategorisierung als Junge die Aggressivität eher zu.

In dem Prozess der Selbstkategorisierung als männlich werden für Jungen Akte körperlicher Aggression zu Handlungen, die - wenn auch nicht unbedingt erlaubt - für sie dennoch akzeptabel oder sogar erwünscht sind (vgl. Foster und Hagan 2002, S. 690). Für die Mädchen sind, wenn sie sich in ihrer Selbstkategorisierung stabilisiert haben, Akte offener, physischer Aggression dagegen schwerer zu rechtfertigen; sie passen nicht zu den erlernten Vorstellungen von mädchengerechtem Verhalten. Die Mädchen lenken ihre Aggressionen - so die These - in andere Bahnen, verleihen ihnen einen indirekten Ausdruck, indem sie ihr Opfer beispielsweise bei anderen anschwärzen oder über das missliebige Kind tratschen. Das Konzept der indirekten Aggression, 1992 von Björkvist und Niemelä vorgestellt, hat mittlerweile zahlreiche Studien angeregt und auch zu vergleichenden Analysen unterschiedlicher Aggressionsformen beigetragen. Aus diesen ergibt sich, dass Jungen, die zwischen vier und sieben Jahre alt sind, mehr als Mädchen direkt körperlich aggressiv sind, während die Mädchen derselben Altersgruppe stärker als die Jungen zu indirekter Aggressivität neigen (vgl. Foster und Hagan 2002, S. 686).

Dass körperliche Aggressionen schon früh zum möglichen und nicht unbedingt negativ sanktionierten Verhaltens-Repertoire von Jungen gehört, erleichtert später den Übergang in deviantes gewalttätiges Handeln (vgl. Nagin und Trembley 1999; vgl. zum empirischen Zusammenhang zwischen früher körperlicher Aggressivität und späterer Gewaltdelinquenz auch Coie und Dodge 1998, S. 801 ff.). Die ausgeprägtere Toleranz gegenüber körperlicher Gewalt bei Jungen und dominante, gewaltorientierte Geschlechter-Stereotype - auch in medialen Darstellungen - tragen dazu bei, dass Jungen später im Vergleich zu Mädchen häufiger zu gewaltsamen Konfliktlösungen neigen. Die Mädchen, die im Ausdruck von Aggressionen schon früh gehemmter als Jungen sind, äußern ihre Aggressionen im Konfliktfall dagegen eher indirekt. Für ihre jeweiligen Opfer mögen diese Akte indirekter Aggression bisweilen sehr verletzend sein. Das Verhaltens-Repertoire der heranwachsenden Mädchen erhöht dennoch ihre Chance, mit den eigenen Aggressionen in einer sozial verträglichen Weise umzugehen.

Diese „anti-devianten" Tendenzen werden durch die intensivere soziale Kontrolle der weiblichen Jugendlichen - insbesondere durch ihre stärkere häusliche Anbindung - im weiteren Verlauf ihrer Entwicklung dann noch weiter verstärkt. Sie bewegen sich häufiger als männliche Jugendliche im häuslichen Kontext, werden mehr zur Hausarbeit herangezogen, werden von ihren Eltern mehr kontrolliert und haben auch weniger mit devianten Jugend-Cliquen zu tun (vgl. hierzu insbesondere Seus und Prein 2004, die sich dabei auf Daten der Bremer Längsschnittstudie zur Entwicklung von Jugend-Delinquenz beziehen). Nach Hagan u.a. (1979, S. 34) kann man insofern davon sprechen, dass die heranwachsenden Mädchen „oversocialized" und „overcontrolled" seien.

Man sollte angesichts der vorhandenen Unterschiede in der Sozialisation und in der Gewaltbereitschaft von weiblichen und männlichen Jugendlichen allerdings nicht vergessen, dass es viele Parallelen zwischen den Geschlechtern gibt, wenn man die sozialen Bedingungen, die jeweils zur Entwicklung von Gewaltbereitschaft führen, im Einzelnen analysiert. Junge Frauen, die ihre Kinder misshandeln, haben in ihren Herkunftsfamilien vielfach sehr ähnliche Erfahrungen gemacht wie junge Männer, die zusammen mit anderen jungen Männern einen Obdachlosen zusammenschlagen. Ich habe vor, dies in dem folgenden Abschnitt ausführlicher zu erläutern und dabei auch die Ergebnisse des vorliegenden Kapitels zusammenzufassen.

9.5 Wege in die Gewaltbereitschaft - ein Resümee

In seiner Arbeit über die führende Schicht im „Reichssicherheitshauptamt" - eine Gruppe von Männern, die im nationalsozialistischen Deutschland für die programmatische, organisatorische und technische Vorbereitung des Massenmordes verantwortlich war - fragt Michael Wildt einleitend, welche Faktoren zu berücksichtigen seien, wenn man die Auffassungen und Handlungen der „RSHA-Täter" analysiert. Er schreibt hierzu: „Wenn man nicht ein deterministisches biographisches Modell verfolgen will, dem zufolge sich aus den Erlebnissen und Erfahrungen in Kindheit und Jugendzeit die späteren Auffassungen und Handlungen von Menschen ableiten - eine Annahme, die oftmals den 'intentionalistischen' Erklärungsansätzen für Hitler zugrunde liegt -, dann ist ein komplexeres Modell gefordert, das den politischen Kontext, die Struktur des NS-Regimes und insbesondere die spezifische Institution der nationalsozialistischen Polizei und des SD einbezieht." (Wildt 2003, S. 26)

Michael Wildt formuliert hier Erklärungsansprüche, die Wissenschaftler, die sich mit der Analyse gewalttätigen Denkens und Handelns befassen, im Allgemeinen akzeptieren dürften. Man muss von komplexen Modellen ausgehen, wenn man erklären will, wie Menschen dazu kommen, sich direkt oder indirekt an der Ermordung von Menschen beteiligen. Man muss den spezifischen - hier: politischen - Kontext analysieren, in dem sie handeln, und man muss die spezifischen Institutionen - hier die nationalsozialistische Polizei und den SD - analysieren, in deren Rahmen die untersuchte Gruppe agiert, in deren Rahmen sie in ihrem Handeln, ihrer Gewaltorientierung geprägt wird. Nur in einem Punkt irrt Michael Wildt: Er setzt in seinen Ausführungen das biographische Interesse - den Versuch, soziale Erfahrungen in der Kindheit und Jugend bei der Interpretation von Gewaltbereitschaft zu berücksichtigen - mit einer Orientierung an einem deterministischen Denk-Modell gleich und distanziert sich dann, wie nicht anders zu erwarten, von kindheitsbezogenen biographischen Deutungen. Viele Autoren und Autorinnen, die sich mit politisch, ethnozentrisch oder religiös motivierter Gewalt befassen, argumentieren ähnlich wie Wildt: Wer sich mit Familien- und Kindheitserfahrungen politischer Gewalttäter befasst, wird verdächtigt, sie zu „pathologisieren", überholte deterministische Positionen zu vertreten oder von dem aktuellen politischen oder ökonomischen Kontext der Handelnden abzulenken.

Eine Aufgabe des vorliegenden Kapitels bestand darin, deutlich zu machen, dass man bei der Interpretation von Gewaltbereitschaft frühe soziale Erfahrungen - frühe Bindungs- und Beziehungserfahrungen - berücksichtigen kann, ohne deterministisch zu argumentieren. Bei den Zusammenhängen, mit denen ich mich im Verlauf dieses Kapitels befasst habe, handelt es sich überwiegend nicht um deterministische Zusammenhänge, die nach dem Vorbild deterministischer Gesetzesaussagen in den Naturwissenschaften formuliert sind, sondern um probabilistische Zusammenhänge. Es geht um die Formulierung und Überprüfung von Annahmen zu wahrscheinlichen Verknüpfungen von Variablen, die in der Regel keine präzisen Angaben zu Wahrscheinlichkeiten enthalten. Man kann sich das gut an der Diskussion des Zusammenhangs zwischen frühen Misshandlungserfahrungen und späterer Gewalttätigkeit in der Eltern-Kind-Beziehung verdeutlichen (vgl. hierzu insbesondere Abschnitt 9.2.2 dieses Kapitels). Zwar gibt es deutliche, empirisch vielfach bestätigte Zusammenhänge zwischen frühen Misshandlungserfahrungen und der Entwicklung von Gewaltbereitschaft gegenüber den eigenen Kindern, aber diese sind nicht als deterministische Zusammenhänge zu verstehen. In der Formulierung Kaufmans und Ziglers:

> „Undoubtedly, a history of abuse is a considerable risk factor associated with the etiology of child maltreatment, but the pathway to abusive parenting is far from inevitable or direct.“ (Kaufman und Zigler 1989, S. 135)

Man kann dies verallgemeinern: Die Wege in die Gewaltbereitschaft im Jugend- und Erwachsenenalter folgen keinen deterministischen Gesetzen und sind auch nicht als direkte Wege zu beschreiben. Kinder und Jugendliche, die in ihren ersten Lebensjahren keine sichere Bindung zu ihren Eltern aufbauen konnten und die von ihnen misshandelt oder stark vernachlässigt wurden, haben auf der einen Seite bei verschiedenen Übergängen in neue Handlungskontexte (Schule, Berufsausbildung, Partnerschaftsbeziehung, Freundesgruppe) schlechtere Chancen als andere Kinder und Jugendliche - bringen weniger soziale und kognitive Kompetenzen mit, sind aggressiver und sind in ihrer moralischen Urteilsfähigkeit weniger entwickelt (vgl. hierzu auch die Kapitel 4 - 8 dieser Arbeit). Sie haben jedoch im Zusammenhang mit den Übergängen in neue Kontexte jeweils auch neue Entwicklungs- und Lernchancen. In dem komplexen Modell, in dem Belsky und Vondra (1989) die biographischen und sozialen Voraussetzungen von Kindesmisshandlung beschreiben (vgl. hierzu auch Abb. 3), wird dies anschaulich verdeutlicht. Zum Beispiel wird das heranwachsende Mädchen, das als Kind misshandelt wurde, hierdurch einerseits in der Art und Weise, in der sie Beziehungen zu Partnern aufnimmt und gestaltet, beeinflusst. Sie wird andererseits durch diese Beziehungen und durch ihre Partner beeinflusst. Die Erfahrungen, die die Jugendlichen in ihren Partnerschaftsbeziehungen - oder auch in ihren beruflichen Kontexten machen -, können so einschneidend sein, dass sie sich von gewalttätigen Konfliktlösungen distanzieren. In der kriminologischen Forschung spricht man in diesem Sinne auch von „turning points“ in devianten Karrieren (vgl. Schumann 2002 b, S. 220). Es gibt also keine einlinigen Einflusswege, sondern vielfältige, überaus kompliziert zu beschreibende Prozesse der Interaktion zwischen den heranwachsenden Kindern und Jugendlichen und ihren jeweiligen, sich ändernden sozialen Kontexten.

In dem vorliegenden Kapitel habe ich versucht, einige dieser Prozesse zu beschreiben. Ich habe mich dabei sowohl auf empirische Arbeiten bezogen, die sich mit Gewalt in der Eltern-Kind-Beziehung befassen als auch auf Studien zur Gewaltbereitschaft von Jugendlichen. Im Verlauf der Auseinandersetzung mit Studien zu diesen unterschiedlichen Feldern von Gewaltbereitschaft sind eine Reihe von Parallelen deutlich geworden - auch Parallelen in der Entwicklung von Männern und Frauen. Die Gewaltbereitschaft von Männern ist zwar insgesamt stärker ausgeprägt als die Gewaltbereitschaft von Frauen (vgl. hierzu insbesondere die Abschnitte 9.3 und 9.4.3). Aber sofern bei Frauen oder bei Männern Entwicklungen zur Gewalttätigkeit beobachtet werden können, spielen hierbei ähnliche Prozesse eine Rolle. Mädchen und junge Frauen werden durch problematische Bindungs- und Interaktionserfahrungen in ihren Herkunftsfamilien in ihrem Verhältnis zu gewalttätigen Lösungen ebenso beeinflusst wie Jungen und junge Männer und sind auch durch vergleichbare soziale Bedingungen vor der Entwicklung von Gewaltbereitschaft „geschützt".

Nach den in diesem Kapitel diskutierten Studien gilt für beide Geschlechter:

- dass frühe Misshandlungserfahrungen oder Vernachlässigungserfahrungen das Risiko, später gewalttätig zu werden, erhöhen,
- dass kindliche Beziehungen zu alternativen Bezugspersonen „schützend" wirken,
- dass stabile und stützende Beziehungen zu nicht-devianten Partnern das Risiko, gewalttätig zu werden, reduzieren,
- und dass Prozesse der Aufarbeitung der eigenen Leidensgeschichte dazu führen können, dass sich junge Frauen oder junge Männer selbstkritisch mit den eigenen gewaltorientierten Handlungstendenzen auseinandersetzen (vgl. hierzu insbesondere die Abschnitte 9.2.2 und 9.4.2).

Es gibt jedoch auch Faktoren der Gewaltbereitschaft, die in ihrer Bedeutung stärker zwischen den Geschlechtern differenzieren: So ist die Zugehörigkeit zu devianten Cliquen für die Entwicklung der Gewaltbereitschaft von männlichen Jugendlichen wichtig, spielt jedoch für die Entwicklung der Gewaltbereitschaft von Frauen in der Beziehung zu ihren Kindern offenbar keine hervorgehobene Rolle. Für die Entwicklung der Misshandlungstendenzen bei Frauen sind nicht so sehr Cliquen-Bezüge von Bedeutung, sondern besonders früh erfolgende Übergänge in die Elternschaft. Die „Teenager-Mütter" sind mit ihren Erziehungsaufgaben vielfach kognitiv und emotional überfordert (vgl. hierzu auch Ziegenhain 2004, S. 130 ff.) und sind deshalb, wenn es an sozialer Unterstützung fehlt, eher geneigt, Disziplinkonflikte mit Gewalt zu lösen.

Dass bei der Entwicklung von Gewaltbereitschaft auch sozioökonomische Bedingungen eine Rolle spielen, ist im Verlauf dieses Kapitels an verschiedenen Stellen deutlich geworden - im Zusammenhang mit Fragen der Kindesmisshandlung und im Zusammenhang mit Fragen zur Gewaltbereitschaft von Jugendlichen (vgl. hierzu insbesondere die Abschnitte 9.2.1 und 9.4.3). Richard Gelles geht sogar so weit, die ökonomische Deprivation als zentrale Bedingung dafür, dass allein erziehende Mütter ihre Kinder besonders häufig misshandeln, zu bezeichnen (vgl. vorn, Abschnitt 9.2.1). Die Arbeiten der Minnesota-Gruppe, in denen misshandelnde und nicht misshandelnde Mütter, die gleichermaßen unter ungünstigen sozioökonomischen Bedingungen lebten, miteinander verglichen wurden (vgl. Abschnitt 9.2.3), belegen, dass diese Auffassung Gelles' zu einfach ist. Es müssen neben den ökonomischen Bedingungen soziale und psychische Bedingungen berücksichtigt werden, eben auch die hier zur Diskussion stehenden frühen Bindungs- und Interaktionserfahrungen (vgl. oben).

Im Verlauf des vorliegenden Kapitels habe ich auch Thesen vorgestellt, in denen biologische Bedingungen längerfristiger Devianz und Gewaltbereitschaft sehr stark - wenn auch keineswegs ausschließlich - betont werden (vgl. hierzu insbesondere Abschnitt 9.4.1). So haben biologische Deutungen in den Arbeiten der Moffitt-Gruppe ein starkes Gewicht. Auch in anderen psychologischen Arbeiten zu Devianz und Gewaltbereitschaft gewinnen biologische Interpretationen an Bedeutung (vgl. hierzu etwa Dodge und Petit 2003 oder Rutter 2003). Vor dem Hintergrund soziologischer und pädagogischer Diskussions-Traditionen dürfte man solchen Tendenzen mit Argwohn begegnen, insbesondere in Deutschland. Die Zeiten, in denen die führenden Beamten des „Reichskriminalpolizeiamtes" die Erblichkeit krimineller Tendenzen behaupteten, gewaltsame Wege der vorbeugenden Verbrechensbekämpfung vorschlugen und politisch und organisatorisch umsetzten - bis hin zur Ermordung von so genannten Asozialen - (vgl. hierzu insbesondere Wagner 1996 und Wildt 2003, S. 301 ff.), sind noch nicht so lange her. In Großbritannien und in den USA mag man da unbefangener sein.

Aber auch unabhängig von solchen politischen und historisch begründeten Bedenken muss gefragt werden, ob Moffitt u.a. ihre Thesen zu den biologischen Bedingungen langfristiger Devianz belegen können. Meiner Ansicht nach ist dies nicht der Fall, wie ich dies vor allem am Vergleich der Dunedin-Studie mit den Arbeiten der Minnesota-Gruppe erläutert habe (vgl. Abschnitt 9.4.1). Wenn Kinder, die drei Jahre alt sind, in ihrer Intelligenz weniger als andere entwickelt sind, wenn sie ein „schwieriges" Temperament haben und wenn ihre Fähigkeiten zur Selbstkontrolle wenig entwickelt sind, bedeutet dies nicht notwendig, dass diese Tendenzen genetisch oder durch die besonderen Umstände ihrer Geburt bedingt sind. Kinder, die drei Jahre alt sind, haben, wie die Bindungsforschung zeigen konnte, bereits sehr viel erlebt; sie haben eine differenzierte „Sozialbiographie". Wer diese frühen sozialen Erfahrungen, die Erfahrungen in der Interaktion mit Müttern und Vätern, die Erfahrungen mit fürsorglichen Eltern, die Erfahrungen mit Vernachlässigung und Misshandlung in den ersten drei Lebensjahren, nicht analysiert hat - was für die Moffitt-Gruppe gilt -, sollte nicht behaupten, das schwierige Temperament der Dreijährigen oder ihre wenig entwickelte Impulskontrolle seien Ausdruck angeborener neuropsychologischer Dysfunktionen. Dies ist wissenschaftlich nicht haltbar und lenkt zudem davon ab, sich mit dem frühen Leid von Kindern zu befassen.

10. Zusammenfassung: Bindung und Sozialisation in soziologischer Perspektive

Im Verlauf ihres ersten Lebensjahres binden sich Kinder an die Personen, die für ihre Versorgung und Pflege primär zuständig sind. Diese Tendenzen zur Bindung sind, wie Bowlby, Ainsworth und andere Autorinnen und Autoren aus dem Bereich der Bindungsforschung annehmen, biologisch vorgegeben. Die konkrete Ausgestaltung der Bindungsbeziehungen im ersten Lebensjahr ist jedoch, wie ich vor allem in Kapitel 3 dieser Arbeit ausgeführt habe, nicht genetisch vorprogrammiert, sondern in hohem Maße sozial bestimmt. In zahlreichen Untersuchungen konnte belegt werden, dass die frühen Erfahrungen, die die Kinder in der Interaktion mit ihren Müttern - oder anderen Bezugspersonen - machen, die Art ihrer Bindungen an ihre Bezugspersonen beeinflussen und dass ihre Interaktionserfahrungen auch maßgebend für weitergehende Prozesse der Entwicklung und Sozialisation sind.

Die frühen Interaktionserfahrungen und die auf ihrer Grundlage entstehenden sicheren oder unsicheren Bindungen beeinflussen zum einen die „Sozialisierbarkeit“ von Säuglingen und Kleinkindern. Anna Freud und Dorothy Burlingham haben dies theoretisch postuliert, Mary Ainsworth u.a. und Grazyna Kochanska u.a. haben hierzu empirische Daten vorgelegt (vgl. Kapitel 4). Kinder, die eine positive emotionale Beziehung zu ihren Bezugspersonen - ihren Müttern oder anderen für sie relevanten Erziehenden - haben, folgen deren Aufforderungen, dieses zu tun, jenes zu lassen, prompter und bereitwilliger als Kinder, die im Verhältnis zu ihren Bezugspersonen ambivalenter sind. Die sicher gebundenen Kinder sind leichter lenkbar und wegen ihrer positiven emotionalen Beziehungen zu ihren Müttern oder anderen Bezugspersonen - wegen ihrer „Gefühlsbindungen“ - später auch eher bereit, sich die Anforderungen der Erziehenden zu Eigen zu machen. Die Gefühlsbindungen zwischen den heranwachsenden Kindern und ihren Müttern, Vätern oder Ersatzeltern sind damit eine wichtige Grundlage für die Verinnerlichung von Anforderungen der Eltern und anderer Erziehender und längerfristig auch eine wichtige Grundlage für die moralische Entwicklung von Kindern. Dass es bei der Entwicklung einer inneren moralischen Instanz bzw. des Gewissens nicht nur um Gefühle, sondern auch um Kognitionen und komplexe Prozesse der Perspektivenübernahme geht, habe ich in Kapitel 5 dieser Arbeit erläutert.

Die frühen Interaktionserfahrungen und die Muster früher Bindungen - unterschieden wird in der Bindungsforschung vor allem zwischen sicheren Bindungen, unsicher-vermeidenden und unsicher-ambivalenten Bindungen (vgl. hierzu Kapitel 3) - sind auch für die Entwicklung der sozialen Kompetenzen von Kindern wichtig. Kinder, die sicher an ihre Mütter oder andere Bezugspersonen gebunden sind, sind im Umgang mit anderen selbständiger, zugewandter und empathischer. Sie reagieren auf den Kummer anderer Kinder eher mit Mitgefühl und nicht desinteressiert oder sogar mit Aggressionen, wie dies vor allem bei misshandelten Kindern beobachtet wurde. Bei der Interpretation dieser Befunde bezieht man sich in der Bindungsforschung vielfach auf Bowlbys Überlegungen zum Aufbau und zur Funktionsweise innerer Arbeitsmodelle von Beziehungen (vgl. hierzu insbesondere die Kapitel 6 und 7).

Auch für die stärker kognitiv geprägten sozialen Kompetenzen - vor allem die Fähigkeit zur Perspektiven- oder Rollenübernahme und die Fähigkeit zur Kommunikation über die eigenen Wünsche, Gefühle und Sichtweisen - sind frühe Interaktions- und Bindungserfahrungen wichtig. Besonders dramatisch sind die Entwicklungsdefizite bei den Kindern, die nicht allein unsicher gebunden sind, sondern die darüber hinaus auch mit Misshandlungserfahrungen oder mit Erfahrungen massiver Vernachlässigung konfrontiert sind. Viele Untersuchungen sprechen hierfür. Untersuchungen zu den Folgen früher Misshandlung belegen darüber hinaus, dass misshandelte Kinder im Vergleich zu nicht misshandelten Kindern aggressiver sind.

Es gibt erfreulicherweise aber auch Untersuchungen, aus denen hervorgeht, dass misshandelten Kindern durch frühe Interventionen bessere Entwicklungschancen eröffnet werden. In der Minnesota-Längsschnitt-Studie (Egeland, Sroufe u.a.) wird über Erfolge berichtet, die sich aus der therapeutischen und pädagogischen Arbeit mit misshandelnden Müttern ergaben (vgl. insbesondere Abschnitt 9.2.3), und in den von Carollee Howes u.a. durchgeführten Untersuchungen wird über Erfahrungen in therapeutischen Kindergärten berichtet (vgl. Abschnitt 7.5 der vorliegenden Arbeit). Wenn misshandelte Kinder Zugang zu alternativen Bezugspersonen - und zwar verlässlichen und emotional zugewandten Bezugspersonen - finden, haben sie bessere Chancen, soziale Kompetenzen zu entwickeln. Vergleichbares gilt auch für die Kooperationsbeziehungen in der Gleichaltrigengruppe. In stabilen Gruppen erhöht sich die Chance, dass misshandelte Kinder Kontakte aufnehmen, halten und dabei soziale Kompetenzen entwickeln.

Wer allerdings bei der pädagogischen Arbeit mit misshandelten Kindern rasche Erfolge erwartet, wird enttäuscht sein. Mit einigen Stunden Sozial-Belehrung oder mit einem gut gemeinten Unterhaltungsprogramm ist es in der Regel nicht getan, sondern es geht darum, misshandelten Kinder verlässliche Beziehungsangebote zu machen und dafür zu sorgen, dass die

Kinder sich auch längerfristig auf ihre Betreuerinnen oder Betreuer verlassen können.

In den Bindungsmustern und in den frühen sozialen Beziehungen von Kindern gibt es in den ersten Jahren ihres Lebens kaum geschlechtsspezifische Unterschiede. Am stärksten sind diese im Bereich körperlicher Aggressivität ausgeprägt, treten da aber auch erst später auf - etwa von der Zeit an, in der die Kinder beginnen, sich selbst als Mädchen oder Jungen einzuordnen, und in der sie stabilere Identifikationen mit dominanten Bildern oder „working models“ von Männlichkeit und Weiblichkeit entwickeln.

Während geschlechtsspezifische Unterschiede in den ersten Lebensjahren eine vergleichsweise geringe Rolle spielen, lassen sich schon früh schichtspezifische Differenzen in den frühen Bindungen und sozialen Erfahrungen von Kindern erkennen. Kinder, die aus Familien mit einem niedrigen sozioökonomischen Status und einem niedrigen Bildungsstand kommen, sind im Vergleich zu Kindern aus den Mittelschichten im Alter von einem Jahr häufiger unsicher an ihre Mütter gebunden (vgl. hierzu vor allem Abschnitt 3.2.2). Sie sind darüber hinaus auch häufiger als andere Kinder Opfer von Misshandlungen (vgl. Abschnitt 9.2). Es wäre allerdings verfehlt, hier von schichttypischen Erziehungsstilen zu sprechen. Denn auch in den unteren Schichten sind misshandelnde Eltern die Minderheit. Es geht in den Analysen zu frühen Bindungen oder zu frühen Misshandlungserfahrungen vielmehr um mehr oder minder deutliche Unterschiede zwischen den einzelnen sozialen Schichten und um unterschiedliche Wahrscheinlichkeiten, die als Kontextbedingungen von Sozialisationsprozessen berücksichtigt werden müssen.

In diesem Buch wird auch nach längerfristigen Auswirkungen früher Bindungs- und Interaktionserfahrungen gefragt. In Kapitel 8 habe ich hierzu Hypothesen formuliert. Ich gehe dabei von zwei grundlegenden Annahmen aus: 1. Bei der Analyse von Zusammenhängen zwischen frühen Bindungs- und Interaktionserfahrungen einerseits und der sozialen Entwicklung von Kindern und Jugendlichen andererseits geht es nicht um deterministische, sondern um probabilistische Zusammenhänge. 2. Die frühen Bindungs- und Interaktionserfahrungen werden - längerfristig betrachtet - nicht direkt, sondern indirekt wirksam - vermittelt über diverse Zwischenschritte und die Konfrontation mit neuen sozialen Kontexten, die gegebenenfalls neue Lernchancen eröffnen. Ich habe die letztere These in Kapitel 8 der Arbeit unter anderem am Beispiel von frühen Bindungen und Gleichaltrigenbeziehungen erläutert: Kinder, die vor dem Hintergrund ihrer frühen Bindungs- und Interaktionserfahrungen sozial kompetenter und weniger aggressiv sind, haben es, wenn sie in die Schule kommen, leichter, Freunde zu gewinnen und in der Interaktion - auch im Streit - mit diesen ihre sozialen Kompetenzen auszubauen, was für ihre weitere Entwicklung wiederum wichtig ist.

In Kapitel 9 habe ich versucht, Hypothesen zu den längerfristigen Auswirkungen früher Bindungs- und Interaktionserfahrungen am Beispiel der Entwicklung von Gewaltbereitschaft zu überprüfen und dabei auch vermittelnde Prozesse - so etwa Lernprozesse in Partnerschaftsbeziehungen - zu beschreiben. Im Mittelpunkt stand die Bereitschaft zu deviantem gewalttätigen Handeln. Es ging um Kindesmisshandlung und um die Gewaltbereitschaft von Jugendlichen.

Grundlage meiner Analysen waren vor allem die Längsschnitt-Untersuchungen der Minnesota-Gruppe, andere Längsschnittuntersuchungen zu devianten Entwicklungen (Moffitt u.a., Schumann u.a.) und aktuelle quantitative und qualitative Erhebungen zu Kindesmisshandlung und Jugendgewalt. In beiden Bereichen devianter Gewaltbereitschaft ergaben sich in den Lebensläufen von Tätern oder Täterinnen bemerkenswerte Parallelen, aus denen verallgemeinernd Folgendes zu schließen ist:

1. Frühe Misshandlungserfahrungen oder Vernachlässigungserfahrungen erhöhen das Risiko, dass die Opfer später selbst gewalttätig werden.
2. Wenn Kinder Zugang zu verlässlichen Bezugspersonen haben - in der Familie oder außerhalb der Familie -, reduziert dies das Risiko späterer Gewaltbereitschaft.
3. Stabile und emotional unterstützende Beziehungen zu nicht-devianten Partnern verringern das Risiko, gewalttätig zu werden.
4. Die Aufarbeitung der eigenen Leidensgeschichte kann zu einer selbstkritischen Auseinandersetzung mit den eigenen gewaltorientierten Handlungstendenzen und dadurch auch zu Verhaltensänderungen führen. Dies konnte insbesondere am Beispiel misshandelnder Mütter belegt werden.

Diese Ergebnisse machen noch einmal deutlich, dass es wichtig ist, sich generell mehr mit Problemen der Kindesmisshandlung und der Vernachlässigung von Kindern zu befassen - in der Pädagogik, in der Sozialarbeit und in der Politik. Erforderlich sind frühe Interventionen und eine intensivere, kompetentere Betreuung misshandelter Kinder in Kinderkrippen, Kindergärten und in Schulen. Aus den Ergebnissen der Minnesota-Studie kann man dabei lernen, wie wichtig es ist, auch die misshandelnden Eltern in Interventionsprogramme einzubeziehen.

Selbstverständlich geht es bei der Interpretation von Gewaltbereitschaft nicht nur um frühe Beziehungserfahrungen, sondern auch um Bedingungen des sozialen Kontextes. In Kapitel 9 wurden insbesondere geschlechterbezogene und sozioökonomische Aspekte gewalttätigen Handelns berücksichtigt.

Frauen sind zwar im Allgemeinen gewalttätiger als es ihrem friedfertigen Ruf entspricht; sie sind aber dennoch seltener als Männer an schweren Gewaltdelikten beteiligt. In Abschnitt 9.3 der vorliegenden Arbeit wurden unterschiedliche Interpretationen zu diesen Befunden vorgestellt. Nach wie vor geht es in diesen Diskussionen auch darum, die Relevanz sozialwissenschaftlicher Interpretationen im Vergleich zu biologischen Interpretationen zu betonen. Entsprechend wurden in Kapitel 9 ausgewählte Fragen geschlechterbezogener Sozialisation und sozialisationstheoretische Deutungen der Unterschiede in der Gewaltbereitschaft von Männern und Frauen behandelt (vgl. Abschnitt 9.4.3).

Sowohl im Bereich der Kindesmisshandlung als auch im Bereich der Jugendgewalt sind schichtspezifische Differenzen zu beachten. Die Unterschichten sind im Vergleich zu den Mittelschichten stärker gewaltbelastet. Dies hat vielfältige Ursachen und hängt mit ökonomischen Bedingungen, kulturellen Bedingungen und auch mit dem sozialen Umfeld in unterprivilegierten Wohnvierteln zusammen (vgl. hierzu insbesondere die Abschnitte 9.2.1 und 9.4.3). Relativierend sollte erwähnt werden, dass in meiner Arbeit - wie auch in vielen anderen Arbeiten zur Gewaltthematik - die Gewaltbereitschaft in den Mittelschichten dadurch unterschätzt wird, dass es primär um körperliche Gewalttätigkeit geht. Würde man den Bereich der Analyse ausdehnen und die Organisatoren und Propagandisten gewalttätigen Handelns einbeziehen, wären die Mittelschichten mit Sicherheit stärker vertreten. Ein Beispiel hierfür sind die so genannten Schreibtischtäter während der Zeit des Nationalsozialismus, die überwiegend aus den Mittelschichten kamen.

Neben geschlechterbezogenen und sozioökonomischen Kontextbedingungen müssen bei der Interpretation von Gewaltbereitschaft generell auch politisch-ideologische Kontexte berücksichtigt werden. In Kapitel 9 kam dies verschiedentlich zur Sprache, stand jedoch nicht im Vordergrund des Interesses. Im Vordergrund stand, wie ausgeführt, das Interesse an individuellen Entwicklungsverläufen und an der Überprüfung von Hypothesen zu den längerfristigen Auswirkungen früher Bindungs- und Interaktionserfahrungen. Trotzdem müssen auch politisch-ideologische Kontextbedingungen einbezogen werden, wenn die Entwicklung von Gewaltbereitschaft erklärt werden soll.

Für ein Verständnis des politisch-ideologischen Kontextes von Gewaltbereitschaft ist die Frage danach, ob und in welchem Maße Gewalt in dem jeweiligen Kontext legitimiert wird, besonders wichtig: Wie weit verbreitet und wie fest verankert sind Ideologien, in denen gewalttätiges Handeln, die körperliche und seelische Verletzung und die Tötung von Menschen gerechtfertigt werden? Zwei konstitutive Merkmale gewaltlegitimierender Ideologien sind hervorzuheben: 1. die Vorstellung, dass die Außengruppen oder die inneren Gegner der eigenen Gruppe - dem eigenen Volk, der eigenen politischen Bewegung oder der eigenen Religion - starken Schaden zufügen, ihm feindselig gegenüber stehen; 2. die Auffassung, dass im Kampf gegen die äußeren oder die inneren Feinde im Prinzip alle Mittel recht sind, notfalls auch das Töten.

In Deutschland waren während der Zeit des Nationalsozialismus gewaltlegitimierende Ideologien, für die genau diese beiden Merkmale bestimmend waren, in bestimmten Bereichen staatlichen Handelns so fest verankert, dass Massenmord für die dort Tätigen fast zum selbstverständlich Gebotenen wurde. Werner Best, einer der zentralen Täter im Reichsicherheitshauptamt, war überzeugt davon, dass die dort geplanten und organisierten Gewalttaten dem Wohl, ja dem Überleben des deutschen Volkes dienten und dass im Abwehrkampf gegen äußere und innere Feinde im Prinzip jedes „geeignete" Mittel recht sei. Die politische Polizei, die im nationalsozialistischen Deutschland für viele Gewaltverbrechen verantwortlich war, wird in einem Aufsatz Bests über die „Geheime Staatspolizei" beispielsweise als Institution beschrieben, die gleichsam der Gesundheitsvorsorge dient. Es handele sich um eine „Einrichtung, die den Gesundheitszustand des deutschen Volkskörpers sorgfältig überwacht, jedes Krankheitssymptom rechtzeitig erkennt und die Zerstörungskeime - mögen sie durch Selbstzersetzung entstanden oder durch vorsätzliche Vergiftung von außen hineingetragen worden sein - feststellt und mit jedem geeigneten Mittel beseitigt. Das ist die Idee und das Ethos der Politischen Polizei im völkischen Führerstaat unserer Zeit." (Best 1936; zitiert nach Herbert 1996, S. 164)

Die hier am Beispiel Werner Bests illustrierten konstitutiven Merkmale gewaltlegitimierender Ideologien sind für viele fundamentalistische Strömungen der Gegenwart kennzeichnend. Vor Gewalt geschützt sind nur die Mitglieder der Eigengruppe. Die anderen - die äußeren oder die inneren Feinde - dürfen, ja müssen unter dem Gesichtspunkt des Selbstschutzes, des Abwehrkampfes attackiert werden und dabei gegebenenfalls umgebracht werden. Beispiele für dieses Denken gibt es in rechtsextremen politischen Bewegungen und Parteien und in allen fundamentalistischen Strömungen der großen Weltreligionen. Ethnozentrische und gewaltlegitimierende Überzeugungen sind gegenwärtig für den islamistischen Fundamentalismus besonders kennzeichnend; man kann sie jedoch auch in den programmatischen Äußerungen extrem konservativer amerikanischer Politiker wieder erkennen.

Politisch-ideologische Kontexte können unter bestimmten historischen Bedingungen so übermächtig sein, dass sie die Bedeutung innerfamilialer Beziehungen und individueller Entwicklungen in den Hintergrund drängen. Ein aktuelles Beispiel hierfür: Der palästinensische Psychiater Ejad al-Sarradsch berichtete kürzlich über Umfragen in Palästina. Danach sagten 63% der zwölfjährigen Palästinenser, das Beste, was sie aus ihrem Leben machen könnten, sei, „als Schahid, als Märtyrer, zu sterben." (Vgl. hierzu den Spiegel vom 6.9.04, S. 109) Im Vergleich zu solchen dominanten Orientierungen am Vorbild von Märtyrern - auch Selbstmord-Attentätern - mögen innerfamiliale Bindungs- und Interaktionserfahrungen eine geringere Rolle spielen. Auch Jugendliche, die als Kinder sicher gebunden waren, die nicht misshandelt wurden und die wenig aggressiv sind, können in einem solchen Kontext in größerer Zahl zu Gewalttätern werden, wenn die von ihnen akzeptierten Autoritäten den Gewalteinsatz rechtfertigen. Nach den im Verlauf der vorliegenden Arbeit entwickelten Annahmen würde man allerdings auch unter diesen besonderen politisch-ideologischen Bedingungen erwarten, dass es Unterschiede in der Gewaltbereitschaft palästinensischer Jugendlicher gibt, die mit ihren je spezifischen innerfamilialen Erfahrungen zusammenhängen.

Verschiedene Autoren des 20. Jahrhunderts nahmen - ähnlich wie der englische Philosoph Thomas Hobbes in seiner Schrift „Leviathan" - an, dass die Gewaltbereitschaft der Menschen biologisch vorgegeben sei, zur Natur des Menschen gehöre. Sigmund Freud ging in seinen späten Arbeiten von der Existenz eines Todestriebes bzw. eines Destruktionstriebes aus, Konrad Lorenz von einem biologisch vorgegebenen Aggressionstrieb oder Aggressionsinstinkt. In der Bindungsforschung übernahm man diese theoretischen Annahmen nicht, obgleich die Bindungsforschung sowohl psychoanalytischen Ansätzen als auch ethologischen Ansätzen - auch den Arbeiten Konrad Lorenz' - inhaltlich nahe steht. Die Autoren der Bindungsforschung gingen in ihren theoretischen und empirischen Analysen vielmehr von dem gut belegten Befund aus, dass es erhebliche Unterschiede in der Aggressivität und in der Gewaltbereitschaft von Menschen gibt, und versuchten, diese Unterschiede vor allem vor dem Hintergrund früher Bindungs- und Interaktionserfahrungen zu erklären.

Für die Bindungsforschung stand dabei stärker als für alle anderen sozialisationstheoretischen Ansätze des 20. Jahrhunderts die primär soziale Natur des Menschen im Vordergrund - die von vornherein gegebene menschliche Interaktions- und Bindungsbereitschaft. Dies macht die Bindungsforschung für eine soziologisch orientierte Sozialisationsforschung so wichtig. Menschen werden nicht als Wesen geboren, die in sozialer Hinwicht eine „Tabula rasa" sind, wie Durkheim annahm; und sie werden auch nicht als primär narzisstische Wesen geboren, wie Freud annahm. Menschen werden vielmehr als sozial vorangepasste Wesen geboren, die bereits sehr früh in ihrem Leben mit ihren Müttern oder anderen für die Pflege und Versorgung verantwortlichen Personen interagieren und kommunizieren und die die Bereitschaft mitbringen, sich an andere, ihnen nahe stehende Menschen zu binden. Im Verlauf ihrer ersten Lebensjahre binden sich die Kinder vor allem an die Menschen, die primär für ihre Pflege, Versorgung und Erziehung zuständig sind. Später entwickeln sich weitere Bindungsbeziehungen - so zu anderen Erziehenden, zu engen Freundinnen oder Freunden oder zu Partnerinnen und Partnern in Liebesbeziehungen.

Die prinzipiell vorhandene Interaktions- und Bindungsbereitschaft und die Bindungsbeziehungen, die in den ersten Lebensjahren und später entstehen, sind für die Sozialisation von Kindern und Jugendlichen unmittelbar relevant. Ich habe dies im Verlauf der vorliegenden Arbeit an vielfältigen theoretischen und empirischen Arbeiten erläutert. Sozialisation resultiert, wie Ainsworth u.a. sagen, aus der reziproken Reaktionsbereitschaft von Müttern und ihren Kindern (vgl. Ainsworth u.a. 2003/1974, S. 264 ff.). Man muss in der Erziehung nicht gegen eine primär widerborstige und „asoziale" menschliche Natur angehen, sondern kann sich bei der Vermittlung normativer Anforderungen im Prinzip auf die kindliche Bindungs- und Kooperationsbereitschaft verlassen. Sofern Mütter - bzw. allgemeiner gefasst: die jeweiligen Bezugspersonen - in der Interaktion mit ihren Kindern feinfühlig sind und sofern sie angemessen auf ihr Kind reagieren, wird die Sozialisation von Kindern nicht zu einer viel Theorie erfordernden Sisyphusarbeit, sondern erfolgt beiläufiger, in vielen einzelnen Interaktionen zwischen Müttern, Vätern und ihren Kindern. Dies zeigen Interaktionsbeobachtungen in vielen Gesellschaften - in hoch entwickelten Industriegesellschaften ebenso wie in weniger entwickelten Gesellschaften. Mary Ainsworth fand nicht nur in den USA, sondern auch in Uganda Belege dafür, dass die Kooperationsbereitschaft von Kindern mit ihren frühen Interaktionserfahrungen zusammenhängt.

Es mag sein, dass die Betonung der primär gegebenen Interaktions- und Bindungsbereitschaft von Menschen für viele Ohren zu starke sozialromantische Beiklänge hat. Schaut man sich die vorliegende Forschung zu frühen Sozialisationsprozessen an, so wird man allerdings feststellen, dass Annahmen zur prinzipiellen Interaktions- und Bindungsbereitschaft von Kindern empirisch sehr viel besser belegt sind als Annahmen zu einem primär gegebenen Aggressions- oder Destruktionstrieb. Dass die Gewaltbereitschaft von Menschen in bestimmten historischen Epochen und unter bestimmten gesellschaftlichen Bedingungen trotzdem bedrohliche Ausmaße annehmen und die Gesellschaft insgesamt prägen kann, zeigt das Beispiel des Nationalsozialismus. Es wäre naiv, die Augen vor solchen massiven Gewaltausbrüchen zu verschließen. Es wäre jedoch auch naiv, solche Gewaltausbrüche auf die angeblich nicht zu ändernde menschliche Natur zurückzuführen. Gewaltbereitschaft wird primär sozial produziert - in frühen Prozessen misslingender und gewalttätiger Interaktion zwischen Eltern und ihren Kindern und in späteren Interaktionen von Kindern und Jugendlichen mit anderen Bezugspersonen, in denen ihre Gewaltorientierung bekräftigt und nicht abgebaut wird. Sofern gesellschaftlich mächtige Gruppierungen politische Programme entwickeln, in denen Gewalt mehr oder minder offen legitimiert wird, schaffen sie destruktive Handlungskontexte für Menschen, die bedingt durch ihre Sozialisation ohnehin schon gewaltbereit sind. Wer dies ändern will, sollte sich mit der Erziehung von Kindern und Jugendlichen, mit Ideologiekritik und mit Politik befassen. Die Frage, ob Aggressionstendenzen angeboren sind oder nicht, ist im Vergleich hierzu sekundär.

Literatur

Adorno, Theodor W.; Frenkel-Brunswik, Else; Levinson, Daniel J.; Sanford, R. Nevitt; in Zusammenarbeit mit Betty Aron, Maria Hertz Levinson und William Morrow (1969/zuerst 1950): The authoritarian personality. Norton Library, New York.

Aguilar, Benjamin; Sroufe, L. Alan; Egeland, Byron; Carlson, Elizabeth (2000): Distinguishing the early-onset/persistent and adolescence-onset antisocial behavior types: From birth to 16 years. In: Development and Psychopathology, 12, S. 109-132.

Ahnert, Lieselotte; Rickert, Heike (2000): Belastungsreaktionen bei beginnender Tagesbetreuung aus der Sicht früher Mutter-Kind-Bindung. In: Psychologie in Erziehung und Unterricht, 47, S. 189-202.

Ahnert, Lieselotte; Rickert, Heike; Lamb, Michael (2000): Shared caregiving: Comparisons between home and child-care settings. In: Developmental Psychology, 36, S. 339-351.

Ainsworth, Mary D. S. (1967): Infancy in Uganda. Infant care and the growth of love. Johns Hopkins University Press, Baltimore.

Ainsworth, Mary D. S. (1991): Attachments and other affectional bonds across the life cycle. In: Parkes u.a. (Hrsg.), S. 33-51.

Ainsworth; Mary D. S. (1992): A consideration of social referencing in the context of attachment theory and research. In: Feinman, Saul (Hrsg.): Social referencing and the social construction of reality. Plenum, New York, S. 349-367.

Ainsworth, Mary D. S. (2003/zuerst 1974): Feinfühligkeit versus Unfeinfühligkeit gegenüber den Mitteilungen des Babys. (Deutsche Übersetzung der Sensitivitäts-Skala). In: Grossmann, Grossmann (Hrsg.), S. 414-421.

Ainsworth, Mary D. S. (2003/zuerst 1985): Mutter-Kind-Bindungsmuster: Vorausgegangene Ereignisse und ihre Auswirkungen auf die Entwicklung. In: Grossmann, Grossmann (Hrsg.), S. 317-340.

Ainsworth, Mary D. S.; Bell, Silvia M. V.; Stayton, Donelda J. (2003/zuerst 1971): Individuelle Unterschiede im Verhalten in der Fremden Situation bei ein Jahr alten Kindern. In: Grossmann, Grossmann (Hrsg.), S. 169-208.

Ainsworth, Mary D. S.; Bell, Silvia M. V.; Stayton, Donelda J. (2003/zuerst 1974): Bindung zwischen Mutter und Kind und soziale Entwicklung: „Sozialisation" als Ergebnis gegenseitigen Beantwortens von Signalen. In: Grossmann, Grossmann (Hrsg.), S. 242-279.

Ainsworth, Mary D. S.; Blehar, Mary C.; Waters, Everett; Wall, Sally (1978): Patterns of attachment. A psychological study of the strange situation. Erlbaum, Hillsdale, N.J.

Ainsworth, Mary D. S.; Bowlby, John (1991): An ethological approach to personality development. In: American Psychologist, 46 (4), S. 333-341.

Ainsworth, Mary D. S.; Bowlby, John (2003/zuerst 1991): Ein ethologischer Zugang zur Persönlichkeitsentwicklung. In: Grossmann, Grossmann (Hrsg.), S. 70-93.

Ainsworth, Mary D. S.; Wittig, Barbara (2003/zuerst 1969): Bindungs- und Explorationsverhalten einjähriger Kinder in einer Fremden Situation. In: Grossmann, Grossmann (Hrsg.), S. 112-145.

Albrecht, Günter (2002): Soziologische Erklärungsansätze individueller Gewalt. In: Heitmeyer, Hagan (Hrsg.), S. 763-818.

Archer, John (Hrsg.) (1994): Male violence. Routledge, New York, London.

Archer, John (2000): Sex differences in aggression between heterosexual partners: A meta-analytic review. Psychological Bulletin, 126, S. 651-680.

Aviezer, Ora; Sagi, Abraham; van IJzendoorn, Marinus H. (2002): Balancing the family and the collective in raising children: Why communal sleeping in kibbutzim was predestined to end. In: Family Process, 41, S. 435-454.

Baker, Laura (2002): Das Anlage-Umwelt-Problem im Zusammenhang mit Gewalt. In: Heitmeyer, Hagan (Hrsg.), S. 735-760.

Bakermans-Kranenburg, Marian J.; van IJzendoorn, Marinus, H.; Juffer, Femmie (2003): Less is more: Meta-analyses of sensitivity and attachment interventions in early childhood. In: Psychological Bulletin, 129, S. 195-215.

Balint, Michael (1988/zuerst 1935): Zur Kritik der Lehre von den prägenitalen Libidoorganisationen. In: Balint, Michael: Die Urformen der Liebe und die Technik der Psychoanalyse. Dtv/Klett-Cotta, München, Stuttgart, S. 48-68.

Bandura, Albert (1977): Social learning theory. Prentice-Hall, Englewood Cliffs, N.J.

Bandura, Albert; Walters, Richard, H. (1959): Adolescent aggression. A study of the influence of child-training practices and family interrelationships. The Ronald Press Comp., New York.

Barahal, Robert M.; Waterman, Jill; Martin, Harold P. (1981): The social cognitive development of abused children. Journal of Consulting and Clinical Psychology, 29 (4), S. 508-516.

Baron-Cohen, Simon (1995): Mindblindness. MIT Pr./Bradford Books, Cambridge, MA.

Baron-Cohen, Simon; Leslie, Alan M.; Frith, Uta (1985): Does the autistic child have a „theory of mind“? In: Cognition, 21, S. 37-46.

Bassenge, Peter u.a. (Bearb.) (2003): Palandt. Bürgerliches Gesetzbuch (Beck'sche Kurz-Kommentare). 62. neu bearbeitete Aufl., C.H. Beck, München.

Bell, Silvia M. (1970): The development of the concept of object as related to infant-mother attachment. In: Child Development, 41, S. 291-311.

Belsky, Jay (1980): Child maltreatment: An ecological integration. In: American Psychologist, 35, S. 320-335.

Belsky, Jay (1993): Etiology of child maltreatment. A developmental ecological analysis. In: Psychological Bulletin, 114, S. 413-433.

Belsky, Jay (1999): Interactional and contextual determinants of attachment security. In: Cassidy, Shaver (Hrsg.), S. 249-264.

Belsky, Jay; Rovine, Michael; Taylor, Dawn G. (1984): The Pennsylvania Infant and Family Development Project, III: Individual differences in infant-mother attachment: Maternal and infant contributions. In Child Development, 55, S. 718-728.

Belsky, Jay; Vondra, Joan (1989): Lessons from child abuse: the determinants of parenting. In: Cicchetti und Carlson (Hrsg.), S. 153-202.

Berger, Peter L.; Luckmann, Thomas (1972/zuerst 1966): Die gesellschaftliche Konstruktion der Wirklichkeit. Eine Theorie der Wissenssoziologie. 3. Aufl., Fischer Verlag, Stuttgart.

Bergmann, Joachim E. (1967): Die Theorie des sozialen Systems von Talcott Parsons. Eine kritische Analyse. Europäische Verlagsanstalt, Frankfurt/Main.

Berlin, Lisa J.; Cassidy, Jude (1999): Relations among relationships: Contributions from attachment theory and research. In: Cassidy, Shaver (Hrsg.), S. 688-712.

Bilden, Helga (1991): Geschlechtsspezifische Sozialisation. In: Hurrelmann, Ulich (Hrsg.), S. 279-301.

Björkvist, Kaj; Niemelä, Pirkko (Hrsg.) (1992): Of mice and women. Aspects of female aggression. Academic Press, San Diego u.a.
Blasi, Augusto: Bridging moral cognition and moral action (1980): A critical review of the literature. In: Psychological Bulletin, 88, S. 1-45.
Blasi, Augusto (2000): Was sollte als moralisches Verhalten gelten? Das Wesen der 'frühen Moral' in der kindlichen Entwicklung. In: Edelstein, Nunner-Winkler (Hrsg.), S. 116-145.
Blatz, William E. (1966): Human security. Some reflections. University of Toronto Press, Canada.
Block, Jeanne H.; Block, Jack (1980): The role of ego-control and ego-resiliency. In: Minnesota Symposion on Child Psychology, 13, S. 39-101.
Böttger, Andreas (1998): Gewalt und Biographie. Eine qualitative Analyse rekonstruierter Lebensgeschichten von 100 Jugendlichen. Nomos, Baden-Baden.
Bokhorst, Caroline L.; Bakermans-Kranenburg, Marian J.; Fearon, R.M. Pasco; van IJzendoorn, Marinus H.; Fonagy, Peter; Schuengel, Carlo (2003): The importance of shared environment in mother-infant security: A behavioral genetic study. In: Child Development, 74, S. 1769-1782.
Borke, Helene (1971): Interpersonal perception of young children: Egocentrism or empathy? In: Developmental Psychology, 5, S. 263-269.
Bortz, Jürgen; Döring, Nicola (2002): Forschungsmethoden und Evaluation für Human- und Sozialwissenschaftler. 3., überarb. Aufl., Springer, Berlin u.a.
Bowlby, John (1983/zuerst 1980): Verlust. Trauer und Depression. Fischer, Frankfurt/Main.
Bowlby, John (1984/zuerst 1969): Bindung. Eine Analyse der Mutter-Kind-Beziehung. Fischer, Frankfurt/Main.
Bowlby, John (1984): Violence in the family as a disorder of the attachment and caregiving systems. In: The American Journal of Psychoanalysis, 44, S. 9-27.
Bowlby, John (1986/zuerst 1973): Trennung. Psychische Schäden als Folge der Trennung von Mutter und Kind. Fischer, Frankfurt/Main.
Bowlby, John (1987): Attachment and loss (Vol. 1). Attachment. 2. Aufl., Penguin Books, Harmondsworth.
Bowlby, John (1988): A secure base. Clinical applications of attachment theory. Routledge, London.
Bowlby, John (1988): Violence in the family. In: Bowlby 1988, S. 77-118.
Bowlby, John (1995): Bindung: Historische Wurzeln, theoretische Konzepte und klinische Relevanz. In: Spangler, Zimmermann (Hrsg.), S. 17-26.
Bowlby, John (2003/zuerst 1980): Mit der Ethologie heraus aus der Psychoanalyse: Ein Kreuzungsexperiment. In: Grossmann, Grossmann (Hrsg.), S. 38-45.
Bretherton, Inge (2001): Zur Konzeption innerer Arbeitsmodelle in der Bindungstheorie. In: Gloger-Tippelt (Hrsg.), S. 52-74.
Bretherton, Inge; Munholland, Kristine A. (1999): Internal working models in attachment relationships. A construct revisited. In: Cassidy, Shaver (Hrsg.), S. 89-111.
Bretherton, Inge; Waters, Everett (Hrsg.) (1985): Growing points of attachment. Theory and research. Monographs of the society for research in child development. Serial No. 209, Vol. 50, Nos. 1-2. Univ. of Chicago Press, Chicago.
Brisch, Karl Heinz; Grossmann, Klaus E.; Grossmann, Karin; Köhler, Lotte (Hrsg.) (2002): Bindung und seelische Entwicklungswege. Grundlagen, Prävention und klinische Praxis. Klett-Cotta, Stuttgart.

Brown, Jocelyn; Cohen, Patricia; Johnson, Jeffrey G.; Salzinger, Susanne (1998): A longitudinal analysis of risk factors for child maltreatment: Findings of a 17-year prospective study of officially recorded and self reported child abuse and neglect. In: Child Abuse and Neglect, 22, S. 1065-1078.

Browning, Christopher R. (1993):Ganz normale Männer. Das Reserve-Polizeibataillon 101 und die „Endlösung“ in Polen. Rowohlt, Reinbek bei Hamburg.

Bugental, Daphne B.; Goodnow, Jacqeline J. (1998): Socialization processes. In: Eisenberg (Hrsg.), S. 389-462.

Bundesministerium für Familie, Senioren, Frauen und Jugend; Bundesministerium der Justiz (2003): Gewaltfreie Erziehung. Eine Bilanz nach Einführung des Rechts auf gewaltfreie Erziehung. Berlin.

Burkert, Esther (2001): Paarbeziehungen. Konkurrenz und Aggression zwischen Frauen. In: Hopf, Hartwig (Hrsg.), S. 135-172.

Bussmann, Kai-D. (1995): Familiale Gewalt gegen Kinder und das Recht. Erste Ergebnisse aus einer Studie zur Beeinflussung von Gewalt in der Erziehung durch Rechtsnormen. In: Gerhardt, Ute; Hradil, Stefan; Lucke, Doris; Nauck, Bernhard (Hrsg.): Familie der Zukunft. Leske+Budrich, Opladen, S. 261-279.

Caspi, Avshalom; Henry, Bill; McGee, Rob O.; Moffitt, Terrie E.; Silva, Phil A. (1995): Temperamental origins of child and adolescent behavior problems: From age three to age fifteen. In: Child Development, 66, S. 55-68.

Cassidy, Jude; Berlin, Lisa J. (1994): The insecure/ambivalent pattern of attachment: Theory and research. In: Child Development, 65, S. 971-991.

Cassidy, Jude; Kobak, R. Rogers (1988): Avoidance and its relation to other defensive processes. In: Belsky, Jay; Nezworksi, Teresa (Hrsg.): Clinical implications of attachment. Lawrence Erlbaum Associates, Hillsdale, New Jersey, u.a., S. 300-323.

Cassidy, Jude; Shaver, Phillip R. (Hrsg.) (1999): Handbook of attachment: Theory, research, and clinical applications. The Guilford Press, New York.

Cicchetti, Dante; Carlson, Vicki (Hrsg.) (1989): Child Maltreatment. Theory and research on the causes and consequences of child abuse and neglect. Cambridge University Press, Cambridge, New York.

Cicchetti, Dante; Lynch, Michael; Shonk, Susan; Todd Manly, Jody (1992): An organizational perspective on peer relations in maltreated children. In: Parke, Ladd (Hrsg.), S. 345-383.

Coie, John D.; Dodge, Kenneth A. (1998): Aggression and antisocial behavior. In: Eisenberg (Hrsg.), S. 779-862.

Crittenden, Patricia M.; Ainsworth, Mary D. S. (1989): Child maltreatment and attachment theory. In: Cicchetti, Carlson (Hrsg.), S. 432-463.

Crutchfield, Robert D.; Wadsworth, Tim (2002): Armut und Gewalt. In: Heitmeyer, Hagan (Hrsg.), S. 83-103.

Daly, Martin; Wilson, Margo (2002): Tödliche interpersonelle Gewalt aus Sicht der Evolutionspsychologie. In: Heitmeyer, Hagan (Hrsg.), S. 709-734.

Deutsches PISA-Konsortium (Hrsg.) (2001): PISA 2000. Basiskompetenzen von Schülerinnen und Schülern im internationalen Vergleich. Leske + Budrich, Opladen.

De Wolff, Marianne S.; van IJzendoorn, Marinus H. (1997): Sensitivity and attachment: A meta-analysis on parental antecedents of infant attachment. In: Child Development, 68, S. 571-591.

Dodge, Kenneth A.; Bates, John E.; Pettit, Gregory S.; Valente, Ernest (1995): Social information-processing patterns partially mediate the effect of early physical abuse on later conduct problems. In: Journal of Abnormal Psychology, 104, S. 632-643.

Dodge, Kenneth A.; Pettit, Gregory S. (2003): A biopsychosocial model of the development of chronic conduct problems in adolescence. In: Developmental Psychology, 39, S. 349-371.
Döbert, Rainer (1987): Horizonte der an KOHLBERG orientierten Moralforschung. In: Zeitschrift für Pädagogik, 33, S. 491-511.
Dornes, Martin (2000): Die emotionale Welt des Kindes. Fischer, Frankfurt/Main.
Dornes, Martin (2000): Die Eltern der Bindungstheorie: Biographisches zu John Bowlby und Mary Ainsworth. In: Endres, Hauser (Hrsg.), S. 18-37.
Downing, George; Ziegenhain, Ute (2001): Besonderheiten der Beratung und Therapie bei jugendlichen Müttern und ihren Säuglingen - die Bedeutung von Bindungstheorie und videogestützter Intervention. In: Suess u.a., S. 271-295.
Du Bois, Cora (1944): The people of Alor. A social-psychological study of an East Indian island. With analyses by Abram Kardiner and Emil Oberholzer. The University of Minnesota Press, Minneapolis.
Durkheim, Emile (1961/zuerst 1895): Die Regeln der soziologischen Methode. Herausgegeben und eingeleitet von René König. Luchterhand, Neuwied.
Durkheim, Emile (1972/zuerst 1922): Erziehung und Soziologie. Schwann, Düsseldorf.
Durkheim, Emile (1972/zuerst 1911): Erziehung, ihre Natur und ihre Rolle. In: Emile Durkheim: Erziehung und Soziologie. Schwann, Düsseldorf, S. 20-49.
Durkheim, Emile (1972/zuerst 1903): Pädagogik und Soziologie. In: Emile Durkheim: Erziehung und Soziologie. Schwann, Düsseldorf, S. 72-93.
Durkheim, Emile (1984/zuerst 1902/1903): Erziehung, Moral und Gesellschaft. Suhrkamp, Frankfurt/Main.
Edelstein, Wolfgang; Nunner-Winkler, Gertrud (Hrsg.) (2000): Moral im sozialen Kontext. Suhrkamp, Frankfurt/Main.
Edelstein, Wolfgang; Nunner-Winkler, Gertrud; Noam, Gil (Hrsg.) (1993): Moral und Person. Suhrkamp, Frankfurt/Main.
Edelstein, Wolfgang; Oser, Fritz; Schuster, Peter (Hrsg.) (2001): Moralische Erziehung in der Schule. Entwicklungspsychologie und pädagogische Praxis. Beltz, Weinheim, Basel.
Egeland, Byron (2002): Ergebnisse einer Langzeitstudie an Hoch-Risiko-Familien. Implikationen für Prävention und Intervention. In: Brisch u.a. (Hrsg.), S. 305-324.
Egeland, Byron; Farber, Ellen (1984): Infant-mother attachment: Factors related to its development and changes over time. In: Child Development, 55, S. 753-771.
Egeland, Byron; Jacobvitz, Deborah; Sroufe, L. Alan (1988): Breaking the cycle of abuse. In: Child Development, 59, S. 1080-1088.
Egeland, Byron; Sroufe, Alan L. (1981): Attachment and early maltreatment. In: Child Development, 52, S. 44-52.
Eisenberg, Nancy (Hrsg.) (1998): Handbook of child psychology. 5. Aufl. (hrsg. von William Damon). Bd. 3. Social, emotional and personality development. John Wiley, New York u.a.
Eisenberg, Nancy; Fabes, Richard A. (1998): Prosocial development. In Eisenberg (Hrsg.), S. 701-778.
Eisenberg, Nancy; Strayer, Janet (Hrsg.) (1990): Empathy and Its Development. Cambridge Uni Press, Cambridge.
Eisner, Manuel (2002): Langfristige Gewaltentwicklung: Empirische Befunde und theoretische Erklärungsansätze. In: Heitmeyer, Hagan (Hrsg.), S. 58-80.

Elicker, James; Englund, Michelle; Sroufe, L. Alan (1992): Predicting Peet Competence and Peer Relationships in Childhood from Early Parent-Child Relationships. In: Parke, Ladd (Hrsg.), S. 77-106.

Emde, Robert N.; Biringen, Zeynep; Clyman, Robert B.; Oppenheim, David (1991): The moral self of infancy: Affective core and procedural knowledge. Developmental Review, 11, S. 251-270.

Emde, Robert N.; Johnson, William F.; Easterbrooks, M. Ann (1987): The do's and don'ts of early moral development: Psychoanalytic tradition and current research. In: Kagan, Jerome; Lamb, Sharon (Hrsg.): The emergence of morality in young children. Univ. of Chicago Press, Chicago, S. 245-276.

Endres, Manfred; Hauser, Susanne (Hrsg.) (2000): Bindungstheorie in der Psychotherapie. Reinhardt, München, Basel.

Engfer, Anette (2002): Misshandlung, Vernachlässigung und Missbrauch von Kindern. In: Oerter, Montada (Hrsg.), S. 800-817.

Enzmann, Dirk; Brettfeld, Katrin; Wetzels, Peter (2004): Männlichkeitsnormen und die Kultur der Ehre. Empirische Prüfung eines theoretischen Modells zur Erklärung erhöhter Delinquenzraten jugendlicher Migranten. In: Oberwittler, Karstedt (Hrsg.), S. 264-287.

Erickson, Martha Farrell; Egeland, Byron; Pianta, Robert (1989): The effects of maltreatment on the development of young children. In: Cicchetti, Carlson (Hrsg.), 647-684.

Erickson, Martha Farrell; Sroufe, L. Alan; Egeland, Byron (1985): The relationship between quality of attachment and behavior problems in preschool in a high-risk sample. In: Bretherton, Waters (Hrsg.), S. 147-166.

Fagot, Beverly I.; Leinbach, Mary D.; Hagan, Richard (1986): Gender labeling and the adoption of sex-typed behaviors. In: Developmental Psychology, 22, S. 440-443.

Fagot, Beverly I.; Kavanagh, Kate (1990): The prediction of antisocial behavior from avoidant attachment classifications. In: Child Development, 61, S. 864-873.

Fairbairn, W. Ronald (1952): Psychoanalytic studies of the personality. Tavistock, London.

Fairbairn, W. Ronald (1982/zuerst 1946): Objektbeziehungen und dynamische Struktur. In: Kutter (Hrsg.), S. 82-104.

Faulstich-Wieland, Hannelore (2000): Individuum und Gesellschaft. Sozialisationstheorien und Sozialisationsforschung. Oldenbourg, München, Wien.

Flavell, John H.; in Zusammenarbeit mit Patricia T. Botkin, Charles L. Fry, Jr., John W. Wright und Paul E. Jarvis (1975/zuerst 1968): Rollenübernahme und Kommunikation bei Kindern. Beltz, Weinheim, Basel.

Flavell, John (2000): Development of children's knowledge about the mental world. In: International Journal of Behavioral Development, 24, S. 15-23.

Fonagy, Peter (1999): Psychoanalytic theory from the viewpoint of attachment theory and research. In: Cassidy, Shaver (Hrsg.), S. 595-624.

Fonagy, Peter (2003): Bindungstheorie und Psychoanalyse. Klett-Cotta, Stuttgart.

Fonagy, Peter; Target, Mary (2003): Frühe Bindung und psychische Entwicklung. Beiträge aus Psychoanalyse und Bindungsforschung. Psychosozial-Verlag, Gießen.

Foster, Holly; Hagan, John (2002): Muster und Erklärungen der direkten physischen und indirekten nicht-physischen Aggression im Kindesalter. In: Heitmeyer, Hagan (Hrsg.), S. 676-706.

Freitag, Milam K.; Belsky, Jay; Grossmann, Karin; Grossmann, Klaus E.; Scheuerer-Englisch, Hermann (1996): Continuity in parent-child relationships from infancy to

middle childhood and relations with friendship competence. In: Child Development, 67, S. 1437-1454.
Freud, Anna (1982/zuerst 1936): Das Ich und die Abwehrmechanismen. 13. Aufl., Kindler, München.
Freud, Anna (1987/zuerst 1958 und 1960): Diskussion von John Bowlbys Arbeit über Trennung und Trauer. In: Die Schriften der Anna Freud. Bd. VI. Fischer, Frankfurt/Main, S. 1771-1788.
Freud, Anna (1993): Zur Psychoanalyse der Kindheit. Die Harvard-Vorlesungen. Hrsg. und mit Anmerkungen versehen von Joseph Sandler. Fischer, Frankfurt/Main.
Freud, Anna; Burlingham, Dorothy (1971): Heimatlose Kinder. Zur Anwendung psychoanalytischen Wissens auf die Kindererziehung. Fischer, Frankfurt/Main.
Freud, Anna; Burlingham, Dorothy (1971/zuerst 1943/44): Anstaltskinder. In: Freud, Burlingham, S. 63-161.
Freud, Anna; Burlingham, Dorothy (1974): Infants without families and Reports on the Hampstead Nurseries 1939-1945. The Hogarth Press and The Institute of Psychoanalysis, London.
Freud, Anna; Dann, Sophie (1971/zuerst 1951): Gemeinschaftsleben im frühen Kindesalter. In: Freud, Burlingham 1971, S. 163-217.
Freud, Sigmund (1968/zuerst 1905): Drei Abhandlungen zur Sexualtheorie. In: Freud, Sigmund: Gesammelte Werke. Bd. V. 4. Aufl., Fischer, Frankfurt/Main, S. 27-145.
Freud, Sigmund (1969/zuerst 1923): Das Ich und das Es. In: Freud, Sigmund, Gesammelte Werke. Bd. XIII. 6. Aufl., Fischer, Frankfurt, S. 235-289.
Freud, Sigmund (1969/zuerst 1924): Der Untergang des Ödipuskomplexes. In: Freud, Sigmund: Gesammelte Werke. Bd. XIII. 6. Aufl., Fischer, Frankfurt/Main, S. 393-402.
Freud, Sigmund (1979/zuerst 1932): Neue Folge der Vorlesungen zur Einführung in die Psychoanalyse. In: Freud, Sigmund: Gesammelte Werke. Bd. XV. 7. Aufl., Fischer, Frankfurt/Main, S. 4-197.
Freud, Sigmund (1983/zuerst 1940): Abriss der Psychoanalyse. In: Freud, Sigmund: Gesammelte Werke. Bd. XVII. Schriften aus dem Nachlass 1892-1939. 7. Aufl., Fischer, Frankfurt/Main, S. 63-138.
Frindte, Wolfgang; Neumann, Jörg (Hrsg.) (2002): Fremdenfeindliche Gewalttäter. Biografien und Tatverläufe. Westdeutscher Verlag, Wiesbaden.
Frith, Ute (1989): Autism. Explaining the enigma. Basil Blackwell, Oxord.
Frodi, Ann; Smetana, Judith (1984): Abused, neglected, and nonmaltreated preschoolers' ability to discriminate emotions in others: The effects of IQ. In: Child Abuse & Neglect, 8, S. 459-465.
Garbarino, James; Bradshaw, Catherine P. (2002): Gewalt gegen Kinder. In: Heitmeyer, Hagan (Hrsg.), S. 899-920.
Gaßebner, Martina; Peucker, Christian; Schmidt, Nikola; Wahl, Klaus (2003): Fremdenfeinde und Rechtsextremisten vor Gericht: Analyse von Urteilen. In: Wahl (Hrsg.), S. 29-80.
Geißler, Rainer (2002): Die Sozialstruktur Deutschlands. Die gesellschaftliche Entwicklung vor und nach der Vereinigung. Mit einem Beitrag von Thomas Meyer. 3., grundlegend überarbeitete Auflage, Westdeutscher Verlag, Wiesbaden.
Gelles, Richard J. (1989): Child abuse and violence in single parent families: Parent absence and economic deprivation. In: American Journal of Orthopsychiatry, 59, S. 492-501.

Gelles, Richard J. (2002): Gewalt in der Familie. In: Heitmeyer, Hagan (Hrsg.), S. 1043-1077.

Gemünden, Jürgen (1996): Gewalt gegen Männer in heterosexuellen Intimpartnerschaften. Ein Vergleich mit dem Thema Gewalt gegen Frauen auf der Basis einer kritischen Auswertung empirischer Untersuchungen. Tectum Verlag, Marburg.

Gemünden, Jürgen (2003): Gewalt in Partnerschaften im Hell- und Dunkelfeld. Zur empirischen Relevanz der Gewalt gegen Männer. In: Lamnek, Boatca (2003), S. 333-353.

George, Carol; Main, Mary (1979): Social Interactions of Young Abused Children: Approach, Avoidance, and Aggression. In: Child Development, 50, S. 306-318.

Geulen, Dieter (1991): Die historische Entwicklung sozialisationstheoretischer Ansätze. In: Hurrelmann, Ulich (Hrsg.), S. 21-54.

Geulen, Dieter (2001): Sozialisation. In: Joas (Hrsg.), S. 123-144,

Gloger-Tippelt, Gabriele (Hrsg.) (2001): Bindung im Erwachsenenalter. Ein Handbuch für Forschung und Praxis. Hans Huber, Bern u.a.

Gloger-Tippelt, Gabriele; Vetter, Jürgen; Rau, Hellgard (2000): Untersuchungen mit der „Fremden Situation" in deutschsprachigen Ländern: Ein Überblick. In: Psychologie in Erziehung und Unterricht, 47, S. 87-98.

Gottfredson, Michael R.; Hirschi, Travis (1990): A general theory of crime. Stanford University Press, Stanford, CA.

Greenberg, Mark T. (1999): Attachment and psychopathology in childhood. In: Cassidy, Shaver (Hrsg.), S. 469-496.

Greenberg, Mark T.; Cicchetti, Dante; Cummings, E. Mark (Hrsg.) (1990): Attachment in the preschool years. The University of Chicago Press, Chicago und London.

Greve, Werner; Hosser, Daniela (im Druck): Antisoziales Verhalten im Jugendalter: Entwicklungsbedingungen für adoleszente Delinquenz und Gewalt. Erscheint in: Silbereisen, Rainer K.; Hasselhorn, Marcus (Hrsg.): Entwicklungspsychologie des Kindes- und Jugendalters. Enzyklopädie der Psychologie, Serie V: Entwicklung; Bd. 5. Hogrefe, Göttingen.

Grossmann, Karin (1995): Kontinuität und Konsequenzen der frühen Bindungsqualität während des Vorschulalters. In: Spangler, Zimmermann, S. 191-202.

Grossmann, Karin; Grossmann, Klaus E. (2003): Attachment, exploration and psychological security across 22 years: From mothers' and fathers' sensitivity and support to later attachment and partnership representations. Vortrag im Rahmen der Internationalen Konferenz: Attachment from infancy and childhood to adulthood (Atica 2003), 11.-13. Juli 2003 in Regensburg.

Grossmann, Karin; Grossmann, Klaus (2004): Bindungen - das Gefüge psychischer Sicherheit. Klett-Cotta, Stuttgart.

Grossmann, Karin; Grossmann, Klaus E.; Fremmer-Bombik, Elisabeth; Kindler, Heinz; Scheuerer-Englisch, Hermann; Winter, Monika; Zimmermann, Peter (2002); Väter und ihre Kinder. Die „andere" Bindung und ihre längsschnittliche Bedeutung für die Bindungsentwicklung, das Selbstvertrauen und die soziale Entwicklung des Kindes. In: Steinhardt, Kornelia; Datler, Wilfried; Gstach, Johannes (Hrsg.): Die Bedeutung des Vaters in der frühen Kindheit. Psychosozial-Verlag, Gießen, S. 43-72.

Grossmann, Karin; Grossmann, Klaus E.; Spangler, Gottfried, Suess Gerhard; Unzner, Lothar (1985): Maternal sensitivity and newborns' orientation responses as related to quality of attachment. In: Bretherton, Waters (Hrsg.), S. 233-256.

Grossmann, Klaus E.; Grossmann, Karin (1991): Attachment quality as an organizer of emotional and behavioral responses in a longitudinal perspective. In: Parkes u.a. (Hrsg.), S. 93-114.
Grossmann, Klaus E.; Grossmann, Karin (Hrsg.) (2003): Bindung und menschliche Entwicklung. John Bowlby, Mary Ainsworth und die Grundlagen der Bindungstheorie. Klett-Cotta, Stuttgart.
Grundmann, Matthias (Hrsg.) (1999): Konstruktivistische Sozialisationsforschung. Lebensweltliche Erfahrungskontexte, individuelle Handlungskompetenzen und die Konstruktion sozialer Strukturen. Suhrkamp, Frankfurt/Main.
Grusec, Joan E.; Kuczynski, Leon (Hrsg.) (1997): Parenting and children's internalization of values: A handbook. Wiley, New York u.a.
Habermas, Jürgen (1973/zuerst 1968): Stichworte zur Theorie der Sozialisation. In: Habermas, Jürgen: Kultur und Kritik. Suhrkamp, Frankfurt/Main.
Habermas, Jürgen (1981): Theorie kommunikativen Handelns. 2 Bde. Suhrkamp, Frankfurt/Main.
Hagan, John; Simpson, John; Gillis, A. R. (1979). The sexual stratification of social control: A Gender-based perspective on crime and delinquency. The British Journal of Sociology, 30, S. 25-38.
Hagemann-White, Carol (1984): Sozialisation: weiblich - männlich? Leske + Budrich, Opladen.
Harris, Judith Rich (2000): Ist Erziehung sinnlos? Die Ohmacht der Eltern. Rowohlt, München.
Hédervári, Éva: Bindung und Trennung (1995): Frühkindliche Bewältigungsstrategien bei kurzen Trennungen von der Mutter. Deutscher Universitäts-Verlag, Wiesbaden.
Heinicke, Christoph M.; Westheimer, Ilse (1965): Brief separations. International Universities Press, New York.
Heitmeyer, Wilhelm; Hagan, John (Hrsg.) (2002): Internationales Handbuch der Gewaltforschung. Westdeutscher Verlag, Wiesbaden.
Heitmeyer, Wilhelm; Müller, Joachim (1995): Fremdenfeindliche Gewalt junger Menschen. Biographische Hintergründe, soziale Situationskontexte und die Bedeutung strafrechtlicher Sanktionen. Herausgegeben vom Bundesministerium der Justiz. Forum Verlag Godesberg, Bonn.
Hesse, Erik (1999): The Adult Attachment Interview: Historical and current perspectives: In: Cassidy, Shaver (Hrsg.), S. 395-433.
Herbert, Ulrich (1996): Best. Biographische Studien über Radikalismus, Weltanschauung und Vernunft 1903-1989. 3. Aufl., JHW Dietz Nachfolger, Bonn.
Hesse, Erik; Main, Mary (2002): Desorganisiertes Bindungsverhalten bei Kleinkindern, Kindern und Erwachsenen. Zusammenbruch von Strategien des Verhaltens und der Aufmerksamkeit. In: Brisch u.a. (Hrsg.), S. 219-248.
Hinde, Robert A.; Stevenson-Hinde, Joan (Hrsg.) (1988): Relationships within families. Mutual influences. Clarendon Press, Oxford.
Hobbes, Thomas (1984/zuerst 1651): Leviathan. Hrsg. und eingeleitet von Iring Fetscher. Suhrkamp, Frankfurt/Main.
Hoff, Ernst-H.; Lempert, Wolfgang; Lappe, Lothar (1991): Persönlichkeitsentwicklung in Facharbeiterbiographien. Hans Huber, Bern u.a.
Hoffman, Martin L. (1970): Moral development. In: Paul H. Mussen (Hrsg.): Charmichael's Manual of Child Psychology, 3. Aufl., Bd. II, John Wiley, New York u.a., S. 261-359.

Hoffman, Martin L. (1983/zuerst 1978): Vom empathischen Mitleiden zur Solidarität. In: Schreiner, Günter (Hrsg.): Moralische Entwicklung und Erziehung. Westermann, Agentur Pedersen, Braunschweig, S. 235-265.

Hoffman, Martin L.; Saltzstein, Herbert D. (1967): Parent discipline and the child's moral development. In: Journal of Personality and Social Psychology, 5, S. 45-57.

Holder, Alex (1982): Preoedipal contributions to the formation of the superego. In: The psychoanalytic study of the child, 37, S. 245-272.

Holmes, Jeremy (1993): John Bowlby & attachment theory. Routledge, London u.a.

Holstein, Constance (1968): Parental determinants of the development of moral judgement. Unpublished doctoral dissertation. University of California, Berkeley. (Die familienbezogenen Ergebnisse dieser Dissertation wurden in einem Beitrag Holsteins zum Thema "The relation of children's moral judgement level to that of their parents and to communication in the family" veröffentlicht, und zwar in: Smart, Russel C.; Smart, Mollie S. (Hrsg.) (1972): Readings in child development and relationships, Mac Millan, New York.)

Hoops, Sabrina; Permien, Hanna; Rieker, Peter (2000): Zwischen null Toleranz und null Autorität. DJI Verlag Deutsches Jugendinstitut, München.

Hopf, Christel (2001): Gewalt, Biographie, Medien. Qualitative Analysen zur subjektiven Bedeutung filmischer Gewaltdarstellungen. In: Zeitschrift für Soziologie der Erziehung und Sozialisation (ZSE), 21, S. 150-169.

Hopf, Christel (2001): Muster der Repräsentation von Bindungserfahrungen und rechtsextreme Orientierungen. In: Gloger-Tippelt (Hrsg.), S. 344-363.

Hopf, Christel; Hartwig, Myriam (Hrsg.) (2001): Liebe und Abhängigkeit - Partnerschaftsbeziehungen junger Frauen. Juventa, Weinheim und München.

Hopf, Christel; Hopf, Wulf (1997): Familie, Persönlichkeit, Politik. Eine Einführung in die politische Sozialisation. Juventa, Weinheim, München.

Hopf, Christel; Rieker, Peter; Sanden-Marcus, Martina; Schmidt, Christiane (1995): Familie und Rechtsextremismus. Familiale Sozialisation und rechtsextreme Orientierungen junger Männer. Juventa, Weinheim, München.

Hopf, Christel; Silzer, Marlene; Wernich, Jörg Michael (1999): Ethnozentrismus und Sozialisation in der DDR - Überlegungen und Hypothesen zu den Bedingungen der Ausländerfeindlichkeit von Jugendlichen in den neuen Bundesländern. In: Kalb, Peter E.; Sitte, Karin; Petry, Christian (Hrsg.): Rechtsextremistische Jugendliche - was tun? Beltz, Weinheim und Basel, S. 80-121.

Hopf, Christel; Weingarten, Elmar (Hrsg.) (1993): Qualitative Sozialforschung. 3. Aufl., Klett-Cotta, Stuttgart.

Hopf, Wulf (2002): Sozialwissenschaftliche Erklärungsansätze des Rechtsextremismus - eine Zwischenbilanz. In: Recht der Jugend und des Bildungswesens, Heft 1, S. 6-20.

Howes, Carollee (1999): Attachment relationships in the context of multiple caregivers. In: Cassidy, Shaver (Hrsg.), S. 671-687.

Howes, Carollee; Eldredge, Robert (1985): Responses of abused, neglected, and non-maltreated children to the behaviors of their peers. In: Journal of Applied Developmental Psychology, 6, S. 261-270.

Howes, Carollee; Espinosa, Michael P. (1985): The consequences of child abuse for the formation of relationships with peers. In: Child Abuse & Neglect, 9, S. 397-404.

Hurrelmann, Klaus (2002): Einführung in die Sozialisationstheorie. 8. Aufl., Beltz, Weinheim, Basel.

Hurrelmann, Klaus; Ulich, Dieter (1991): Neues Handbuch der Sozialisationsforschung. 4., völlig neu bearbeitete Aufl., Beltz, Weinheim und Basel.

Institut für Sozialforschung (1936): Studien über Autorität und Familie. Forschungsberichte aus dem Institut für Sozialforschung. Mit Beiträgen von Max Horkheimer, Erich Fromm, Herbert Marcuse, Karl Landauer u.a. Libraire Félix Alcan, Paris (Raubdruck).

Jacobvitz, Deborah; Hazen, Nancy; Thalhuber, Kimberly (2001): Die Anfänge von Bindungs-Desorganisation in der Kleinkindzeit: Verbindungen zu traumatischen Erfahrungen der Mutter und gegenwärtiger seelisch-geistiger Gesundheit. In: Suess u.a. (Hrsg.), S. 125-156.

Joas, Hans (1991): Rollen- und Interaktionstheorien in der Sozialisationsforschung. In: Hurrelmann, Ulich (Hrsg.), S. 137-152.

Joas, Hans (Hrsg.) (2001): Lehrbuch der Soziologie. Basierend auf der 6. und 7. Auflage von Sociology (C. Calhoun, D. Light und S. Keller 1994 und 1997). Campus, Frankfurt/New York.

Kardiner, Abram (1963/zuerst 1945): The psychological frontiers of society. With the collaboration of Ralph Linton, Cora du Bois and James West. Columbia University Press, New York, London.

Karen, Robert (1994): Becoming attached. Unfolding the mystery of the infant-mother bond and its impact on later life. Warner Books, New York.

Kaufman, Joan; Zigler, Edward (1989): The intergenerational transmission of child abuse. In: Cicchetti, Carlson (Hrsg.), S. 129-150.

Keller, Monika (1996): Moralische Sensibilität. Entwicklung in Freundschaft und Familie. Beltz, Psychologie Verlags Union, Weinheim.

Keller, Monika (2001): Moral in Beziehungen: Die Entwicklung des frühen moralischen Denkens in Kindheit und Jugend. In: Edelstein u.a. (Hrsg.), S. 111-140.

Keller, Monika; Edelstein, Wolfgang (1993): Die Entwicklung eines moralischen Selbst von der Kindheit zur Adoleszenz. In: Edelstein u.a. (Hrsg.), S. 307-334.

Kestenbaum, Roberta; Farber, Ellen A.; Sroufe, L. Alan (1989): Individual differences in empathy among preschoolers: Relation to attachment history. In: Eisenberg (Hrsg.), S. 51-64.

Kindler, Heinz (1995): Geschlechtsbezogene Aspekte der Bindungsentwicklung. In: Spangler, Zimmermann (Hrsg.), S. 281-296.

Klann-Delius, Gisela (1996): Sprache, Sprechen und Subjektivität in der Ontogenese. In: Zeitschrift für Literaturwissenschaft und Linguistik, 101, S. 114-140.

Kochanska, Grazyna (1995): Children's temperament, mothers' discipline, and security of attachment: Multiple pathways to emerging internalization. In: Child Development, 66, S. 597-615.

Kochanska, Grazyna; Aksan, Nazan (1995): Mother-child mutually positive affect, the quality of child compliance to requests and prohibitions, and maternal control as correlates of early internalization. In: Child Development, 66, S. 236-254.

Kochanska, Grazyna; Aksan, Nazan; Koenig, Amy L. (1995): A longitudinal study of the roots of preschoolers' conscience: Committed compliance and emerging internalization. In: Child Development, 66, S. 1752-1769.

Kochanska, Grazyna; DeVet, Katherine; Goldman, Marguerita; Murray, Kathleen; Putnam, Samuel P. (1994): Maternal reports of conscience development and temperament in young children. In: Child Development, 65, S. 852-868.

Kochanska, Grazyna; Murray, Kathleen T. (2000): Mother-child mutually responsive orientation and conscience development: From toddler to early school age. In: Child Development, 71, S. 417-431.

Kochanska, Grazyna; Padavich, Darcie L.; Koenig, Amy L. (1996): Children's narratives about hypothetical moral dilemmas and objective measures of their conscience: Mutual relations and socialization antecedents. In: Child Development, 67, S. 1420-1436.
Kochanska, Grazyna; Thompson, Ross (1997): The emergence and development of conscience in toddlerhood and early childhood. In: Grusek, Kuczynski (Hrsg.), S. 53-77.
Köhler, Lotte (1995): Bindungsforschung und Bindungstheorie aus der Sicht der Psychoanalyse. In: Spangler, Zimmermann (Hrsg.), S. 67-85.
Kohlberg, Lawrence (1974): Zur kognitiven Entwicklung des Kindes. Suhrkamp. Frankfurt/Main.
Kohlberg, Lawrence (1974): Stufe und Sequenz: Sozialisation unter dem Aspekt der kognitiven Entwicklung. In: Kohlberg, Lawrence: Zur kognitiven Entwicklung des Kindes. 3 Aufsätze. Suhrkamp, Frankfurt/Main, S. 7-255.
Kohlberg, Lawrence (1974/zuerst 1966): Analyse der Geschlechtsrollen-Konzepte und -Attitüden bei Kindern unter dem Aspekt der kognitiven Entwicklung. In: Kohlberg, Lawrence: Zur kognitiven Entwicklung des Kindes. Drei Aufsätze. Suhrkamp, Frankfurt/Main, S. 334- 471.
Kohlberg, Lawrence (1995): Die Psychologie der Moralentwicklung. Hrsg. von Wolfgang Althof, Suhrkamp, Frankfurt/Main.
Kohlberg, Lawrence (1995/zuerst 1968): Moralische Entwicklung. In: Kohlberg, S. 7-40.
Kohlberg, Lawrence (1995/zuerst 1973): Zusammenhänge zwischen der Moralentwicklung in der Kindheit und im Erwachsenenalter - neu interpretiert. In: Kohlberg, S. 81-122.
Kohlberg, Lawrence (1995/zuerst 1976): Moralstufen und Moralerwerb: Der kognitiv-entwicklungstheoretische Ansatz. In: Kohlberg, S. 123-174.
Korte, Hermann; Schäfers, Bernhard (Hrsg.) (2000): Einführung in Hauptbegriffe der Soziologie. 5., erweiterte und aktualisierte Aufl., Leske + Budrich, Opladen.
Krahé, Barbara (2001): The social psychology of aggression. Psychology Press. Hove.
Krahé, Barbara (2003): Aggression von Männern und Frauen in Partnerschaften: Unterschiede und Parallelen. In: Lamnek, Boatca (Hrsg.); S. 369-383.
Krappmann, Lothar (1971): Soziologische Dimensionen der Identität. Strukturelle Bedingungen für die Teilnahme an Interaktionsprozessen. Klett, Stuttgart.
Krappmann, Lothar (2001): Die Sozialwelt der Kinder und ihre Moralentwicklung. In: Edelstein u.a. 2001, S. 155-174.
Krappmann, Lothar; Oswald, Hans (1995): Alltag der Schulkinder. Beobachtungen und Analysen von Interaktionen und Sozialbeziehungen. Juventa, Weinheim, München.
Krebs, Uwe (2001): Erziehung in traditionalen Kulturen. Quellen und Befunde aus Afrika, Amerika, Asien und Australien. Reimer, Berlin.
Kronauer, Martin (2002): Exklusion. Die Gefährdung des Sozialen im hoch entwickelten Kapitalismus. Campus, Frankfurt/Main.
Kutter, Peter (Hrsg.) (1982): Psychologie der zwischenmenschlichen Beziehungen. Psychoanalytische Beiträge zu einer Objektbeziehungs-Psychologie. Wissenschaftliche Buchgesellschaft, Darmstadt.
Lamb, Michael E. (1978) Qualitative aspects of mother- and father-infant attachments. In: Infant behavior and development, 1, S. 265-275.
Lamb, Michael E.; Thompson, Ross A.; Gardner, William; Charnov, Eric L.; mit einem Beitrag von Connell, James P. (1985): Infant-mother attachment: The origins and de-

velopmental significance of individual differences in strange situation behavior. Lawrence Erlbaum Associates, Hillsdale, New Jersey.
Lamnek, Siegfried (1993): Theorien abweichenden Verhaltens. Fink, München.
Lamnek, Siegfried; Boatca, Manuela (Hrsg.) (2003): Geschlecht - Gewalt - Gesellschaft. Leske + Budrich, Opladen.
Laub, John H.; Sampson, Robert J. (1993): Turning points in the life course: Why change matters to the study of crime. In; Criminology, 31, S. 301-325.
Lichtenberg, Joseph D. (1991): Psychoanalyse und Säuglingsforschung. Springer-Verlag, Berlin u.a.
Loeber, Rolf; Hay, Dale (1997): Key issues in the development of aggression and violence from childhood to early adulthood. In: Annual Review of Psychology, 48, S. 371-410.
Lösel, Friedrich; Bliesener, Thomas (2003): Aggression und Delinquenz unter Jugendlichen. Untersuchungen von kognitiven und sozialen Bedingungen. Luchterhand, München, Neuwied.
Londerville, Susan; Main, Mary (1981): Security of attachment, compliance, and maternal training methods in the second year of life. In: Developmental Psychology, 17, S. 289-299.
Lorenz, Konrad (1974/zuerst 1963): Das so genannte Böse. Zur Naturgeschichte der Aggression. Deutscher Taschenbuchverlag. München.
Lüdemann, Christian; Ohlemacher, Thomas (2002): Soziologie der Kriminalität. Theoretische und empirische Perspektiven. Juventa, Weinheim, München.
Lyons-Ruth, Karlen (1996): Attachment relationships among children with aggressive behavior problems: The role of disorganized early attachment patterns. In: Journal of Consulting and Clinical Psychology, 64, S. 64-73.
Lyons-Ruth, Karlen; Connell, David B.; Zoll, David (1989): Patterns of maternal behavior among infants at risk for abuse: Relations with infant attachment behavior and infant development at 12 months age. In: Cicchetti, Carlson (Hrsg.), S. 464-493.
Lyons-Ruth, Karlen; Jacobvitz, Deborah (1999): Attachment disorganization: Unresolved loss, relational violence, and lapses in behavioral and attentional strategies. In: Cassidy, Shaver (Hrsg.), S. 520-554.
Maccoby, Eleanor E. (1980): Social development. Psychological growth and the parent-child relationship. Harcourt Brave Jovanovich, San Diego, New York u.a.
Maccoby, Eleanor E. (1986): Social groupings in childhood: Their relationship to prosocial and antisocial behavior in boys and girls. In: Olweus, Dan; Block, Jack; Radke-Yarrow, Marian (Hrsg.): Development of antisocial and prosocial behavior: Research, theories, and issues. Academic press, New York, S. 263-284.
Maccoby, Eleanor E.; Martin, John A. (1983): Socialization in the context of the family: Parent-child interaction. In: Paul H. Mussen (Hrsg.): Handbook of child psychology. 4. Ed., Band IV. Wiley, New York u.a., S. 1-101.
Main, Mary (1981): Avoidance in the service of attachment: A working paper. In: Immelmann, K. Klaus; Barlow, George W.; Main, Mary; Petrinovitch, Lewis (Hrsg.): Behavioral development: The Bielefeld interdisciplinary project. Cambridge University Press, London u.a., S. 651-693.
Main, Mary (2001): Aktuelle Studien zur Bindung. In: Gloger-Tippelt (Hrsg.), S. 1-51.
Main, Mary (2002): Organisierte Bindungskategorien von Säugling, Kind und Erwachsenem. Flexible bzw. unflexible Aufmerksamkeit unter bindungsrelevantem Stress. In: Brisch u.a. (Hrsg.), S. 165-218.

Main, Mary; Cassidy, Jude (1988): Categories of response to reunions with the parent at age six: Predictable from infant attachment classification and stable over a one-month period. In: Developmental Psychology, 24, S. 415-426.
Main, Mary; George, Carol (1985): Responses of abused and disadvantaged toddlers to distress in agemates: A study in the day care setting. In: Developmental Psychology, 21, S. 407-412.
Main, Mary; Goldwyn, Ruth: Adult attachment scoring and classification systems. Manual in draft: Version 6.3 - May, 1998, U.C. Berkeley. Erscheint in: Mary Main (Hrsg.): Assessing attachment through discourse, drawings and reunion situations (Arbeitstitel). Cambridge University Press, New York.
Main, Mary; Hesse, Erik (1990): Parents' unresolved traumatic experiences as related to infant disorganized attachment status: Is frightened and/or frightening parental behavior the linking mechanism? In: Greenberg u.a. (Hrsg.), S. 161-182.
Main, Mary; Solomon, Judith (1990): Procedures for identifying infants as disorganized/disoriented during the Ainsworth Strange Situation. In: Greenberg u.a. (Hrsg.), S.121-160.
Mansel, Jürgen (2003): Die Selektivität strafrechtlicher Sozialkontrolle. Frauen und Delinquenz im Hell- und Dunkelfeld, als Opfer und Täter, als Anzeigende und Angezeigte. In: Lamnek, Boatca (Hrsg.) 2003, S. 384-406.
Mead, George Herbert (1968/zuerst 1934): Geist, Identität und Gesellschaft. Aus der Sicht des Sozialbehaviorismus. Mit einer Einleitung hrsg. von Charles W. Morris. Suhrkamp, Frankfurt/Main.
Mertens, Wolfgang (1991): Psychoanalytische Theorien und Forschungsbefunde. In: Hurrelmann, Ulich (Hrsg.), S. 77-97.
Micus, Christiane (2002): Friedfertige Frauen und wütende Männer? Theorien und Ergebnisse zum Umgang der Geschlechter mit Aggression. Juventa, Weinheim und München.
Miyake, Kazuo; Chen, Shing-Jen; Campos, Joseph (1985): Infant temperament, mother's mode of interaction, and attachment in Japan: An interim report. In Bretherton, Waters (Hrsg.), S. 276-297.
Moffitt, Terrie E. (1993): Adolescence-limited and life-course-persistent antisocial behavior: A developmental taxonomy. In Psychological Review, 100, S. 674-701.
Moffitt, Terrie E.; Caspi, Avshalom; Dickson, Nigel; Silva, Phil; Stanton, Warren (1996): Childhood-onset versus adolescent-onset antisocial conduct problems in males: Natural history from 3 to 18 years. In: Development and Psychopathology, 8, S. 399-424.
Moffitt, Terrie E.; Caspi, Avshalom; Rutter, Michael; Silva, Phil A. (2001): Sex differences in antisocial behaviour. Conduct disorder, delinquency, and violence in the Dunedin longitudinal study. Cambridge University Press, Cambridge.
Moffitt, Terrie E.; Silva, Phil A. (1988): Neuropsychological deficit and self-reported delinquency in an unselected birth cohort. In: Journal of the American Academy of Child and Adolescent Psychiatry, 27, Heft 2, S. 233-240.
Montada, Leo (2002): Moralische Entwicklung und moralische Sozialisation. In: Oerter, Montada (Hrsg.), S. 619-647.
Mueller, Edward; Silverman, Nancy (1989): Peer relations in maltreated children. In: Cicchetti, Carlson (Hrsg.), S. 529-578.
Müller, Joachim (1996): Identität und fremdenfeindliche Gewalt. Selbstkonzept, Norm- und Demokratieorientierungen von an Gewalthandlungen beteiligten jungen Menschen. Ergänzungsbericht zur Studie „Fremdenfeindliche Gewalt junger Menschen"

im Auftrag des Bundesministeriums für Justiz. Herausgegeben vom Bundesministerium der Justiz. Bonn.
Nagin, Daniel; Tremblay, Richard E. (1999): Trajectories of boys' physical aggression, opposition, and hyperactivity on the path to physical violent and nonviolent juvenile delinquency. In: Child Development, 70, S. 1181-1196.
Nakagawa, Miyuki; Lamb, Michael; Miyaki, Kazuo (1992): Antecedents and correlates of the strange situation behavior of Japanese infants. In: Journal of Cross-Cultural Psychology, 23, S. 300-310.
Nave-Herz, Rosemarie (2004): Ehe- und Familiensoziologie. Eine Einführung in Geschichte, theoretische Ansätze und empirische Befunde. Juventa, Weinheim, München.
Neumann, Jörg; Frindte, Wolfgang (2002): Der biografische Verlauf als Wechselspiel von Ressourcenerweiterung und -einengung. In: Frindte, Neumann (Hrsg.), S. 115-153.
NICHD Early Child Care Research Network (1997): The effects of infant child care on infant-mother attachment security: Results of the NICHD Study of Early Child Care. In: Child Development, 68, S. 860-879.
Nisbett, Richard E.; Cohen, Dov (1996): Culture of honor: The psychology of violence in the south. Westview Press, Boulder, CO.
Nunner-Winkler, Gertrud (1996): Moralisches Wissen - moralische Motivation - moralisches Handeln. Entwicklungen in der Kindheit. In: Honig, Michael-Sebastian; Leu, Hans Rudolf; Nissen, Ursula (Hrsg.): Kinder und Kindheit. Soziokulturelle Muster - sozialisationstheoretische Perspektiven. Juventa, München, S. 129-156.
Nunner-Winkler, Gertrud (1998): Zum Verständnis von Moral - Entwicklungen in der Kindheit. In: Weinert, Franz E. (Hrsg.): Entwicklung im Kindesalter. Psychologie Verlags Union, Weinheim, S. 133-152.
Nunner-Winkler, Gertrud (2000): Von Selbstzwängen zur Selbstbindung (und Nutzenkalkülen). In: Endress, Martin; Roughley, Neil (Hrsg.): Anthropologie und Moral. Philosophische und soziologische Perspektiven. Verlag Königshausen & Neumann, Würzburg, S. 211-243.
Nunner-Winkler, Gertrud (2001): Geschlecht und Gesellschaft. In: Joas (Hrsg.), S. 265-288.
Nunner-Winkler, Gertrud (2003): Ethik der freiwilligen Selbstbindung. In: Erwägen, Wissen, Ethik (vormals: Ethik und Sozialwissenschaften), 14, Heft 4, S. 579-589.
Oberwittler, Dietrich (2004): Stadtstruktur, Freundeskreis und Delinquenz. Eine Mehrebenenanalyse zu sozialökologischen Kontexteffekten auf schwere Jugenddelinquenz. In: Oberwittler, Karstedt (Hrsg.), S. 135-170.
Oberwittler, Dietrich; Karstedt, Susanne (Hrsg.) (2004): Soziologie der Kriminalität. Sonderheft 43/2003 der Kölner Zeitschrift für Soziologie und Sozialpsychologie. VS Verlag für Sozialwissenschaften, Wiesbaden.
Oerter, Rolf; Montada, Leo (Hrsg.) (2002): Entwicklungspsychologie. 5., vollständig überarbeitete Auflage, Beltz, Psychologie Verlags Union, Weinheim u.a.
Oevermann, Ulrich (1976): Programmatische Überlegungen zu einer Theorie der Bildungsprozesse und zur Strategie der Sozialisationsforschung. In: Hurrelmann, Klaus (Hrsg.): Sozialisation und Lebenslauf. Empirie und Methodik sozialwissenschaftlicher Persönlichkeitsforschung. Rowohlt, Reinbek bei Hamburg, S. 34-52.
Olweus, Dan (1979): Stability of aggressive reaction patterns in males: A review. In: Psychological Bulletin, 86, S. 852-875.

Olweus, Dan (1980): Familial and temperamental determinants of aggressive behavior in adolescent boys: A causal analysis. In: Developmental Psychology, 16, S. 644-660.
Olweus, Dan; Block, Jack; Radke-Yarrow, Marian (Hrsg.) (1986): Development of antisocial and prosocial behavior. Research, theories and issues. Academic Press, Inc., Orlando, New York, London u.a.
Oser, Fritz; Althof, Wolfgang (1992): Moralische Selbstbestimmung. Modelle der Entwicklung und Erziehung im Wertebereich. Klett-Cotta, Stuttgart.
Othold, Fred (2003b): Jugendcliquen und Jugenddelinquenz. In: Schumann (Hrsg.), S. 123-144.
Othold, Fred; Schumann Karl F. (2003b): Delinquenzverläufe nach Alter, Geschlecht und Nationalitätenstatus. In: Schumann (Hrsg.), S. 67-94.
Parin, Paul; Morgenthaler, Fritz; Matthèy-Parin, Goldy (1983): Die Weißen denken zu viel. Psychoanalytische Untersuchungen bei den Dogon in Westafrika. 3., überarb. Aufl., Fischer, Frankfurt/Main.
Parke, Ross D.; Ladd, Gary W. (Hrsg.) (1992): Family-peer relationships: Modes of linkage. Lawrence Erlbaum Ass. Inc., Hillsdale, N.J.
Parkes, Colin Murray; Stevenson-Hinde, Joan; Marris, Peter (Hrsg.) (1991): Attachment across the life cycle. Tavistock/Routledge, London, New York.
Parpal, Mary; Maccoby, Eleanor E. (1985): Maternal responsiveness and subsequent child compliance. In: Child Development, 56, S. 1326-1334.
Parsons, Talcott (1964/zuerst 1937): The structure of social action. A study in social theory with special reference to a group of recent European writers. The Free Press of Glencoe.
Parsons, Talcott (1964/zuerst 1947): Über wesentliche Ursachen und Formen der Aggressivität in der Sozialstruktur westlicher Industriegesellschaften. In: Parsons, S. 223-255.
Parsons, Talcott (1964/zuerst 1951): The social system. The Free Press of Glencoe, New York.
Parsons, Talcott (1964): Beiträge zur soziologischen Theorie. Herausgegeben und eingeleitet von Dietrich Rüschemeyer. Luchterhand, Neuwied am Rhein, Berlin.
Parsons, Talcott (1968): Sozialstruktur und Persönlichkeit. Europäische Verlagsanstalt, Frankfurt.
Parsons, Talcott (1968/zuerst 1952): Das Über-Ich und die Theorie der sozialen Systeme. In: Parsons, S. 25-45.
Parsons, Talcott (1968/zuerst 1958): Sozialstruktur und Persönlichkeitsentwicklung: Freuds Beitrag zur Integration von Psychologie und Soziologie. In: Parsons, S. 99-139.
Parsons, Talcott; Bales, Robert F. (1955): Family, socialization and interaction process. Free Press, New York.
Patterson, G. R.; DeBaryshe, Barbara D.; Ramsey, Elisabeth (1989): A developmental perspective on antisocial behavior. In: Amercian Psychologist, 44, S. 329-335.
Patterson, G. R.; Capaldi, D.; Bank, L. (1991): An early starter model for predicting delinquency. In: Pepler, Debra J.; Rubin, K. H. (Hrsg.): The development and treatment of childhood aggression. Erlbaum, Hillsdale, N.J., u.a., S. 139-168.
Petermann, Franz; Scheithauer, Herbert (1998): Aggressives und antisoziales Verhalten im Kindes- und Jugendalter. In: Petermann, Franz; Kusch, Michael; Niebank, Kay (Hrsg.): Entwicklungspsychopathologie. Ein Lehrbuch. Beltz, Psychologie-Verlags-Union, Weinheim, S. 243-295.

Peuckert, Rüdiger (2002): Familienformen im sozialen Wandel. 4. Aufl., Leske+Budrich/UTB, Opladen.
Piaget, Jean (1973/zuerst 1932): Das moralische Urteil beim Kinde. Suhrkamp, Frankfurt.
Pianta, Robert; Egeland, Byron; Erickson, Martha Farrell (1989): The antecedents of maltreatment: results of the Mother-Child Interaction Research Project. In: Cicchetti, Carlson (Hrsg.), S. 203-253.
Pianta, Robert; Sroufe, L. Alan; Egeland, Byron (1989): Continuity and discontinuity in maternal sensitivity at 6, 24, and 42 months in a high-risk-sample. In: Child Development, 60, S. 481-487.
Plomin, Robert; DeFries, John C.; McClearn, Gerald E.; McGuffin, Peter (2001): Behavioral genetics. 4. Aufl., Worth Publishers, New York.
Popp, Ulrike (2002): „Sozialisation" - substanzieller Begriff oder anachronistische Metapher? In: Zeitschrift für Pädagogik, 48, S. 898-917.
Prein, Gerald; Schumann, Karl F. (2003b): Dauerhafte Delinquenz und die Akkumulation von Nachteilen. In: Schumann (Hrsg.), S. 181-208.
Radke-Yarrow, Marian; Zahn-Waxler, Carolyn; Chapman, Michael (1983): Children's prosocial dispositions and behavior. In: Mussen, Paul H. (Hrsg.) Handbook of Child Psychology. Volume IV. Socialisation, personality, and social development (hrsg. von E. Mavis Hetherington). John Wiley & Sons, New York u.a., S. 469-545.
Rau, Hellgard (2002): Vorgeburtliche Entwicklung und Frühe Kindheit, In: Oerter, Montada (Hrsg.), S. 129-208.
Richters, John E.; Waters, Everett (1991): Attachment and socialization. The positive side of social influence. In: Lewis, Michael; Feinman, Saul (Hrsg.): Social influences and socialization in infancy. Plenum Press, New York, London, S. 185-213.
Robertson, James; Robertson, Joyce (1971): Young children in brief separation. A fresh look. In: The Psychoanalytic Study of the Child, 26, S. 264-315.
Rosenbaum, Heidi (1982): Formen der Familie. Untersuchungen zum Zusammenhang von Familienverhältnissen, Sozialstruktur und sozialem Wandel in der deutschen Gesellschaft des 19. Jahrhunderts. Suhrkamp, Frankfurt/Main.
Rubin, Kenneth H.; Bukowski, William; Parker, Jeffrey J. (1998): Peer interactions, relationships and groups (1998): In: Eisenberg (Hrsg.), S. 619-700.
Rutschky, Katharina (Hrsg.) (1977): Schwarze Pädagogik. Quellen zur Naturgeschichte der bürgerlichen Erziehung. Ullstein, Frankfurt/Main, Berlin, Wien.
Rutter, Michael (1988): Functions and consequences of relationships: some psychopathological considerations. In: Hinde, Stenson-Hinde (Hrsg.), S. 332-353.
Rutter, Michael (1989): Intergenerational continuities and discontinuities in serious parenting difficulties. In: Cicchetti, Carlson (Hrsg.), S. 317-348.
Rutter, Michael (2003): Commentary: Causal processes leading to antisocial behavior. In: Developmental Psychology, 39, S. 372-378.
Rutter, Michael; Giller, Henri; Hagell, Ann (1998): Antisocial behavior by young people. Cambridge University Press, Cambridge.
Saarni, Carolyn; Mumme, Donna L.; Campos, Joseph J. (1998): Emotional development: Action, communication, and understanding. In: Eisenberg (Hrsg.), S. 237-309.
Sack, Fritz; Lindenberg, Michael (2001): Abweichung und Kriminalität. In: Joas (Hrsg.), S. 169-197.
Sagi, Abraham; Lamb, Michael E.; Lewkowicz, Kathleen S.; Shoam Ronit; Dvir, Rachel; Estes, David (1985): Security of infant-mother, -father, and -metapelet attachment among kibbutz-reared Israeli children. In: Bretherton, Waters (Hrsg.), S. 257-275.

Sandler, Joseph; Freud, Anna (1989): Die Analyse der Abwehr. Klett-Cotta, Stuttgart.
Scherr, Albert (2000): Sozialisation, Person, Individuum. In: Korte, Schäfers (Hrsg.), S. 45-64.
Schmidt-Denter, Ulrich (1996): Soziale Entwicklung. Ein Lehrbuch über soziale Beziehungen im Laufe des menschlichen Lebens. 3., korrigierte und aktualisierte Auflage, Beltz, Psychologie Verlags Union, Weinheim.
Schneewind, Klaus A.; Beckmann, Michael; Engfer, Anette (1983): Eltern und Kinder. Kohlhammer, Stuttgart.
Schnell, Rainer; Hill, Paul B.; Esser, Elke (1999): Methoden der empirischen Sozialforschung. 6. völlig überarb. und erw Aufl., Oldenbourg, München, Wien.
Schore, Allan N. (2001): The effects of early relational trauma on right brain development, affect regulation, and infant mental health. In: Infant Mental Health Journal, 22, S. 201-269.
Schuengel, Carlo; Bakermans-Kranenburg, Marian J.; van IJzendoorn, Marinus H. (1999): Frightening maternal behavior linking unresolved loss and disorganized infant attachment. In: Journal of Consulting and Clinical Psychology, 67, S. 54-63.
Schütze, Yvonne (2000): Wandel der Mutterrolle - Wandel der Familienkindheit. In: Herlth, Alois; Engelbert, Angelika; Mansel, Jürgen; Palentien, Christian (Hrsg.): Spannungsfeld Familienkindheit. Neue Anforderungen, Risiken und Chancen. Leske + Budrich, Opladen, S. 92-105.
Schumann, Karl F. (Hrsg.) (2003a): Berufsbildung, Arbeit und Delinquenz. Bremer Längsschnittstudie zum Übergang von der Schule in den Beruf bei ehemaligen Hauptschülern. Bd. 1. Juventa, Weinheim und München.
Schumann, Karl F. (Hrsg.) (2003b): Delinquenz im Lebensverlauf. Bremer Längsschnittstudie zum Übergang von der Schule in den Beruf bei ehemaligen Hauptschüler. Bd. 2. Juventa, Weinheim und München.
Schumann, Karl F. (2003a): Berufsbildung, Arbeit und Delinquenz. Forschungsstand und offene Fragen. In: Schumann (Hrsg.), S. 9-44.
Schumann, Karl F. (2003b): Delinquenz im Lebenslauf - Ergebnisbilanz und Perspektiven. In: Schumann (Hrsg.), S. 209-222.
Seipel, Christian (1999): Strategien und Probleme des empirischen Theorievergleichs in den Sozialwissenschaften. Rational Choice Theorie oder Persönlichkeitstheorie? Leske + Budrich, Opladen.
Seus, Lydia; Prein, Gerald (2004): Überraschende Beziehungen: Lebenslauf, Kriminalität, Geschlecht. In: Oberwittler, Karstedt (Hrsg.), S. 215-239.
Silbereisen, Rainer K.; Ahnert, Lieselotte (2002): Soziale Kognition - Entwicklung von Sozialem Wissen und Verstehen. In: Oerter, Montada (Hrsg.), S. 590-618.
Silzer, Maria Magdalena; Wernich, Jörg Michael (2000): Methodenband. Dokumentation des methodischen Vorgehens bei einer qualitativen Studie zur subjektiven Bedeutung filmischer Gewaltdarstellungen für Jugendliche. Institut für Sozialwissenschaften der Universität Hildesheim, Hildesheim.
Simmel, Georg (1958/zuerst 1908): Soziologie. Untersuchung über die Formen der Vergesellschaftung. 4. Aufl., Duncker & Humblot, Berlin.
Sodian, Beate (2002): Entwicklung begrifflichen Wissens. In: Oerter, Montada (Hrsg.), S. 443-468.
Spangler, Gottfried (1995): Die Rolle kindlicher Verhaltensdisposition für die Bindungsentwicklung. In: Spangler, Zimmermann (Hrsg.), S. 178-190.
Spangler, Gottfried; Grossmann, Karin (1995): Zwanzig Jahre Bindungsforschung in Bielefeld und Regensburg: In: Spangler, Zimmermann (Hrsg.), S. 50-63.

Spangler, Gottfried; Schieche, Michael (1995): Psychobiologie der Bindung. In: Spangler, Zimmermann (Hrsg.), S. 297-310.

Spangler, Gottfried; Zimmermann, Peter (Hrsg.) (1995): Die Bindungstheorie. Grundlagen, Forschung und Anwendung. Klett-Cotta, Stuttgart.

Spitz, René A. (1969/zuerst 1965): Vom Säugling zum Kleinkind. Naturgeschichte der Mutter-Kind-Beziehungen im ersten Lebensjahr. 2. Aufl., Klett, Stuttgart.

Sroufe, L. Alan (1983): Infant-caregiver attachment and patterns of adaption in preschool: The roots of maladaption and competence. In: Development and policy concerning children with special needs. The Minnesota Symposia on Child Psychology, Bd. 16. Erlbaum, Hillsdale u.a., S. 41-83.

Sroufe, L. Alan (2003): From infant attachment to adult partnerships: The developmental course of human social relationships. Vortrag im Rahmen der Internationalen Konferenz: Attachment from infancy and childhood to adulthood (Atica 2003), 11.-13. Juli 2003 in Regensburg.

Sroufe, L. Alan; Egeland, Byron; Kreutzer, Terri (1990): The fate of early experience following developmental change: Longitudinal approaches to individual adaption in childhood. In: Child Development, 61, S. 1363-1373.

Sroufe, L. Alan; Fleeson, June (1986): Attachment and the construction of relationships. In: Hartup, Willard W.; Rubin, Zick (Hrsg.): Relationships and development. Erlbaum, Hillsdale, N.J., London, S. 51-71.

Stark, Rodney (1987): Deviant places: A theory of the ecology of crime. In: Criminology, 25, S. 893-909.

Stayton, Donelda J; Hogan, Robert; Ainsworth, Mary D. S. (1971): Infant development and maternal behavior: The origins of socialization reconsidered. In: Child Development, 42, S. 1057-1069.

Stets, Jan E.: Straus, Murray E. (1990): Gender differences in reporting marital violence and its medical and psychological consequences. In: Straus, Gelles (Hrsg.), S. 151-165.

Strafgesetzbuch. 26. Aufl., Stand 1. Februar 1992. Beck-Texte im dtv. München.

Straus, Murray A. (1990): Measuring intrafamily conflict and violence: The conflict tactics (CT) scales. In: Straus, Gelles (Hrsg.), S. 29-47.

Straus, Murray A.; Gelles, Richard J. (Hrsg.) (1990): Physical violence in American families. Risk factors and adaptions in 8,145 families. Transaction, New Brunswick, New Jersey.

Straus, Murray A.; Gelles, Richard J.; Steinmetz, Susanne K. (1980): Behind closed doors: Violence in the American family. Doubleday/Anchor, New York.

Straus, Murray A.; Smith, Christine (1990): Family patterns and child abuse. In: Straus, Gelles (Hrsg.), S. 245-261.

Suess, Gerhard J. (1987): Auswirkungen frühkindlicher Bindungserfahrungen auf die Kompetenz im Kindergarten. Dissertation, Universität Regensburg.

Suess, Gerhard J.; Grossman, Klaus E.; Sroufe, L. Alan (1992): Effects of infant attachment to mother and father on quality of adaption in preschool: From dyadic to individual organisation of self. In: International Journal of Behavioral Development, 15, S. 43-65.

Suess, Gerhard J.; Scheuerer-Englisch, Hermann; Pfeifer, Walter-Karl (Hrsg.) (2001): Bindungstheorie und Familiendynamik. Anwendung der Bindungstheorie in Beratung und Therapie. Psychosozial-Verlag, Gießen.

Sutterlüti, Ferdinand (2003): Gewaltkarrieren. Jugendliche im Kreislauf von Gewalt und Missachtung. 2. Aufl., Campus, Frankfurt/Main.

Takahashi, Keiko (1986): Examining the strange-situation procedure with Japanese mothers and 12-month-old infants. In: Developmental Psychology, 22, S. 265-270

Takahashi, Keiko (1990): Are the key assumptions of the „Strange Situation" procedure universal? A view from Japanese research. In: Human Development, 33, S. 23-30.

Tertilt, Hermann (1996): Turkish Power Boys. Ethnographie einer Jugendbande. Suhrkamp, Frankfurt/Main.

Thompson, Ross A. (1998): Early sociopersonality development. In: Eisenberg (Hrsg.). S. 25-104.

Thompson, Ross A. (1999): Early attachment and later development. In: Cassidy, Shaver, S. 265-286.

Tillmann, Klaus-Jürgen (2003): Sozialisationstheorien. Eine Einführung in den Zusammenhang von Gesellschaft, Institution und Subjektwerdung. 12. Aufl., Rowohlt, Reinbek bei Hamburg.

True, Mary McMahan (1994): Mother-infant attachment and communication among the Dogon of Mali. Psychologische Dissertation an der „University of California at Berkeley". University Microfilms International (UMI).

Tugendhat, Ernst (1993): Vorlesungen über Ethik. Suhrkamp, Frankfurt/Main.

Tugendhat, Ernst (1993): Die Rolle der Identität in der Konstitution von Moral. In: Edelstein u.a. (Hrsg.), S. 33-47.

Tugendhat, Ernst (2003): Gibt es eine Moral ohne Gefühle? In: Erwägen, Wissen, Ethik (vormals: Ethik und Sozialwissenschaften), 14, Heft 4, S. 653-655.

van IJzendoorn, Marinus H. (1995): Adult attachment representations, parental responsiveness, and infant attachment: A meta-analysis on the predictive validity of the „Adult Attachment Interview". In: Psychological Bulletin, 117, S. 387-403.

van IJzendoorn, Marinus H. (1997): Attachment, emergent morality, and aggression: Toward a developmental socioemotional model of antisocial behaviour. In: International Journal of Behavioral Development, 21, S. 703-727.

van IJzendoorn, Marinus H.; De Wolff, Marianne S. (1997): In search of the absent father - Meta-analyses of infant-father attachment: A rejoinder to our dicussants. In: Child Development, 68, S. 604-609.

van IJzendoorn, Marinus H.; Kroonenberg, Pieter M. (1988): Cross-cultural patterns of attachment: A meta-analysis of the Strange Situation. In: Child Development, 59, S. 147-156.

van IJzendoorn, Marinus H.; Sagi, Abraham (1999): Cross-cultural patterns of attachment. Universal and contextual dimensions. In: Cassidy, Shaver (Hrsg.), S. 713-734.

van IJzendoorn, Marinus H.; Sagi, Abraham; Lambermon, Mirjam W.E. (1992): The multiple caretaker paradox: Data from Holland and Israel. In: Pianta, Robert (Hrsg.): Beyond the parent: The role of other adults in children's lives. New Directions for Child Development, 57, Jossey-Bass, San Francisco, CA, S. 5-24.

van IJzendoorn, Marinus H.; Schuengel, Carlo; Bakermans-Kranenburg, Marian J. (1999): Disorganized attachment in early childhood: Meta-analysis of precursors, concomitants, and sequelae. In: Development and Psychopathology, 11, S. 225-249.

Vaughn, Brian E.; Bost, Kelly K. (1999): Attachment and temperament: Redundant, independent, or interacting influences on interpersonal adaptation and personality development? In: Cassidy, Shaver (Hrsg.), S. 198-225.

Vaughn, Brian; Egeland, Byron; Sroufe, Alan L.; Waters, Everett (1979): Individual differences in infant-mother attachment at twelve and eighteen months: Stability and change in families under stress. In: Child Development, 50, S. 971-975.

Veil, Mechthild (2003): Kinderbetreuungskulturen in Europa: Schweden, Frankreich und Deutschland. In: Aus Politik und Zeitgeschichte. Beilage zur Wochenzeitung Das Parlament. B 44, S. 12-22.

Veith, Hermann (1996): Theorien der Sozialisation. Zur Rekonstruktion des modernen sozialisationstheoretischen Denkens. Campus Verlag, Frankfurt/New York.

Wagner, Patrick (1996): Volksgemeinschaft ohne Verbrecher. Konzeptionen und Praxis der Kriminalpolizei in der Zeit der Weimarer Republik und des Nationalsozialismus. Christians, Hamburg.

Wahl, Klaus (Hrsg.) (2003): Skinheads, Neonazis, Mitläufer. Täterstudien und Prävention. Leske + Budrich, Opladen.

Wartner, Ulrike G.; Grossmann, Karin; Fremmer-Bombik, Elisabeth; Suess Gerhard J. (1994): Attachment patterns at age six in South Germany: Predictability from infancy and implications for preschool behavior. In: Child Development, 65, S. 1014-1027.

Waters, Everett (1978): The reliability and stability of individual differences in infant-mother attachment. In: Child Development, 49, S. 483-494.

Waters, Everett; Hay, Dale; Richters, John (1986): Infant-parent attachment and the origins of prosocial and antisocial behavior. In: Olweus u.a. (Hrsg.), S. 97-125.

Waters, Everett; Merrick, Susan; Treboux, Dominique; Crowell, Judith; Albersheim, Leah (2000): Attachment security in infancy and early adulthood: A twenty-year longitudinal study. In: Child Development, 71, S. 684-689.

Weber, Max (1976): Wirtschaft und Gesellschaft. Grundriss der verstehenden Soziologie. 2 Bände, 5. rev. Aufl., hrsg. von Johannes Winckelmann, ergänzt durch einen textkritischen Erläuterungsband. J.C.B. Mohr (Paul Siebeck), Tübingen.

Weinfield, Nancy S.; Sroufe, L. Alan; Egeland, Byron; Carlson, Elizabeth A. (1999): The nature of individual differences in infant-caregiver attachment. In: Cassidy, Shaver (Hrsg.), S. 68-88.

Weiss, Bahr; Dodge, Kenneth A.; Bates, John E.; Pettit, Gregory S. (1992): Some consequences of early harsh discipline: Child aggression and a maladaptive social information processing style. In: Child Development, 63, S. 1321-1335.

Wetzels, Peter (1997): Gewalterfahrungen in der Kindheit. Sexueller Missbrauch, körperliche Misshandlung und deren langfristige Konsequenzen. Nomos, Baden-Baden.

Wetzels, Peter; Enzmann, Dirk; Mecklenburg, Eberhard; Pfeiffer; Christian (2001): Jugend und Gewalt. Eine repräsentative Dunkelfeldanalyse in München und acht anderen deutschen Städten. Nomos Verlagsgesellschaft, Baden-Baden.

Wildt, Michael (2003): Generation des Unbedingten. Das Führungskorps des Reichssicherheitshauptamtes. Hamburger Edition HIS Verlagsges., Hamburg.

Wolf, Ursula (1984): Das Problem des moralischen Sollens. Walter de Gruyter, Berlin, New York 1984.

Wrong, Dennis (1961): The oversocialized conception of man in modern sociology. In: The American Sociological Review, 26, S. 183-193.

Youniss, James (1994): Soziale Konstruktion und psychische Entwicklung. Hrsg. von Lothar Krappmann und Hans Oswald. Suhrkamp, Franfurt/Main.

Ziegenhain, Ute; Fries, Mauri; Bütow, Barbara; Derksen, Bärbel (2004): Entwicklungspsychologische Beratung für junge Eltern. Grundlagen und Handlungskonzepte für die Jugendhilfe. Juventa, Weinheim und München.

Ziegenhain, Ute; Wolff, Ulrike (2000): Der Umgang mit Unvertrautem - Bindungsbeziehung und Krippeneintritt. In: Psychologie in Erziehung und Unterricht, 47, S. 176-188.

Zimmermann, Peter (1995): Bindungsentwicklung von der frühen Kindheit bis zum Jugendalter und ihre Bedeutung für den Umgang mit Freundschaftsbeziehungen. In: Spangler, Zimmermann (Hrsg.), S. 203-231.
Zimmermann, Peter (2000): Grundwissen Sozialisation. UTB/Leske + Budrich, Opladen.
Zinnecker, Jürgen (2000): Selbstsozialisation - Essay über ein aktuelles Konzept. In: Zeitschrift für Soziologie der Erziehung und Sozialisation (ZSE), 20, S. 272-290.
Zuravin, Susan; McMillen, Curtis; DePanefils, Diane; Risley-Curtiss, Christina (1996): The intergenerational cycle of child maltreatment. Continuity versus discontinuity. In: Journal of Interpersonal Violence, 11, S. 315-334.